《閩臺歷代方志集成》學術委員會

顧　問： 王偉光（中國社會科學院原院長，中國地方志指導小組組長）

李培林（中國社會科學院副院長，中國地方志指導小組常務副組長）

李　紅（政協福建省委員會副主席，中國地方志指導小組成員）

陳祖武（中國社會科學院學部委員，中央文史館館員，國務院古籍整理出版規劃小組成員，研究員）

張海鵬（中國社會科學院學部委員，中國社會科學院臺灣史研究中心主任，中國史學會原會長，研究員）

主　任： 冀祥德（法學博士，中國地方志指導小組秘書長，中國地方志指導小組辦公室黨組書記、主任，中國社會科學院法學研究所研究員）

委　員（以姓氏筆畫爲序）：

王日根（厦門大學人文學院副院長，歷史學教授）

牛潤珍（中國人民大學歷史學院教授，中國方志學研究會副會長）

方寶川（福建師範大學圖書館原館長，福建師範大學社會歷史學院教授）
李宗翰（金門大學閩南文化研究所原所長，臺灣師範大學歷史系副教授）
李國榮（中國第一歷史檔案館副館長，研究員）
吴志躍（福建博物院院長）
林國平（福建師範大學社會歷史學院教授）
郭志超（厦門大學人類學研究所原所長，教授）
陳叔侗（福建博物院離休文史專家）
許建平（福建省圖書館地方文獻中心特藏部主任，研究館員）
劉傳標（福建社會科學院歷史研究所所長，研究館員）
謝必震（福建師範大學閩臺區域研究中心主任、社會歷史學院教授）
謝冬榮（中國國家圖書館古籍館副館長，研究館員）
謝國興（臺灣中研院臺灣史所原所長，研究員）
鄭智明（福建省圖書館館長）
蕭德洪（厦門大學圖書館館長）

《閩臺歷代方志集成》編纂委員會

主　任：陳秋平

副主任：俞　傑　林　浩　戴振華

成　員：張維義　李升榮　吕秋心　凌文斌　歐長生　張國珍　高錦利　李志宏

康元泰　張惠評　林善濤　陳星揚　藍國華　吴乃意　林揚國　彭光華

《閩臺歷代方志集成》編輯部

主　編：林　浩

副主編：凌文斌

編　輯：鄭　羽　李連秀　滕元明　曾永志　胡志明　林春花

出版前言

修國史，纂方志，固我中華民族百代常新之優秀文化傳統。志亦史也，舉凡方域區裁，川原濬闢，自然人事之變遷，經濟文明之演進，文圖在手，紀述備陳。於以啓新鑒古，積厚流光，資用於無涯。

福建，扆山攬海，屏障東南，古號閩中，傳稽遷、固。秦稱列郡，漢授無諸。曾墟徙于江淮，漸衣冠之南返。梁、陳迄唐，興學後先，人文趨盛。所惜代遠年湮，罕傳載籍。嗣肇兩宋之昌明，譽海濱于鄒魯。三山有志，存續差全；仙邑、臨汀，殘篇僅在。元建行省，未及百年。朱明代興，統轄八府一州。弘治纂成通志，以八閩見稱，編目立例，有所遵從。其後《閩大記》《閩書》亦各名世。清代康、雍、乾、道多朝，下至民國，更相繼修成《福建通志》五部、《圖記》三編。至於閩省各府、州、縣、廳修志篇名，見於記述者，當可遠溯晉、唐。而傳世見存者，多出於宋、明、清代，以迄民國，近三百種，且不乏碩學鴻儒之佳製。誠文獻之足珍，號名邦而無作。

臺灣一島，薄海親鄰。遠古冰川，陸橋可涉。族羣隔岸，同俗同根。貨貿如潮，風雲瞬息。鄭氏驅荷，經營三世，入清設府，並列十閩。抗倭禦寇，慷慨同仇。豈骨肉之能分，同興華之有夢。所纂方志，上起康、乾，下訖同治，合四十種，俱各幸存。計有：圖志一，府、縣、廳志二十有九，通志一，雜記九。本島外，周邊之小琉球、釣魚臺、澎湖諸嶼，悉紀無遺。

中國共產黨十八屆五中全會，適時提出實施『中華典籍整理』工程之要求。福建省地方志編纂委員會設立以來，膺一方歷史文化存續之重任，載筆采編，績效斐然。二〇一四年末，乃有纂輯《閩臺歷代方志集成》之擬議。旋獲中國地方志指導小組首肯支持，連續于福州、北京舉行專家論證會議，制定實施規劃。廣泛徵集海峽兩岸各圖書館原所典藏舊志各版本。進而遍向國內各地以及海外日、美等國徵求流散孤遺之珍本。積數年努力，遍羅不同版本四百七十餘種。隨集圖書館、高等院校、博物院等專家學者校讀、比對、甄別異同優劣，循序歸類。幾經汰選分爲：

《福建省志輯》志書八種，圖志三種；

《福建府州志輯》志書四十七種，附録兩種；

《福建縣廳志輯》志書二百四十七種；

《臺灣志書輯》志書三十九種，圖志一種。

最後歸輯總數或將達三百四十餘種。凡已入選歸輯者，均予正訛、修殘、補缺，擷其序例，彙編總目，慎撰各書内容提要，以醒眉目。

社會科學文獻出版社將承擔全書印刷出版任務。用電子影像高精度掃描，裝訂成册。每册約八百頁。十六開本精裝，分批分輯出版。

是役也，聚英合力、啓後承先，堪稱壯舉。誠望有俾於兩岸學術交流、社會協調發展，促進和平統一之大業，有厚幸焉。

《閩臺歷代方志集成》編纂委員會

二〇一七年十二月

出版説明

一、《閩臺歷代方志集成》爲福建與臺灣兩地歷代各級方志精校影印叢書。

二、收録時限。以現存舊方志刻印時間最早者爲收録上限；其福建部分，收録下限至中華人民共和國成立前；臺灣部分，收録下限則止於一八九五年。

三、收録範圍。主要參照《中國地方志聯合目録》之福建部分與鄭寶謙先生主編的《福建舊方志綜録》書目，包羅福建纂修的圖志、通志、府志、州志、縣志、廳志，以及臺灣纂修的圖志、通志、府志、縣志、廳志、島志等。

四、《閩臺歷代方志集成·福建省志輯》共收録明弘治三年（一四九〇年）至民國十一年（一九二二年）間刊行的福建圖志三部、通志八部，分别以成書先後爲序，共分九十八册整理出版。

五、爲體現每册志書的均衡性，本輯將篇幅較小的三部圖志合并爲一册，八部通志因篇幅較大則一志分爲多册。

六、本輯以『忠於歷史、尊重原貌、適當整理』爲原則，每部志書從現存的初刻本、遞修本、增補本、重刻本、石印本、鉛印本、稿本、抄本等中，選擇一種印制質量最好、保存完整、價值最高的版本作爲底本，不作點校，整理影印。其底本來源于福建省圖書館、福建師範大學圖書館、中國國家圖書館、上海圖書館、美國加州大學伯克利分校東亞圖書館和日本内閣文庫，并通過與天津圖書館、厦門大學圖書館等收藏的其他版本作比對整理。

七、本輯所收方志，按纂修年代在書名前冠以年號，如［弘治］《八閩通志》等。本輯第一册編制有歷代方志總目及册號；爲便於讀者查閲，每部志書前均有新編目録，并注明頁碼。一册多志的頁碼則按册起訖，一志多册的依各志自爲起訖。每種志書均撰寫提要，具體説明該志纂修情况、刊刻時間、續修或增修情况、影印所據的版本及學術價值等。

八、爲保持原書風貌，本輯不再制作新編書眉，不對志書中原有圖片（如城池圖等）進行切割拼圖。原志書如有錯頁、蠹損、殘缺、漫漶不清處，原則上都予以换頁、補頁、修描，使全書字劃清晰、頁序整齊。若原書存在多種殘本，則原則上予以彙集整理；若原志書爲殘本，又没有其他版本比對，則不再修補，保持志書的原貌。

《閩臺歷代方志集成》編輯部

二〇一七年十二月

閩臺歷代方志集成·福建省志輯總目

［咸豐］福建全省總圖　第一册
［光緒］福建全省輿圖
［光緒］福建沿海圖説
［弘治］八閩通志　第二至七册
［萬曆］閩大記　第八至十册
［崇禎］閩書　第十一至二十五册
［康熙］福建通志　第二十六至三十三册
［乾隆］福建通志　第三十四至四十四册
［乾隆］福建續志　第四十五至五十一册
［道光］重纂福建通志　第五十二至七十六册
［民國］福建通志　第七十七至九十八册

閩臺歷代方志集成・福建省志輯・第1册

福建省地方志編纂委員會　整理

〔咸豐〕福建全省總圖

〔光緒〕福建全省輿圖

〔光緒〕福建沿海圖説

社會科學文獻出版社

新編目録

［咸豐］《福建全省總圖》目録

［咸豐］《福建全省總圖》提要

福建全圖 〇〇〇五

福建十府二州山險水道關隘古寨疆域之圖十二幅 〇〇〇九

福建海防全圖 〇〇三五

興泉漳海防圖 〇〇三九

福寧海防圖 〇〇四三

臺灣海口大小港道總圖二幅 〇〇四七

［光緒］《福建全省輿圖》目録

［光緒］《福建全省輿圖》提要

〇〇五五

福建全省總圖 〇〇六九

福州府縣總圖 〇〇七七

興化府縣總圖 〇一六一

泉州府縣總圖 〇一七九

漳州府縣總圖 〇二一五

延平府縣總圖 〇二六七

建寧府縣總圖 〇三一一

汀州府縣總圖 〇三九七

福寧府縣總圖 〇四五三

永春州縣總圖 〇五〇一

龍巖州縣總圖 〇五二五

［光緒］《福建沿海圖說》目録

［光緒］《福建沿海圖說》提要

〇五三七

長門館頭附 〇五四三

閩安 〇五四九

馬尾 〇五五三

崖石 〇五五九

梅花江 〇五六一

〔咸豐〕福建全省總圖
〔光緒〕福建全省輿圖
〔光緒〕福建沿海圖説

新編目録

連江東岱附　○五六三
北茭黄岐、定海、小埕附　○五六七
東冲可門附　○五六九
三都　○五七三
松山口　○五七五
三沙　○五七七
秦嶼　○五七九
沙埕港　○五八一
松下口　○五八五
鎮東　○五八七
海壇　○五八九
萬安　○五九三
三江口江口附　○五九五
南日　○五九九
平海　○六○三
湄洲　○六○五
崇武　○六○七
永寧　○六○九
深滬　○六一一
圍頭　○六一三
金門　○六一五
厦門　○六一九
陸鼇將軍澳、鎮海附　○六二五
銅山古雷頭附　○六二七
宫口　○六二九
南澳　○六三一
附海島表　○六三五
編後記　○七一九

［咸豐］福建全省總圖

咸豐刊本

〔咸豐〕《福建全省總圖》提要

〔咸豐〕《福建全省總圖》繪制人及繪制時間不詳，存世爲清咸豐刊本，中國國家圖書館及福建省圖書館均有收藏。本次擇福建省圖書館藏本整理。首頁版芯高三十二點四釐米，寬十七釐米。

該書刊圖凡十八幅，具體爲：《福建全圖》一幅，《福建十府二州山險水道關隘古寨疆域之圖》十二幅，《福建海防全圖》《興泉漳海防圖》《福寧海防圖》各一幅，《臺灣海口大小港道總圖》二幅。其中《福建海防全圖》編有詳細圖注。

福建全省總圖

一

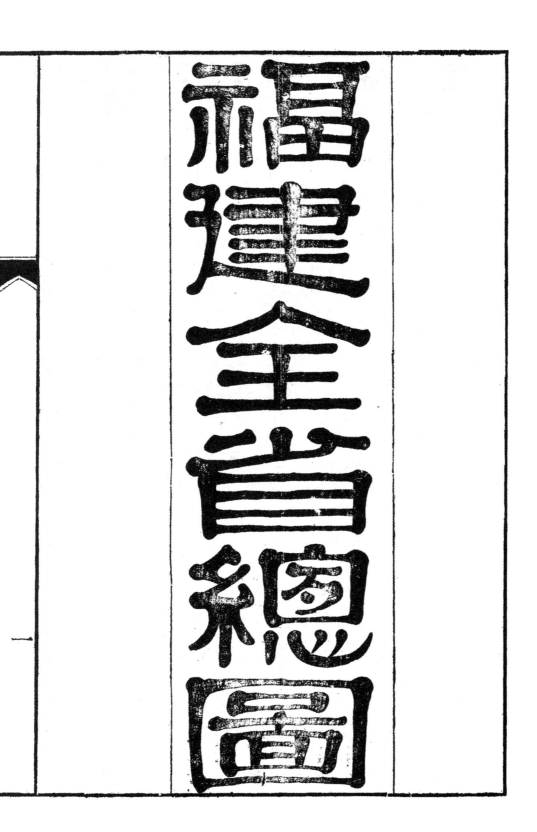

福建

每方二百里東盡鷄籠山東南盡沙馬磯廣二千五百里袤二千六百里

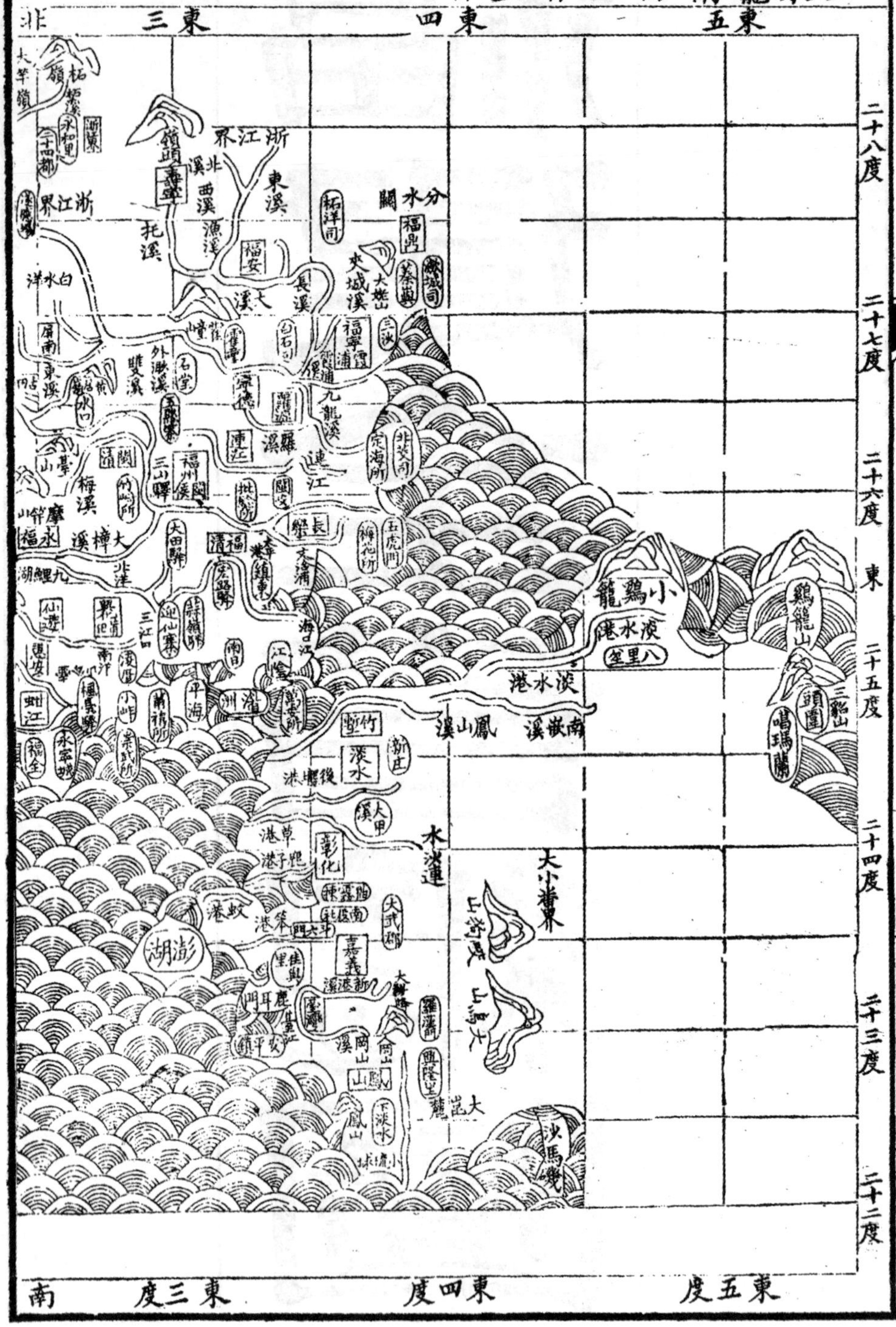

全圖

郡州縣
方圖廳
城鎮所
司驛圜
圜全載
山載鎮
山川載
經流關
載邊關
其詳見
各郡圖

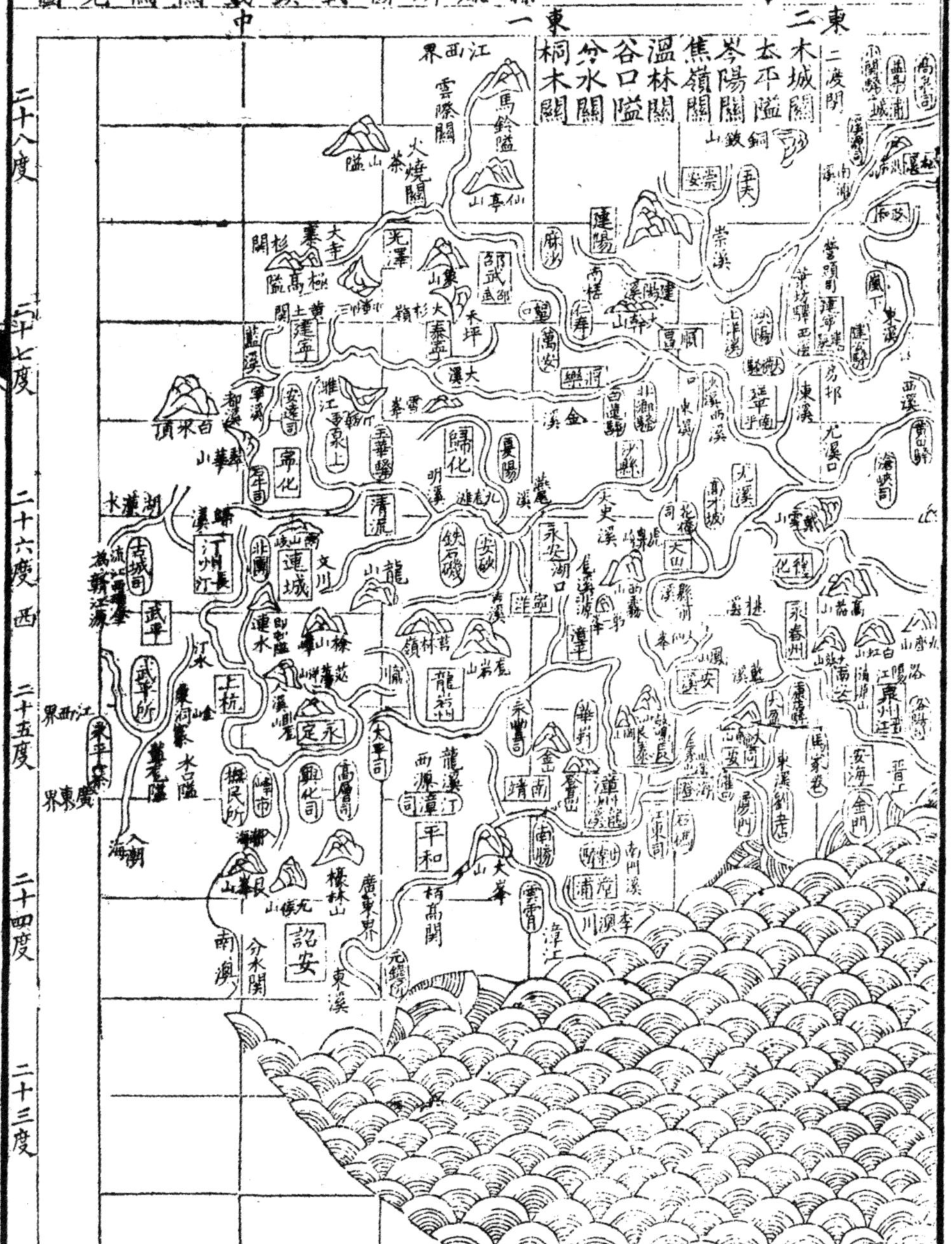

二

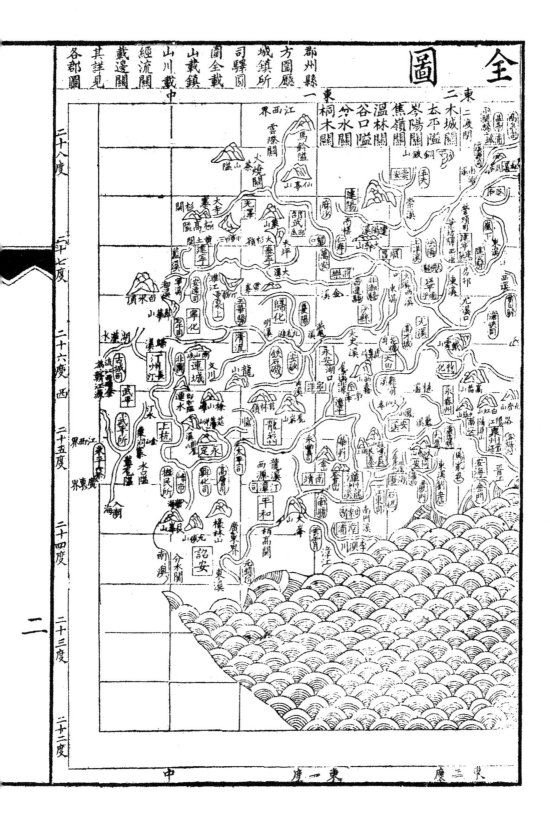

二

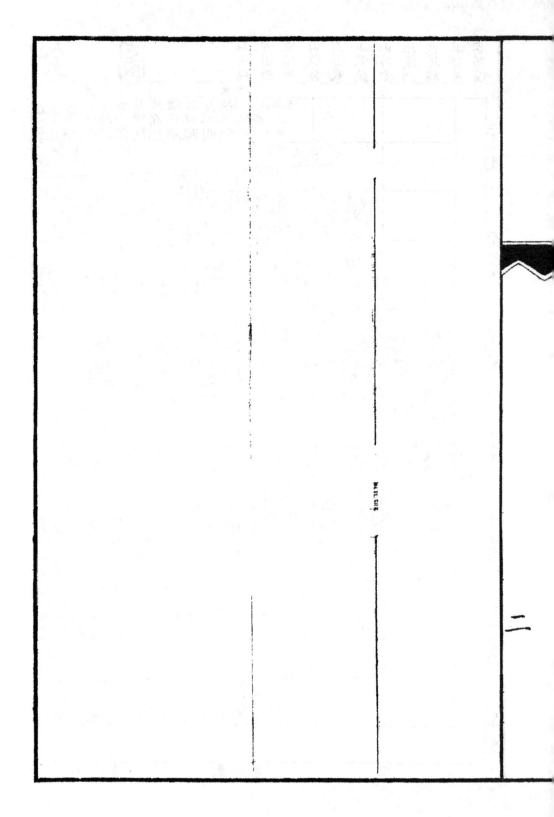

福建十府二州山險水道關隘古寨疆域之圖

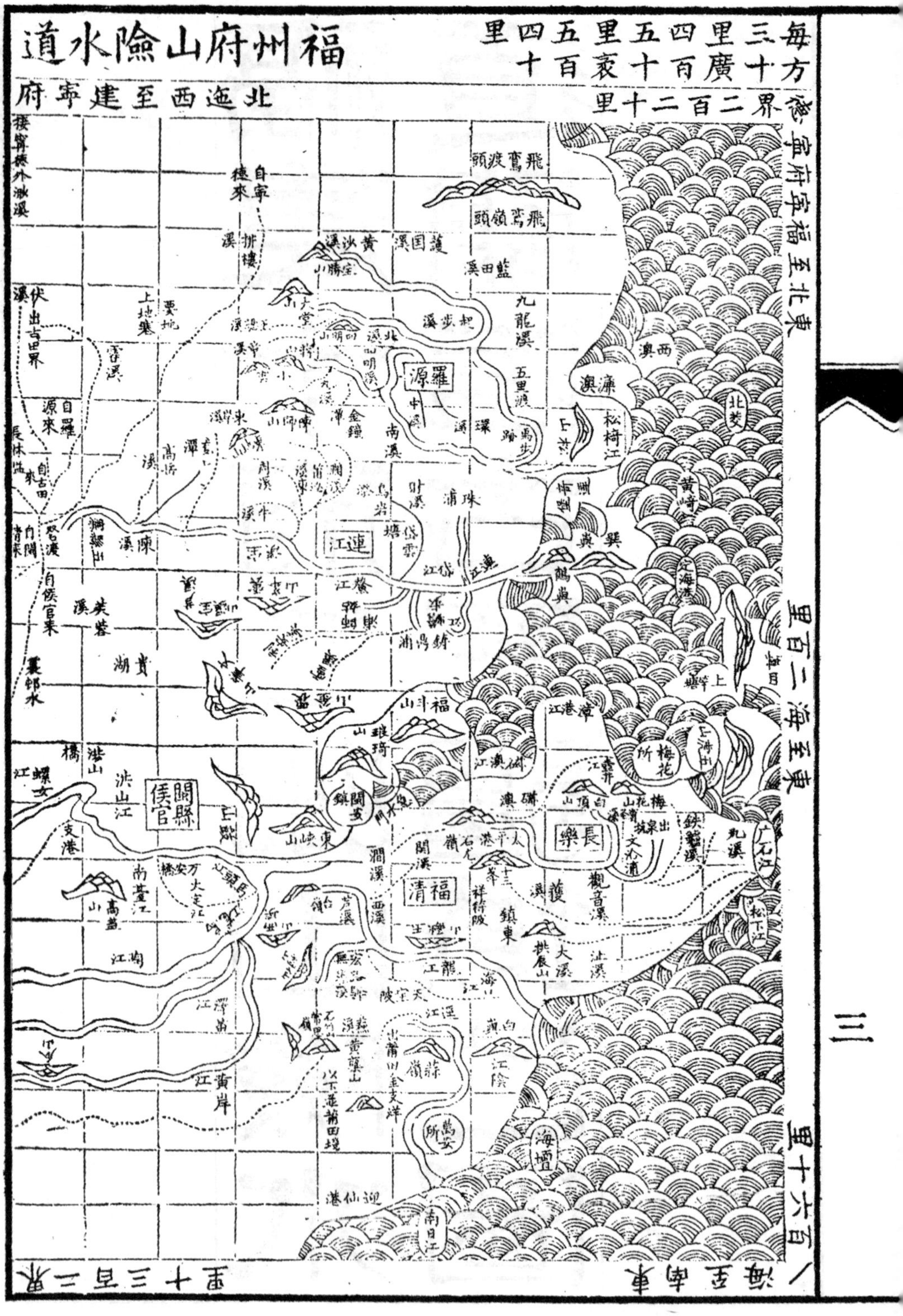
福州府山險水道
每方三十里廣四百五十里袤五百四十里
北逾西至建寧府

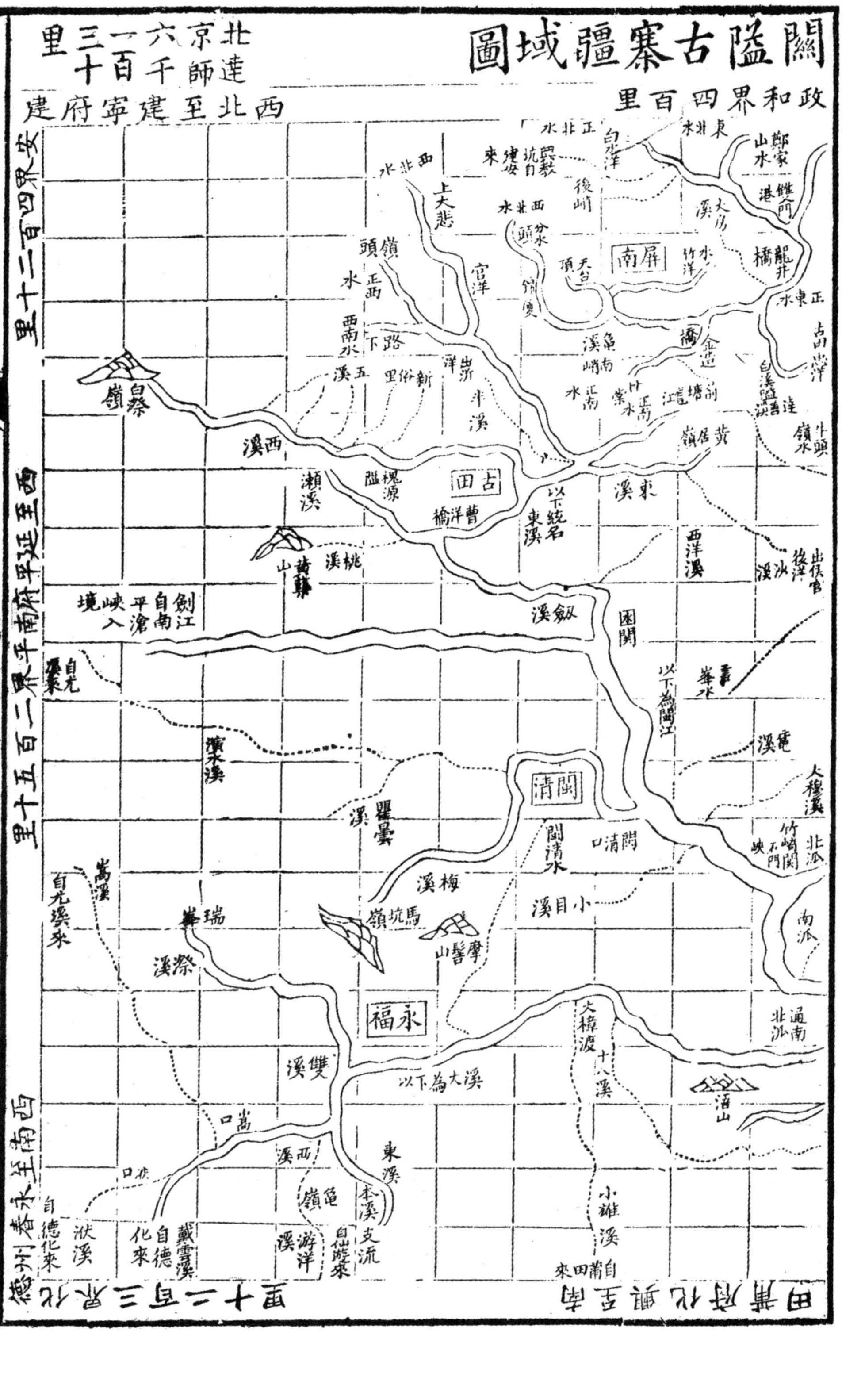
關隘古寨疆域圖
北逹京師六千一百三十里
政和界四百里
西北至建寧府建安界四百二十里
西至延平府南平界二百五十里
西南至永春州德化界三百二十里
南至興化府莆田
屏南
古田
閩清
永福
白蔡嶺
西溪
東溪
劍溪
雙溪
梅溪
小目溪
黃居嶺
馬坑嶺
摩髻山
瑞峯
蒸溪
閩清口
梅溪
大樟渡
十八溪
小雉溪
自莆田來
以下為大溪
閩關
以下為閩江
竹崎關
北溪
大穆溪
曹洋橋
桃溪
自德化來
戴雲溪
自德化來
游洋溪
自仙遊來
杳溪支流
東溪
龜嶺
嵩口
自劍江南平滄峽入境

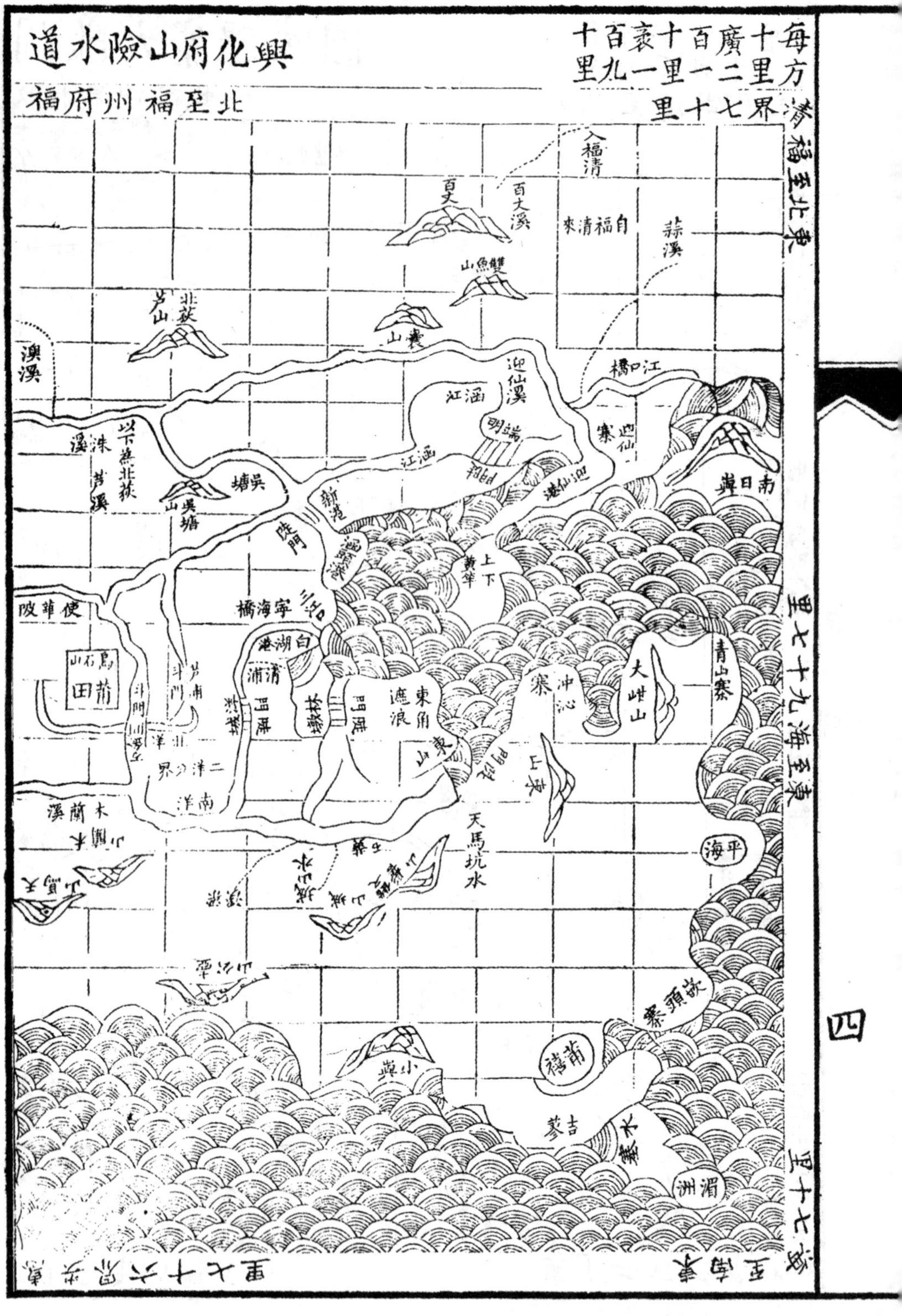
興化府山險水道
每方十里
廣一百二十里
袤一百九十里
北至福州府福清界七十里
東北至福清界七十里
東至海九十七里
百丈
百丈溪
自福清來
蒜溪
雙魚山
迎仙溪
涵江
江口橋
迎仙寨
南日山
吳塘
使華陂
莆田
寧海橋
白湖港
清浦
東角
遮浪
沖沁寨
大岞山
青山寨
平海
天馬坑水
木蘭溪
嵌頭寨
莆禧
吉蓼
湄洲

關隘古寨疆域圖

北達京師六千四百里東北達省二百七十里

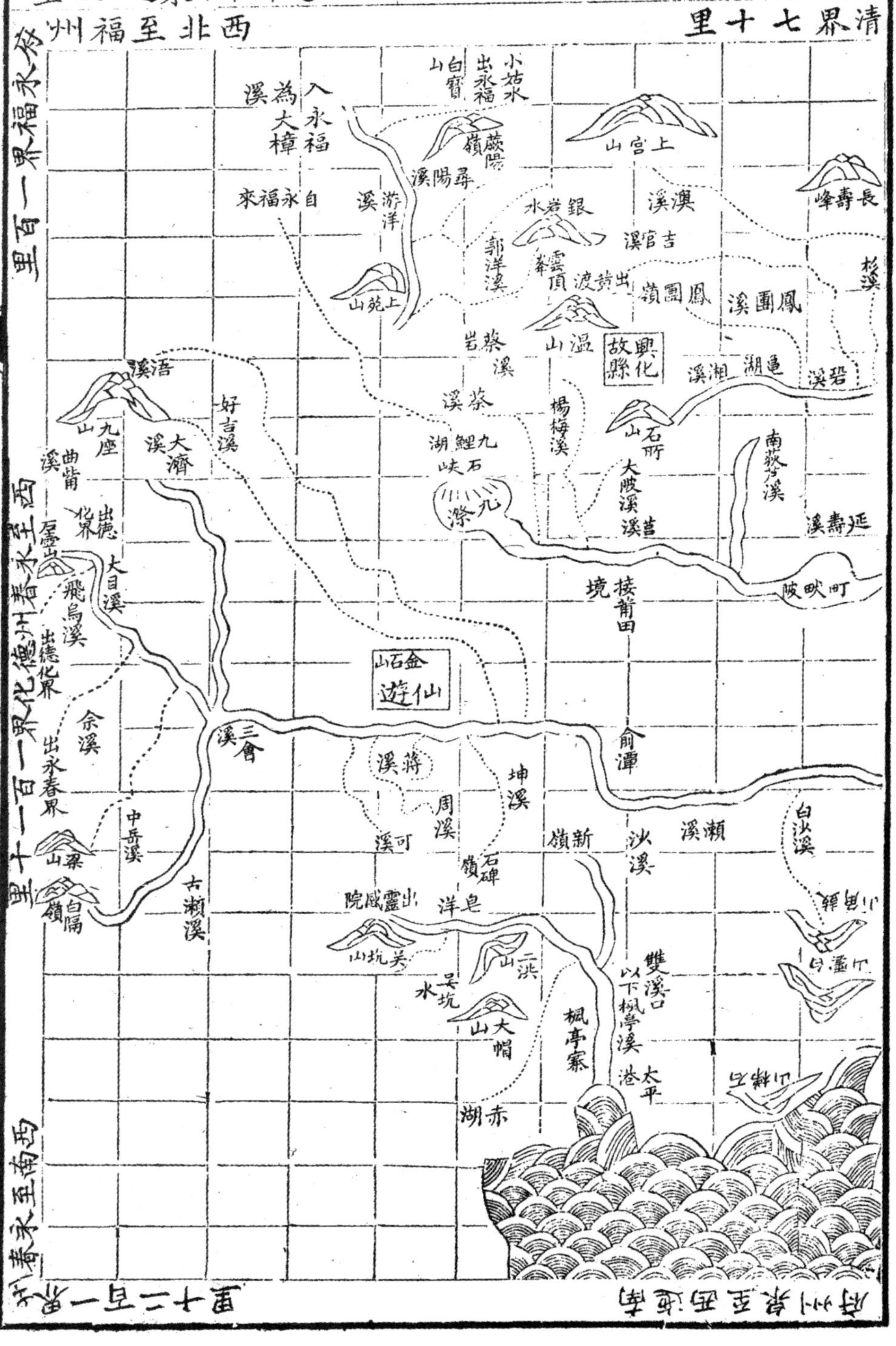

五

泉州府山險水道
每方二十里 廣二百八十里 袤三百四十里
北至仙遊永春
仙遊界九十里
東至海一百三十里
白虹山
大帽山
惠安
晉江
清源山
洛陽江
洛陽橋
崇武澳
永寧城
福全
深滬
錢塘溪
青洋陂

五

關隘古寨疆域圖

北達京師六千五百四十至東北至省四百一十里

界名一百四十里

西北至延平府

尤溪界二百里

西至漳州府長泰界一百五十里

西南至

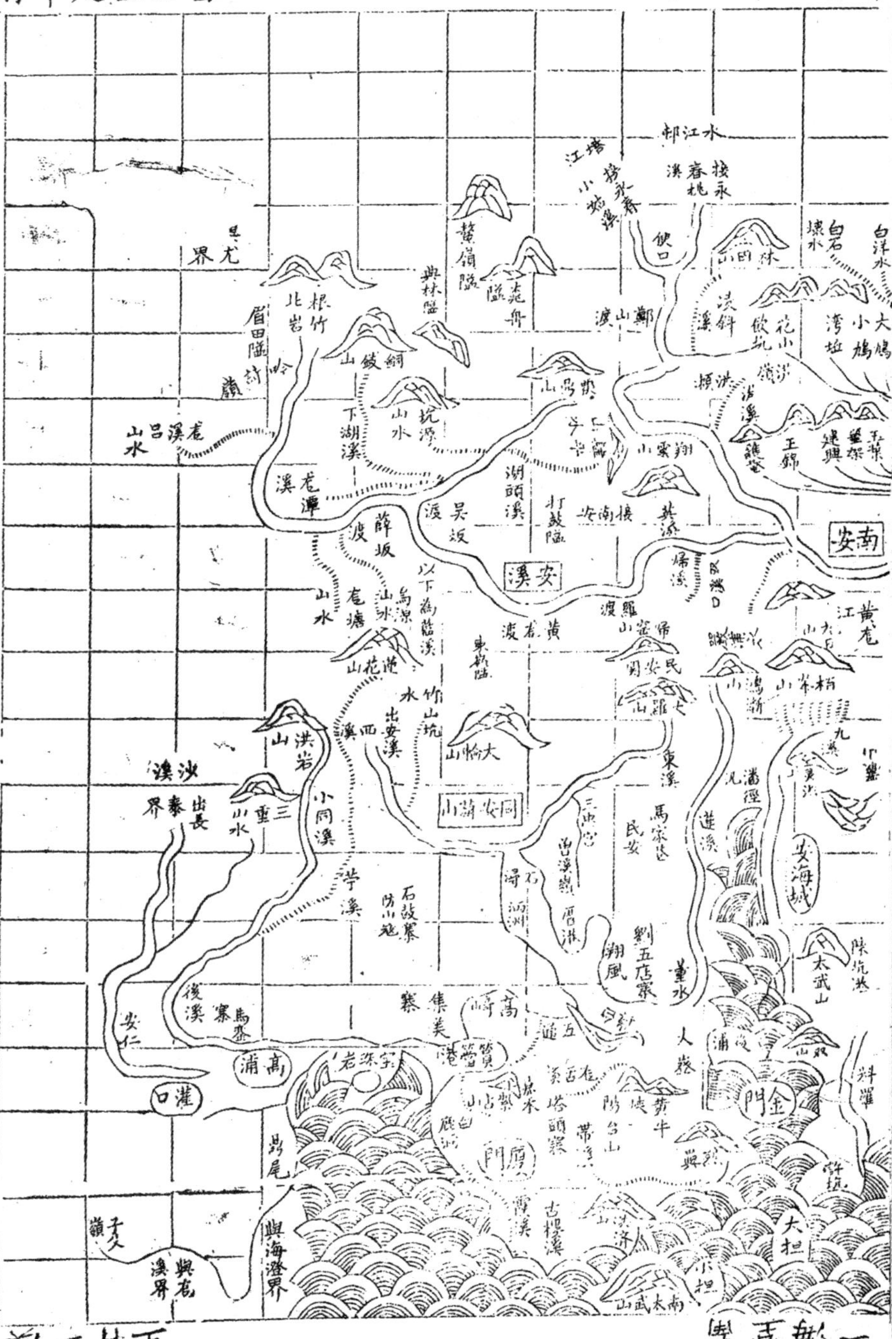

泉州府

六

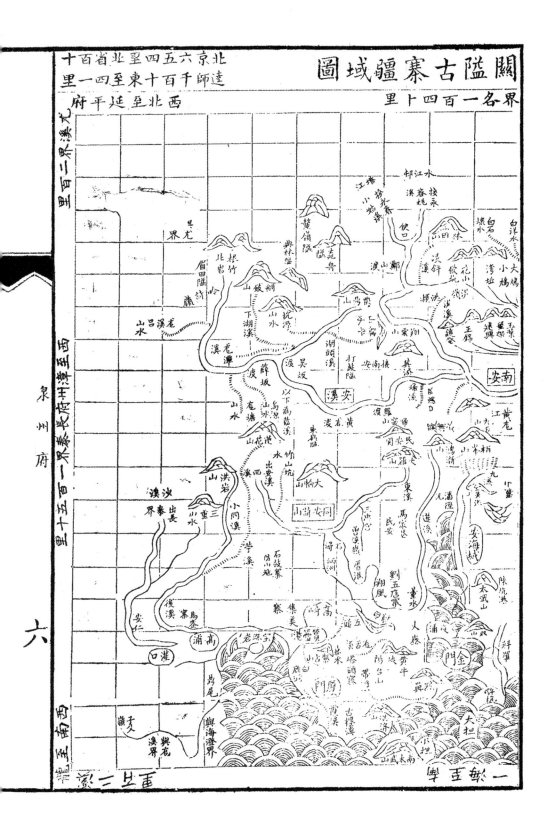

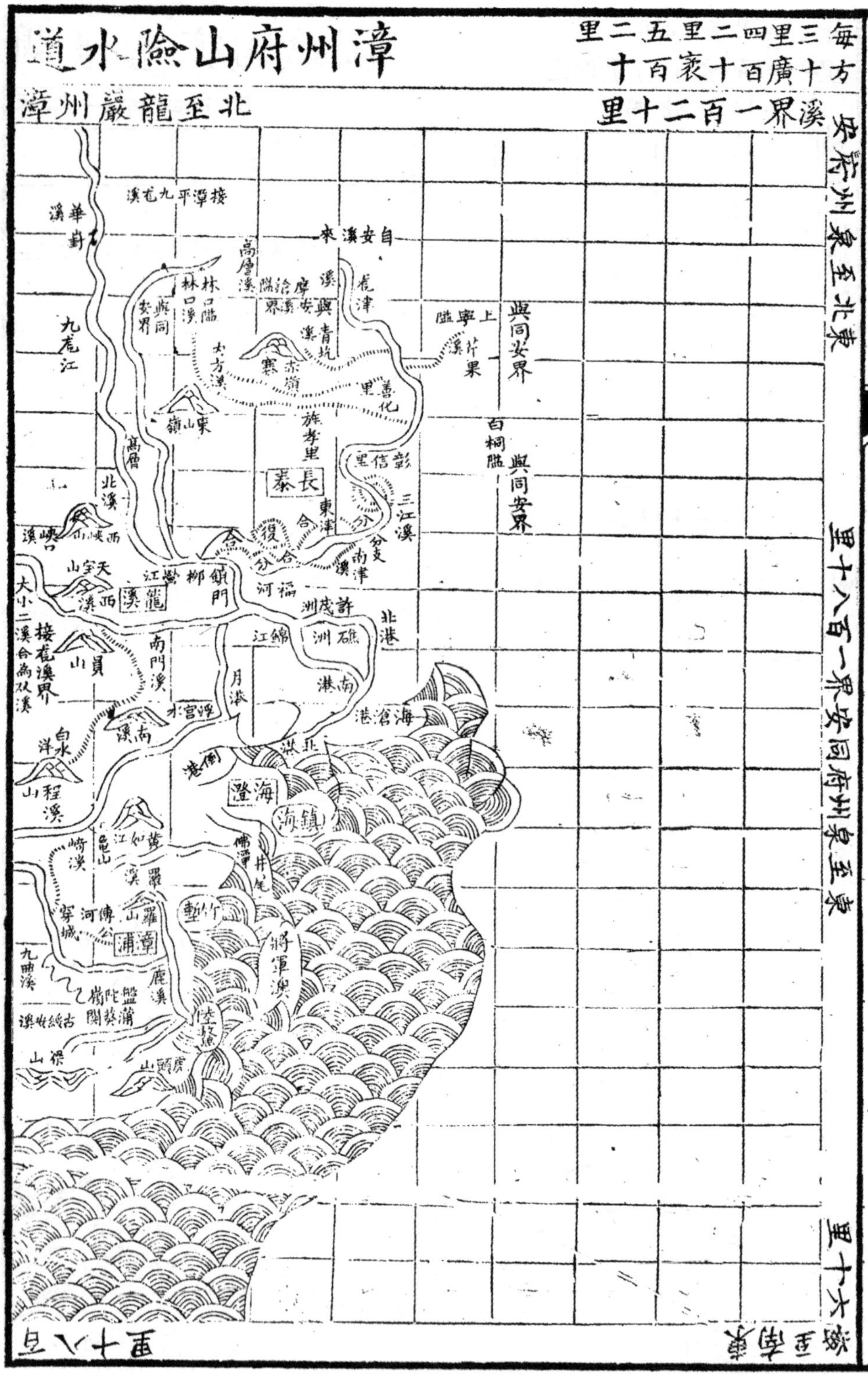
漳州府山險水道
每方三十里廣四百二十里袤五百二十里
東北至泉州府安溪界一百二十里
東至泉州府同安界一百八十里
東南至海六十里
北至龍巖州漳
百八十里
接漳平九龍溪
華封溪
九龍江
自安溪來
與同安界
白桐隘
與同安界
長泰
龍溪
柳營江
福河
許茂洲
北港
錦江
南溪
海滄港
月港
海澄
鎮海
漳浦
將軍澳
陸鰲
大小二溪合為雙溪
接龍溪界
九曲溪
三江溪
東津
南津
天寶山
白水洋
程溪
鹿溪
盤陀嶺
浮宮
北溪
西溪

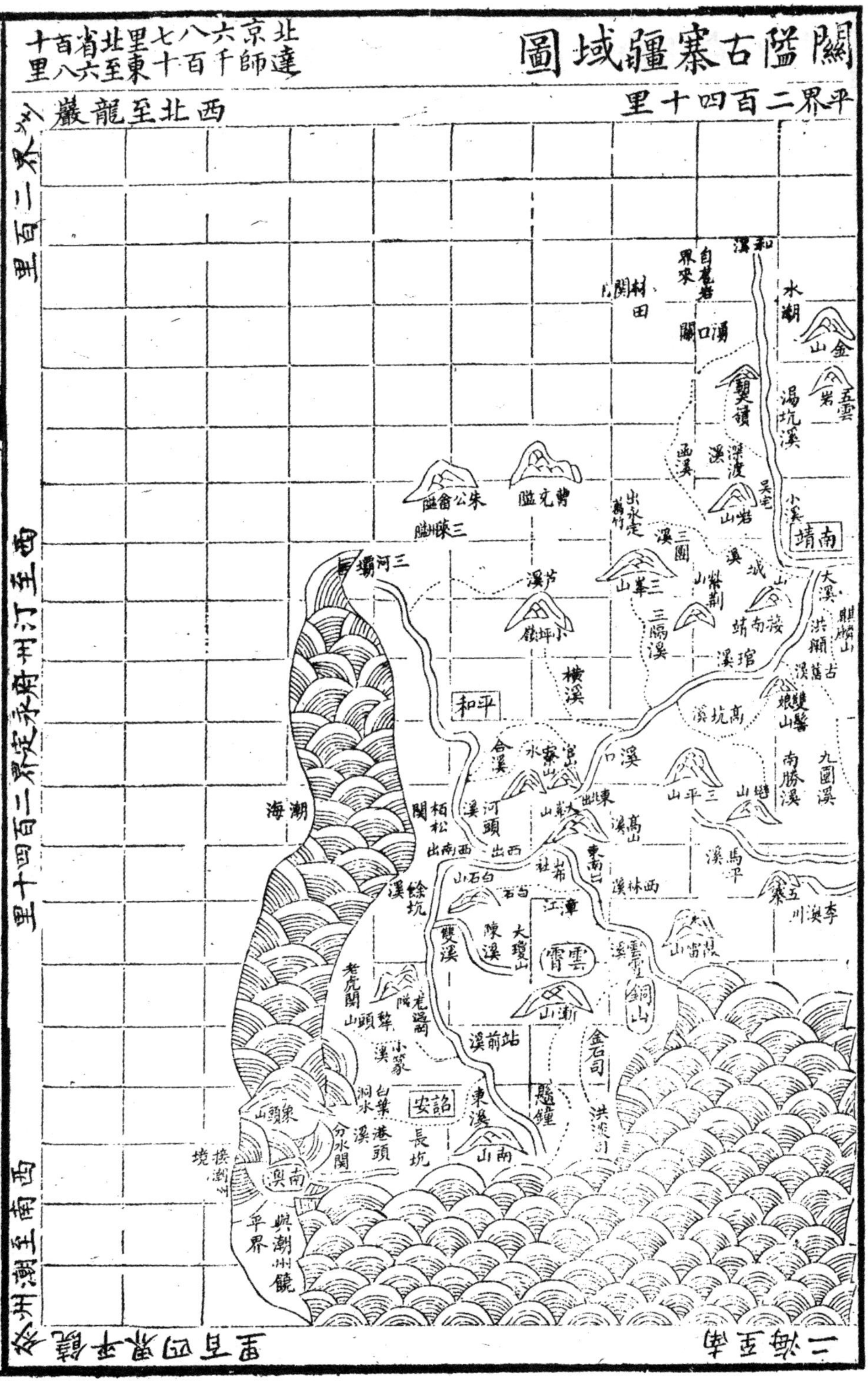

關隘古寨疆域圖
北達京師六千八百七十里東北至省六百八十里
平界二百四十里
西北至龍巖
西至汀州府永定界二百四十里
西南至潮州饒平界四百里
南至海二
南靖
平和
詔安
雲霄
銅山
漳江
朱公會隘
曹克隘
金山
湯坑溪
大溪
高坑溪
九圖溪
南勝溪
馬平溪
大寮山
陳溪
雙溪
站前溪
東溪
南山
懸鐘
金石司
分水關
港頭
長坑

漳州府　七

延平府山險水道

每方二十里廣三百八十里袤四百一十里

北至邵武府界　　寧界一百三十里

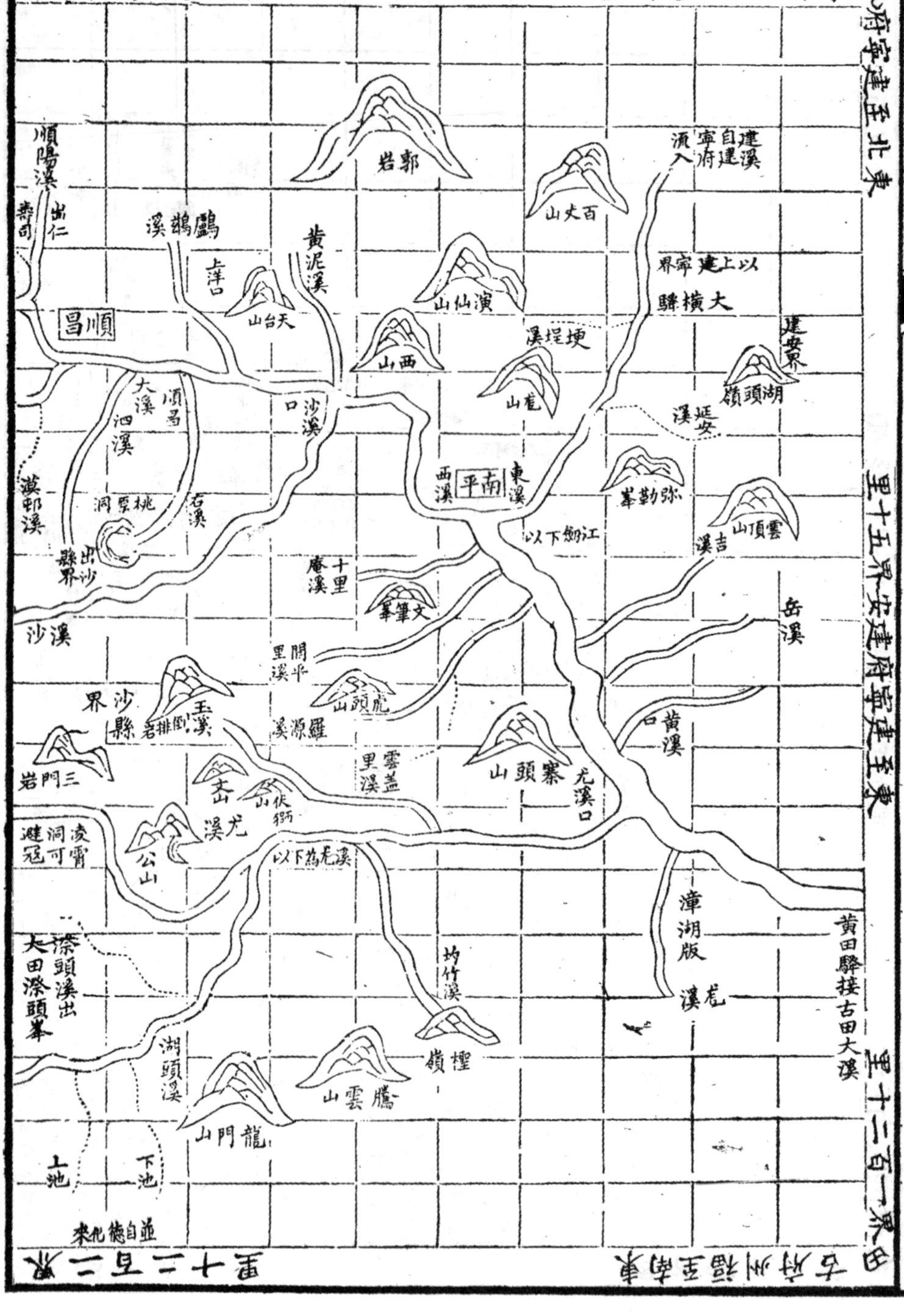

關隘古寨疆域圖

北達京師五千六百九十里東達省三百四十里

一百八十里

西北至汀州府歸化界二百六十里

西至汀州府清流界二百二十五里

西南至汀州府寧化界二百八十里

南至永春州德化

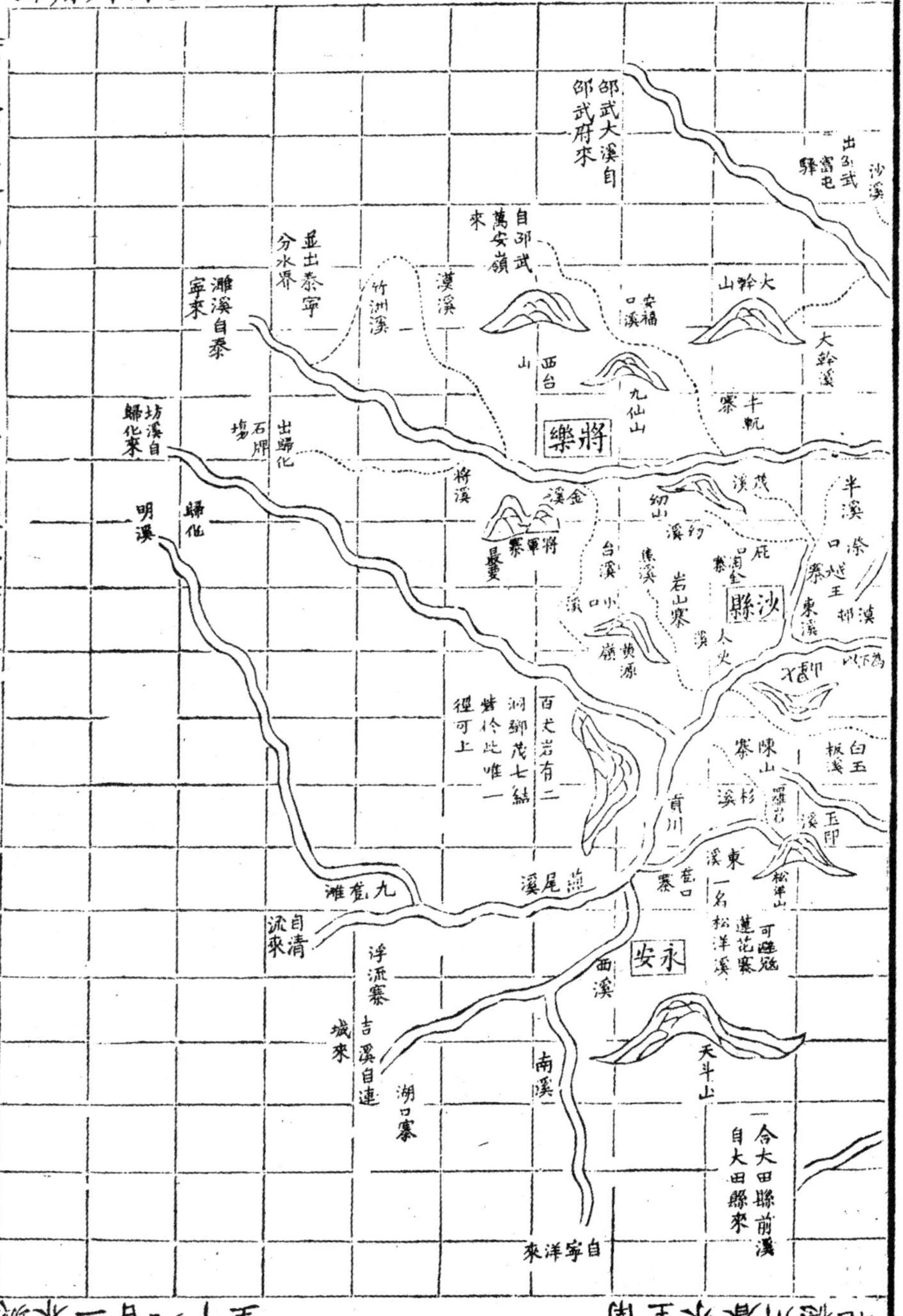

延平府

八

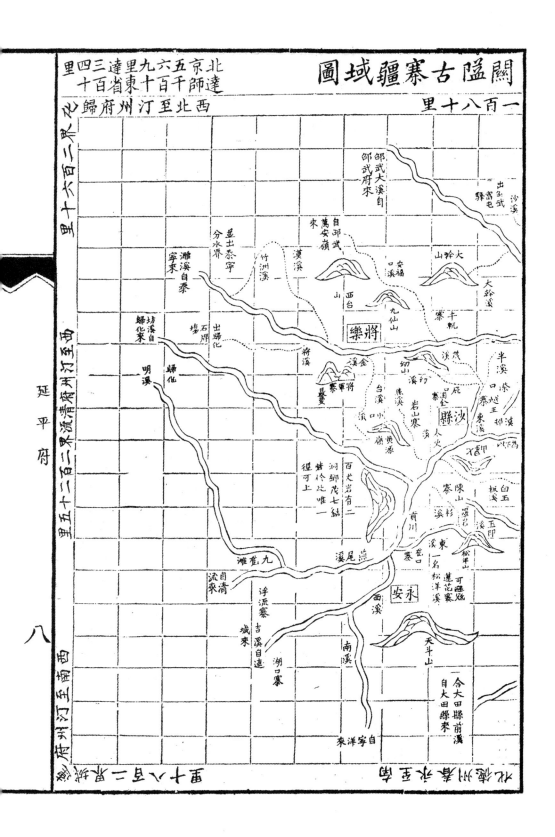

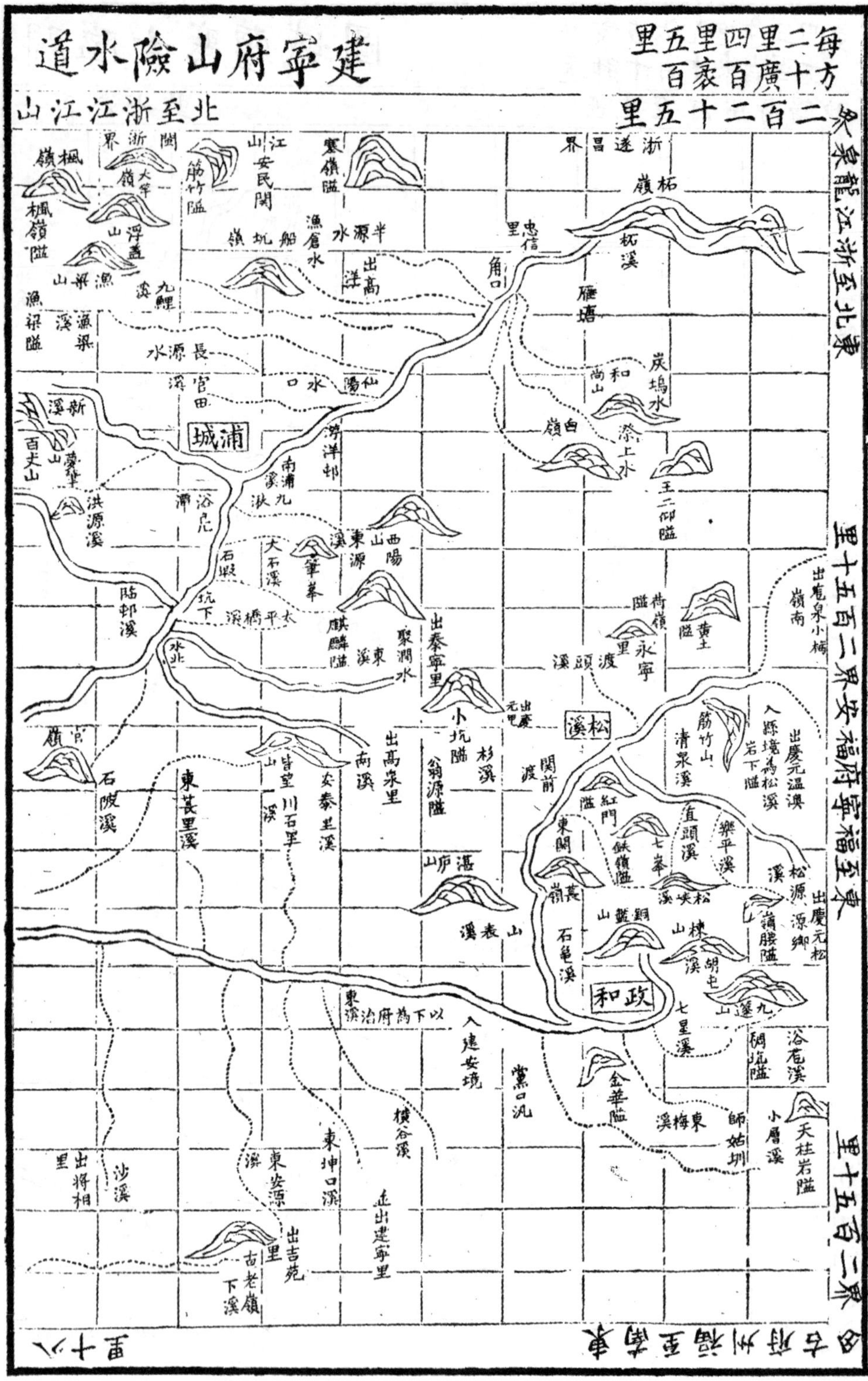

建寧府山險水道
每方二十里
廣四百里
袤五百里
北至浙江江山
東北至浙江龍泉界
二百二十五里
東至福寧府福安界二百五十里
浦城
松溪
政和

八

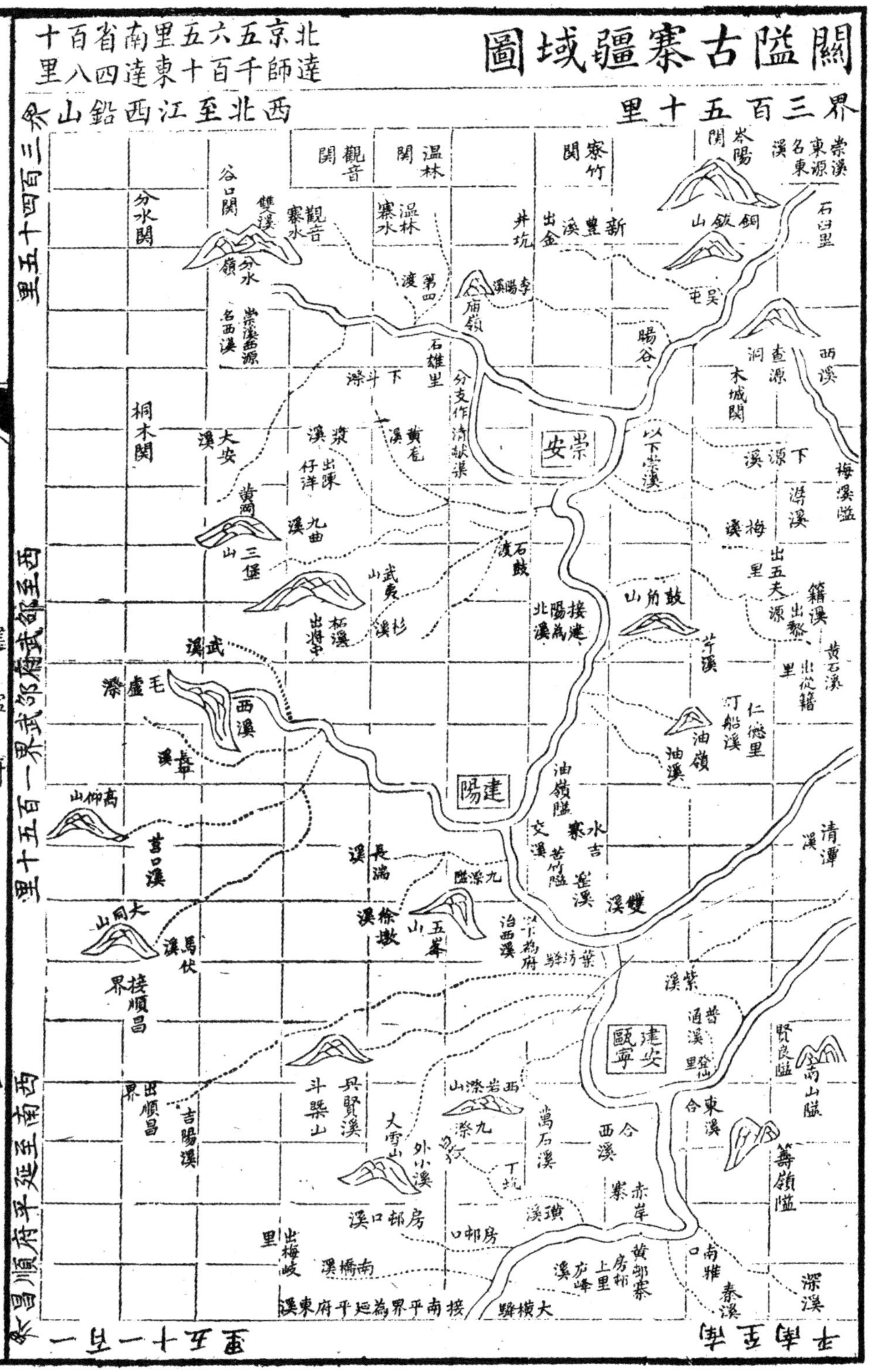

關隘古寨疆域圖
北達京師五千六百五十里東南達省四百八十里
崇安
建陽
建安
甌寧
分水關
桐木關
溫林關
觀音關
寨竹關
分水嶺
大安溪
黃竹
九曲溪
三堡山
武夷山
石鼓渡
鼓角山
油嶺
梅溪
西溪
毛盧漈
高仰山
大同山
吉口溪
長灘溪
五峯山
雙溪
紫溪
東溪
鍾嶺隘
南山隘
賢良隘
接順昌界
吉陽溪
大雪山
清潭溪
深溪
接南平界為延平府東溪
大横驛

建寧府

九

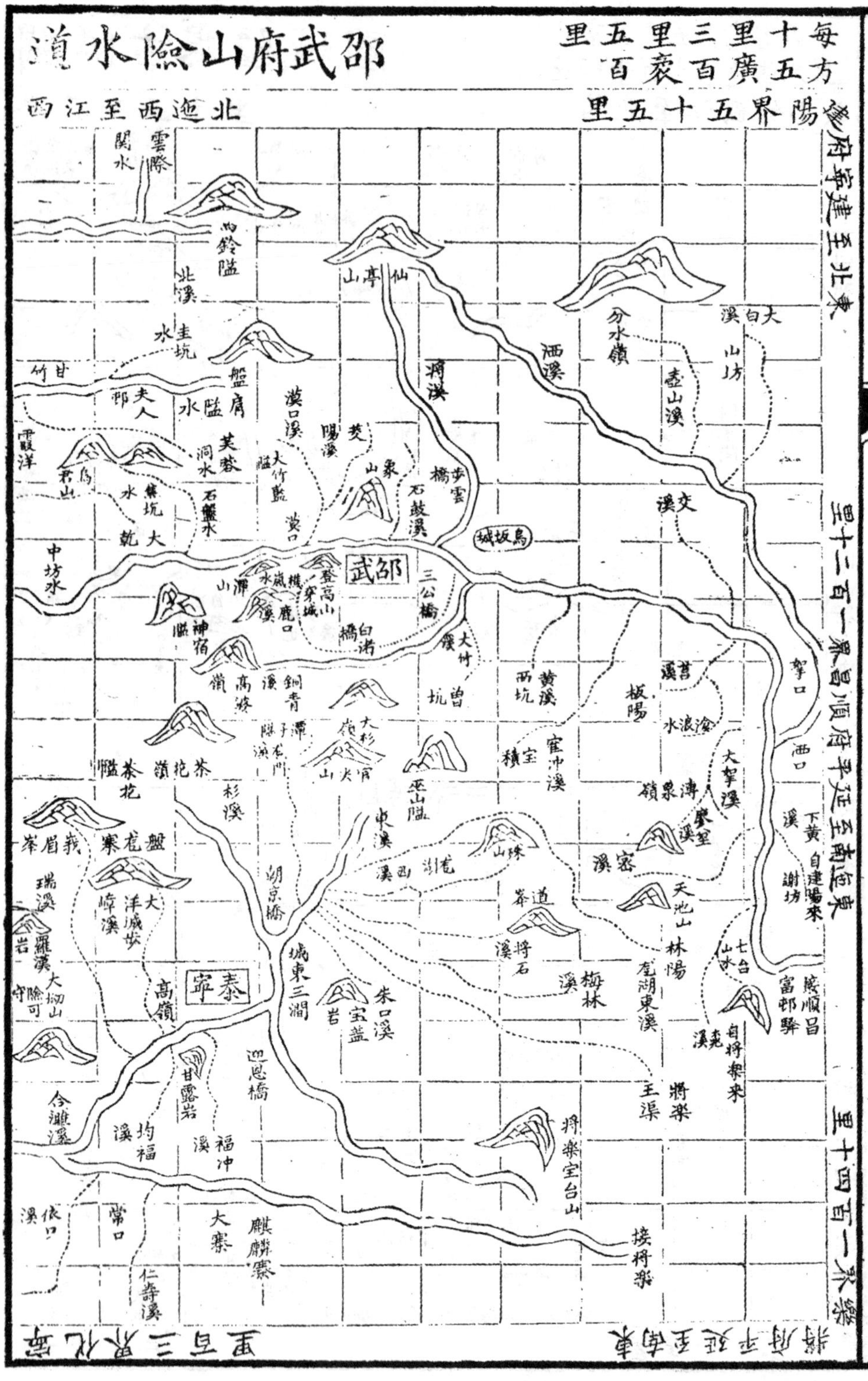
邵武府山險水道
每方五十里 廣三百里 袤五百里
東北至建寧府建陽界五十五里
北迤西至江西
雲際關水
仙亭山
分水嶺
大白溪
交溪
烏坂城
邵武
三公橋
石鼓溪
盤肩水隘
芙蓉洞水
銅青溪
茶花嶺
杉溪
盤龍寨
義眉峯
泰寧
高嶺
胡家橋
天池山
梅林溪
將石溪
朱口溪
宝盖岩
迎恩橋
甘露岩
合灘溪
均福溪
福冲溪
將樂宝台山
接將樂
麒麟寨
大寨
仁壽溪
常口
依口溪
將樂
王渠
富邨驛
下黃溪
謝坊

九

邵武府

十

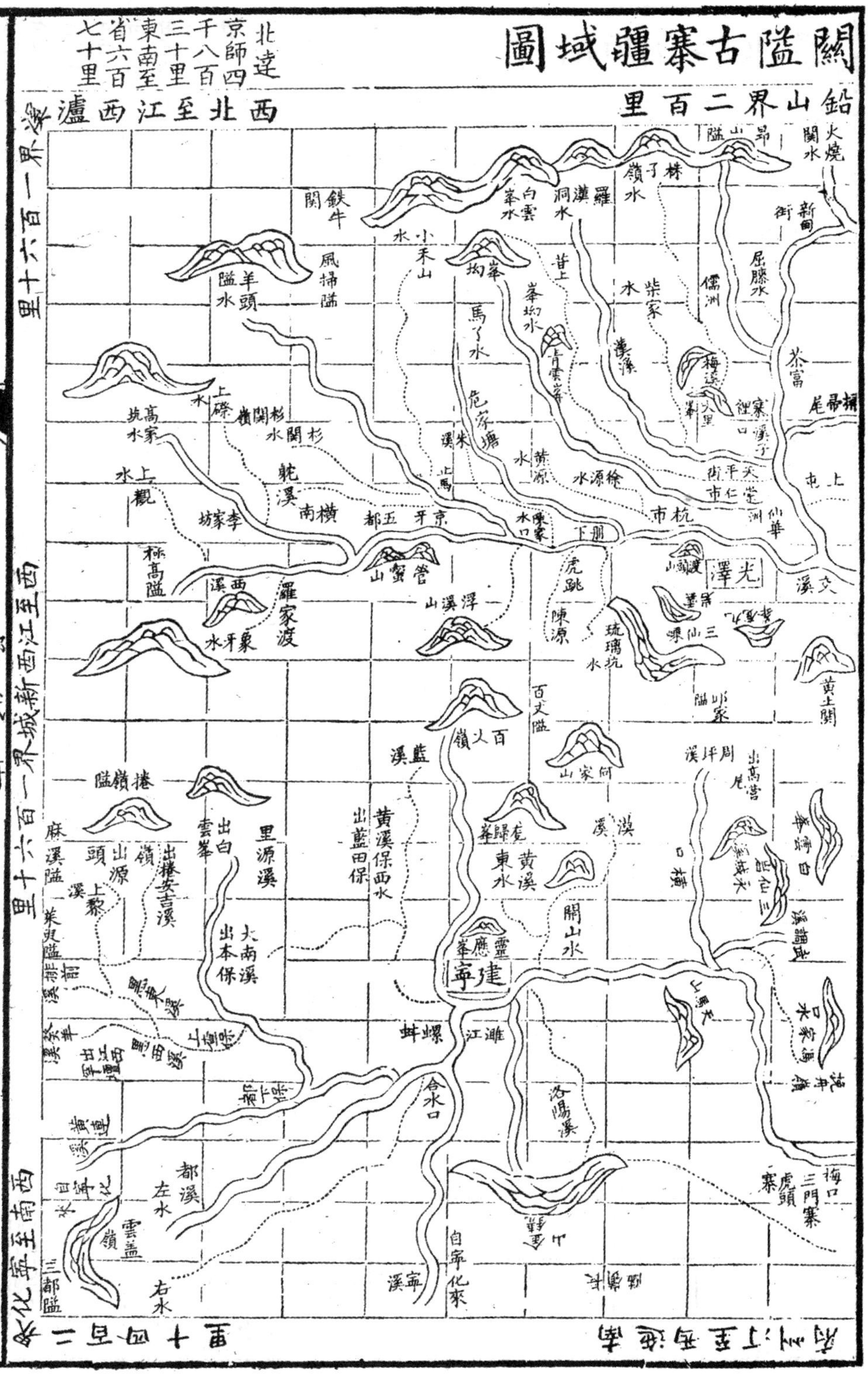
關隘古寨疆域圖
北達京師四千八百三十里
東南至省六百七十里
鉛山界二百里
西北至江西瀘溪界一百六十里
西至江西新城界一百六十里
西南至寧化界二百四十里
火燒關水
新街
鐵牛關
風掃隘
羊頭隘水
白雲峯水
羅漢洞水
林子嶺水
屈膝水
儒洲
柴家水
小禾山水
馬了水
危家塘
茶富
杉關水
高家坑水
上觀水
李家坊
京平五都
横南
光澤
杭市
仁市
管蜜山
浮溪山
琉璃坑水
三仙嶺
羅家渡
百丈隘
百丈嶺
藍溪
黄溪保西水
出藍田保
黄溪東水
關山水
靈應峯
建寧
螺蚌
灘江
合水口
洛陽溪
梅口三門寨
虎頭寨
雲盖嶺
都溪左水
右水
寧溪
自寧化來
三都隘

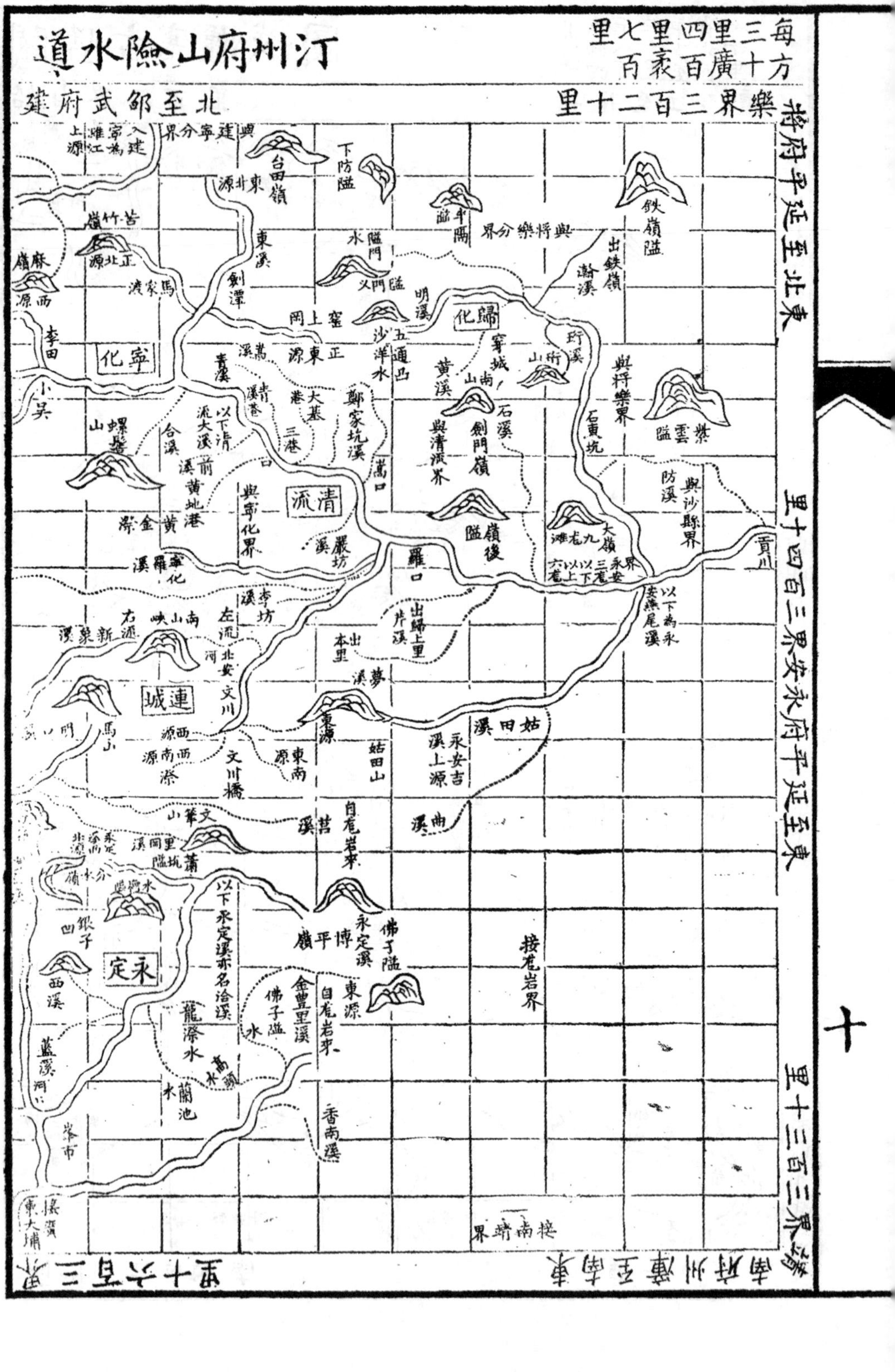
汀州府山險水道
北至邵武府建
東北至延平府將樂界三百二十里
東至延平府永安界三百四十里
寧化
歸化
清流
連城
永定
台田嶺
鉄嶺隘
紫雲隘
劍門嶺
後嶺隘
姑田溪
博平嶺
龍潫水
蘭池水
香南溪
接龍岩界

關隘古寨疆域圖

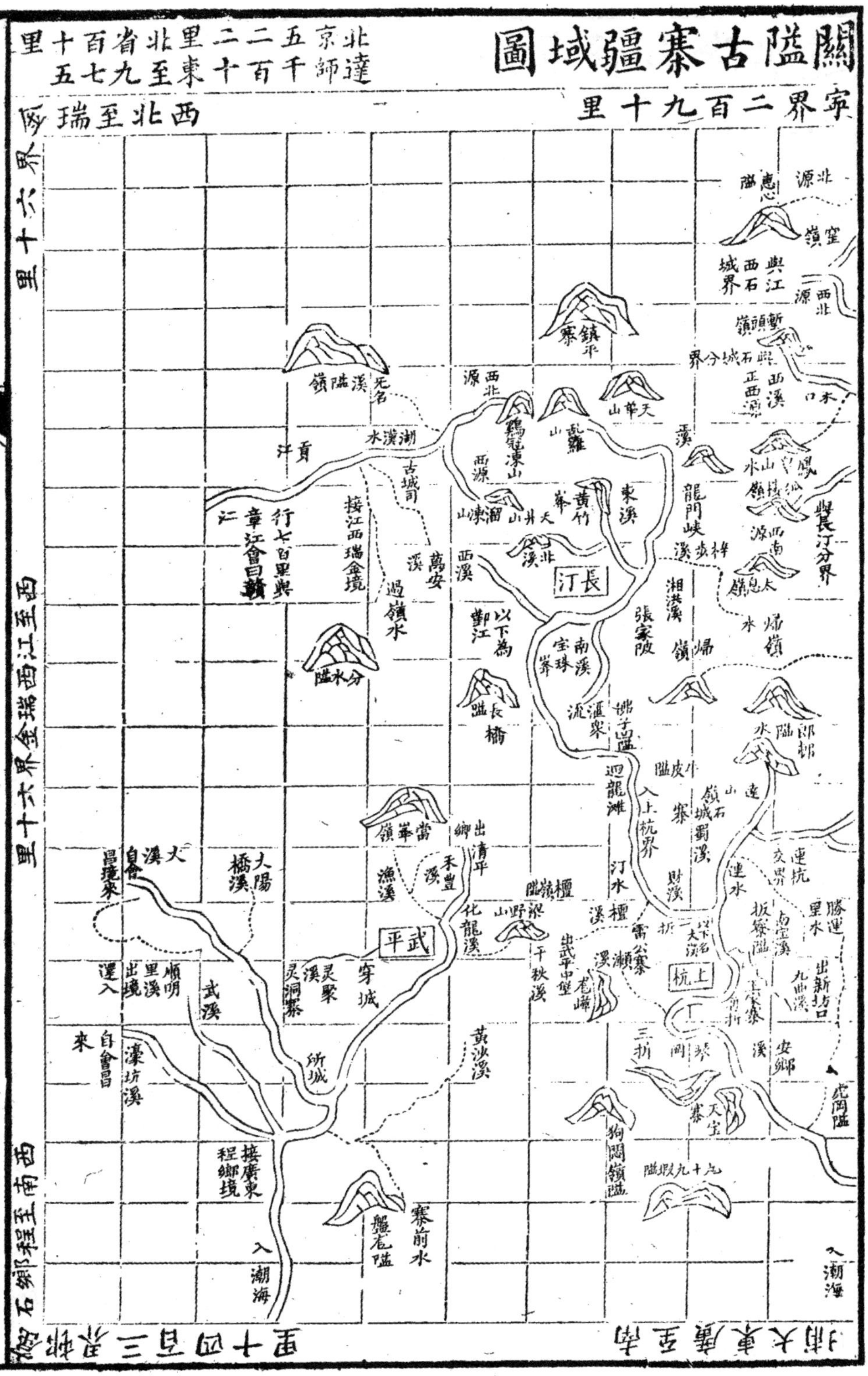

汀州府

十一

福寧府山險水道

每方三十里　廣五百里　袤五百四十里

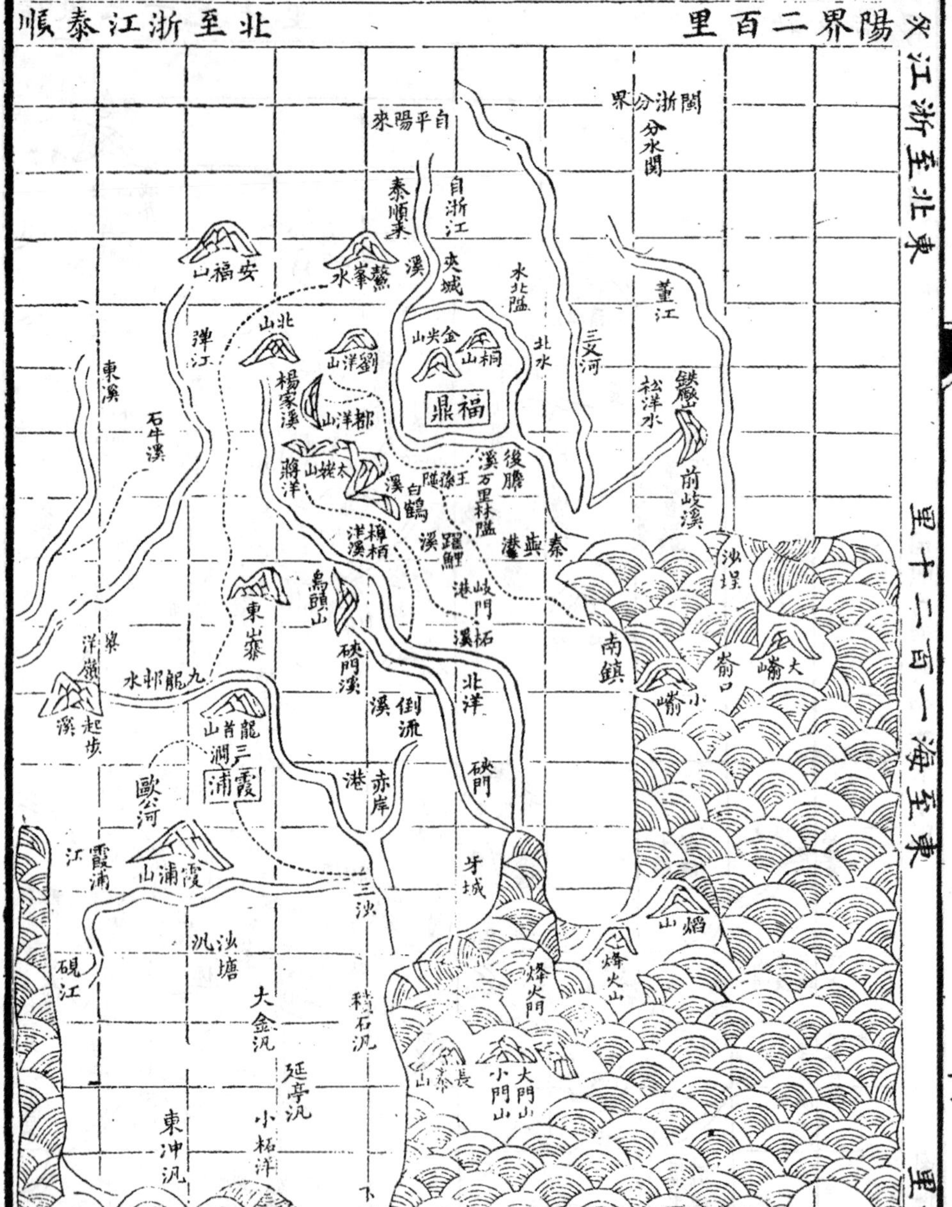

十

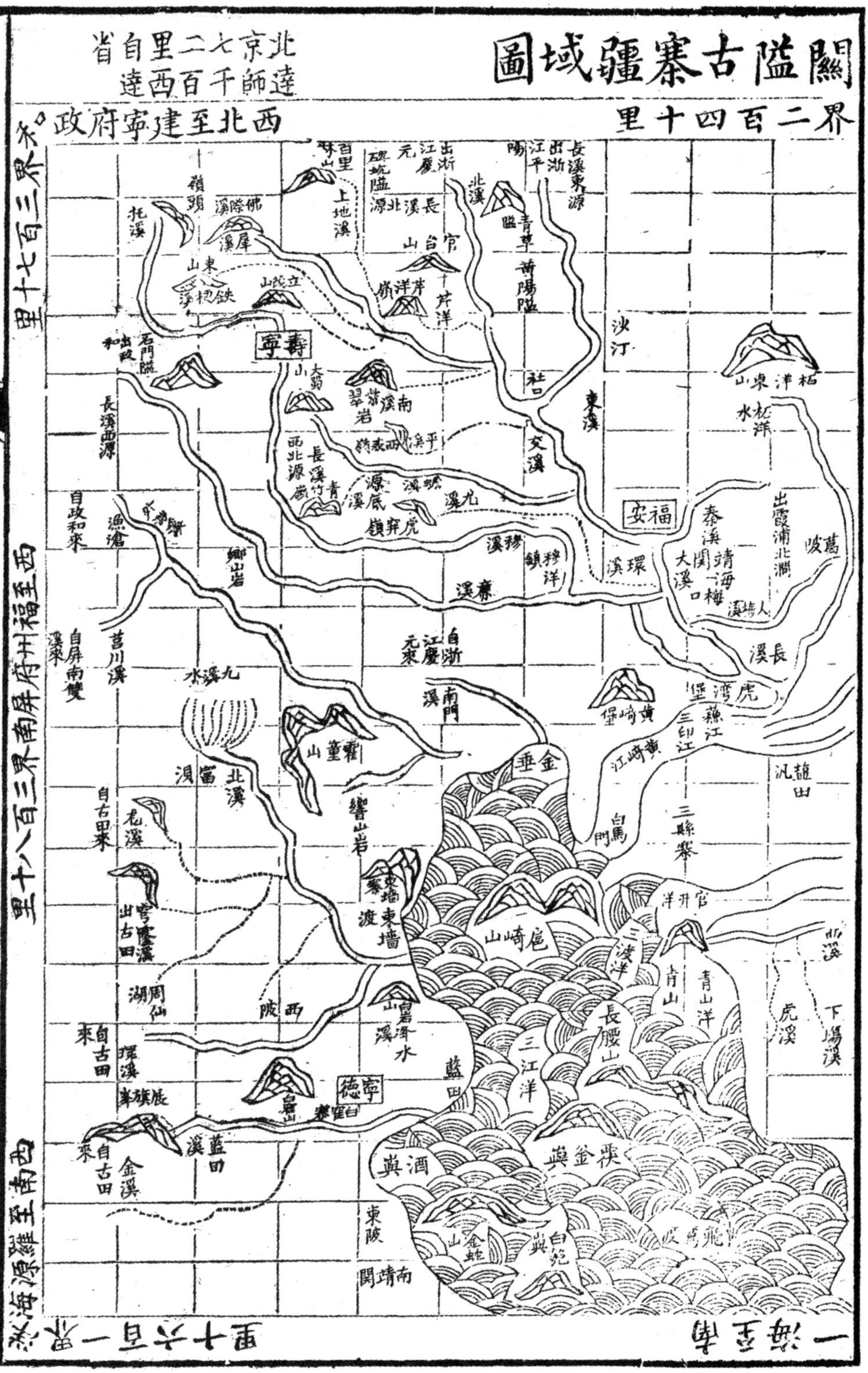
關隘古寨疆域圖
北京七二里自省
達師千百西達
西北至建寧府政和界三百七十里
界二百四十里
西至福州府屏南界三百八十里
西南至羅源海界一百六十里
壽寧
福安
寧德
金垂

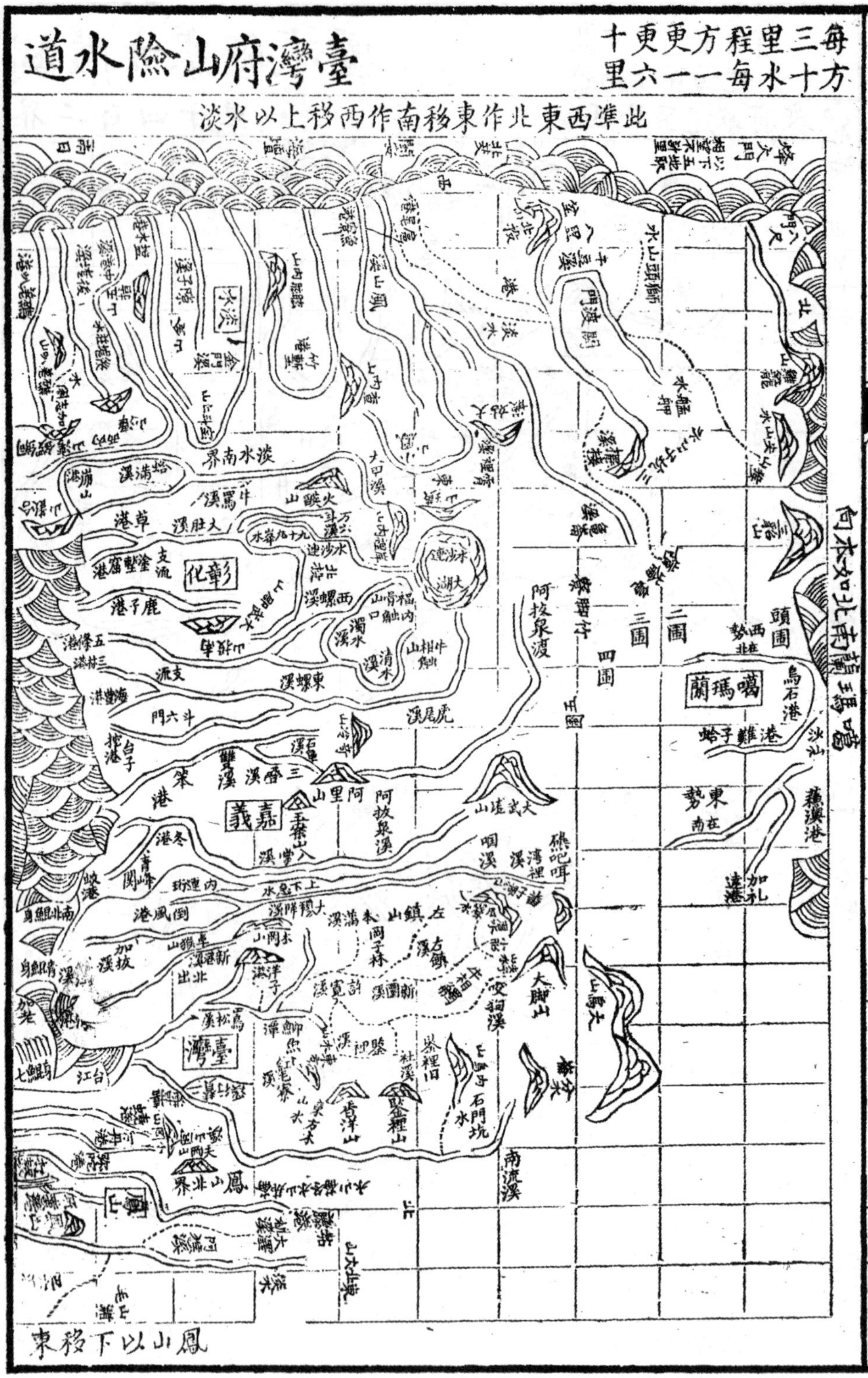
臺灣府山險水道
每方三十里水程每方一更一更六十里
淡水以上移西作南移東作北東西準此
彰化
嘉義
臺灣
鳳山
噶瑪蘭
淡水南界
鹿子港
阿里山
虎尾溪
阿拔泉渡
南淡溪
鳳山以下移東

十二

關隘古寨疆域圖

北達京師水程十一更外六千六百七十里西南至省除水程十一更陸程五百四十里

東盡大脚山西抵澎湖廣陸程五十里水程四更北至鷄籠城南至砂馬磯袤一千二百里

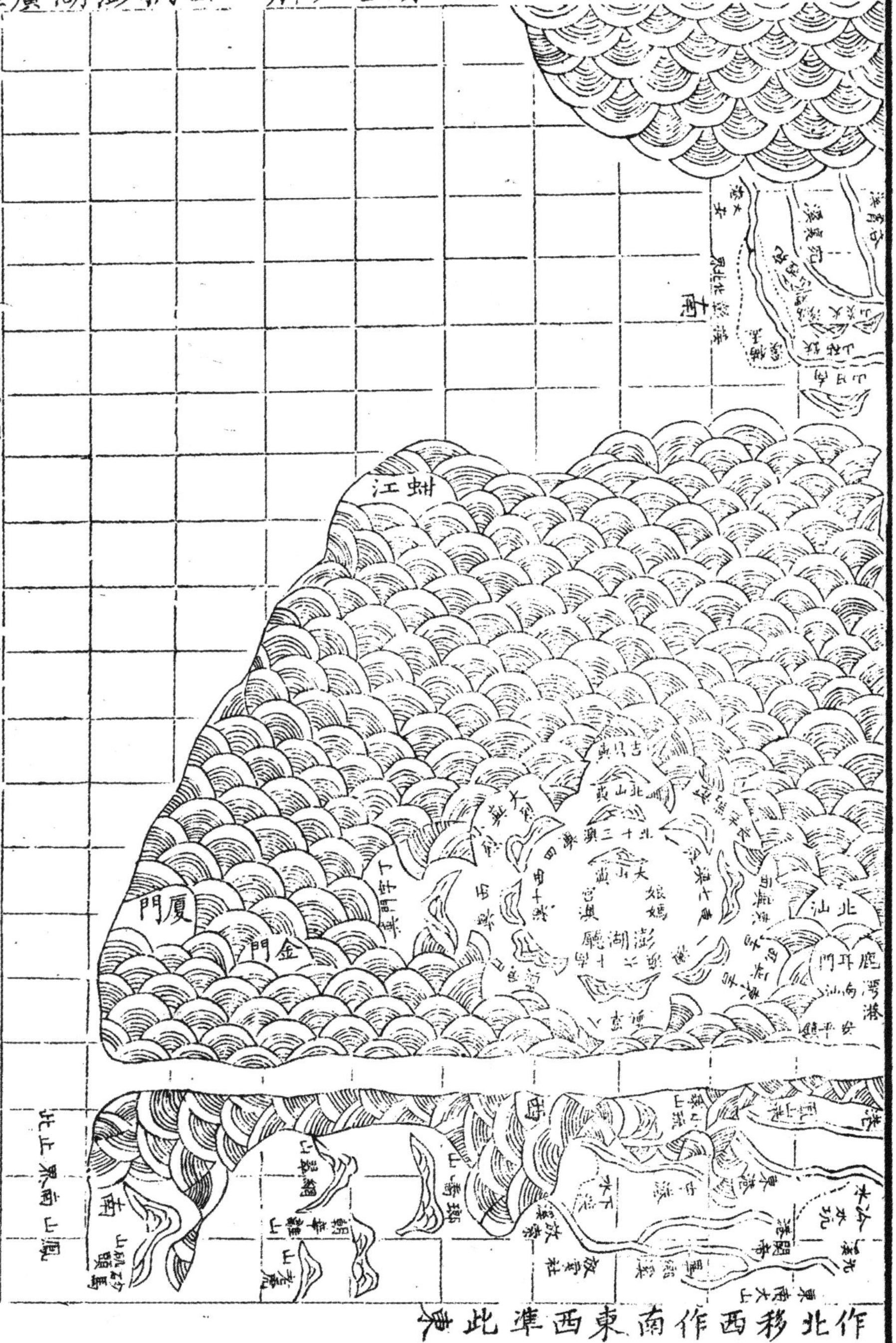

作北移西作南東西準此東

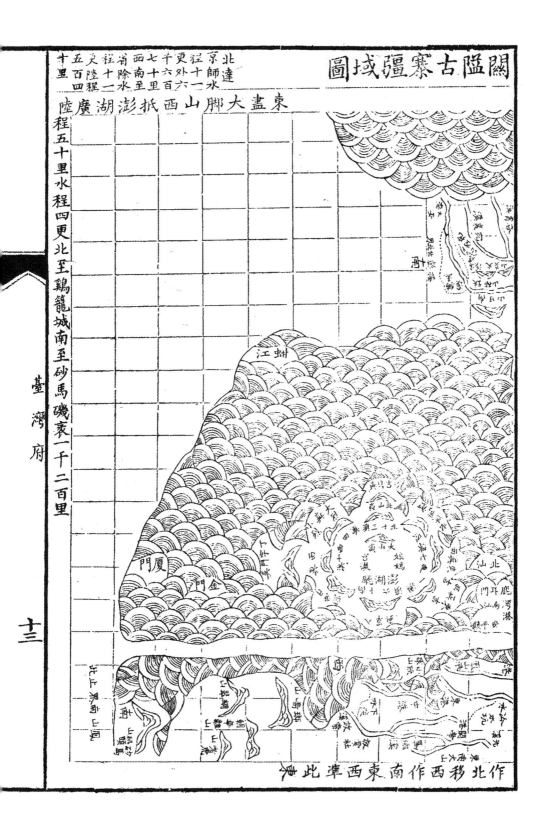

永春州山險水道

每方十里廣一百九十里袤一百八十里

北至延平府尤溪界一百六十里

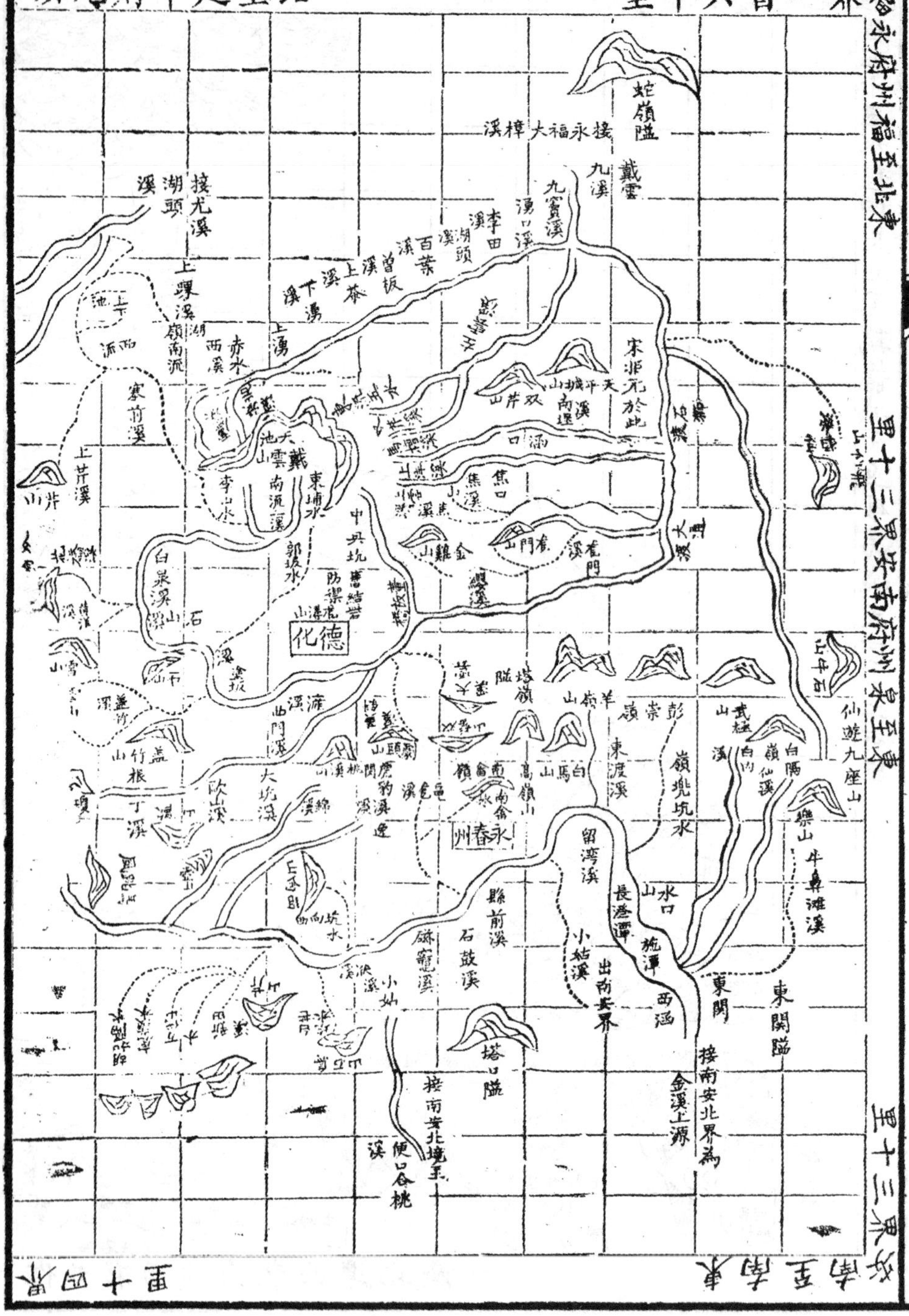

十三

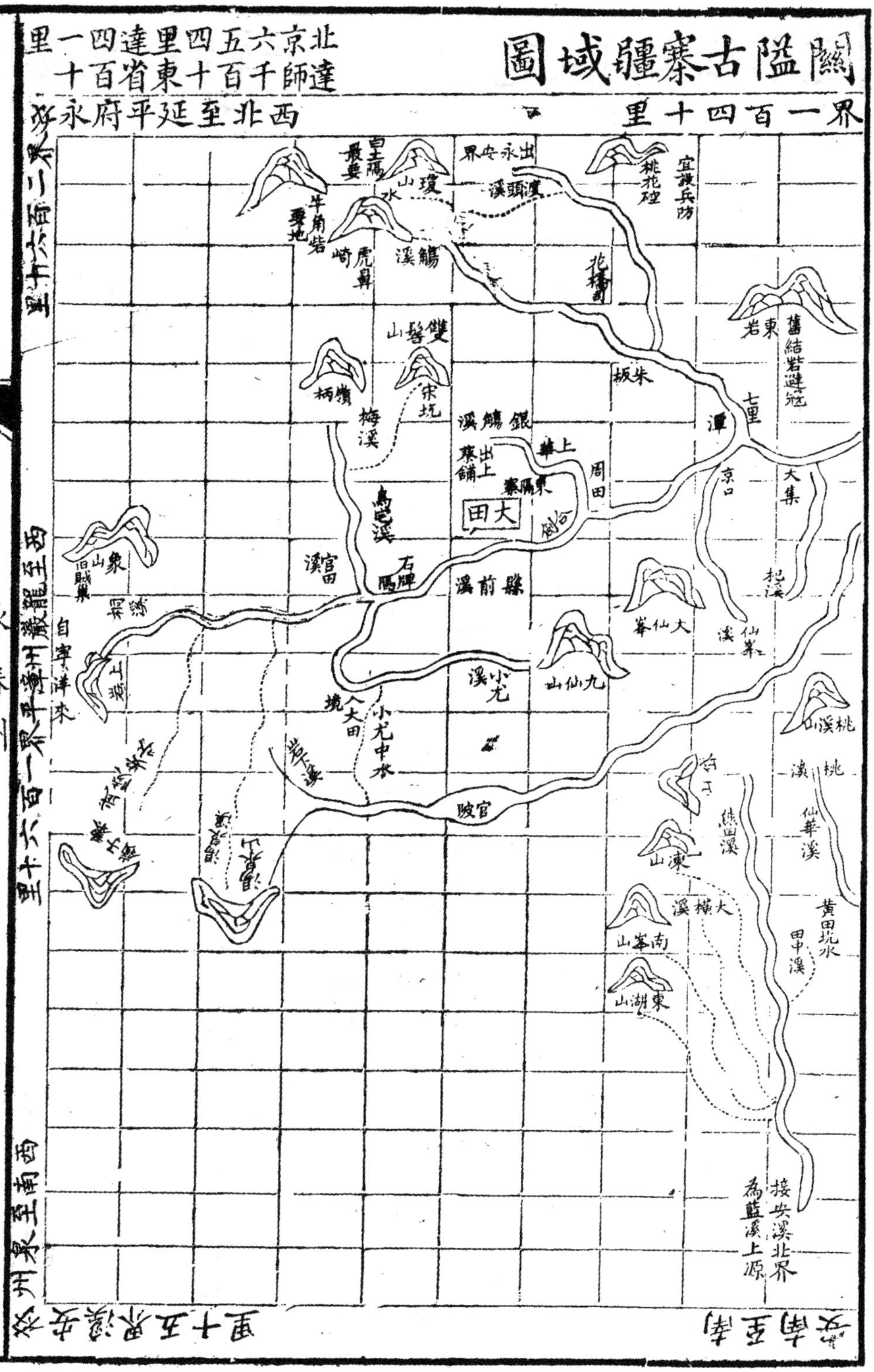

關隘古寨疆域圖
北達京師六千五百四十里
東達省一百四十里
界一百四十里
西北至延平府永安界二百六十里
西至龍巖州寧洋縣界一百六十里
西南至永安界五十里
出永安界
渡頭溪
宜設兵防
桃花磜
白土隔最要
瓊山水
牛角岩要地
虎鼻崎
鷂溪
舊結砦避兵
東岩
雙髻山
朱板
七里潭
京口
大集
銀鷂溪
上華
周田
出上寮舖
東隔寨
大田
合溪
爲屯溪
富溪
石牌隔
縣前溪
象山
自寧洋來
大仙峯
九仙山
小尤溪
入大田境
小尤中水
官陂
桃溪
仙華溪
黄田坑水
田中溪
東山
大横溪
南峯山
東湖山
接安溪北界為藍溪上源

永春州

廿四

龍巖州山險水道

每方二十里 廣三百里 袤三百二十里

北至汀州府連城

東北至延平府永安界二百五十里

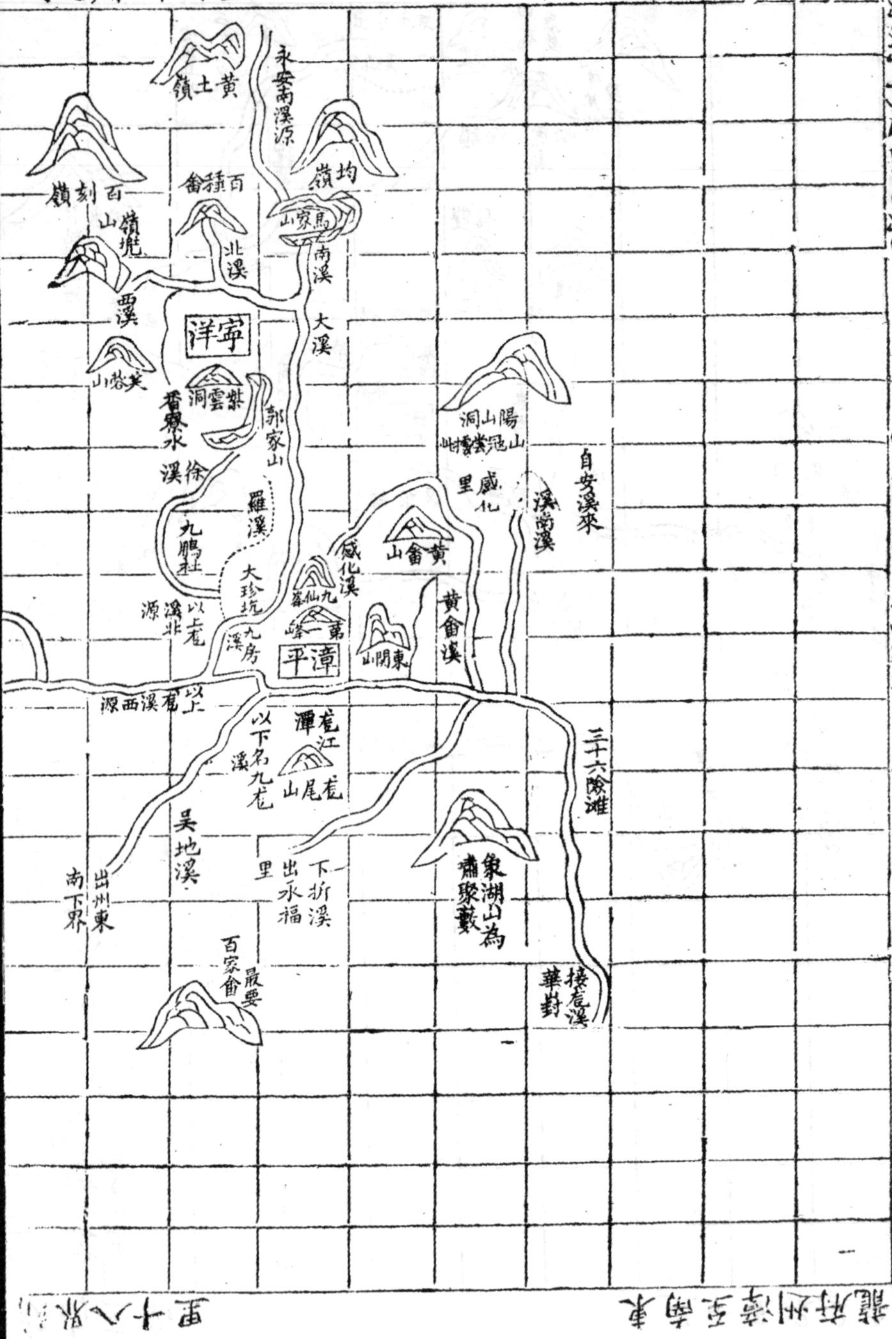

東至泉州府安溪界二百四十里

東南至漳州府龍溪界一百四十里

界八十里

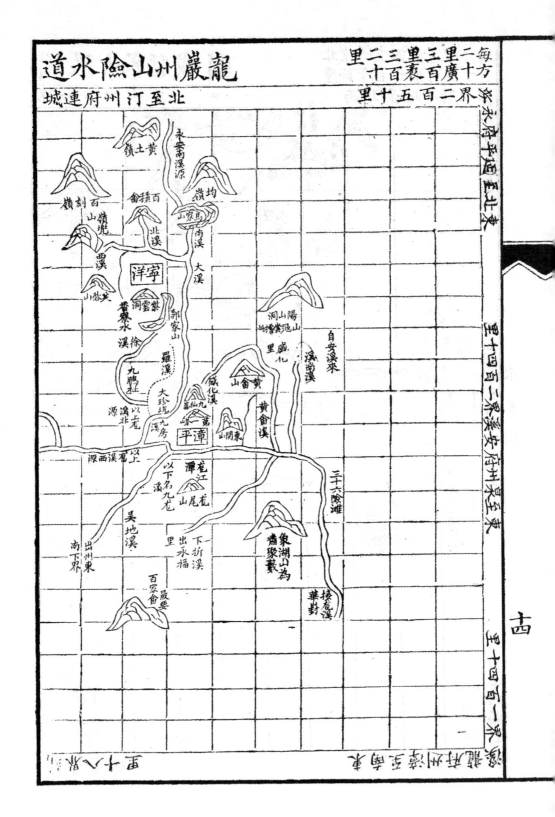

關隘古寨疆域圖

北達京師七千一百二十里東北達省九百九十里

界一百五十里

西北至汀州府上杭界六十五里

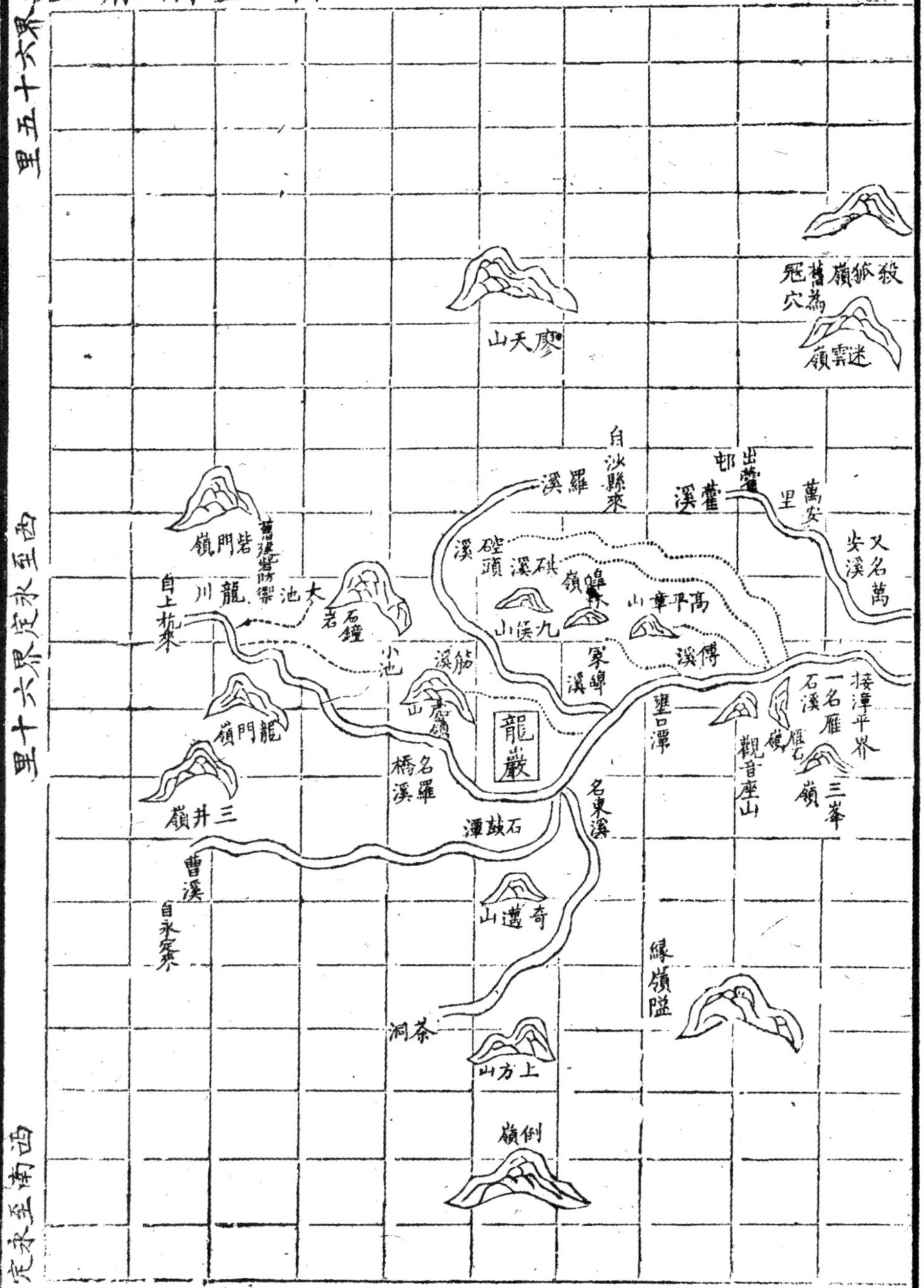

西至永定界六十里

西南至永定界七十五里

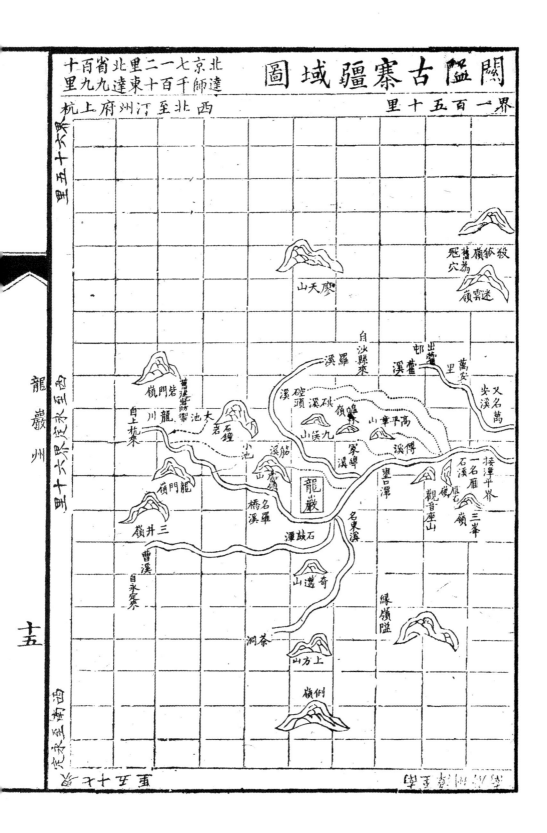

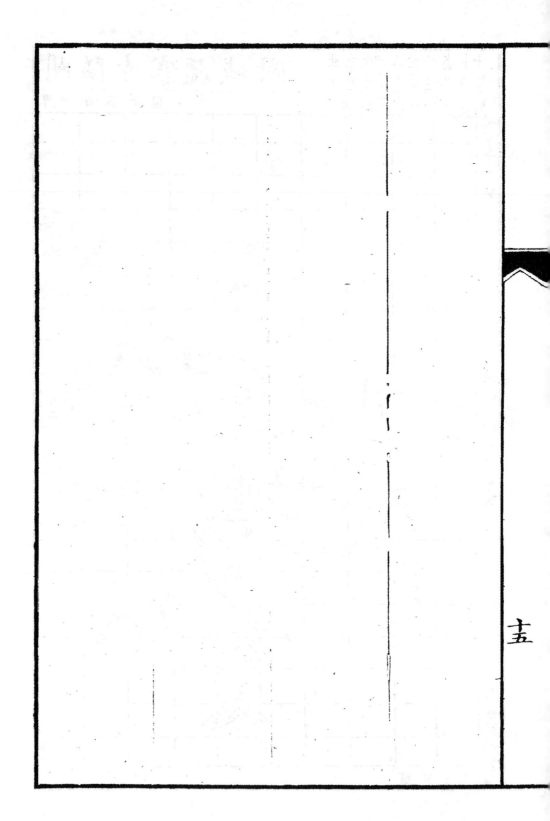

福建海防全圖

福建

閩海東北際浙界西南際粵界水程並二千里而陸程止一千二百里今海方作四十作表計里六十作歷二里方得十千二一千如百里數陸程

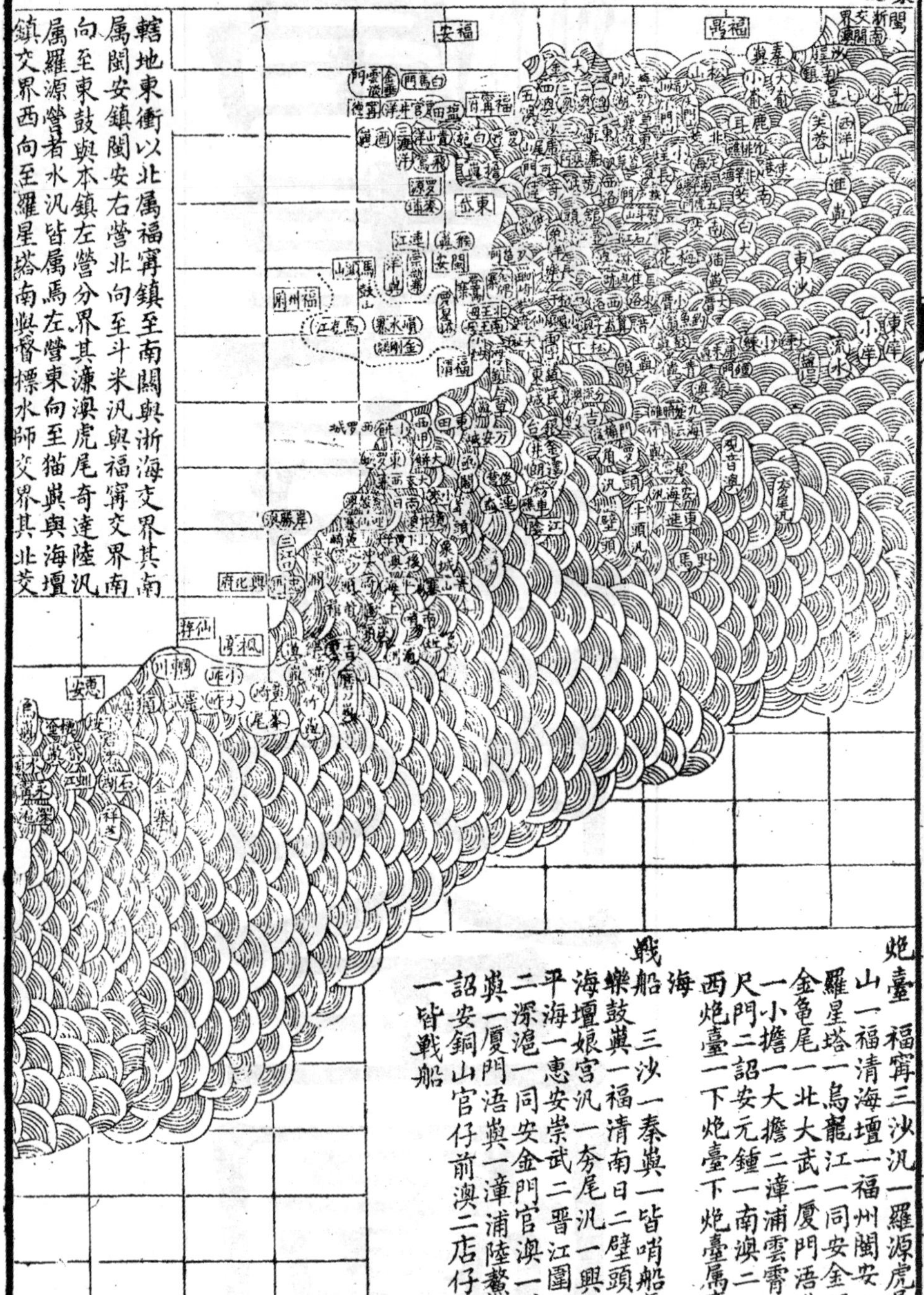

轄地東衝以北屬福寧鎮至南關與浙海交界其南屬閩安鎮閩安右營北向至斗米汛與福寧交界南向至東鼓與本鎮左營分界其濂澳虎尾奇達陸汛屬羅源營者水汛皆屬馬左營東向至猫嶼與海壇鎮交界西向至羅星塔南與督標水師交界其北交

炮臺　福寧三沙汛一羅源虎尾山一福清海壇一福州閩安二羅星塔一烏龍江一同安金門金龜尾一北大武一廈門浯嶼一小擔一大擔二漳浦雲霄八尺門二詔安元鍾一南澳二一西炮臺一下炮臺下炮臺屬廣

海戰船　三沙一秦嶼一皆哨船長樂鼓嶼一福清南日二壁頭一海壇娘宮汛一夯尾汛一興化平海一惠安崇武二晉江圍頭二深滬一同安金門官澳一烈嶼一廈門浯嶼一漳浦陸鰲三詔安銅山宮仔前澳二店仔汛一皆戰船

十六

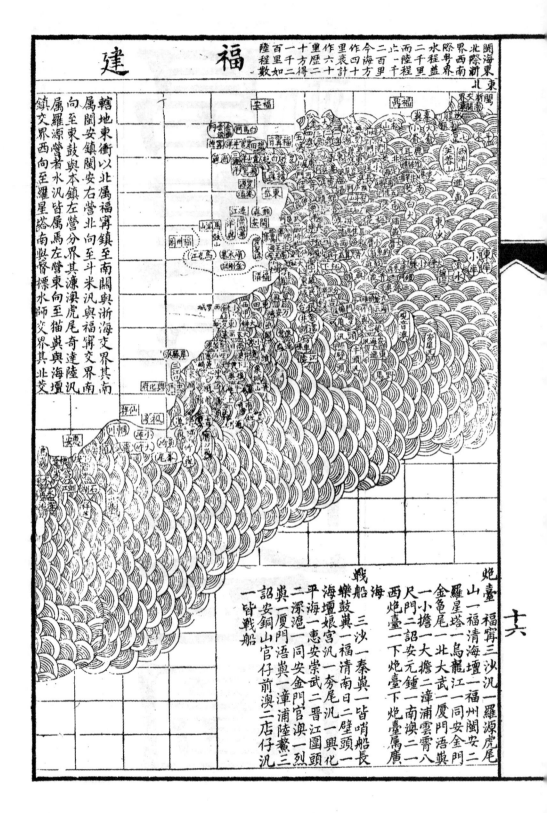

海防圖

海最用圜要圖諸與海者連以覽
防要方次用圖澳在中用還便

皆屬焉海壇鎮左營領竹澳以北至磁澳與閩安左營交界其海口鎮鎮東萬安陸汛屬長福營水汛仍屬之兼領本鎮上五甲陸汛右營領門楄後之南至茱子澳與金門鎮左營交界其江陰南日之東北陸汛屬長福營平海湄洲陸汛屬興協若水汛仍屬之兼領下五甲陸汛羅星塔之西歷員山水寨金剛腿屬督標水師至烏龍江止南日之西南歷象城三江口屬興協其青山寨沖心寨碕頭黃碕美瀾岸勝諸澳領以左營至樂嶼與陸提交界忠門塔林上歐黼禧吉蓼崁頭南哨領以右營至烏坵東與金門鎮左營交界烏坵之西茱子澳之南至金門屬金門鎮左營又西南小甇大甇至白鴨礁屬本鎮右營白鴨礁南至七星礁屬本鎮銅山營而本營北有八尺松柏二門南有金石洪淡二司東有茱嶼紅嶼西有官仔前嶼皆屬馬鑾嶼之南屬陸提其所領惠安之黃崎小岞大岞崇武獺屈為提標前營地烏潯福全為左營汛地深滬永寧蚶江祥芝為右營汛地而圍頭安海則屬泉州城守營也水提五營分領廈門諸汛中營領青浦汛陽川高崎青嶼浯嶼左營領石碼鎮福滸寨鎮頭寨右營領小擔大擔烏嶼石美玉洲汛前前營所領北至鼎尾南至白石碼東至海滄西至水頭後營所領北至高浦南至五通東至劉五店西至馬鑾而水提所轄盡矣其外屬漳州鎮海澄之海門司歷南鎮半洋洲屬本鎮右營漳浦之鎮海井尾將軍澳杜潯陸鰲埭頭屬本鎮左營右營左營即前海澄漳浦營也海門以北右營與水提中營分界埭頭以南左營與銅山分界其雲霄及八尺土堡領以雲霄營元鍾至聖澳領以詔安營而八尺聖澳並與銅山分界也七星礁之南屬南澳鎮領以左營至澳角與右營交界則屬廣海非閩疆矣

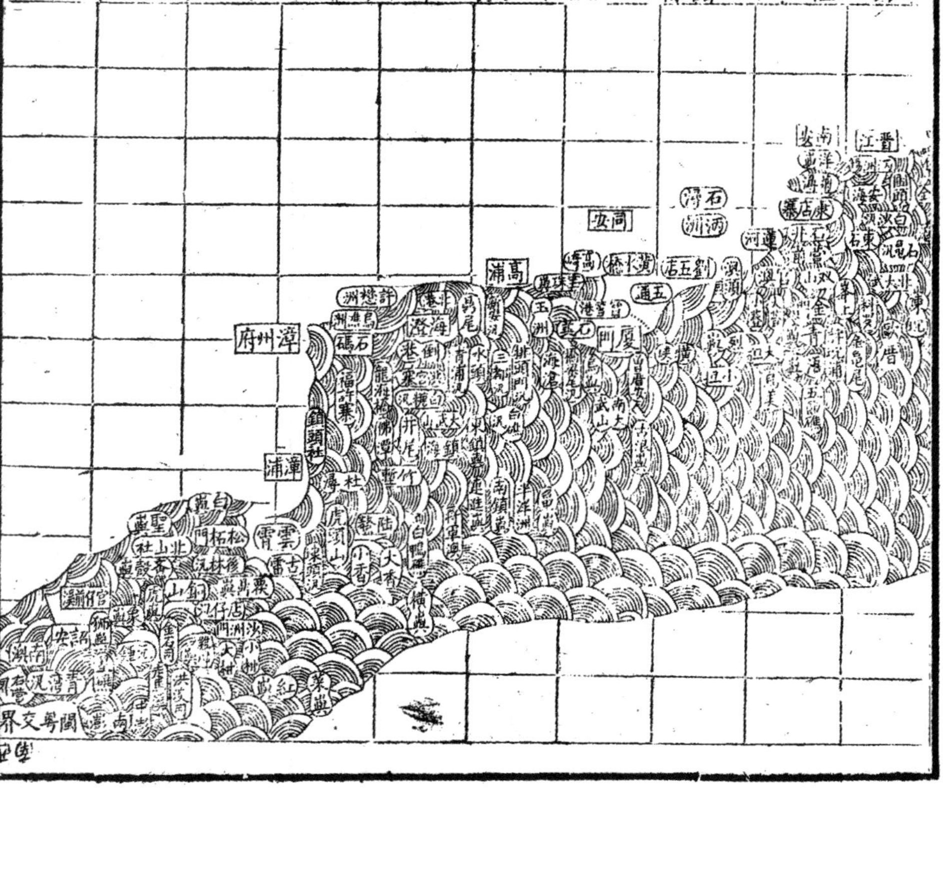

十七

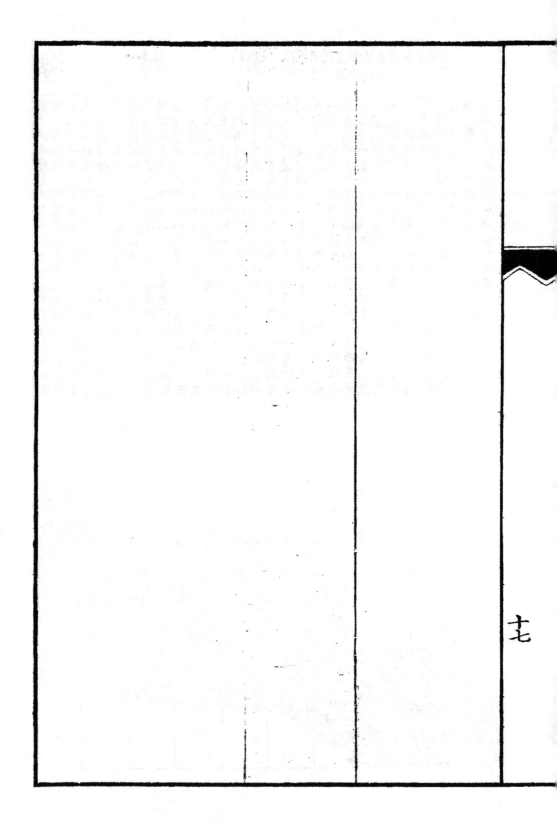

與泉漳海防圖

十八

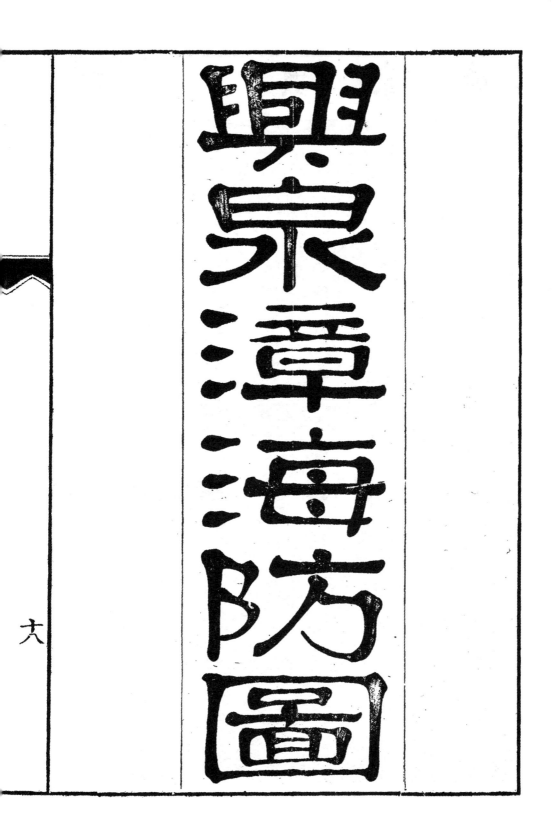

興泉漳

每方三十里

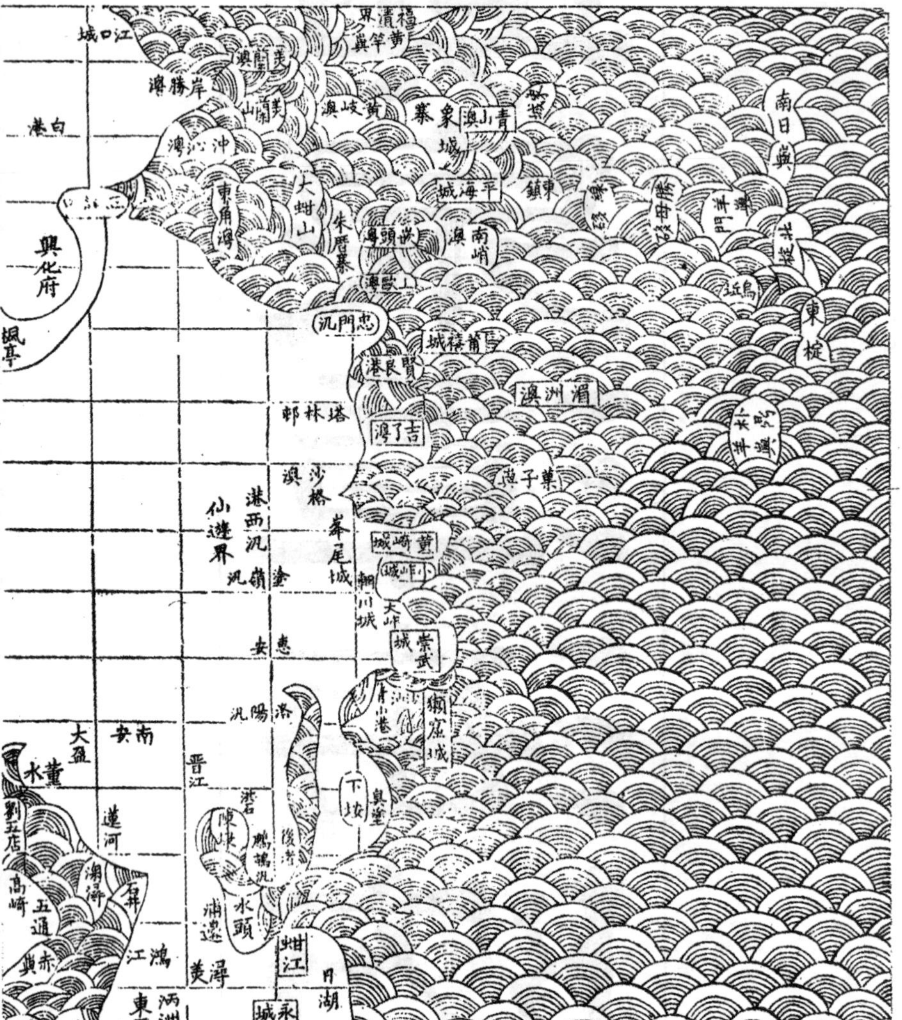

江口城
岸勝灣
白港
沖沁灣
興化府
楓亭
東角灣
大蚶山
朱厝寨
忠門汎
青山澳
泉城
平海城
東鎮
南日澳
南哨
莆禧城
湄洲澳
吉了澳
塔林郵
沙格澳
蕃尾城
崇武城
獺窟城
下垵
晉江
南安
大盈
董水
仙遊界
東石汎
永寧城
祥芝
福全城
圍頭
深滬
烏潯
東埔
大嶝
小嶝
鴻江
石井
安海
五通
高崎
劉五店

十六

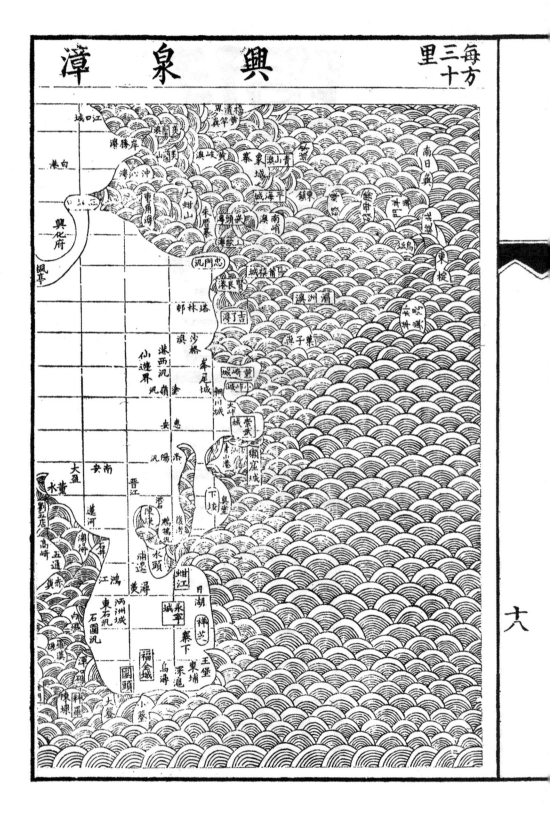

海防圖

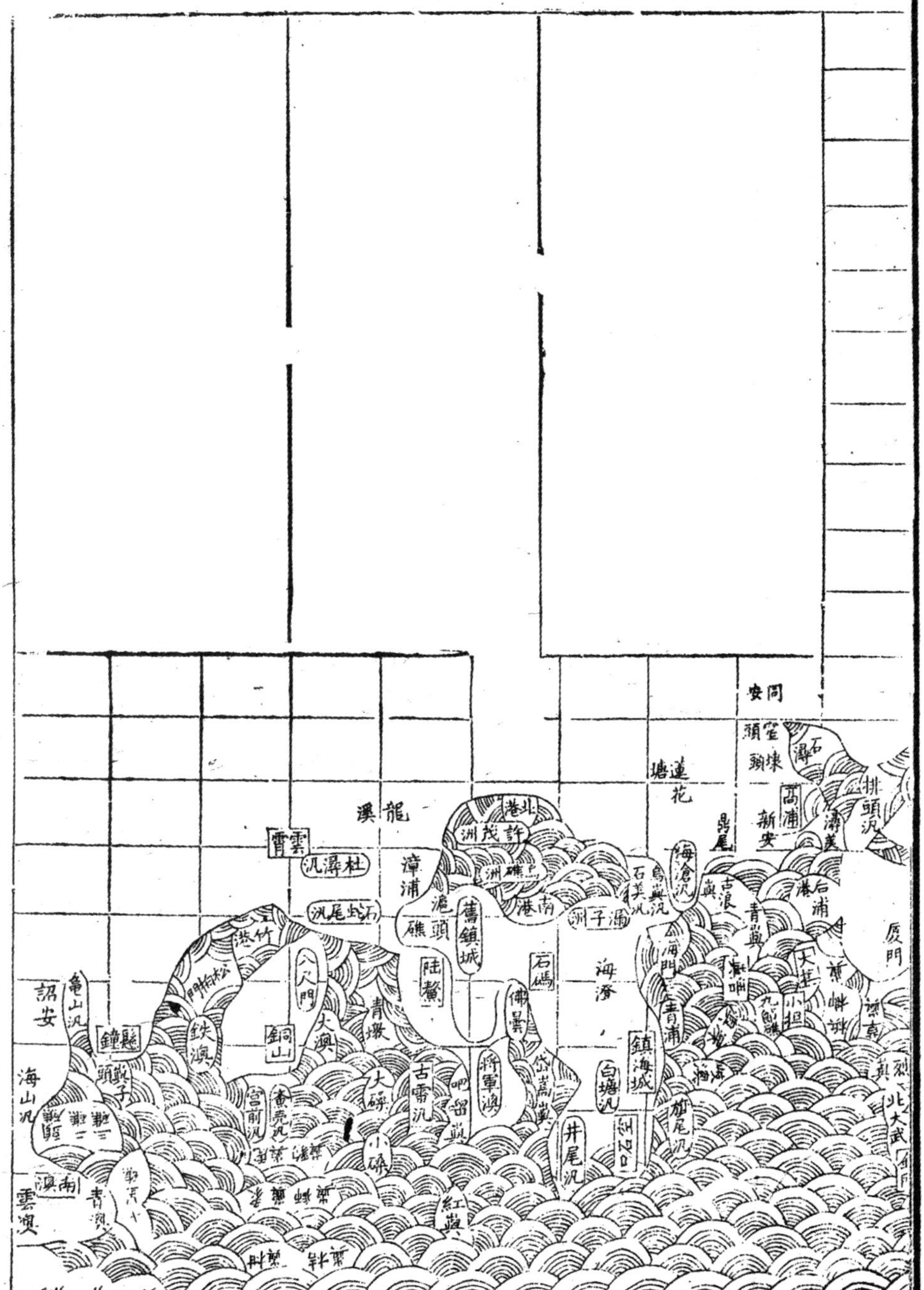
同安
蓮花塘
龍溪
雲霄
杜潯汛
竹港
銅山
大澳
詔安
海山汛
雲澳
漳浦
舊鎮城
陸鰲
古雷汛
將軍澳
井尾汛
白塘汛
鎮海城
海澄
石碼
青浦
大擔
小擔
廈門
高浦
新安
排頭汛
紅嶼

十九

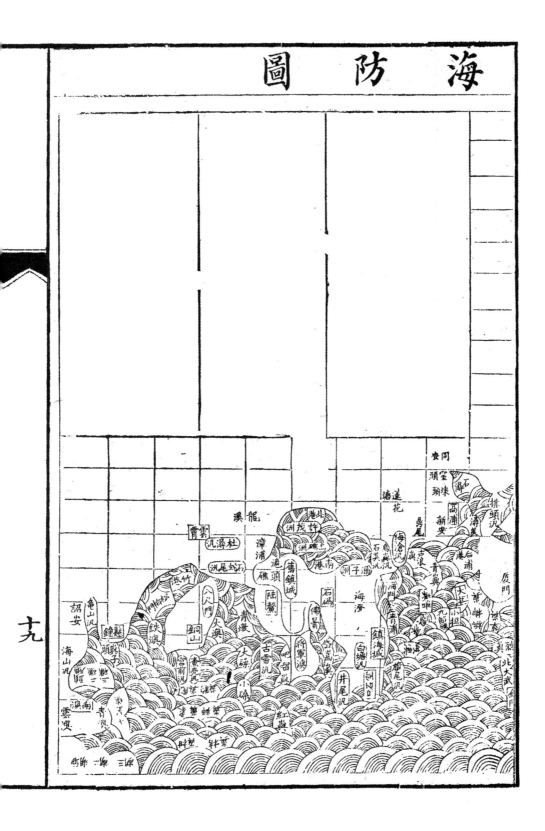

十九

福寧海防圖

二十

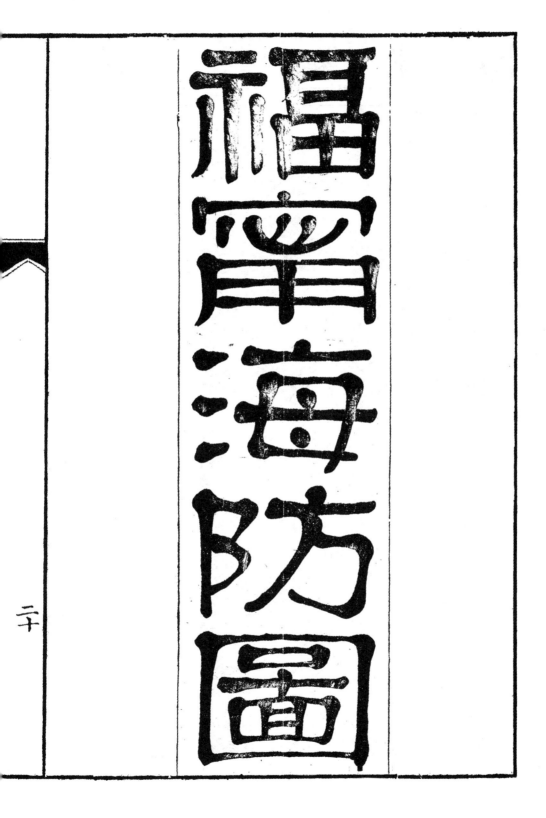

福寧海

每方横二十里衷三十里

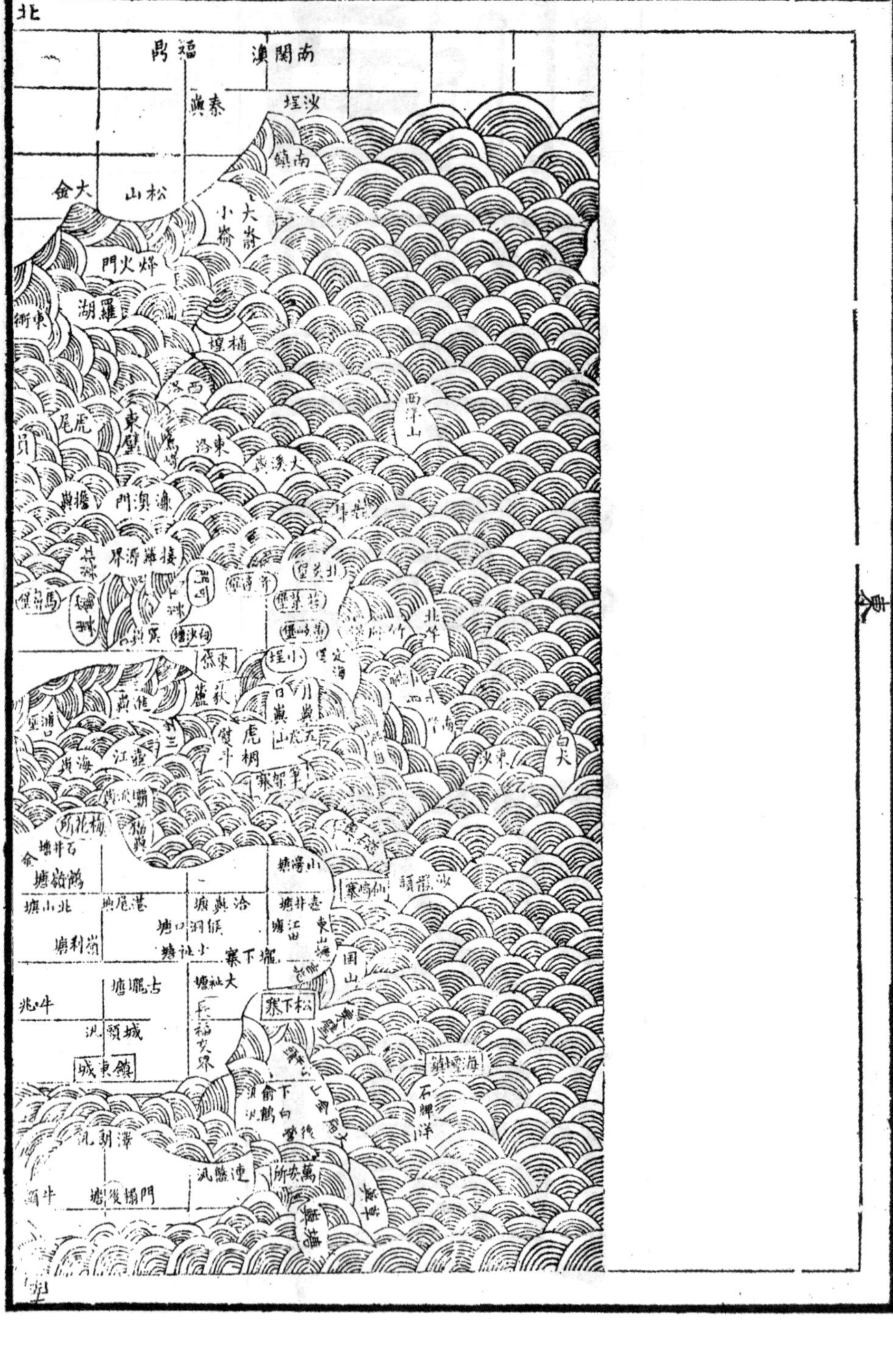

二十

防圖

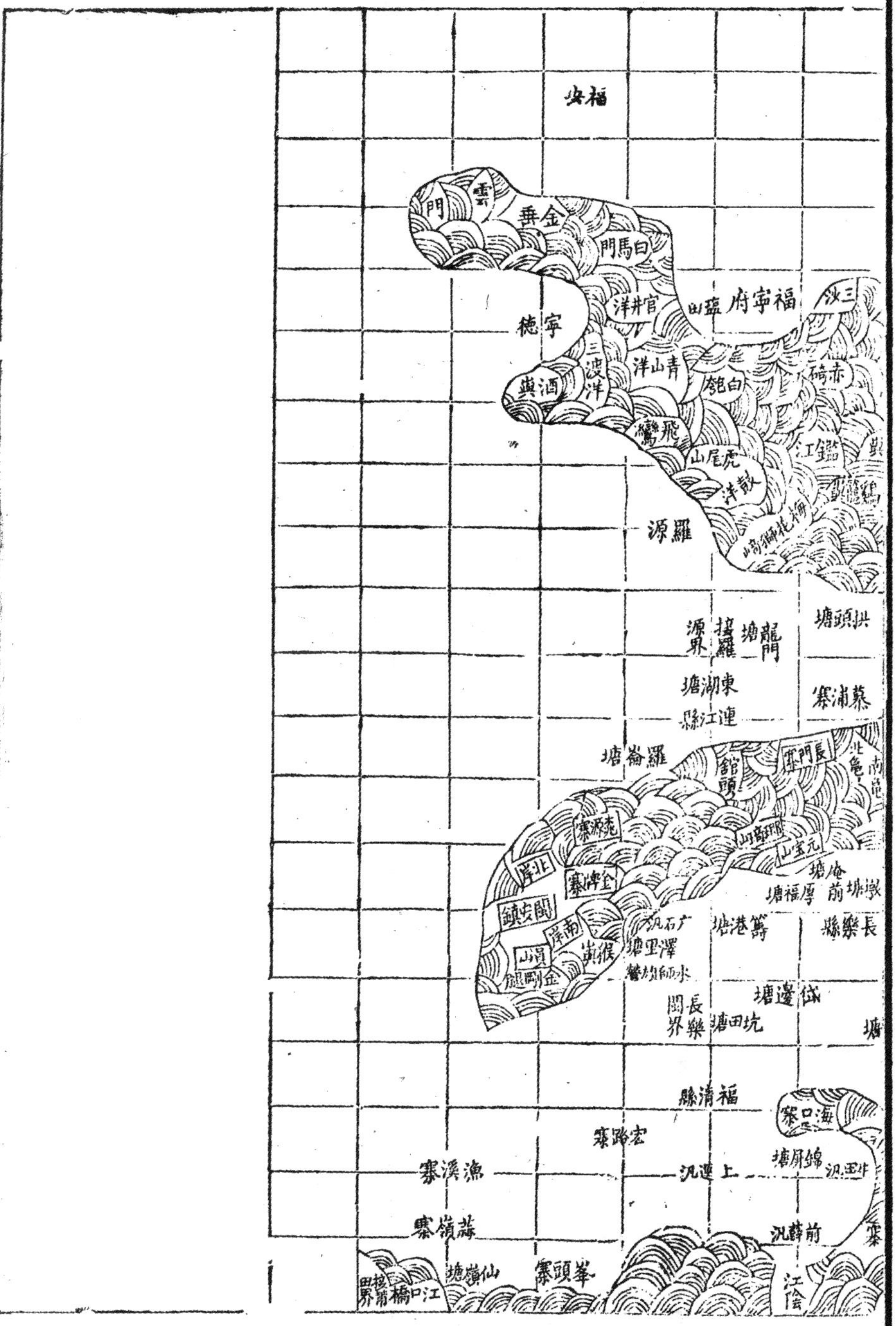
福安
雲門
金垂
白馬門
福寧府
鹽田
官井洋
三沙
寧德
青山洋
白鶴
赤碕
酒嶼
飛鸞
虎尾山
羅源
龍門塘
羅源界
東湖塘
連江縣
羅崙塘
長門寨
長樂縣
福清縣
海口寨
漁溪寨
峯頭寨
江口橋

廿

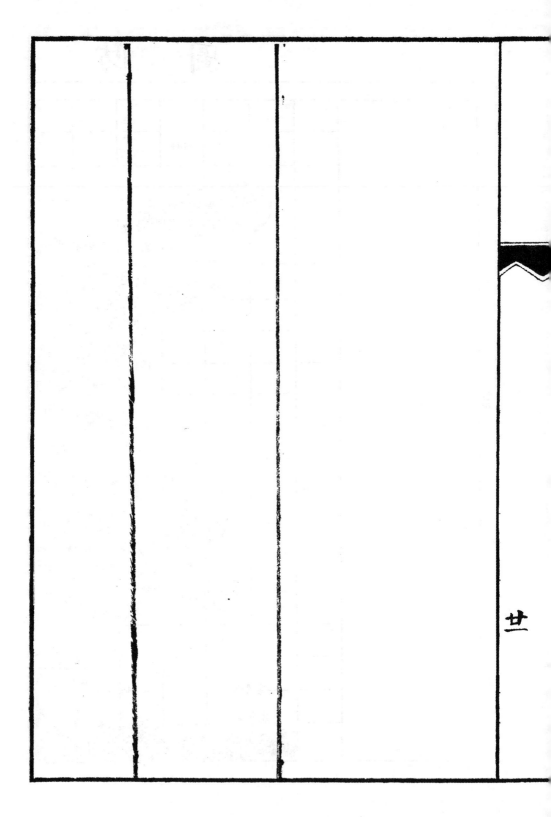

臺灣海口大小港道總圖

廿二

臺灣海口大

每方三十里

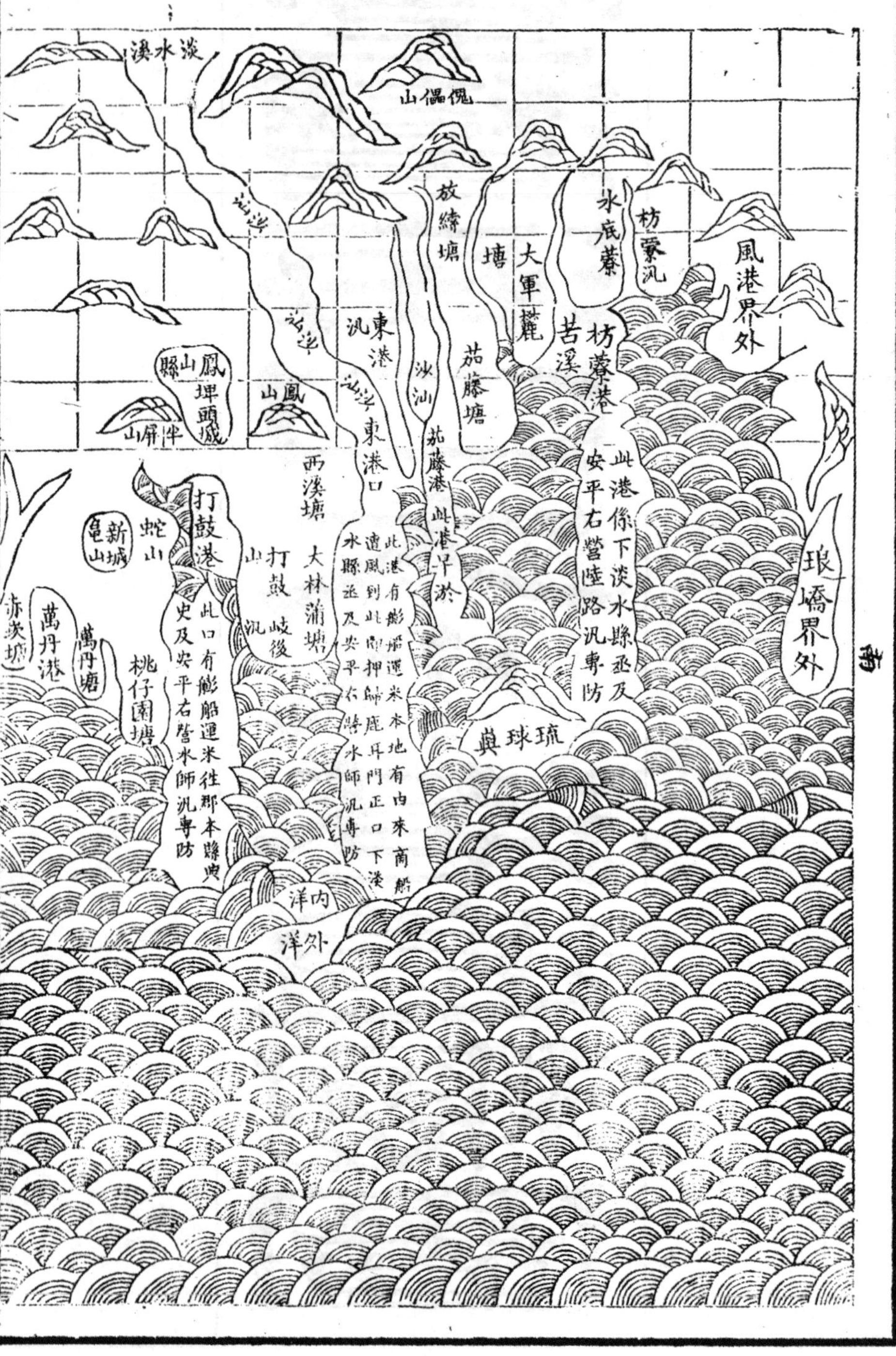

廿

小港道總圖

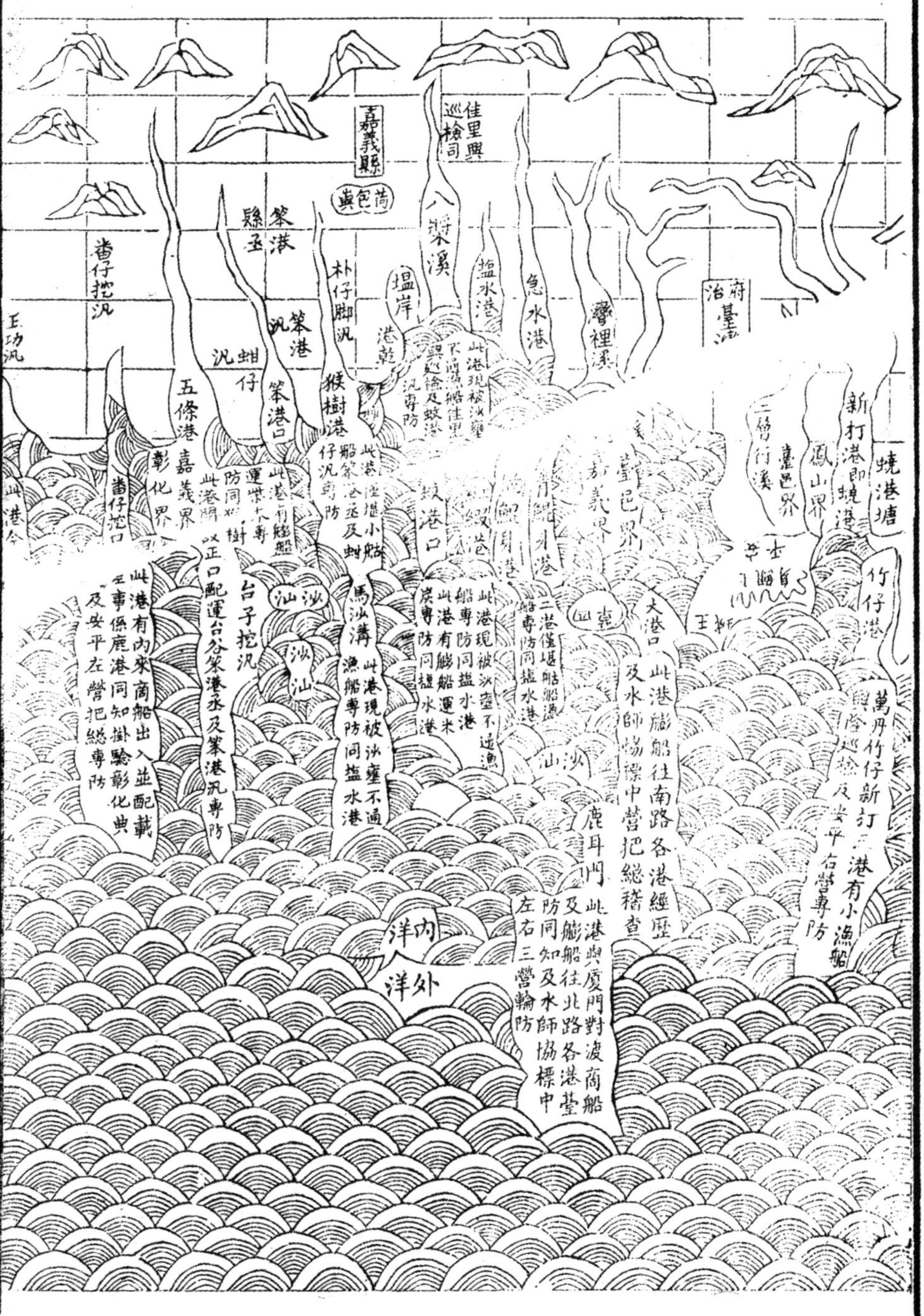
嘉義縣
佳里興巡檢司
八掌溪
塩水港
急水港
灣裡溪
臺灣府治
番仔挖汛
笨港縣丞
笨港汛
朴仔脚汛
五條港
笨港口
猴樹港
台子挖汛
馬沙溝
蚊港口
鹿耳門
大港口
新打港即蟯港
蟯港塘
鳳山界
臺邑界
竹仔港
內洋
外洋

廿三

臺灣海口大小

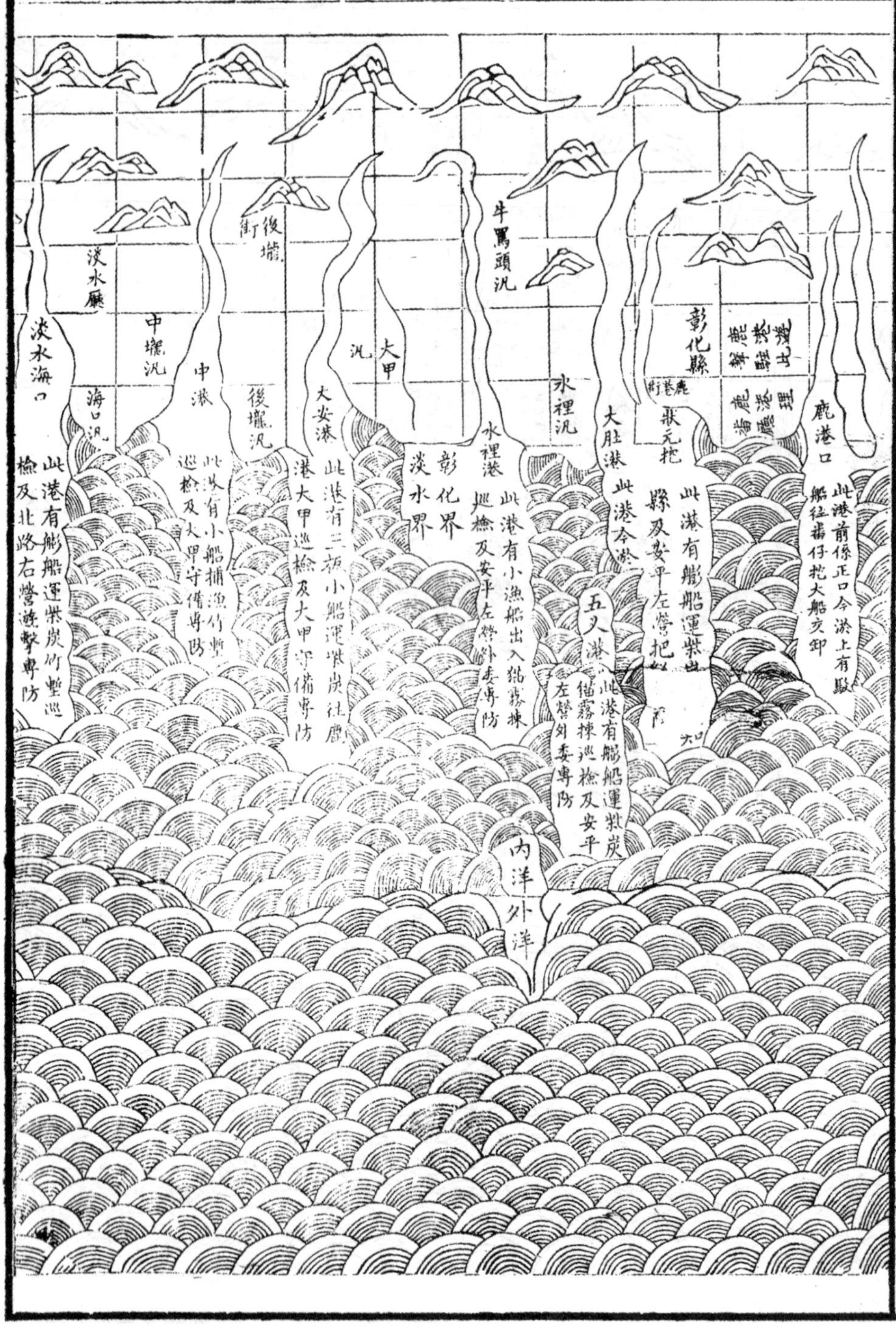
鹿港口
此港前係正口今淤上有駁
船往番仔挖大船交卸
彰化縣
鹿港街
此港有䑸船運粟出
縣及安平左營把
大肚港
此港今淤
五叉港
此港有䑸船運粟炭
猫霧捒巡檢及安平
左營外委專防
水裡汛
水裡港
此港有小漁船出入猫霧捒
巡檢及安平左營外委專防
牛罵頭汛
彰化界
淡水界
大甲汛
大安港
此港有三板小船運粟炭往廳
港大甲巡檢及大甲守備專防
後壠街
後壠汛
中港
此港有小船捕漁竹塹
巡檢及大甲守備專防
中壠汛
淡水廳
海口汛
淡水海口
此港有䑸船運粟炭竹塹巡
檢及北路右營遊擊專防
內洋
外洋

廿三

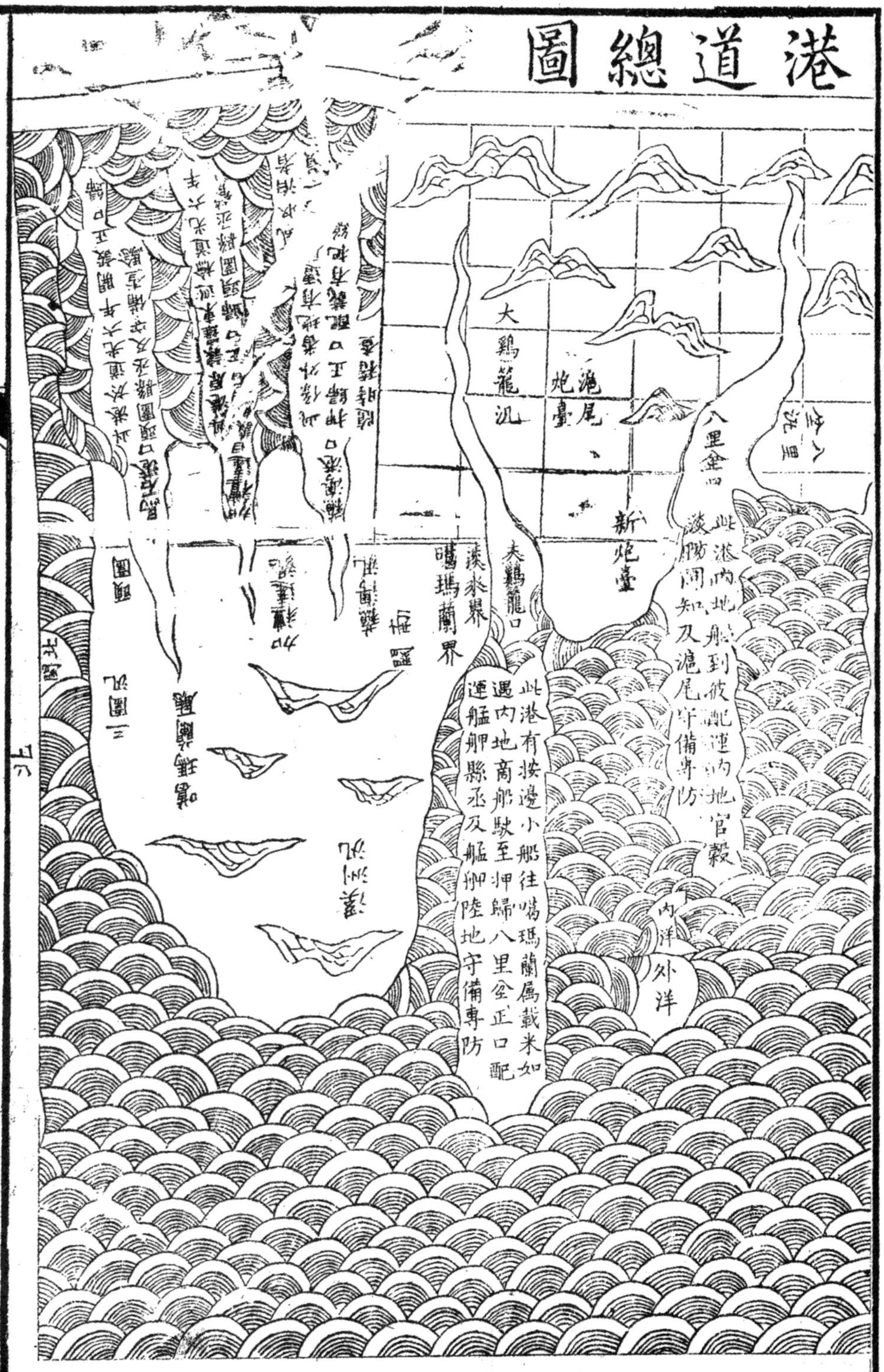
港道總圖
大鷄籠汛
滬尾炮臺
八里坌口
新炮臺
大鷄籠口
淡水界
噶瑪蘭界
此港內地船到彼配運內地官穀
淡防同知及滬尾守備專防
此港有挨邊小船往噶瑪蘭厲載米如
遇內地商船駛至押歸八里坌正口配
運艋舺縣丞及艋舺陸地守備專防
內洋
外洋

廿四

茜

〔光緒〕福建全省輿圖

（清）傅以禮編繪

光緒三十一年（一九〇五年）八月重印本

〔光緒〕《福建全省輿圖》提要

〔光緒〕《福建全省輿圖》現存有兩個版本：一是保津繪編光緒二十年（一八九四年）大字石印本六册，藏于福建省圖書館；光緒三十一年石刻本二册，藏于福建省圖書館及厦門大學圖書館。二是傅以禮編繪光緒三十年石印本，藏于福建師範大學圖書館及北京師範大學圖書館；光緒三十一年八月初二重印本，藏于福建師範大學圖書館。本次整理採用福建師範大學圖書館藏光緒三十一年八月初二重印本，卷一缺第二十八葉。

傅以禮（一八二七年至一八九八年），清藏書家、目録學家、史學家。原籍大興（今屬河北）人，寄居會稽（今浙江紹興）。原名以豫，字戊臣，號小石，後改現名，字節子，號節庵、節庵學人。舉于鄉，仕宦閩中二十餘年。同治十三年（一八七四年），傅以禮接替孫壽銘，擔任臺灣府海防兼南路理番同知，品等爲正五品的該官職隸屬于臺灣府，主管全臺灣船政治安業務及臺灣南路之臺灣原住民事務，相當于副知府。光緒十八年至二十年（一八九二年至一八九四年）在閩中任太守。他博學多識，專治明代史，兼嗜藏書，尤留心收集南明史科。稗乘逸史，手自校訂，證其異同。《續修四庫全書總目提要》由茅乃文著録略稱：『清傅以禮纂。以禮光緒間官福建，補知府領修輿圖事。襄其事者爲董毓琦。毓琦臨海生員，以通算術，屢參預輿圖工事。首列總圖，每府及直隸州之下，系以州縣分圖。均附以説。末附海疆圖四幅。』

福建全省輿圖

光緒叁拾壹年八月初二日重印

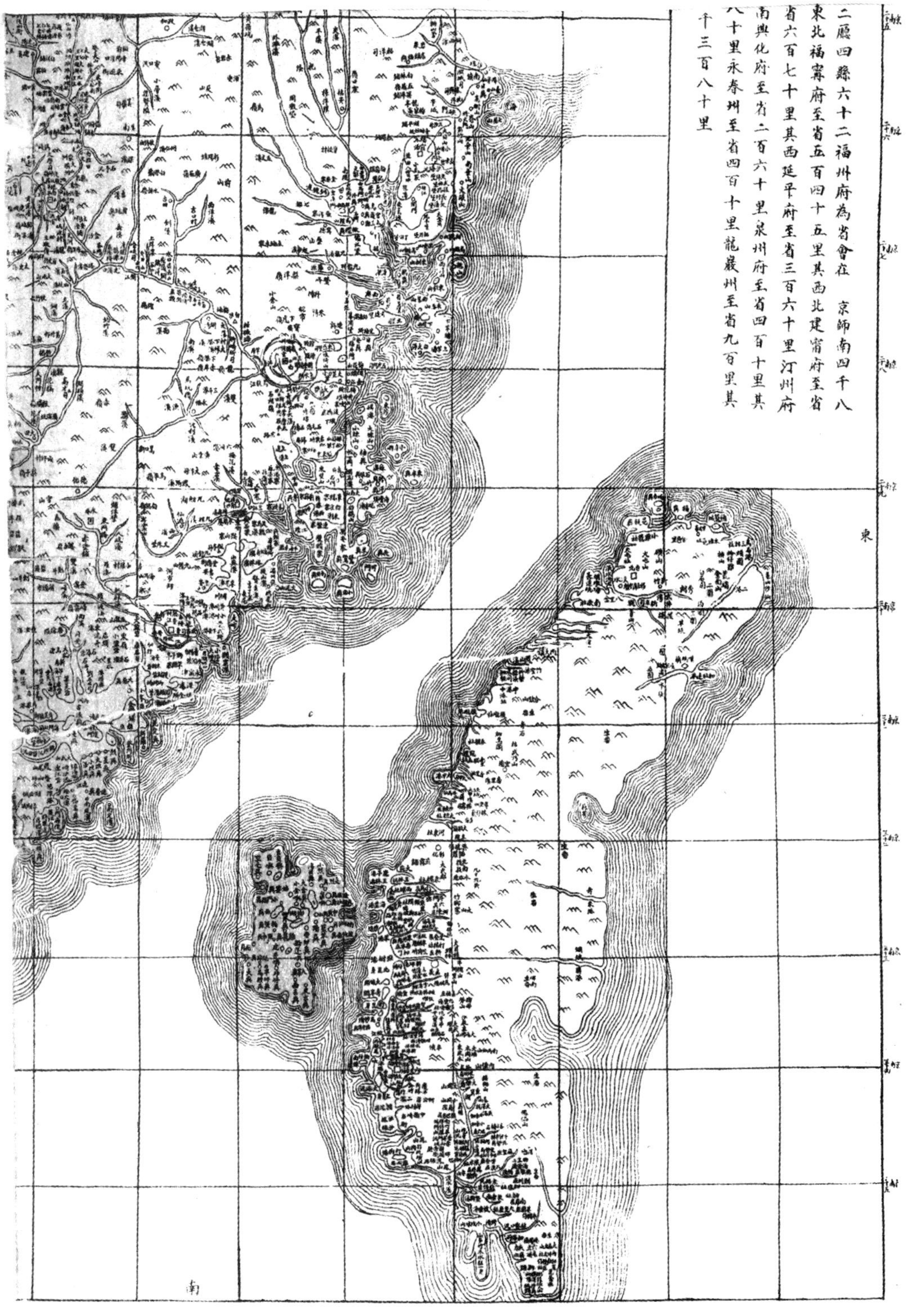
二廳四縣六十二福州府為省會在　京師南四千八
東北福寧府至省五百四十五里其西北建甯府至省
省六百七十里其西延平府至省三百六十里汀州府
南興化府至省二百六十里泉州府至省四百十里其
八十里永春州至省四百十里龍巖州至省九百里其
千三百八十里
東
南

輿圖錄例

福建舊時圖經惟同治間所脩較為詳細然未定經緯既不合地圖之理未經開方又難定遠近之差省府州縣比例不一邊界參錯疏密失宜此覆測所以不容緩也茲遵

會典館原頒條式北上南下計里畫方省圖每方百里添繪經緯酌用圖錐外切之法以肖地體府直隸州每方五十里擇最寬之汀州為例按里計方盡格而止其不及者以次遞減廳縣每方十里擇最寬之霞浦為例其不及者遞減一如府圖省之比例為二百四十萬分之一府之比例為一百二十萬分之一縣之比例為五十一萬四千二百八十分之一省圖府圖所繪各治所如省城作□府城作□直隸州城作▯散廳城作□縣城作○均遵初次館章以清眉目至若各縣分圖其縣城悉據真形入繪所有表識亦遵館頒條款如營屯作□驛作△山作⌒水作≈界作┆路作┆電線作〰此外尚有未盡事宜斟酌添列如鹽場作⊙縣丞作⊏巡檢作□海關作⊓釐卡作※通商口岸作⫼領事署作十電報局作◎礮臺作⌂關隘作⌂村鎮汛鋪墟市作·是已

府說縣表遵次編列說內並載距

京距省而距

京不記準望者以有經度可稽也表說兩載沿革蓋表不載無以明各縣遷徙離合之迹說不載無以知各府分析升降之由分觀合勘期於詳晰無遺也至於山有幹支之分水有源委之別以一山言發脈為幹分析四出者為支以眾山言望山為幹餘皆為支以一水言發水為源其納受支流為

委以羣水言巨溪巨江為源源餘皆為委是以支中有幹幹中有支委中有源源中有委就一縣而觀為幹為源合一府而論則為支為委推之一省亦復如是故向背離合入注來會之例表説以次遞詳間有異同期互徵也其天度疆域鄉鎮職官詳於表者略於説避煩複也

府廳州縣悉準今名為述地志之通例其先後次序一以乾隆府廳州縣圖志為斷首府稱省州稱本州縣稱附郭

大清一統志例也州與領縣分詳則寶慶四明志例也

杜氏通典序州郡云欲求地理者在辨區域徵因革夫郡縣之制剙始於秦然史記八書未及輿地有之自班書始此後續漢晉宋南齊北魏隋新唐新五代宋遼金元明有地志者凡十三史茲所採輯一以史志為主若北魏遼金與無志之北齊周其版圖不及於閩至於三國及梁陳諸史亦各無志間採通典元和郡縣志太平寰宇記元豐九域志文獻通考通鑑注及宋梁克家三山志明黃仲昭八閩通志以足之

國朝則以一統志為主兼參之

皇輿表以及省府縣志期於分析合幷即委窮源其斷自漢始者司馬氏闕疑之意也

周禮大司馬正義云若據鳥飛直路則周之九服亦祇五千若據山川屈曲則禹貢亦萬里鳥里人里分權合算乃解經家通論茲於疆域廣輪及縱横距府里數概用鳥里以符分率四至八到及距省距府則以著地人迹核計以符道里距

京驛程仍採省志入表至於距

京水程未經實測又無精本可據姑聽闕如禹貢導江導河於積石岷山以外
概無紀述尋究指歸抑可知已

元和郡縣志一書為後來方志家之權輿讀者或嫌其略是以宋樂史輯太平寰宇記乃變其例而加詳焉然四至八到僅詳府境自是沿為通例近來方志則於各縣亦備列四至八到可謂密矣但或以至某縣治所為界或以至某縣界為界體例未嚴易滋舛誤茲於各府界系以某方至某府之某縣於各縣界系以某縣之某村並記里數庶方向可移而某縣某村之方向不可移至於距省距府水程惟可通舟筏者隨條錄入否則從略若必如范子長宋郡縣志之兼識水陸未免失之於繁而鑿矣

周禮保章氏以星土辨九州之地為言分野者所自昉至春秋左氏傳則謂古昔受封之日歲星所在之辰其國屬焉自是以後大暢其說史記之天官書班書之天文志淮南子之天文訓尚已核之費直易說蔡邕月令章句則又言人人殊洎唐僧一行仍用春秋十二國以定分野元郭守敬推太陽黃道十二次入宮宿度條之十二國分蓋皆拘於史書漢志之例以明所說之足據然以春秋時十二國之分野而仍分配於後世之郡縣欲其密合勢所不能若明劉基清類天文言之雖詳然亦不知其所本此梅瑴成所以謂天文家言多不經無足深論也蓋宗北極而言一晝夜地球自轉一周宗黃極而言一歲地球繞日一周隨時推移地且不定星於何分茲謹遵
欽定曆象考成犄圜之義而不敢別有附會也

周禮大司徒匠人建國以土圭土其地晝參於日中之景夜考極星後人分

定經緯之意即本於是也茲定緯度準勾陳大星或太陽高弧立算與近
人張作楫丁取忠之表均相脗合至言經度張作楫丁取忠以及李兆洛
胡林翼諸圖表參差不一因於福州省城以時表開準
京師平時午正與本地午正相減化為度分計距
京師中綫偏東三度零三分每度合一百七十九里零然後自省城遞推各縣
經度南極詔安每度合一百八十三里北極浦城每度合一百七十六里
六分蓋中國在赤道之北經度北弇南侈再南過赤道則又由侈而弇地
圖真形本如是也
館頒章程凡去城三四十里或有名山巨鎮均須測定經緯另行立表立意
周詳自應恪遵第縣城既定經緯每圖又有分率無論東西南北去城若
干里數均可按方加減而得經緯之度分故不再列表以省繁複抑亦輿
地家通例耳
閩省之山磅礴綿亙四圖簇擁惟附省及漳泉兩郡間有平原至寬不出二
三十里然亦僅矣若必逐層環測求其高較以形峻坦必非數年所能蕆
事亦非五十一萬餘分之比例所得繪其真形茲故權測山峯平距及脈
絡曲折之勢別以準望仿元和郡縣志例紀其去治里數其蜿蜒相屬不
能計里者則參用山海經例於末山統紀之序始於東而終於東北則爾
雅九府始於醫無閭終於斥山之義也山有五金或產煤礬則敘於當山
之下其為數視
大清一統志乾隆府廳州縣圖志而較略者蓋紀實耳
自來言水道者以水經為最古深得禹貢導水之意仿水經而作者則有黃

宗義之今水經齊召南之水道提綱而水道提綱為尤詳然疏錯遺漏時或不免即如福甯府霞浦之硤門港長僅三十里有奇而謂一百餘里楊家溪向不通舟既經列載何相去十餘里之赤岸溪又略而不錄與其自序所稱可舟可筏之義彼此逕庭而或棄或取之間又不畫一即胡林翼之地圖亦近來輿地家所引重者乃參以目見竟有因小舛而致大誤如所繪福鼎縣治與霞浦縣城南北正對今經詳測計偏差四十餘里治城未確一切水道形勢轉移均有未符現求實測似難墨守且齊黃二家之書其於入注來會之水兼用夾註自係意在求詳茲既列表應以簡明為主不能不進為大字因略師其意並參酌於各書凡於小水稱合稱受源稍長者稱入稱注大溪應別敘者稱來會齊氏紀建江例也一水而隨地異名則曰某流為某水禹貢導沇導漾例也曰屈從水經例也曰上承水經注例也凡水所經流之處系以地名及橋梁壩埭並出里數則又仿禹貢東至底柱東至孟津東過洛汭之意而加詳焉爾

鄉鎮之制即周禮比閭族黨州鄉之遺漢則易為十里一亭十亭一鄉續漢書於郡縣下間紀亭鄉出其著者自是而後如元豐九域志每縣具紀鄉數大鄉並著其名潛說友臨安志則鄉里名數大小備紀茲仿其例而小有變通凡縣境各鄉村其戶口不及百家者圖姑從略列之於表大鄉紀其名並出方向里數小鄉則僅記總數其稱名不一如都圖保甲社約里鋪坊廂隅墩墟場市鎮則各隨其俗稱亦公羊傳邑人名從主人之義也

略於營而詳於汎者以凡設有廨署之武弁已列職官表內也汎自千總把總以下以及外委額外碁布星羅詳紀之而兼備水陸者所以見設險

守國之意也

輿圖職官相為經緯禹貢於導山導水後繼以侯甸采衛即此意也故通典序州郡舊唐書志地里首列節度經略防禦觀察守捉都護諸官茲師其例文自州縣武自守備以上其散見於各縣者依次列入所以見控制之宜也間有二縣同城文武錯處而彼此分見者以地為主也自尊及卑各自為屬續漢書百官志例也學政學官概為記載學官肇於有宋慶歴不肇於漢唐也關局釐卡以次附見即乾隆府廳州縣圖志於各縣下附紀錢局之意也

漢志地名說文多所引載蜀郡之湔水引作㳃水齊地之𡾰引作猛提正聲字不苟从同他若沘水之沘卭僰之僰浩亹之亹監町之監以及殺祤㙀陆䑺劚荏郁等字今日習為古體當時實本方言如斯之類概不見錄六書去取於是為嚴然漢書之龜茲國既知其為邛慈乃不譯以邛慈而譯以龜茲下至唐之歙州金之興著鎮至今不得其讀而當日亦遵錄唯謹者誠以方名從俗未可繩以文字聲訓也閩地俗李俗音不一而足山田言畬(音斜)土陷曰垵(音安)土之寬平曰埕(音呈)土脊隆起曰堳(音眉)路邊河邊曰墩(音乾)山曲鄉曲曰墺(户告切)仔肩之仔讀若姜訓為小之通稱古文之囦讀若水訓為水口鄉壁虛造習俗害真以視焦竑刊誤所載山岐曰岔水岐曰汊之類更有甚焉他若坳凹別解崗峒易文阬坑殊形逕徑異音諸如此類概沿漢志邮蕣邮溝菀陵苑陵隃麋龐泠之例錯出分見雖體蕣或有變遷或不至於經典敘錄之所斥耳

祝穆之撰方輿情在勝覽炎武之紀郡國志存利病雖同為述地之書而體

裁各別流派自殊茲所纂輯務使山川原委羅列分明異說紛呈折衷一是不尚荒遠以搜古而略今不採謠俗致傳疑而失實風景名勝概不登載息園之纂水道靜軒之釋萬山挈目提綱竊同斯指覽者或不責其略焉

提調補用道福建候補知府傅以禮

會辦福建邵武府知府董毓琦

候補知縣顧芹

測量福建候補從九品李藻

繪圖福建候補巡檢保津

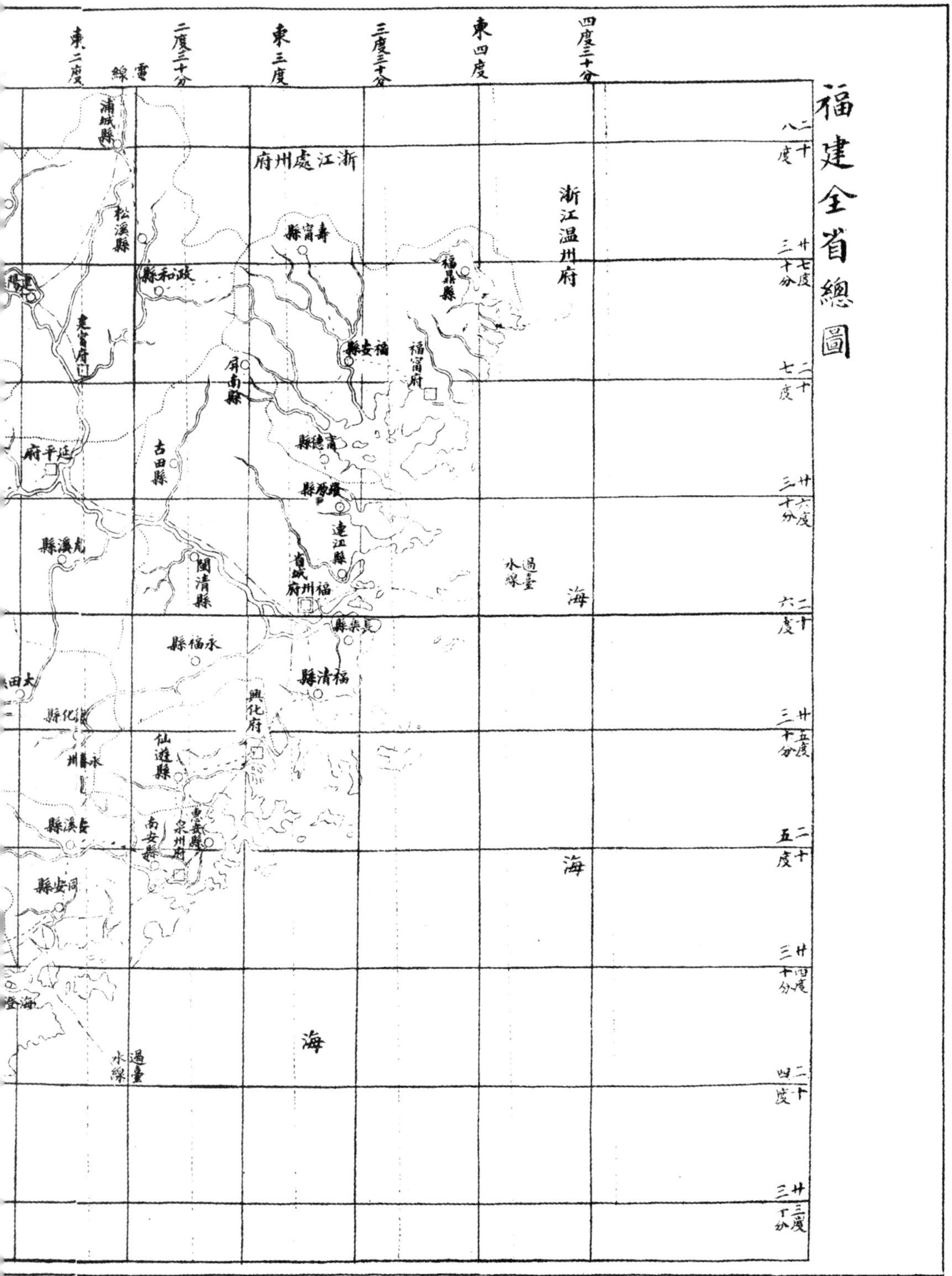
福建全省總圖
東二度
二度三十分
東三度
三度三十分
東四度
四度三十分
二十八度
二十七度三十分
二十七度
二十六度三十分
二十六度
二十五度三十分
二十五度
二十四度三十分
二十四度
二十三度三十分
電線
浦城縣
松溪縣
浙江處州府
壽寧縣
政和縣
福鼎縣
浙江温州府
建寧府
福安縣
福寧府
屏南縣
寧德縣
古田縣
延平府
羅源縣
連江縣
尤溪縣
閩清縣
省城
福州府
過臺水線
海
長樂縣
永福縣
福清縣
德化縣
興化府
永春州
仙遊縣
安溪縣
惠安縣
南安縣
泉州府
同安縣
海
海
過臺水線

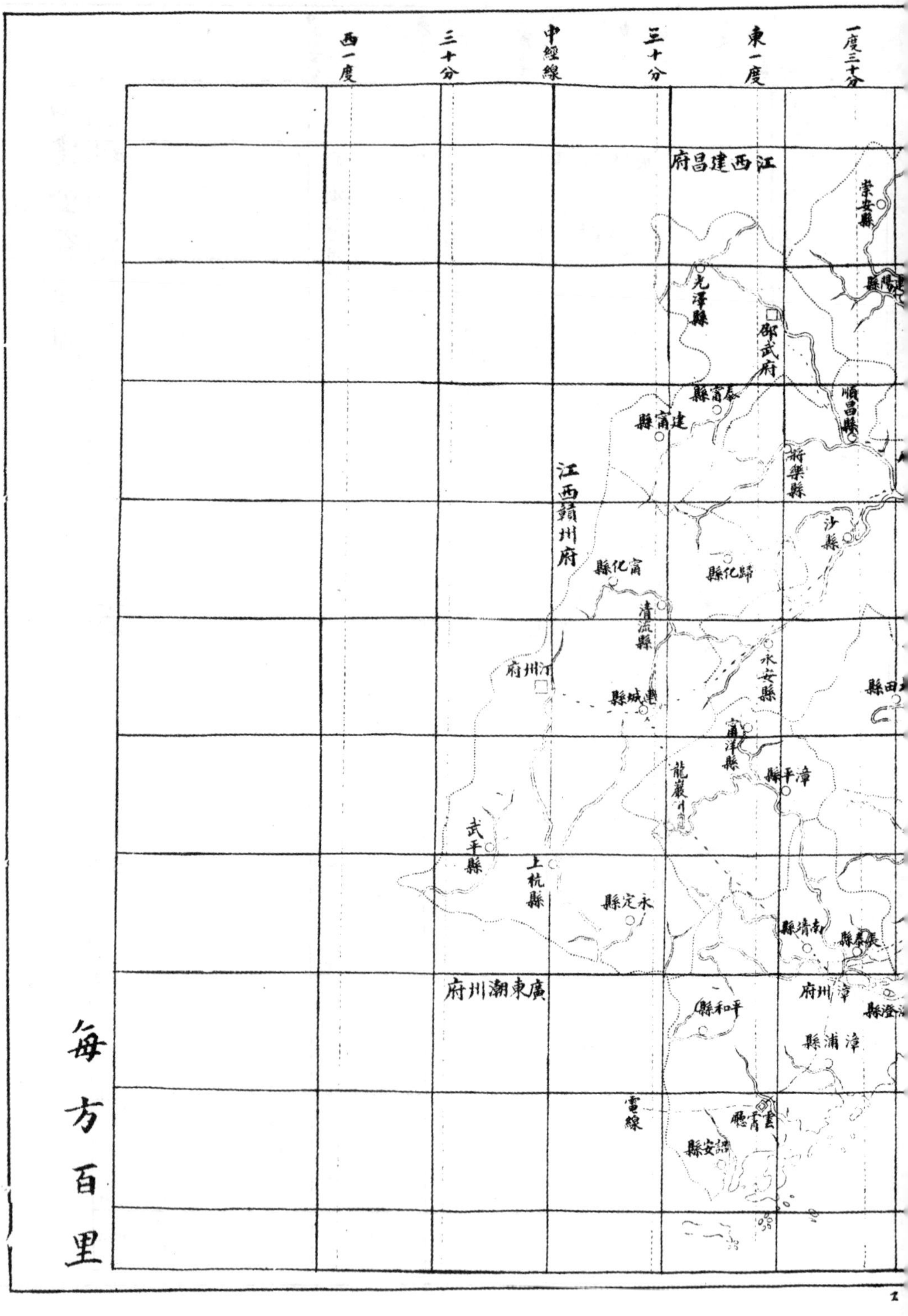
西一度
三十分
中經線
三十分
東一度
一度三十分
江西建昌府
崇安縣
光澤縣
邵武府
泰寧縣
建寧縣
順昌縣
將樂縣
江西贛州府
沙縣
寧化縣
歸化縣
清流縣
永安縣
汀州府
連城縣
寧洋縣
漳平縣
龍巖州
武平縣
上杭縣
永定縣
南靖縣
長泰縣
廣東潮州府
平和縣
漳州府
漳浦縣
電線
雲霄廳
詔安縣
每方百里

福建省在

京師東南六千一百三十三里漢為冶地屬會稽南部三國吳永安三年改置建安郡晉太康三年析增晉安郡均屬揚州元康元年改屬江州南朝宋泰始四年改晉安為晉平齊復舊名梁亦如之天監間增置南安郡普通六年以建安晉安南安三郡屬東揚州陳永定初於晉安郡置閩州領之天嘉六年州罷並罷南安郡仍屬東揚州光大元年又置豐州及南安郡隋開皇元年郡廢改豐州為泉州大業初改為閩州豐州泉州閩州皆今福州也三年州廢改為建安郡唐武德元年改建安郡為建州即今福州四年移建州於建安即今建甯府也五年以南安為豐州六年析置泉州貞觀初并豐州入泉州隸嶺南道垂拱二年析泉州置漳州聖歷二年又析泉州置武榮州尋廢久視元年又置景雲二年改為今泉州改舊泉州為閩州割嶺南道潮州來屬開元十三年更閩州為福州二十一年更福州為福建二十二年開山峒置汀州而以漳潮歸嶺南天寶元年復領漳潮改為長樂建安清源臨汀漳浦潮陽六郡並隸江南東道十年復以漳潮二州歸嶺南乾元元年復改長樂郡為福州並復建泉汀為州嗣又以漳浦潮陽二郡來屬復為州大歷六年又以潮州歸嶺南乾甯三年升福州為威武軍凡領六州五代梁為閩王氏地後唐長興四年閩王延鈞升福州為長樂府晉天福八年閩王延政分置鏞鐔二州開運二年改長樂府為東都領福泉建汀漳鏞鐔七州嗣入南唐廢鏞州改鐔州為劍州漳州為南州惟東都為李仁達所據仍稱福州至漢乾祐元年歸入吳越宋太平興國間改劍州為南劍州南州為漳州增置邵武興化二軍隸兩浙西南路雍熙二年始分為福建路凡領六州二軍紹興三十二年升建州為建甯府景炎元年升福州

為福安府元升六州二軍並為路惟福州路置有福清福甯二州置行省於泉州路領之續遷福州路明洪武初置行省於福州改各路為府降福清福甯為縣成化九年福甯仍為州

國朝因之置省會於福州康熙二十三年增置臺灣府雍正十二年升福甯州為府永春龍巖二縣為直隸州光緒十三年升臺灣府為省與福建分治領府九州二福州府之南興化府其西南泉州府漳州府永春州龍巖州汀州府其西延平府其西北建甯府邵武府其東北福甯府大海在福甯府東其東北接浙江平陽縣之北關山西南沿鎮下關南關山為沙埕港口又西南經瀲城硤門牙城東南又西南經烽火門沿霞浦縣東南屈而西入為烏岐港口又西南歷泥嶼草嶼馬嶼雷公嶼海渚曲入周百餘里其北為鹽田港口西北為白馬門口西為金垂港口飛鸞江口其總口為東沖口轉而東南經羅源縣東為松崎江口又東經東洛西洛沿北茭而南經北竿塘南竿塘又折而西經連江縣東之赤灣定海為鼇江口又南經福州府治東之五虎門沿川石門為閩江口又南沿虎嶼頭為梅花江口又西南沿長樂縣境至松下寨屈而西為福清之龍江口又少東即海壇鎮也又南沿萬安蓮盤而西經石狗門南南日山北曲入西北循江陰山而上為福清遷江口為莆田三江口又東南經鹿耳大小邱至象城折西南循平海衛出湄州嶼又曲入西北為仙遊雙溪港口又南經沙格峯尾為惠安峯崎港口折而東南沿王崎小窄而南而西經后港臭塗曲入西北為雒陽江口其西即晉江口也又西南沿祥芝永甯深滬圍頭折而西為惠安安海港口其南為金門鎮又西經小登大登為廈門島島之北同安港口島之西漳州九龍江口也折而東南經烈嶼西大武山東又折西南經鎮海井尾

將軍澚虎頭山曲入為漳浦六鼇港口又西經古雷頭曲入西北為雲霄漳江口又循銅山而西抵懸鐘南為詔安港口其南隔海為南澚接入廣東界境閩江有三源西北源曰富屯溪自邵武光澤縣東北上承江西鉛山縣水西南流經縣城北折而東南經邵武府治北又東南經順昌縣西有將樂縣金溪上承泰甯建甯諸水自西注之又東南經延平府治西南境有西南源之沙溪會永安連城甯化清流諸水來會折而東經延平府治東有北源之建溪會浦城松溪政和崇安建陽諸水來會三源既合水勢大盛又東南經尤溪縣東北境有尤溪縣湖頭溪承大田縣梓溪自西南注之又東南納古田縣水又東南納閩清縣水又東南經福州府治西南境夾繞螺洲而下有永福之大樟溪合德化水自西南來注之又東達於馬江分繞瑯琦島入海閩江南二百四十里為興化之木蘭溪源自永春州石湖山水東流經仙遊縣南又東經興化府治南達三江口會涵頭港迎仙港入海又南一百九十里為泉州之晉江其西源藍溪自漳平縣古格嶺東南流經安溪縣西會白葉山西來之水又東經縣南至南安縣美林山麓南分一支循大盈司西達安海港入海其正支東至雙溪口有西北源桃林溪自永春東南流來會又東南經南安縣南又東南經泉州府南達於蚶江會東北之雒陽江入海又西南二百六十里為漳州之九龍江其西北源九鵬溪自甯洋縣梨子嶺東南流經公館嶺會大田連城二水又南至鹽塘而西源雁石溪西南自龍巖來會又東南經漳平縣西南又東南經長泰縣西漳州府治東會長泰南靖諸水又東南夾繞許茂烏礁而下分繞海澄縣治南北達海門港入海又西南三百五十里為汀州之鄞江自甯化縣亂蘿山西南流經府治東又南經三洲驛藍屋驛至九洲關有連水自連城縣西南流來

會又南經上杭縣東又東南經峯市司東有永定縣溪自東南流來會又南入廣東大埔縣境達於神泉河閩江北一百里為連江縣之鼇江自古田縣蘇洋溪東南流經羅源縣西境又東南經縣治南折而東達東岱江入海又北一百三十里為甯德之外渺溪自壽甯縣松洋溪東南流入境西合政和縣水又東南經周墩縣丞南又東南至莒洲會屏南縣東南來之水又東南達金垂港入海又北一百五十里為福安縣之長溪源自浙江景甯縣東南流經壽甯縣繞入福安至大倉塘以次會壽甯之蟾溪託溪尤溪平溪諸水又東南經白石司東達黃崎江入海又北三百七十里為福鼎縣之桐山溪自金尖山東南流經縣治東又東南會董江白水江達沙埕港入海閩省之山分三大支一自浙之括蒼山西趨江山縣之仙霞嶺入建甯府浦城縣界越楓嶺獅山漁梁山西沿崇安為岑陽山白雲山武夷山分支南下散布於甌甯建陽兩縣之間其自仙霞嶺東行者沿大竿嶺筋竹嶺而南過盈竹嶺落入松溪縣之蹲獅山虎頭巖建甯府治之黃華山又自盈竹嶺東行盤旋浙之龍泉慶元二縣東分一支趨入福鼎縣北境為疊石山折西南行沿入霞浦之龜洋山分支劈絡盤繞福鼎福安二縣其盈竹嶺東行之正支自政和縣石牛山天柱巖南下接入建安辰山分為二支一趨古田之石馬山蜿蜒而南歷侯官之太湖山九峯山蓮花山折而東行起為鼓山沿江而北蔽繞連江外境一趨屏南之東峯山沿倪家山三臺山而南接入甯德羅源連江三縣夾趨至海起為北茭三十六曲飛鸞諸山與福甯傍海諸山聯翔東拱此自浙入閩之一支也一自江西建昌之天柱峯南趨邵武府之建甯縣北境起為朝天嶺東行歷邛家隘雙門山沿入泰甯之天臺山七寶峯循大杉嶺茶花嶺而至邵武之殊山接入碎石嶺為邵武光

澤二縣諸山所祖其正支仍自殊山東行踰道峯山銀洋嶺落入將樂縣之七臺山西臺山龍西山與順昌南平諸山夾江而下又自龍西山折西南行接歸化縣之鼓角山歷上峯洋蓮花山繞沙縣永安而東至大田縣之龍背嶺北分一支趨入尤溪又自龍背嶺東南行至大仙峯北分一支循閩清西境歷峯洋山地藏山三縣格遞至侯官旂山至江而止又自大仙峯東南行接入德化之戴雲山雙陽山南分一支趨至永春經天馬山落入安溪之鳳山同安之三秀山至海而止又自雙陽山東趨永福分而為三一自永福杉溪山東出為長壽峯沿瑞雲百丈達於福清又東為石湖嶺沿長樂之五峯山御國山袤延入海一自永福洑口山西達仙遊之九座山壺山接入泉州之大陽山分沿南安晉江惠安入海一自永福小韋山南下為牛嶺韋嶺歷興化郡治而南至於青山芹山入海此江西入閩之一支也一自江西石城之分水嶺綿亙南下歷火星崠篁竹嶺至長汀縣分而為三西支自上杭溜崠而南折循贛水西行歷朱紫崠觀音崠迤而東南至三摺寨山左右分支界上杭武平而下趨入廣東嘉應州界東支自上杭天井山接入亂蘿山磅礴東行歷甯化之孫棲嶺木馬崠度入清流越龍山鐵石山而至永安界境之馬家山又南逾甯洋之蓋竹洋謝家崎至天柱山分支西行抵寥天山折而南趨入龍巖州之天宮山九侯山達於南靖縣境其正支又自天柱山東南行折入漳平之第一峯又南沿龍溪之九龍山天寶山接循江岸而東歷海澄北境入海中支自上杭天華山東南行歷太息嶺虎忙山沿入連城之西寶山將軍山折而南循上杭龍巖界境至分水嶺折東南行沿永定之富嶺白石坳遞至平和之大烽山岐分三派南趨漳浦雲霄詔安三縣入海此江西入閩之又一支也東至海一百九十里西至江西

贛州府界一千零五十五里南至海二百七十里北至浙江處州府界四百六十里東南至海二百零八里西南至廣東潮州府界九百一十里東北至浙江溫州府界七百九十五里西北至江西建昌府界九百五十里東西鳥里廣九百一十里南北鳥里縱九百七十五里

福州府縣總圖

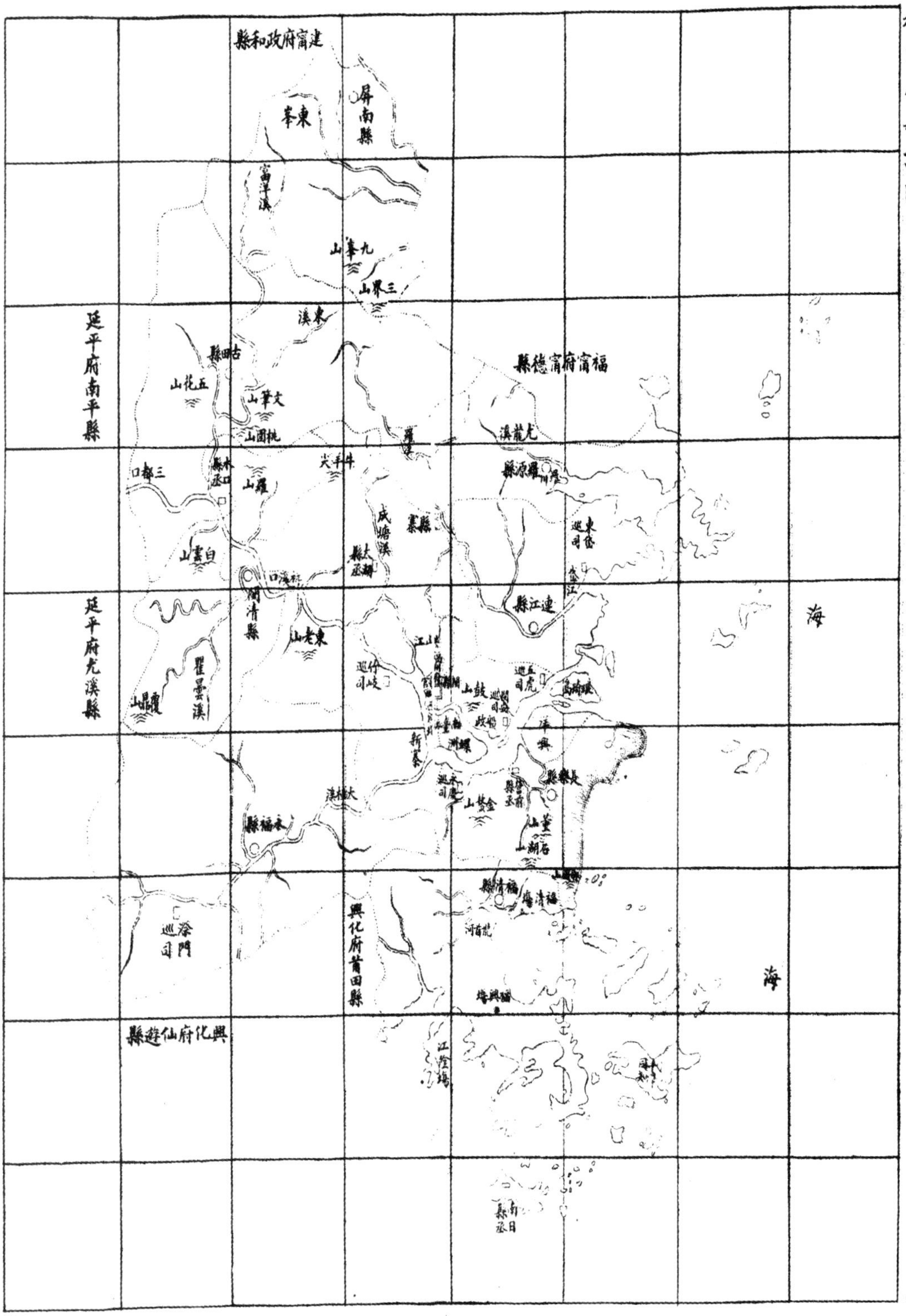

每方五十里

福州府在省治所至

京師六千一百三十三里漢為治地屬會稽南部吳改建安郡侯官隸焉晉析建安為晉安郡領原豐新羅宛平同安侯官羅江晉安溫麻八縣南朝宋因之省新羅宛平同安三縣泰始四年更名晉平郡尋復故齊領縣如舊治侯官梁天監間析晉安置南安郡領縣四改原豐曰東侯官為郡治陳永定初於晉安郡置閩州尋罷隸東揚州光大元年又置豐州隋開皇九年改為泉州大業初年又改閩州三年改建安郡領閩建安南安龍溪四縣唐初易為建州武德六年改置泉州領閩侯官長樂連江四縣聖歷間增置萬安長安溫麻三縣景雲二年改閩州開元十三年改福州二十九年增古田尤溪二縣天寶元年改為長樂郡又改萬安為福唐溫麻為長溪嗣又增置永泰梅溪二縣共十一縣乾元元年仍為福州五代梁屬王氏省長安縣易梅溪為閩清共十縣唐長興四年偽閩升為長樂府增永貞寗德德化順昌四縣嗣改福唐為福清晉開運三年偽閩改為東都析順昌入建州是年為南唐所并復稱福州後入吳越惟尤溪德化二縣歸之宋州名仍舊領縣十一改永泰為永福永貞為羅源續又增置懷安福安二縣凡十三縣景炎元年升為福安府元至元十五年升為路領縣如前二十三年升長溪縣為福寗州割福安寗德隸之元貞元年升福清縣為州二州屬本路明洪武元年改為府縣如舊二年降福寗福清為縣與寗德福安並屬本府成化九年復升福寗為州直隸本省以寗德福安二縣隸之萬歷八年省懷安縣凡領縣九

國朝因之雍正十二年析古田增置屏南屬本府凡縣十治閩縣侯官東南長樂福清西南永福西閩清西北古田屏南東北連江羅源福省之水首推閩江於

十

十

古田之西南界三都口上承延平劍溪而下東流經旗坪頭折東南流繞莪洋塘南又折東北流經小武當山北麓有富洋溪北自屏南縣東峯山南流合牛溪甘棠溪注入本境匯東西溪來會又東南抵閩清之大雄塘西納大雄溪水又東南經搖動塘抵侯官縣之大箬村有陳溪自北入焉又東南繞入閩清東境之谷口有瞿曇溪會峯洋溪演水溪自西繞縣北來注又東南經祥溪口入侯官縣境又東經五奇峯南納西南來龜溪水又東至馬阬塘北東北納大穆溪水又東南至白沙驛有黃石溪自成塘溪分支東北來注之又東南至過山洲有成塘溪合羅源青阬水自北來注之又東繞懷安分為二派其北派自北而東南經芋原驛東納五峯山水又東南經洪山曰洪山江又東南經閩縣南臺山為南臺江又東南經鼓山下東出為馬頭江而南派亦繞螺洲來會南派自懷安南流夾洲而下至新崎江有大樟港西南自永福縣上接德化滻溪合諸小水東北流來會又東南經方山北入閩縣界又東經西峽山為烏龍江而義溪自西南入焉又東出峽與北派會折東北流經船政廠西營前司東有太平港東南自長樂界境分入營前港洋嶼港來注又東北經閩安鎮北納王頂山水又東北分繞瑯琦島出五虎門入於海閩江北七十里為連江源自古田縣東細湖頂東流為蘇洋溪又東納杉洋水折東南流經雙口渡入羅源縣境為羅溪又曲曲東南流經闊瀨有章溪合文武溪自東北注之又東南經榜尾峯西入連江縣界又東南至小滄有官溪合板橋塘水南自侯官縣曲曲東北流來注又東南至潘渡有瀾水潛接羅源縣之長潭溪南流合鳳坂溪來注又東南繞縣城南折東北流經岱江入於海連江北百里為羅川源自羅源縣展旂山起步溪東南流至港頭會西北來之九龍溪折而南流至渡頭而羅川乃

西自蔣山東流來會又東南經松崎江入於海若自閩江而南百里為福清之龍首河自縣西北百丈嶺東南流合龍潭山水無患溪而下又東經水陸橋北納澗溪水又東南繞縣城南納東臯山水又東南經海口江入於海福州之山其西北派自建安辰山南行入屏南境聳為東峯折而東過梨洋歷華頂岡沿倪家山南下為三台山至縣治而止又自東峯西迆至建安之葛籐阬轉而南為塔石壺循古田縣葫蘆岡龍天岡而下至荷峯山東轉為翠屏山落入平原而縣治負之又自翠屏山東南行過峽起為石馬山迎鼻岡折入羅源之展旂山迤邐東向由福源仙茅至鑑江之堆禾山綿亙百餘里東障大海又自展旂山東南行過天堂山梅峯山起為鳳山而縣治居其麓又自展旂山至天堂山南分一小支由鐵幛山過峽歷三望嶺大帽山磅礴而南起為龍漈山而連江縣治倚焉其正支自古田之石馬山蜿蜒南下曳入侯官之大湖山又南歷九峯山鳳池山折而東經五峯山蓮花山伏而復起入城為屏山為省會之負扆又自蓮花山東趨為鼓山沿江而北繞連江外境至海口江而止其西派自南平下尤溪由百丈嶺循閩清西境歷峯洋山地藏山折而東沿三縣格湖山隔北分一小支經獅子巖折入鍾南山經縣治南迆至侯官之旂山而止又自三縣格南分一支歷馬頭芹洋小田起為極樂巖沿至展旂山為永福縣治其西南派自德化之戴雲山東北行歷永福之洑口山杉溪山百丈嶺入福清界又東為靈石山循常思嶺石湖嶺折而南為靈鷲山頓伏復起為福清縣內之鳳凰山又自石湖嶺東北行為郎官山為岱邊山為五峯山而長樂縣治面焉又自五峯山折東南行為董峯山為天池山為御國山落入大海經小練大練崛起為福清之海壇山則又為東南之巨障也東至海一百九十里西至延平府

尤溪縣界二百五十里南至興化府莆田縣界二百三十里北至建甯府政和縣界四百里東南至大海二百零八里西南至興化府仙遊縣界三百六十里東北至福甯府甯德縣界二百一十里西北至延平府南平縣界二百七十八里東西烏里廣三百七十七里南北烏里縱四百一十二里

閩縣圖

五虎
芭蕉尾
大海
青壺江
黃浦
東岐
白猴嶼
南龜
連江館頭
五虎巡司
長安
金琅琦牌
長柄
頭亭
北岸
巡司
南岸
猴嶼
大嶼
浮岐
駐防
洋嶼
小嶼
赤灣
赤洋
漢
五里洋
長樂
馬頭
赤嶼
長樂東渡
玉田
眼
金鰲山
前嶼
峯洋
大象山
石珠山
圓山
龍江嶼
營前
棠邑
縣丞
泛寨
石星塔
下洋
北清涼山
菜厝
紅山
大嶼
國安
船廠岐
中岐
胭頭
田彭
山重
巡司
鼓山
大頂山
峯岐上
虎衡山
鳳洋山
玉山頂山
臺要
陳洋
大院鎮
牛頭寨
后嶼
潘渡
金白湖
邊江湖頭白湖
螺洲
廣山
獅山林潮
東臺
雞金嶺
溪嘴
營竹溪
水標分司
金鰲山

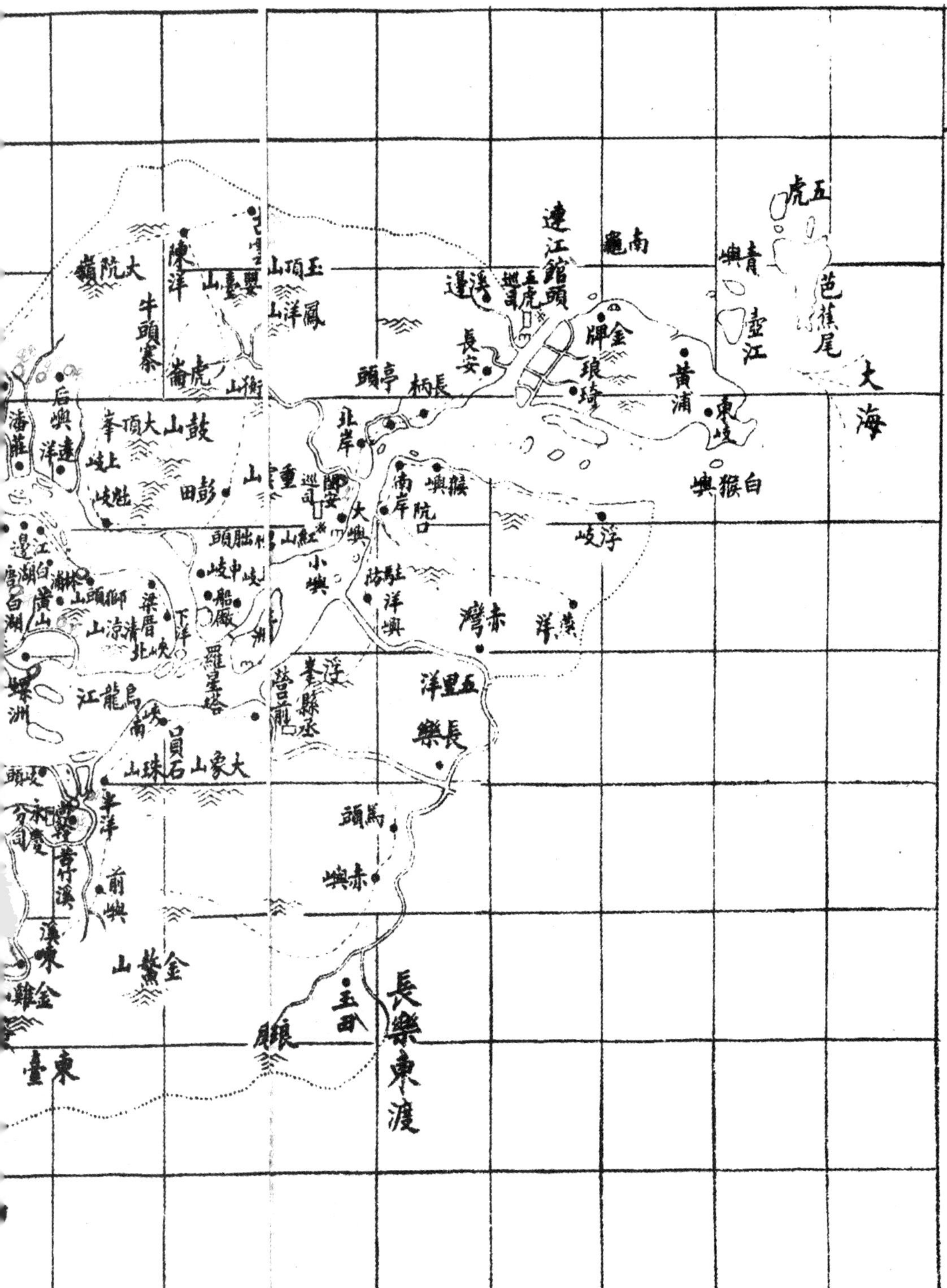

每方十里

福州府閩縣要缺

沿革

漢治縣地屬會稽後漢改為東侯官吳改屬建安郡晉太康三年省建安典船校尉置原豐縣為晉安郡治宋齊因之梁復改東侯官以侯官并入馬仍為晉安郡治隋開皇九年復改為原豐十二年改今名唐因之五代偽閩龍啟元年改為長樂三年仍舊永隆三年又為長樂四年仍舊

疆域

東西烏里廣八十八里南北烏里縱七十三里省會府治附郭東至大海一百九十里西至侯官縣治一里南至福清縣界常思嶺一百零六里北至侯官縣界屏山北麓五里東南至長樂縣界東渡九十里西南至侯官縣界南門月城鋪一里東北至連江縣界館頭九十

天度

緯二十六度零三分經東三度冬至日出卯正三刻零四分零三秒日入酉初初刻一十分五十七秒日四十一刻零六分五十四秒夜五十四刻零八分零六秒夏至日出卯初初刻一十分五十七秒日入酉正三刻零四分零三秒日五十四刻零八分零六秒夜四十一刻零六分五十四秒

山鎮

九仙山一名于山亦名九日山在城內東南隅城隍山在城內其東有將軍山西迆為王墓山越王山一名屏山在城內北隅長樂山在縣東二里稍南曰三昧山曰寶月山又南曰康山曰東嶽嶺由嶺東下曰竹嶼曰前嶼曰後嶼曰橫嶼曰茶園山青鵝山在縣東三里又二里曰鳳卵山北

水道

城內之水一自南臺江引入東北流經白馬橋浦西橋穿洗馬橋而東經南較場有新港河南自鴨姆洲北流來會又北流經通仙橋分一支繞城而東歷東門外樂遊橋折而西行過湯門外四明橋至湯水關入城折南流過樂善橋西分一支由灰橋衛橋抵倒任橋為大河其南流一支由澳橋抵德政橋會通仙橋

鄉鎮

鄉十二坊四鋪一百二十六村二百四十三鎮一市七鳳池西鄉在城內分左一左二左三南津四坊統六十八鋪鳳池東鄉縣東二十里統一十七村晉安東鄉縣東七十里統三十三村晉安西鄉縣東五里統十六村高蓋南鄉縣南十五里統六鋪十七村高蓋北鄉縣南十里統五十二鋪三村

職官

閩海關將軍（駐城）副都統（駐城）協領九員（八員駐城一員駐洋嶼）佐領十員（八員駐城二員駐洋嶼）防禦十員（八員駐城二員駐洋嶼）驍騎校二十二員（十六員駐城六員駐洋嶼）福建學政（駐城）福建布政使（駐城）經歷一員（駐城）都事一員（駐城）庫大使一員（駐城）照磨一員（駐城）福建按察使（駐城）經歷一員（駐城）照磨一員（駐城）司獄一員（駐城）福建鹽法道（駐城）庫大使一員（駐城）甯福分巡道（駐城）福州府知府一員（駐城）理事同知一員（駐城）

興國七年析敦業等九鄉入懷安縣元為路治明為府治國朝因之

西北至侯官縣界土堤上鋪五里

里曰東山其東為古嶺鼓山在縣東三十里其最高者曰大頂峯下為小頂峯由大頂峯分支南下為魁岐山前臨大江大頂峯之北為鳳池山又北為虎崙山又東二十里曰衡山相近者曰鷲山其南曰石門山曰重雲山瑯崎山在縣東一百十里南迆為元寶山為過嶼山西迆為黃埔山又東十里隔江對峙者曰壺江山殿江山在縣東一百二十二

東河又自德政橋西分一支為新河由古仙橋西抵江都橋折北流過驛前橋而西湖水自西水關入城會為西河又北經玉沙橋折東流至雙套橋東流一支合於大河其北流則由綏豐橋過卧湖橋穿北水關出城循城西而南合白馬橋之水入於南臺江閩江有二派北派為馬頭江即東峽江南派為烏龍江即西峽江也北派於縣南十里上接侯

七十里統一十五村崇善西鄉縣南七十里統十五村開化東鄉縣東九十五里統十八村開化西鄉縣東南三十里統二十六村賛賢鄉縣南一百里統二十一三村安仁鄉縣東六十里統六十村閩安鎮縣東八十里馬尾街市縣東南五十里營前市縣東南六十里亭頭市縣東南九十里南臺市縣南十里

駐南臺
教授一員駐城
訓導一員駐城
經歷一員駐城
司獄一員駐城
知縣一員駐城
縣丞一員駐營前
教諭一員駐城
訓導一員駐城
主簿一員駐南臺
巡檢三員一駐五虎一駐閩安一駐永慶
典史一員駐城
督標中營副將一員駐城
都司一員駐水部關外
把總三員駐城
督標左營守備一員駐水部關外
把總三員駐水部關外
督標右營參將一員駐城
守備一員駐城
千總一員駐城
把總二員駐城
撫標左營參將一員駐城

里又東五里隔水相望者曰福斗山又東落入水中起為五虎二山又東有島曰芭蕉尾內有白塔山又東四十里在大海中曰南竿山

馬尾山在縣東南五十里又東十里曰羅星山又東十里少北曰紅山又東隔水相望者曰石龍山曰浮岐山其南為雲門山

浮峯山在縣東南六十里東為玉壺山其支為文筆山

南臺山在縣南十里又南為

官之洪山江東南流五里夾繞中洲而東經南臺山為南臺江又東南五里抵鴨拇洲有大阬嶺水分東西二支夾潘莊而南來注之又東南十里至上岐北納牛頭寨山水又東南三十里經中岐為馬頭江又南五里抵羅星塔與南派會南派於縣南四十里上接侯官之澤苗江東流經方山北入境為陶江又東十里繞螺洲納黃山水又東十五里歷

中洲市縣南十一里

洋行街市縣南十二里

尚幹市縣南六十里

省城汛在城內

臺江水汛縣南十里

羅星塔水汛縣東南六十里

員山水汛縣東南七十五里

鎮口水汛縣東南八十里

亭頭水汛縣東南九十里

府前鋪南十里至橫山鋪十里至白湖鋪十里至三角埕鋪十里至峽北鋪十里至峽南鋪十里至樵岐鋪十里至良山鋪十里至大

守備一員（駐水部關外）

把總二員（駐城）

撫標右營遊擊一員（駐城）

守備一員（駐水部關外）

把總二員（駐城）

城守營副將一員（駐城）

左軍都司一員（駐南臺）

千總一員（駐南臺）

把總二員（一駐城一駐中洲）

右軍都司一員（駐城）

閩安營副將一員（駐閩安鎮）

左營都司一員（駐閩安鎮）

守備一員（駐閩安鎮）

千總一員（駐閩安鎮）

把總一員（駐鎮口）

右營都司一員（駐閩安鎮）

守備一員（駐閩安鎮）

千總一員（駐閩安鎮）

海關總口二（一駐南臺一駐閩安鎮）

十四

大安山亦名倉前山其西為黃柏東為藤山藤山之西為白鷺嶺高蓋山在縣南十五里其東為石室山又東為黃山為獅頭山又由高蓋山而南為義嶼山為新安山清涼山在縣南三十里旁為東峽山其西為瑞迹嶺曰大翁山曰甘泉山曰九曲山曰平山其山東為石几山傳阬山臚峯山大象山在縣南五十五里其支曰西峽山曰文殊山曰

諸沙洲而下為烏龍江有榕溪南自東臺曲流注入義溪合苦竹溪東北流來注又東出峽與北派會合而東五里至營前又折東北流十五里至大小嶼有太平港東南自長樂縣界七巖山東北流西合一小水曲行三十餘里左分一支注營前港右分一支注洋嶼港來會又東北五里至員山納南岸阬口水又北五里有玉項山水合嬰臺山水自西

田鋪十里至尤糢鋪十里至福清縣常思鋪良山鋪東南十里至開遞鋪二十里至營前鋪抵營前縣丞衙門開遞鋪東南三十五里至長樂縣遛橋鋪

哨卡七 新港 烏龍江 大橋 閩安洛 倉後 達浒 亭頭
洋稅新關 駐南臺
洋稅驗卡 駐羅星塔
稅釐總局 一駐城 一駐南臺
稅課關 駐南臺
稅課分卡 駐黃田
釐防分局 駐中洲
稅釐分卡八 水亭 橋北 洲頭 白湖 新橋 營前 館頭 閩安
茶釐分卡五 東門 南門 井樓門 釜亭 磕洲

珠山曰黃石山下臨大江

方山一名五虎山在縣南六十五里其支為葫蘆山又有嶼曰扈嶼宏嶼劉嶼其峯之最著者曰三瑯峯曰百六峯蓋自方山至此凡百六十峯也其旁小山曰石鼓山曰石壁山曰岱頂山

玉枕山在縣南七十里其顛為枕峯又南曰青鋪嶺曰玉水山曰金鼇山自金鼇而西出為金雞山

常思嶺在縣南一百零六里

北來注之又北五里北分一小港通於亭頭鄉又東十二里至瑯琦島為瑯琦江分為二派入海一循島西而北左受二小水右受二小水繞金牌經南北龜過福斗山五虎山凡二十餘里入海一循島南而東為梅花江東流二十餘里經广石北過嶼山南出白猴嶼入於海

嶺南為福清界

大阬嶺在縣東北二十里

鳳洋山在縣東北七十里其北為玉頂山旁有嬰臺山銅斗山其南為盤石山盤石之東為東山又東為象嶺又東為百洞山

侯官縣圖

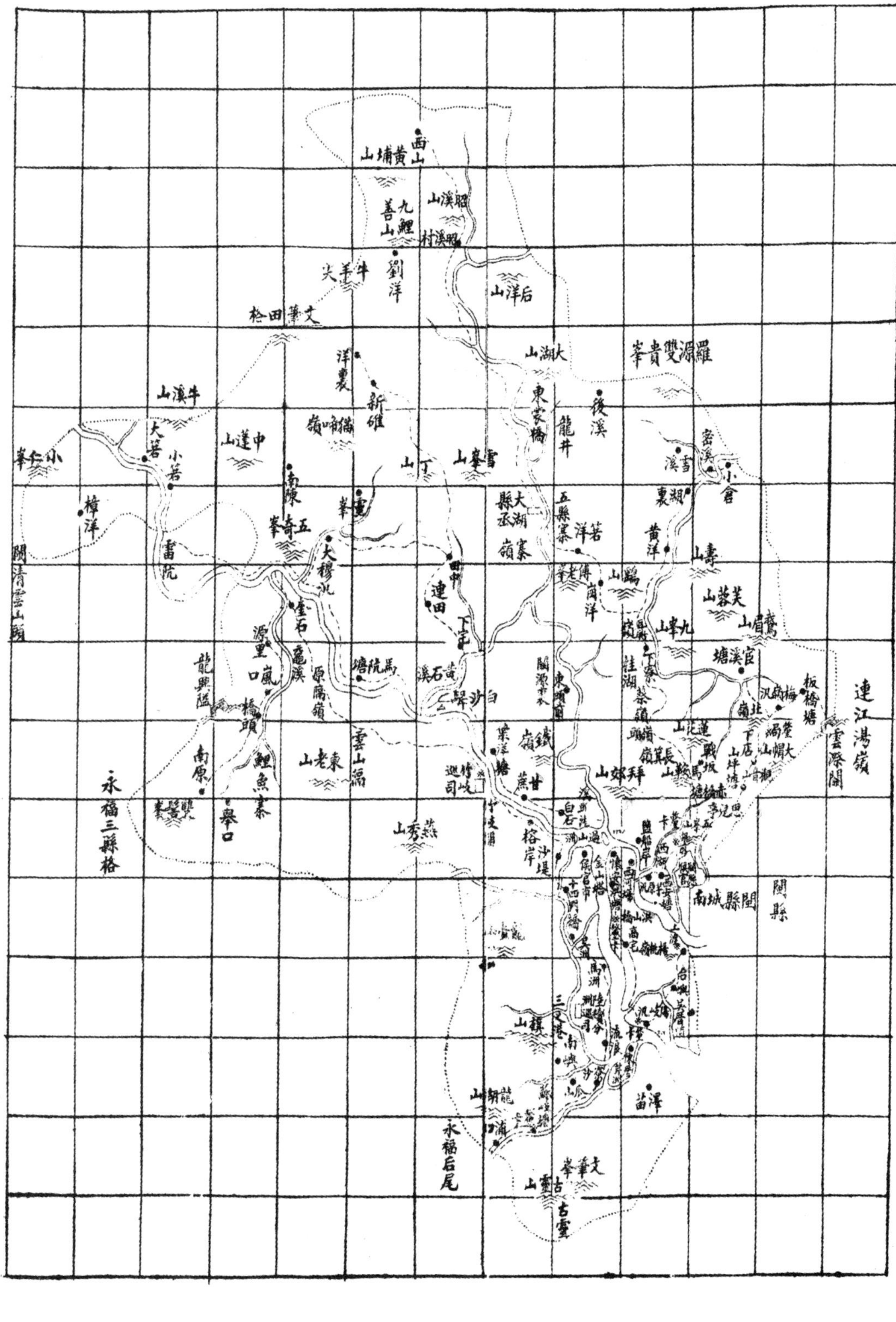

羅源雙貴峯
大湖山
后洋山
牛溪山
小仁峯
中蓬山
雪峯山
東老山
東家橋
龍井
後溪
劉洋
樟洋
連田
南原
鯉魚寨
連江湯嶺
雲際關
永福三縣格
永福后尾
閩縣城南
閩縣

每方十里

福州府侯官縣要缺

沿革

漢置侯官縣屬會稽
吳永安三年改屬建安郡
晉太康三年改隸晉安郡
宋齊皆為郡治
梁并入東侯官
隋因之
唐武德六年析閩縣置貞觀五年省入閩縣長安二年復置元和三年省五年復置與閩縣同為州治
五代僞閩龍啟元年改為閩興以長樂為侯官三年皆復舊
宋為州治
元為路治

疆域

東西烏里廣一百十九里南北烏里縱一百四十三里
省會府治附郭
東至閩縣治一里
西至永福縣界三縣格八十里
南至閩縣界南城一里
北至羅源縣界雙貴峯一百四十里
東南至閩縣界南門月城鋪一里
西南至永福縣界后尾八十里
東北至連江縣界湯嶺六十

天度

緯二十六度零三分
經東三度
冬至日出卯正三刻零四分零三杪日入酉初初刻一十分五十七杪日四十一刻零六分五十四杪夜五十四刻零八分零六杪
夏至日出卯初初刻一十分五十七杪日入酉正三刻零四分零三杪日五十四刻零八分零六杪夜四十一刻零六分五十四杪

山鎮

烏石山亦名道山在城內西南隅
上渡山在縣西南十里又西南曰白泉山曰黃柏嶺又西迆曰楊桃嶺曰虞塘山虞塘之東為雞籠西為凰岡
陽崎山在縣西南三十里其東為吳山隔江而對峙者曰陰崎山
瓜山在縣西南五十里與南嶼山隔溪而峙又西為蘇岐山
龍臺山在縣西南六十里又

水道

閩江在縣西三十里為延平東西溪之下流而省會之經流也自縣西北境上接閩清大溪為安仁溪東南流五里至大箬有陳溪自閩清東北豬栂山西南流來會又東南二十里經小箬繞入閩清縣境又東南二十八里經祥溪口轉入本境又東十里有黿溪南自雙髻峯北流合東老山水來注又東北五里有大

鄉鎮

坊四鋪六十九鄉四村一百六十一市六
左一左二右一右三四坊在城內統六十九鋪
西南鄉自縣西南西營二里起至浦口七十五里止共四十三村
西鄉自縣西迎恩鋪三里起至湖山格一百五十里止共三十一村
西北鄉自縣西北保福五里起至劉洋二百零六里止共四十五村
又自縣西北灰爐莊五里起

職官

閩浙總督 駐城
知縣一員 駐城
縣丞一員 駐大湖
教諭一員 駐城
訓導一員 駐城
巡檢二員 一駐竹崎 一駐五縣寨今移駐陸績分洲
典史一員 駐城
鹽大使一員 駐西河
督標左營參將一員 駐城
撫標左營千總一員 駐五縣寨
城守左軍把總一員 駐梅嶺
城守右軍把總三員 大穆 芋原 連沙
海關哨卡 駐陽崎
洋稅子口二 一駐洪山橋 一駐北嶺
税關 駐竹崎
税關分卡三 竹崎 水口 洪塘 北嶺
税釐分局 駐上渡

十七

明為府治萬歷八年并懷安縣地入焉
國朝因之

里 西北至閩清縣界雲山頭二百一十里

南五里曰旗山與閩邑鼓山東西對峙其西為雙峯山其南為太平山又南十里為龍湖山
澤苗山在縣西南六十里西迆為文筆峯為古靈山
大夢山在縣西一里其北為貴安山又稍南為高峯山又南為怡山為鳳凰山
祭酒嶺在縣西八里
洪山在縣西十里又西二里為雲程山又西三里曰妙峯山曰佛樓山皆濱於江江中有小金山
保福山在縣西

穆溪合雪峯山水自東北來注之折東南曲曲流三十餘里有黃石溪自成塘溪分支合大湖山水自東北入焉又東南三十里抵過山洲有成塘溪北自西山東南流合諸小水來會又東繞懷安洲分為二派其北派自北而東南凡十里有五峯山水自東北來注之又東南二里經洪山橋為洪山江又東南十二里經上渡山北有西湖水自縣西東南流來注又東

至西山一百九十五里止共二十四村
北鄉自縣北河尾二里起至陳九源一百四十里止共一十八村
陽崎市縣西南三十里
洪山橋市縣西十里
侯官市縣西三十里
竹崎市縣西六十里
柑櫧街市縣西北六十五里
方湖市縣西北一百三十里
遶沙汛縣西南五十五里轄塘八
芋原汛縣西北二十五里轄塘十二
大穆汛縣西北一百一十里

税釐分卡二一駐[illegible]一南[illegible]
茶稅分卡五一駐陽崎 竹崎 北嶺 湖前 洪山橋 三夾道

北五里
鐵嶺在縣西北五十里又西北十里曰西山西山北四十里曰象鼻山其西為金雞山又北二十里曰靈峯山東迤為五捧嶺為丁山為雪峯山
五奇峯在縣西北一百三十六里又西二十里曰中蓬山
貓啼嶺在縣西北一百六十五里
九經善山在縣西北一百五十五里東五里為昭溪山又西北二十里曰黃埔山折東北十五里曰西山

南入閩縣界經南臺山鼓山東峽山與南派會南派自懷安洲南流夾洲而下其自洲西而南為逗浦凡十里有樓梯嶺水西自永福入境合一小水東流來會又南十里分一小支繞洲而東通於金鑠江又南十里有三汊港自西注之又折東南流十里有龍湖山水自西南來注匯為五通江又東少南二里會西南永福縣之大樟溪而洲東正支亦歷金鑠注陽崎

轄塘五
梅嶺汛縣北五十里轄塘十八
五縣寨汛縣北九十五里轄塘十二
縣前鋪西十里至梅亭鋪十里至土堰鋪十里至尤崎鋪十里至葛崎鋪十里至鐵嶺鋪十里至陳湖鋪十里至葉洋鋪十里至豐田鋪十里至馬阬鋪十里至大獺鋪十里至松嶺鋪十里至湯池鋪十里至嵩淮鋪十里至小箬鋪十里至閩清縣嵩灘鋪
豐田鋪北十里

銅盤山在縣北五里卧龍山在縣北五里其北為浮倉山東北為東寶山又北三里為五峯山亦名五鳳山東連大鵰山稍南為羅峯山北為杜鵑嶺相屬者曰程田山西寶山馬鞍山大夫嶺昇山在縣北十里其西為鳳池山拜郊山在縣北二十里東迤為長箕嶺嶺北為蓮花山又由拜郊而北曰趙府山曰卯石山曰苦參山曰馬

江南下來會瀦為新崎江又東南五里有澤苗港上自大樟溪分支循芹洲而東北來會為澤苗江又東南五里有上渡山水南流至臺輿先後分支入焉又東南十餘里入閩縣界又東南五十里經西峽山與北派會達於瑯琦江入於海成塘溪亦名陳塘溪源自縣西北西山之東麓南流十五里經昭溪山東納昭溪水又南十里

至古佛鋪十里至井下鋪十里至滁上鋪十里至箬洋鋪十里至大湖鋪十里至大湖縣丞衙門縣前鋪北七里至來宜鋪十里至北嶺鋪十二里至宦溪鋪八里至板橋鋪十里至任溪鋪十二里至連江縣陳山鋪北嶺鋪東北十里至連江縣巖角鋪

圜山

聶嶺在縣北六十里又北十里曰柯嶺又北為雞山為傳老峯為寨嶺又北二十里曰大湖山又十里曰東窰山又十里曰嵐裏山又十里曰后洋山

芙蓉山在縣北六十里其右為鵝眉山北為壽山

鳳山在縣東北三里又五里曰桂山相屬者為厚山旁有元壇嶺

觀音山在縣東北二十里又十里曰大帽山大帽之北為北嶺東迤

有青阬水東自羅源縣青阬西來注之折東南十餘里西納一小水又東南二十五里有東濛溪自東來注之又南曲流二十餘里抵傳老峯西分流為二一從西南流至下宅北納大湖山水為黃石溪經白沙驛西注於閩江一從南流曲行二十里有南洋水合桂湖水自東來注又南行二十餘里為溪頭港抵懷安洲注於閩江

宦溪在縣北三

為梅嶺為降虎嶺

十里源自蓮花山東北流十餘里東納板橋塘水折西流五里西南納長箕嶺水又西十餘里經下寮折東北流三十餘里為日溪有雪溪自西北來注之又東北為窑溪凡十里入連江縣境注於鼇江

十九

長樂縣圖

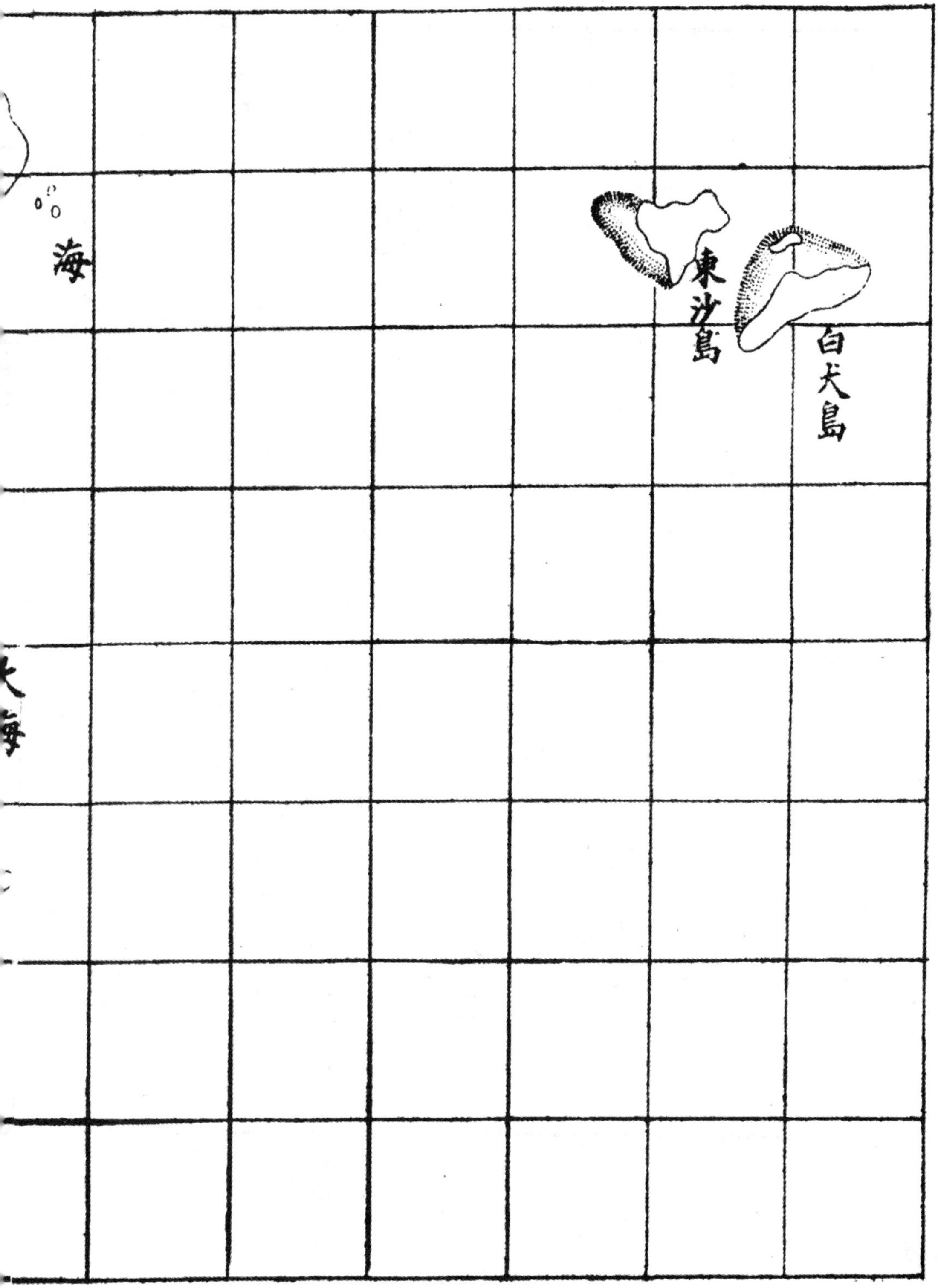

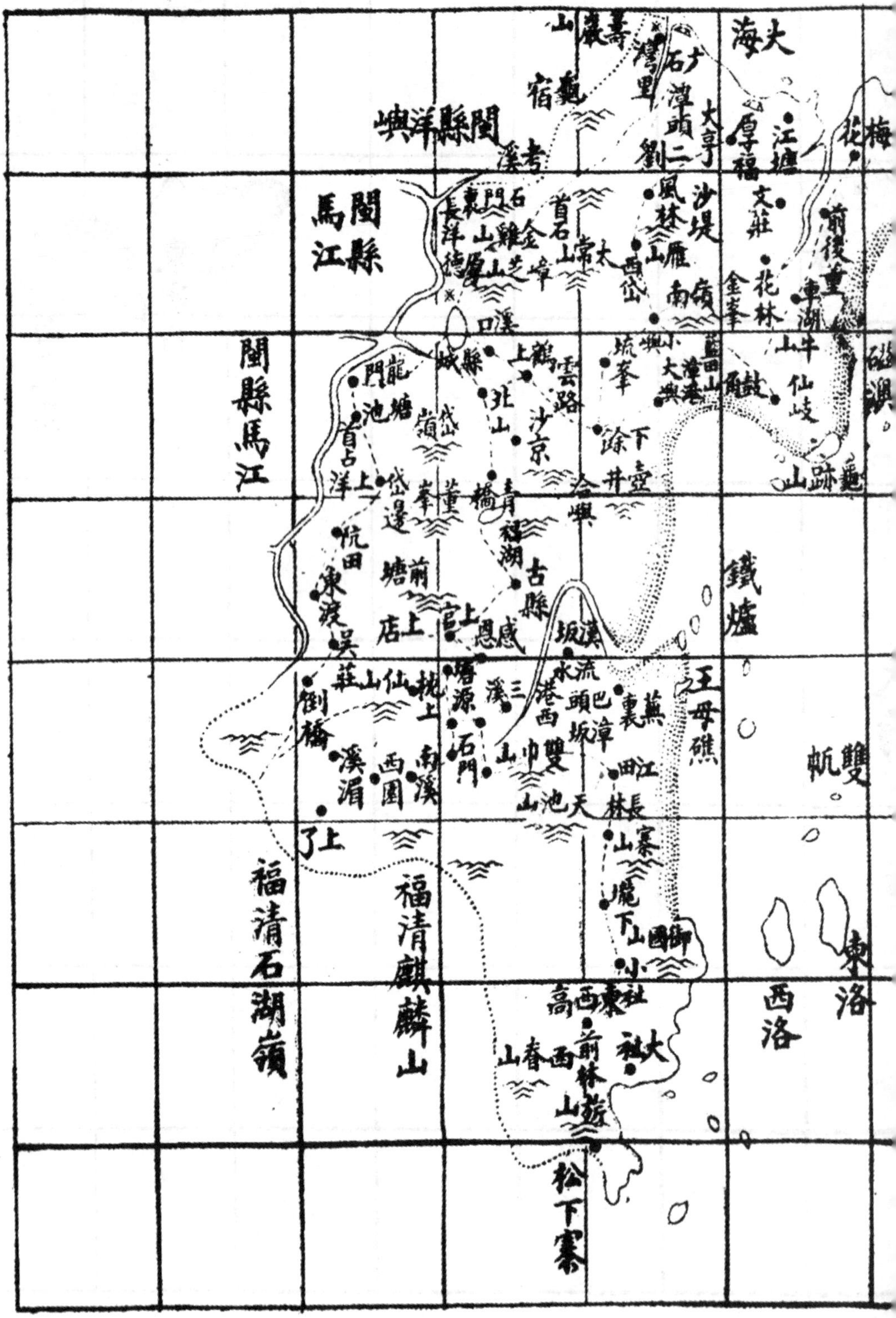
大海
閩縣洋嶼
閩縣馬江
福清石湖嶺
福清麒麟山
鐵爐
王母礁
雙帆
西洛
東洛
松下寨

每方十里

福州府長樂縣中缺

沿革

唐為新甯縣地武德六年析閩縣置旋改長樂上元元年移治吳航頭元和三年省入福唐五年復置

五代偽閩龍啟元年改名侯官三年復舊永隆三年改名安昌明年復舊

宋屬本路

元屬本路

明屬本府

國朝因之

疆域

東西鳥里廣一百一十四里南北鳥里縱七十六里至省陸程一百里水程八十里至府水陸同縱距府鳥里二十八里橫距府鳥里四十九里斜距府鳥里五十六里二分有奇

東至大海白犬島界一百二十里

西至閩縣界馬江一里

南至福清縣界麒麟山四十里

北至閩縣界洋嶼七里

天度

緯二十五度五十四分經東三度一十七分

冬至日出卯正三刻零三分四十三秒日入酉初初刻一十一分一十七秒日四十一刻零七分三十四秒夜五十四刻零七分二十六秒

夏至日出卯初初刻一十一分一十七秒日入酉正三刻零三分四十三秒日五十四刻零七分二十六秒夜四十一刻零七分三十

山鎮

芝山在縣東五里東迆為阿林山為鶴山又東八里曰龜山

太常山在縣東十二里左接籌巖右連首石山其陽有從龍嶺風門嶺其陰有提麻嶺浮崎嶺折北行至潭頭下達广石

雁山在縣東二十里對峙者曰鴻山迆而東南曰全峯山全峯南十里曰鼓角山由鼓角而東曰仙岐山仙岐北五里為牛山下臨東湖

水道

海在縣東北東南二境其東北境通於內港者由貓嶼而上經虎嶼頭通梅花港為梅花江又西經广石接籌港為广石江又西而南通於馬江其在東南境者循貓嶼而南抵磁澚為磁澚江折而西經岐山麓接漳港為漳江又南至壺井澚為壺井江又南歷鐵爐嶼通於巴頭港又南過王母礁小祉寨大祉寨壠下寨至松下寨

鄉鎮

里二十三都二十四圖一百零九市三

一都賓賢里在城內統六圖

二都崇聖里三都信德里四都嵩平里五都泉元里在縣南統十一圖

六七都昆田里八都同榮里在縣東南統九圖

九都進賢里十都崇德里在縣東統九圖

十一都建賢里十二都崇賢里在縣東南統九圖

十三都永勝里十四五都弦歌里十六都

職官

知縣一員駐城

教諭一員駐城

訓導一員駐城

典史一員駐城

長福營守備一員駐城

把總一員駐城

海壇營把總一員駐巡磁澚

海關哨口駐礡頭

海關哨卡駐陳塘港

稅釐分局駐西關外

稅釐分卡駐礡頭

東南至大海東洛七十里
西南至福清縣界石湖嶺五十里
東北至海五十里
西北至閩縣界馬江五里

四抄

北山在縣東南五里又十里曰蓮花山東迤為象山為屏山相近者為董峯山
沙京山在縣東南二十里又東行十里曰壺井山其南為鍾門山又東突峙海中者曰磁澳山旁近者為龜迹山距縣凡四十里
龍泉山在縣東南二十二里山有五峯故又名五峯山其南為福湖山又南五里曰阮山旁屬者曰瑞峯山
雙巾山在縣東南四十里又南為天池山

為松下江又南則入福清境矣
三溪在縣東南四十里源自福清界境拱辰山東北流二十里注於巴頭港又東北十里折東南流十里又折東北入於海
太平港在縣西源自七巖山西麓循界境北流十里至東渡又曲曲北流二十餘里東納一小水岐分為二一西北流二十里經閩縣東境營前注於馬頭江一從東北流七里抵縣城西

豐和里在縣東統十九圖
十七都崇仁里在縣東南統七圖
十八都崇化里十九都良田里二十都千零里在縣南統八圖
二十一都從化里二十二都方安里大宏里二十三都方樂里二十四都新開里在縣東北統三十一圖
西門市在縣西門內
東門市在縣東門外
二劉市在縣東北十八里
長樂縣汛在城內
港口汛在縣西

其西為鳳凰山

御國山俗名牛角山在縣東南六十里旁有老翁山鼎山西眷山後曰竹山南下為寶鵲山為旂山又東而隔海對峙者曰東洛山曰西洛山

南山在縣南里許前有鼇頭山其西為登高山其南五峯並峙者曰五馬山三峯並峙曰三峯山其旁曰龍門山相屬者曰戲崎山曰翁山曰阜山又南二十五里曰仙山又南十里曰麒麟山西迤為

有資聖溪會文洽浦自東水關西流入城繞出南水關東注又曲從北流十餘里有考溪自東注之又折東北流出境經閩縣洋嶼西達於馬頭江

籌港在縣東北三十里源自籌巖山北流十餘里注於广石江

梅花港亦名陳塘港在縣東二十五里源自金峯山東合諸山水瀦而為湖與海潮相吞吐東北流凡二十里注於梅花江

南三里轄塘五

松下汛縣東南五十里轄汛一塘八

梅花汛縣東北三十里轄汛二塘十一

磁澳水汛在縣東四十里

白犬水汛在縣東一百二十里轄汛一

广石水汛縣東北二十八里轄塘三

縣前鋪西十五里至週橋鋪三十五里至閩縣閘遞鋪

縣前鋪東二十里至沙京鋪二十里至巴頭鋪四十里至福清縣溪梧鋪

縣前鋪南四十里至沙嶺鋪

二十二

郎官山達於
石湖嶺以通
福清
岱邊山在縣西
南二十里旁
有吳宰嶺又
十里曰七巖
山接於屏風
山又南十五
里曰溪湄山
旁有石牛山
天馬山白巖
山嵐乾山皆
與郎官山相
屬
六平山在縣北
里許亦名大
博山其東為
四明山石臺
山其西為金
雞山
首石山在縣東
北七里又十
里曰龜宿山
又十里曰壽
巖山東迤為

由水路抵海
壇
縣前鋪西北十
五里至梅江
鋪抵閩縣水
師營

苒盛山又東為棋山距縣四十五里越王山在縣東北三十里旁曰萬壽山曰靈山有嶺曰從龍嶺相近者曰爐峯山曰周山

二十三

福清縣圖

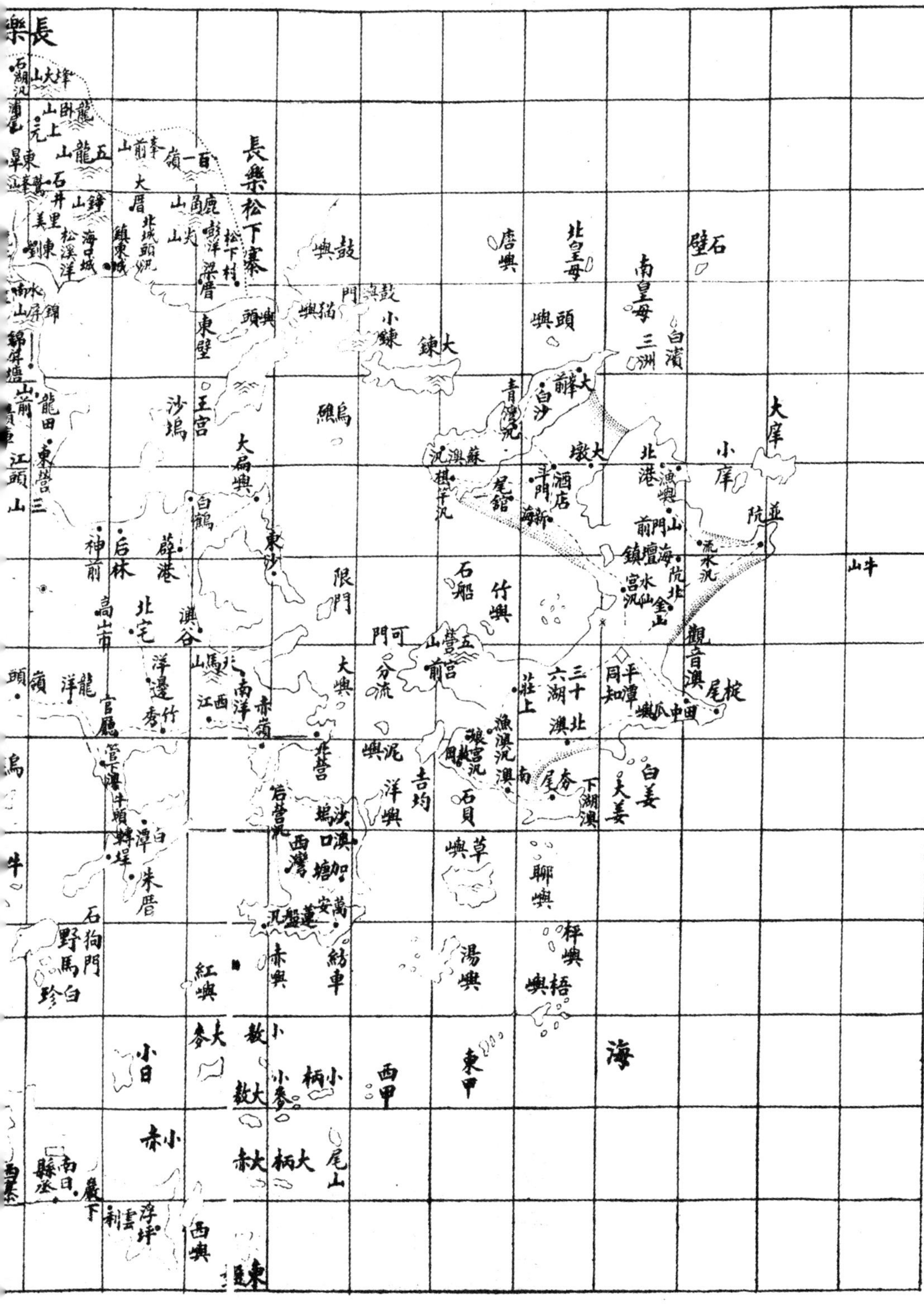
長樂
長樂松下寨
松下村
鼓嶼
唐嶼
北皇母
南皇母
石壁
頭嶼
白濱
三洲
大鍊
小鍊
猫嶼
東壁
王宮
沙塢
鳥礁
大扁嶼
白鶴
東沙
限門
石船
竹嶼
大庠
小庠
流水汛
牛山
觀音澳
梭尾
平潭
同知
白姜
大姜
草嶼
聊嶼
秤嶼
梧嶼
湯嶼
東甲
西甲
海
紅嶼
大參
小日
尾山
西嶼
吉均
洋嶼
北營
神前
后林
薛港
高山市
北宅
澳谷
龍田
東營
石狗門
野馬
白珍
縣丞
南日

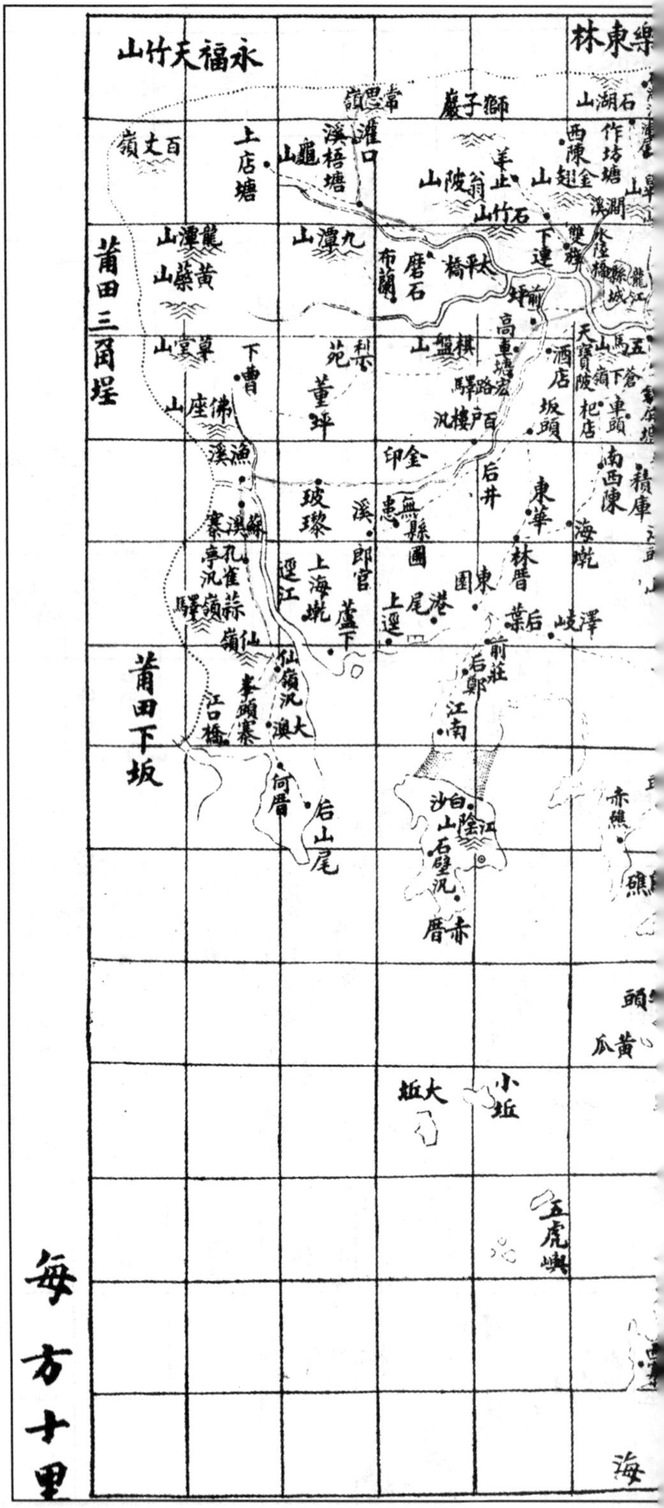
永福天竹山
莆田三岡堡
莆田下坂
每方十里
獅子巖
百丈嶺
上店塘
龜山
溪梧塘
龍潭山
黃蘗山
九潭山
太平橋
佛座山
下曹
董坪
漁溪
玻璨
東華
林厝
南西陳
海蜺
東園
港尾
上海蜺
江口橋
江南
赤厝
大坵
小坵
五虎嶼
赤礁
黃瓜
海

福州府福清縣要缺

沿革

唐聖曆二年析長樂南八鄉置萬安縣天寶元年改為福唐
五代梁開平二年改名永昌唐同光元年復為福唐僞閩龍啟元年改為福清治永慶里即今永東里晉天福閩徙南臺即今臺嶺屬本州
宋因之
元元貞元年升為州屬本路
明洪武二年降為縣屬本府
國朝因之

疆域

東西鳥里廣一百四十一里
南北鳥里縱一百三十四里
至省陸程一百三十五里水程二百八十里
至府水陸同
縱距府鳥里七十里
橫距府鳥里二十二里
斜距府鳥里七十四里四分有奇
東至長樂縣界松下寨五十五里
西至興化府莆田縣界三角埕六十五里
南至海一百二十里

天度

緯二十五度四十一分
經東三度零八分
冬至日出卯正三刻零三分十四秒日入酉初初刻一十一分四十六秒日四十一刻零八分三十二秒夜五十四刻零六分二十八秒
夏至日出卯初初刻一十一分四十六秒日入酉正三刻零三分一十四秒日五十四刻零六分二十八秒夜四十一刻

山鎮

鳳凰山在城內西北隅
瑞巖山在縣東十五里旁為覆釜山又東五里曰瑞峯山海口鎮東二城在馬其北為鐘山其南而隔江對峙者曰網山
鹿角山在縣東二十七里
天馬山在縣東南八十里又東南十里曰赤嶺又東南十五里曰萬石山其東北為大護山又東迤為東全山逼臨大海
嶼頭山在縣東南五十里海

水道

海在縣東南一百二十里其海潮入境凡三道一自鼓嶼門入經貓嶼嶼頭抵松下循岸而西通於龍江又自龍江而西上接海口江通於縣南之龍首河一循南日江而北繞小郎大郎沿江陰山而上抵柯嶼通於遷江一自后山尾西北上經峯頭寨抵江口橋通於莆田之迎仙港
龍首河在縣南三里源自縣

鄉鎮

隅六圖一百十二甲十二市四
城內統六圖
東隅在縣東統十八圖
西隅在縣西統十八圖
南上隅在縣東南統十八圖
南下隅在縣西南統二十圖
北一隅在縣東北統十六圖
北二隅在縣西北統十六圖
海壇澳在縣東南統十二甲
縣前街市在城內
鎮東市縣東二十里
高山市縣東南五十里

職官

同知一員駐平潭
知縣一員駐城
縣丞一員駐南日
教諭一員駐城
訓導一員駐城
典史一員駐城
鹽大使三員一海口城 一江陰山 一西歐鄉
海壇營副將一員駐海壇
都司二員駐海壇
守備一員駐海壇
千總二員一駐南日 一駐[illegible]
把總三員二駐海壇 一駐[illegible]
長福營參將一員駐城
千總一員駐城
把總一員駐鎮東
海關哨口駐上逕
土藥分局駐城
土藥分卡駐平潭

北至長樂縣界東林三十里
東南至海一百五十里
西南至莆田縣界下坂八十里
東北至長樂縣界御國山五十里
西北至永福縣界天竺山六十五里

零八分三十二杪

周其外又東二里復起為貓嶼又東隔五里為鼓嶼折而南隔三里為小練山又隔五里為大練山山東西袤凡十五里縣境內諸小嶼此為較大
海壇山亦名東嵐山在縣東南一百二十里橫亘海上周一百九十里遠望如壇故名海壇其西為水馬山五營山南交山西麓為霸前為金崎頭其南曰黃崎曰紫瀾曰牧上曰砦頭曰流頭曰大小鼇網下有三

西北之百丈嶺東南流五十餘里有龍潭山水自西來注之又東五里有無患溪自西南來注之又東二里有澗溪北自作坊塘南流經水陸橋入焉又折東南流繞縣治南經龍首橋有東皋山水自北注之是為龍首河又東南行十餘里為海口江又東南五里會龍江浦入於海
漁溪在縣西南四十五里源自黃蘗山東南流二十里有蘇溪西自莆田縣宮莊

海壇街市縣東南一百二十里
福清縣汛在城內轄塘二
鎮東汛縣東二十里轄塘四
萬安汛縣東南一百一十里轄汛二塘十六
大王宮汛縣東南一百十九里轄汛八
水仙宮汛縣東南一百十九里轄汛七
萬安水汛縣東南一百十里
門楄後水縣東南一百一十五里
南日水汛縣南二百里
石壁水汛縣西南一百六十里
鼓嶼水汛縣東

二十五

十六曲湖通於海其東迆而高者為軍山為全山其南曰後門曰獨安曰廣州埕其北曰蘇灣曰沙灣曰照鏡山曰牛山曰文岐山曰鐘山亦曰鐘門與與大練門對峙為海壇北路要口

玉融山在縣南下臨迎仙港左為雙旌山右為五馬山其麓為覆釜山又南下為蒼下嶺由玉融山而東北曰小孤山又東迆為鐘山為錦屏山

江陰山在縣南

山東流十餘里來會又東南二十里達於遥江入於海

四十五里

縣前鋪西南十里至南門鋪十里至錦屏鋪十里至衡路鋪十里至金印鋪十里至玻瓈鋪十里至漁溪鋪十里至蒜嶺鋪二十里至莆田縣江口鋪

縣前鋪北十里至高車鋪十里至太平鋪十里至磨石鋪十里至常思鋪十里至閩縣尤糗鋪

縣前鋪西北十里至城西鋪十里至後阬鋪十里至桃林鋪十里至溪梧鋪四十里至長樂縣

二十六

六十里

南日山在縣南一百二十里

棋盤山在縣西南二十五里

闇讀山在縣西南三十里

黃蘗山在縣西南四十五里又南為草堂山為佛座山由佛座而東十里曰玻瓈嶺

蒜嶺在縣西南七十里又南十里曰仙嶺

石竹山在縣西十三里

九潭山在縣西四十五里又西十里曰龍潭山

翁陂山在縣西北二十里其北為獅子巖又西北二十

巴頭鋪

縣前鋪西十里至牛田鋪十里至王山鋪十里至薛田鋪十里至永福縣劍嶺鋪

里曰常思嶺靈鷲山在縣北附郭其東北為東皋山西迤為金趐山又北為玉屏山又北二十五里曰石湖山盛山在縣東北十五里其北為五龍山又北為龍卧山為烽火山距縣三十五里復由五龍山而東為峯前山為百一嶺接於長樂之御國山

沿革

晉太康四年以温麻船屯立縣名為温麻縣

隋開皇間廢入閩縣武德六年復析置是年移治於連江之北因改今名

五代屬閩王氏地

宋屬本州

元屬本路

明屬本府

國朝因之

疆域

東西鳥里廣一百四十八里南北鳥里縱六十三里至省陸程一百里水程一百三十里至府水陸同縱距府鳥里十七里橫距府鳥里四十二里斜距府鳥里四十五里三分弱東至海二十里西至侯官縣界板橋塘四十里南至閩縣界覆鼎山十五里北至羅源縣界爐后七十五里

天度

緯二十六度零九分三十秒經東三度一十六分冬至日出卯正三刻零四分一十七秒日入酉初初刻一十分四十三秒日四十一刻零六分二十六秒夜五十四刻零八分三十四秒夏至日出卯初初刻一十分四十三秒日入酉正三刻零四分一十七秒日五十四刻零八分三十四秒夜四十一刻零

山鎮

斗門山在縣東二里下臨鼇江其南為洪塘山隔江對峙者曰荷山荷山之北為瀾墩山

雲居山在縣東十五里轉而北為東岱山又東五里為大將山

東山在縣東南三里又東十里曰月樓山折而南為旂山為大坪山大坪之東曰電光山

金鼇山在縣南二里其左曰覆釜山西迤為矩庚山又南五里曰黃

水道

大海在縣東一百二十里循北茭而西經赤灣孤嶼青嶼月嶼下担上担入口上接大江

連江在南門外一名鼇江上接羅源縣之羅溪東南流經榜尾山西麓入縣西北境又東南十里東納一小水又東南三里有密溪自侯官縣東北流入境來會又東南十二里東納東山水又東南曲曲行四十里抵陳溪洋有

鄉鎮

都四里二十村四百二十八市二

欽平上里在縣西城內外領九村

欽平下里在縣東城內外領十六村

二十六都縣東北一百里領二十一村

二十七都縣東北八十里領十村

二十八都縣東北七十里領十一村

二十九都縣東北二十五里領十八村

新安里縣南二里領二十村

安慶里縣南三

職官

知縣一員駐城

教諭一員駐城

訓導一員駐城

巡檢一員駐東岱

典史一員駐城

連江營遊擊一員駐城

守備一員駐東岱現移駐城內

千總一員駐城

把總二員一駐東岱一駐小埕

閩安左營把總一員駐定海

閩安右營把總一員駐北茭

海關分口二一駐館頭一駐東岱

海關哨卡駐江南橋

稅釐分局駐湯嶺

茶稅驗卡駐丹陽

海防分局駐可門

東南至海三十五里
西南至閩縣界陳洋二十五里
東北至羅源縣界廉山一百二十里
西北至侯官縣界小洋九十里

六分二十六杪

崎山曰獅子山
文筆山在縣西南十里
玉泉山在縣西一里又西為白塔嶺其北為鳳凰山
寶溪山在縣西二十里南下為牛頭山又西十五里曰湯嶺又西少北五里曰降虎嶺由嶺而北為雲際關
羅崙山在縣西北二十里又北一里曰朱步嶺
陀山在縣西北三十里東曰獅山北曰黃巖山又西北十里曰白巖山由白巖而北十里曰雙髻山迤西為

任溪南自侯官縣界雲際關西麓北流來注而陀山水亦自東入馬又東南繞洲而合凡十里至東岸又折東北流十二里抵潘渡有瀾水潛接羅源縣之長潭溪東南流至朱公鋪而羅源縣鳳坂溪亦南流合鳳巖水來注遂東南合諸小水及牛嶺週溪來會又東南經羅崙渡為寶溪又東南十五里南受文筆山水為鼇江又折東流十里繞縣南而北至岱雲塘有

里領二十二村
永貴里縣東十里領二十一村
光臨里縣西三十五里領二十一村
清河里縣西北三十五里領二十四村
安中里縣西北七十里領三十五村
嘉賢下里縣東十里領十村
嘉賢上里縣東十五里領十三村
賢義里縣北十五里領十三村
安義里縣北四十里領十一村
中鵠里縣北八十里領十八村

虎頭山又西北五里曰東山其與白巖山隔溪對峙者曰陳坂山

松嶺在縣西北六十里又北十里曰寶林山又北十里曰鳳巖山

龍潹山在縣北附郭其北為湖山又北為羅山西下為東湖其東為龍潹嶺縣互三里達於東塘東塘北五里曰大帽山又北為洋門嶺東迤為小降虎山又東為烏石頭山

紫霞山在縣北五十五里又北五里曰文殊山折西北

財溪北自烏石頭山來注之又東北二十里經東岱山下為岱江又東二十里經下担南上担北入於海

鯉溪在縣東北六十里源自爐峯山之北東流十餘里經燕窩嶼入於海

仁賢里縣西北六十里領十九村

安定里縣西北七十里領二十三村

安德里縣東北六十五里領二十一村

保安里縣東北二十里領十三村

建興里縣東北七十五里領二十四村

集政上里縣東北八十五里領十八村

集政下里縣東北五十里領十七村

大市街市在縣城內

東岱市縣東北二十里

連江縣汛在城內轄塘十二

行十里曰杜崇山

鹿池山在縣東北三十五里其北為爐峯山折東南十五里曰南峯山又東曰龜魚山曰三德山亦名三臺山三峯並列故又名筆架山為海門關鎖

帽山在縣東北九十五里縣互而東為大卞山小卞山黄岐山北茭山濱於大海距縣一百七十里

西洛山在縣東北大海中對峙者為東洛山計程一百二十五里

北茭汛縣東北一百七十里轄汛一塘七

小埕汛縣東北一百十五里轄汛一塘五

東岱汛縣東北二十里轄汛一塘九

馬鼻汛縣東北八十里轄汛一塘七

可門汛縣東北一百一十里轄塘八

定海水汛縣東北一百二十里兼轄竿塘汛

黄岐水汛縣東北一百五十里

北茭水汛縣東北一百七十里兼轄濂澳汛

縣前鋪北十里

北竿塘山在縣東北大海中與閩縣之南竿塘並峙中有七澚相近者爲拱巽澚及大亭山小亭山計程水陸一百一十里

至東湖鋪二十里至賢義鋪二十里至丹陽鋪十里至東禪鋪十五里至羅源縣應德鋪

丹陽鋪西十里至朱公鋪十里至週溪鋪十里至陀市鋪十里至潘渡鋪十里至陳山鋪十二里至侯官縣任溪鋪

縣前鋪西北二十里至羅崙鋪十里至巖角鋪十里至侯官縣北嶺鋪

縣前鋪東十里至赤嶺鋪十里至陀頭鋪十里至俞家鋪抵海

三十一

三十二

羅源縣圖

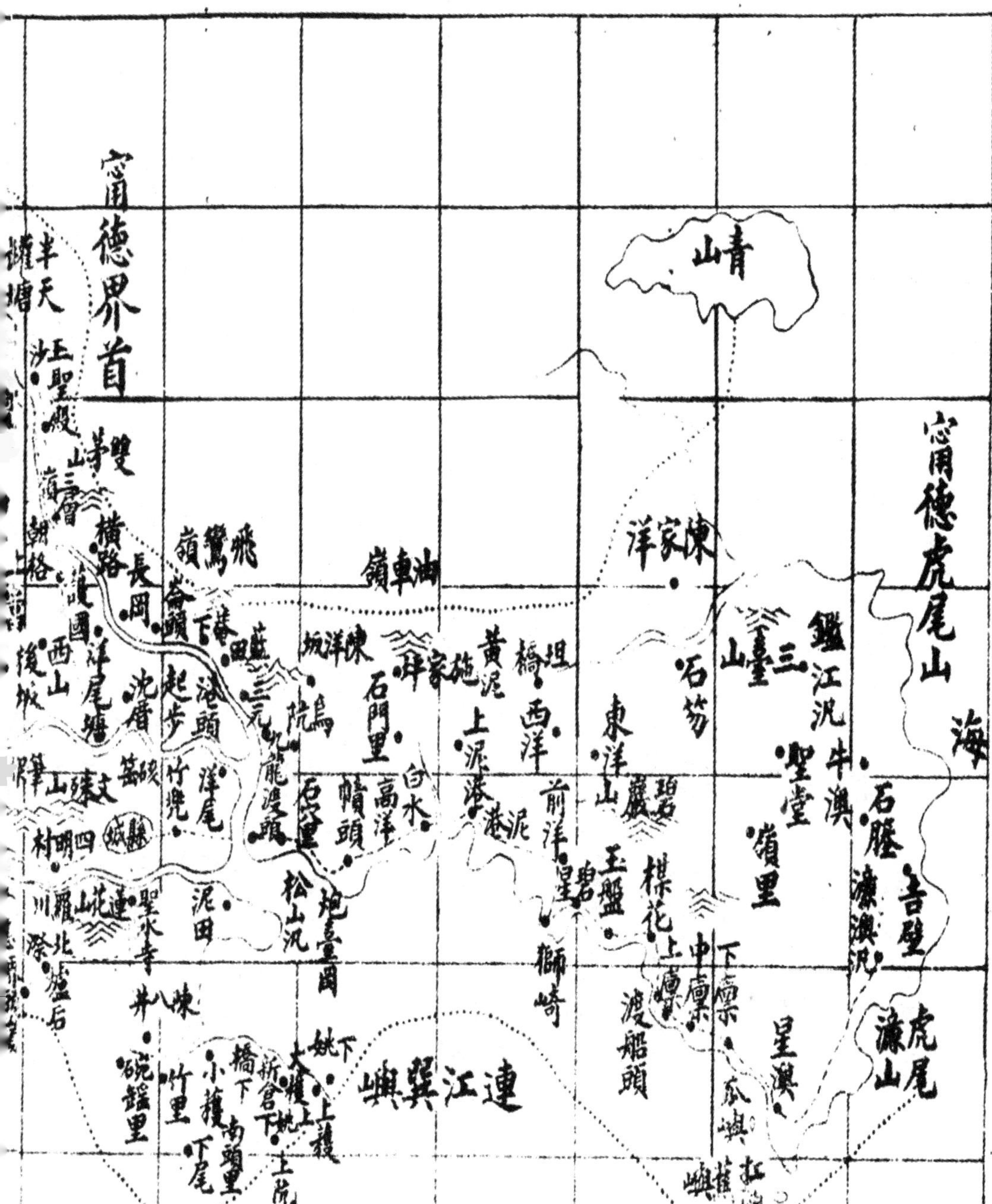
青山
寧德界首
寧德虎尾山
海
陳家洋
油車嶺
飛鷺嶺
三臺山
石笏
聖堂
嶺里
石壁
吉壁
虎尾
濂山
渡船頭
獅崎
松山汛
縣城
連江巽嶼
連江章里

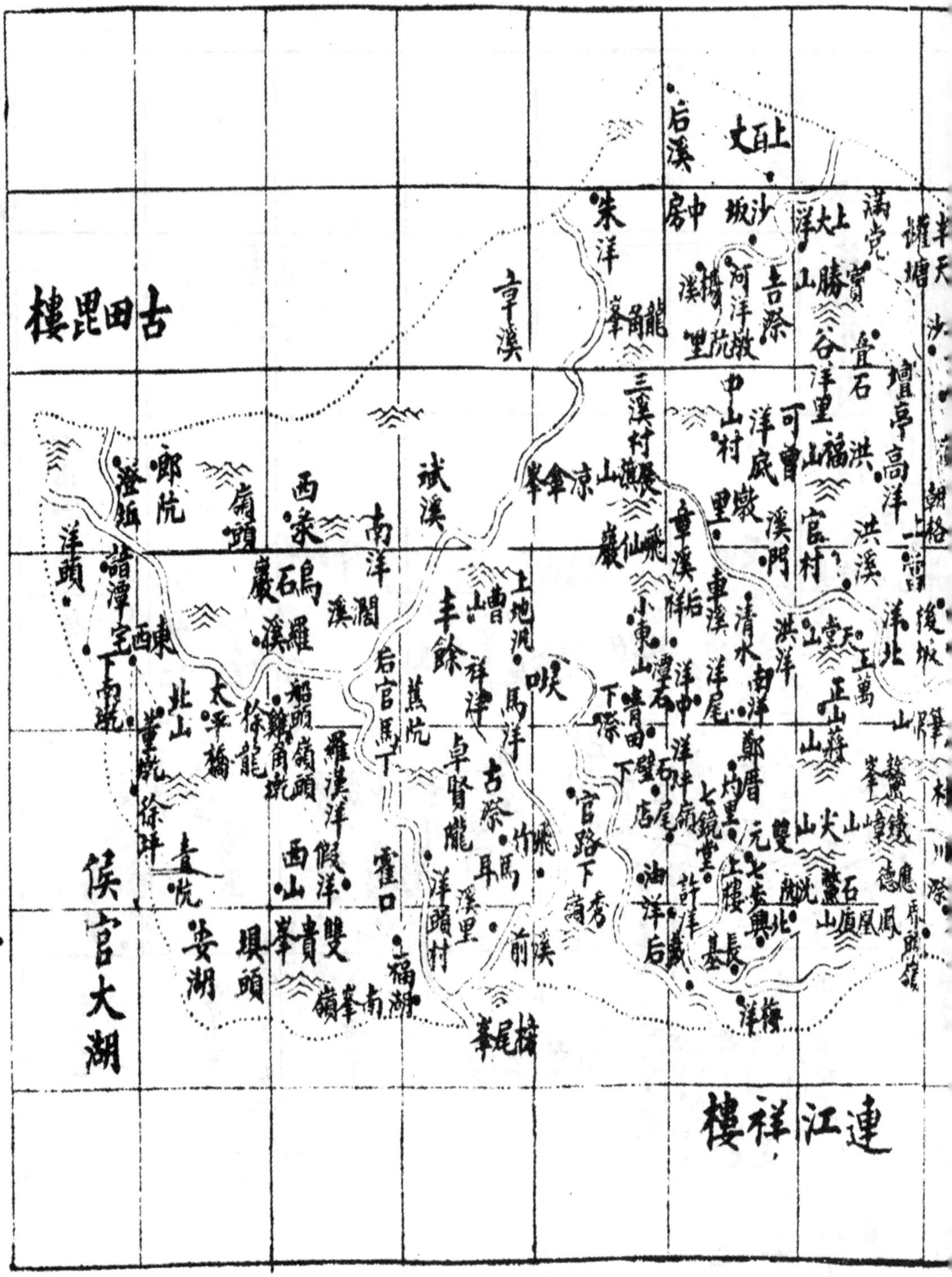

每方十里

福州府羅源縣簡缺

沿革

唐為羅源場咸通二年析閩縣地益之升永貞鎮
五代閩王氏升為永貞縣
宋天禧五年改名永昌乾興元年改今名舊治水陸寺西雙溪之間慶歷八年移今治於舊縣東北屬本州
元屬本路
明屬本府
國朝因之

疆域

東西鳥里廣一百三十六里南北鳥里縱五十四里至省陸程一百六十里水程由海三百二十里至府水陸同縱距府鳥里七十里橫距府鳥里四十二里斜距府鳥里八十一里六分強
東至大海一百三十里
西至侯官縣界太湖一百四十里
南至連江縣界章里三十里
北至福甯府甯德縣界界首

天度

緯二十六度二十六分
經東三度一十六分
冬至日出卯正三刻零四分五十四杪日入酉初初刻一十分零六杪日四十一刻零五分一十二杪夜五十四刻零九分四十八杪
夏至日出卯初初刻一十分零六杪日入酉正三刻零四分五十四杪日五十四刻零九分四十八杪夜四十一刻零五分一十二杪

山鎮

鳳山在城內縣治後又北二百步為文殊山
渡頭山在縣東七里又十里為幘頭山其北為半嶺又東十五里曰泥港山泥港之東南五里曰烏巖山迤東三里為獅崎山
碧巖山在縣東六十里其北十里為三十六曲嶺
松山在縣東南一十里
小獲山在縣東南二十里又十里曰大獲山
簾山在縣東南

水道

海在縣東南一百三十里由北茭循東洛西洛西南流經可門北簾灣門南界羅源連江而上又西南至瓜嶼折西北流通於松崎江
起步溪在縣北五里源自展旂山東南流五里南納章溪水又東南五里王認溪車溪分左右入馬又東南十里為洪溪折南流五里經王萬山東又東十五里經起步橋為起步溪又東七里至港頭

鄉鎮

里十六鋪四十四村三百七十二市六
東隅里在城東北隅領城內三鋪附郭二鋪又領九村
西隅里在城西南隅領城內二鋪附郭一鋪又領八村
豐上里在縣西五十里領一鋪共十七村
重下里縣西九十里至一百六十里領四鋪共七十三村
臨濟里縣北五里領四鋪共二十二村
徐公里縣北十里至二十里領三鋪共一

職官

知縣一員駐城
教諭一員駐城
訓導一員駐城
典史一員駐城
羅源營遊擊一員駐城
守備一員駐城
千總二員一駐城一駐鑑江
把總三員一駐上地一駐濂澳一駐松山

三十三

嶺六十里
東南至連江縣界巽嶼三十五里
西南至連江縣界祥樓三十三里
東北至寧德縣界虎尾山九十里
西北至古田縣界崑樓一百七十里

八十二里
蓮花山在縣南門外溪南其西為象山為全鍾山東迤為小蓮花山又南七里曰雙髻山沿至碗窰里而止下有龍潭
鐵障山在縣西南十五里東出為天馬山迤南五里為鼇峯下為赤嶺赤嶺之南為鳳凰盾山下為界頭嶺
尖山在鐵障山西六里南下為旱嶺為亭後山
斷流山在縣西南五十里西迤為秀嶺為將軍山為榜尾峯南界連

有九龍溪西北自寶勝山東南流合王沙溪護國溪藍田溪來注之折南流五里至渡頭有羅川西自蔣山東流十餘里抵縣城西其經流繞縣南而東分二小流一入西水關出南水關一入北水關出東水關仍與城南之經流會合為一而東來注之又東南五里至松山東麓達於松崎江入於海
白水溪在縣東三十里源自施家坪東南流十餘里注

十四村
拜井里縣東南十里至三十里領四鋪共三十三村
梅溪里縣東南二十里至四十里領五鋪共三十三村
賢一里縣東南五十五里至六十五里領二鋪共十一村
賢二里縣東北四十里至八十里領二鋪共七村
羅平里縣西南二十五里至四十五里領一鋪共五十村
林洋里縣西南一百四十里至一百七十里領二鋪共

三十三

江
南峯嶺在縣西南一百里西迤為雙貴峯其北曰西山
筆架山在縣西七里其北為南山又西十里為蔣山蔣山之北為正山為天堂山距縣三十里
龍山在縣西五十里又西五里曰鳳山又西曰飛竹嶺又西曰卓賢壠山又西距城一百三十里曰西峯山迤北十里曰北山
洪福山在縣西北四十里其西為東山又北十五里曰寶勝山又西

於松崎江
小穫溪在縣東南二十里源自碗窰裏東北流十餘里注於松崎江
大穫溪在縣東南三十里源自南頭里東北流十餘里注於松崎江
鳳板溪在縣西南三十五里源自亭後山東南流二十里至長基有鐵幛山水自東北來注之折南流入連江縣界注於鼇江
長潭溪在縣西五十里源自祥源村東南流十餘里合下潦水又東南曲流二十

二十二村
豐下里縣西北二十五里至七十里領二鋪共十四村
化一里縣西北六十里至一百二十五里領三鋪共二十二村
化二里縣西北九十里領一鋪共十村
重上里縣西北七十里至九十里領二鋪共二十七村
十字街市在城內
河下街市在東門外
西門市在西門外
濂灣市縣東南七十八里
鑑江市縣東北八十里

十五里曰展旂山　小東山在縣西北六十里其北為飛仙巖又西北為馬峯為涼繖峯為桃峯又西二里曰厚富山又西二十里曰曹山又西三十里曰香嶺　紫霄巖山在縣北附郭上梅嶺在其後下梅嶺在其西又北為覆船嶺　護國山在縣北二十里又北十里為三層嶺東迆為雙茅山雙茅之北為福源山　席帽山在縣東北十二里又

餘里至斷流山伏流潛達連江界　霍口溪在縣西九十里源自縣西北境門前潭上接侯官縣之密溪東南流五里經雙口渡有蘇洋溪北自古田縣境來會又東南十五里至雞角墘折西北流復繞東南流為羅溪又東南十里有伏溪上接斌溪章溪自古田縣界老人山下來會又東南曲曲流二十餘里有古溹水北自曹山岙南流繞飛竹村折西

霍口市縣西南九十五里　羅源縣汛在縣城內轄塘十　松山汛縣東南十里轄塘八　上地汛縣西北七十里轄塘五　廉灣水汛縣東南七十八里轄塘七　鑑江水汛縣東北八十里轄塘六　虎尾水汛縣東北九十里　縣前鋪西二十里至鼇峯鋪十里至應德鋪十五里至連江縣東禪鋪　縣前鋪北二十里至護國鋪二十里至王沙鋪十里至

北八里爲飛鷺嶺

堆禾山在縣東北八十一里相近者爲三台洋山爲石笏山

南來注又東南入連江縣境達於鼇江

鑑江在縣東北八十里源自長興鋪東北流二十餘里出鑑江口入於海

疊石鋪十里至甯德縣界首鋪

三十五

古田縣圖

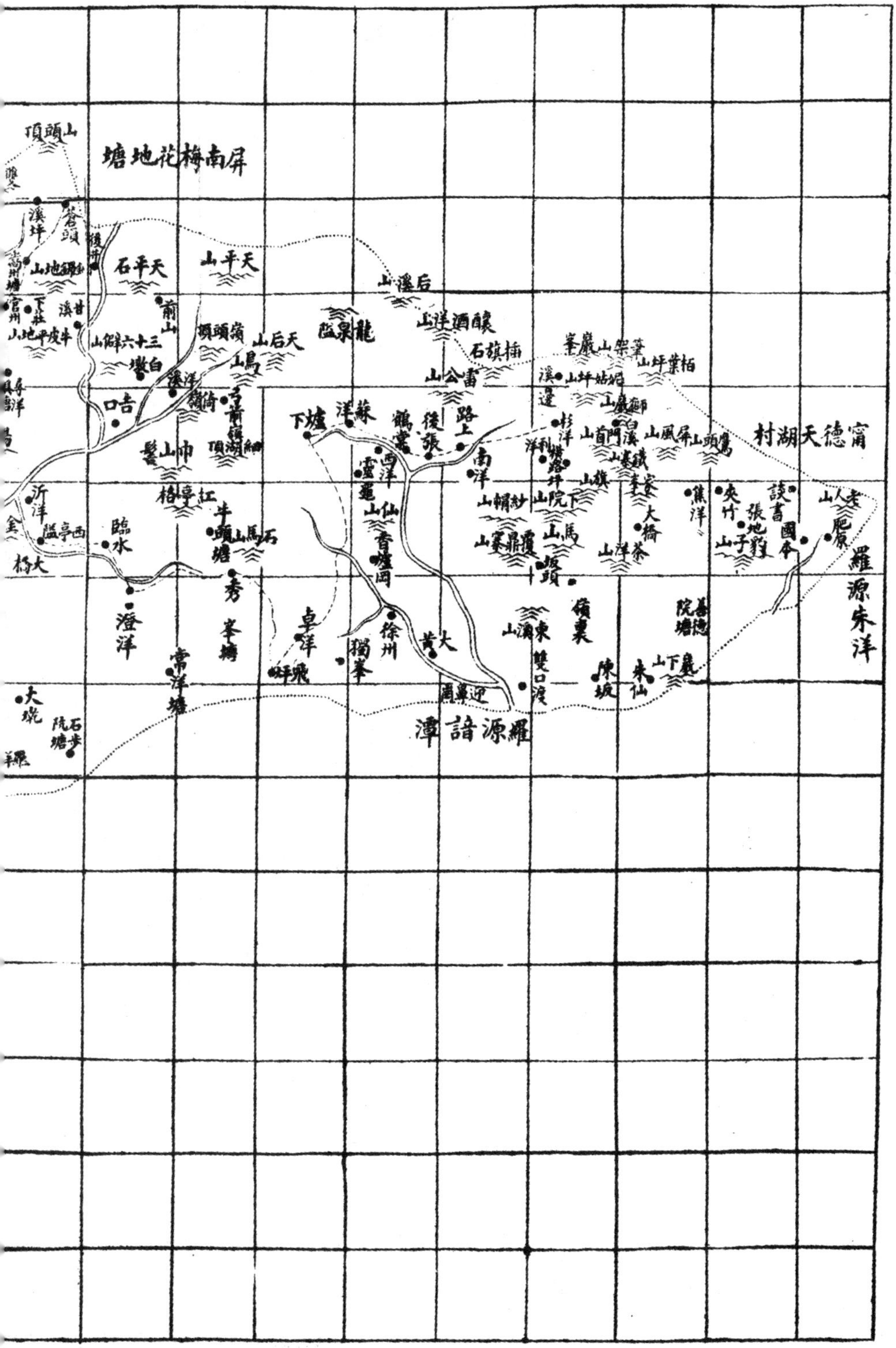

屏南梅花地塘
天平石
天平山
后溪山
釀酒洋山
龍泉溢
插旗石
雷公山
寧德天湖村
羅源朱洋
羅源詣潭
臨水
澄洋
秀峯
徐州
大黄
下爐
蘇洋

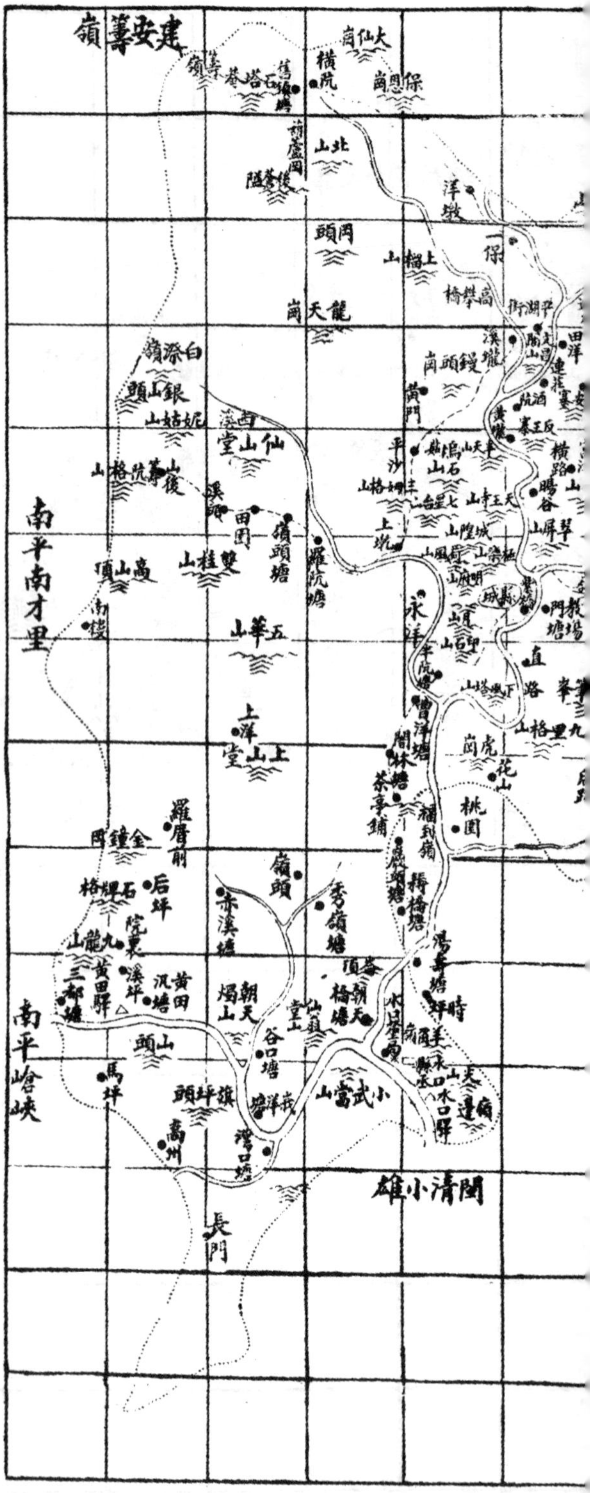

每方十里

福州府古田縣中缺

沿革

唐開元二十九年開山峒置縣
五代為閩王氏地
宋太平興國五年遷治於水口端拱元年復舊即今治也屬本州
元屬本路
明屬本府
國朝因之

疆域

東西烏里廣一百五十七里
南北烏里縱一百三十里
至省陸程二百七十里水程同
至府水陸同
蹤距府烏里一百一十里
橫距府烏里九十一里
斜距府烏里一百四十二里一分有奇
東至羅源縣界朱洋一百四十里
西至延平府南平縣界南才里六十里
南至閩清縣界小雄一百二

天度

緯二十六度三十八分
經東二度二十九分
冬至日出卯正三刻零五分二十秒日入酉初初刻零九分四十秒日四十一刻零四分二十秒夜五十四刻一十分四十秒
夏至日出卯初初刻零九分四十秒日入酉正三刻零五分二十秒日五十四刻一十分四十秒夜四十一刻零四分二十秒

山鎮

金仙嶺在縣東十里其南為半洋嶺又南為文筆峯
石馬山在縣東二十五里下有牛頭嶺南迤為秀峯嶺又東二十里曰仙山由仙山而南曰香爐岡
紗帽山在縣東八十五里東迤為下院山為打鐵寨山為屏風山為鷹頭山為雞高山為富山為老人山為定棋山距縣一百四十里復由旂山而北曰門首山

水道

煥文渠在縣城內治北堰東溪之水入渠西流至新宮前折南流復西與治西後河合又南經勸農橋與縣前街尾之朱舍河合流而東達南水門入於大溪
東溪在縣城東源自黃居嶺西南流二十里至倚嶺西麓受北來天平山水又西南五里有甘崇溪北自屏南縣濴下南流五十餘里來會又西南十五里有石

鄉鎮

保五都三十一村四百八十四市三
一保二保三保四保五保在城內
六都二都三都四都在縣西南三十里至一百一十里領八十五里
五都六都七都八都九都十都十一都十二都在縣西二里至六十里領九十一村
十三都十四都十五都十六都十七都在縣東南三里至六十里領九十村

職官

知縣一員駐城
縣丞一員駐水口
訓導一員駐城
典史一員駐城
督標中營千總一員駐水口
撫標右營千總一員駐黃田

北至屏南縣界梅花地塘五十里
東南至羅源縣界諸潭一百四十里
西南至南平縣界嶒峽八十里
東北至寧德縣界天湖村一百二十里
西北至建寧府建安縣界壽嶺一百里

曰獅巖山曰筆架山曰栢葉坪山若循旂山而南為鼓山為馬山為覆鼎山為東溪山折而東為茶洋山為豹子山距縣一百三十里
龜山在縣東南一里又東南二十五里曰摸天嶺又東南曰后山曰楮嶺沿而東為溪原山為肚腸山為西山距縣凡七十里
仙亭山在縣南三里上為醴醻嶺其南為月山為邛石山稍東為風塔山為九里格山風塔之

馬山水自東南注之又十里經翠屏山南有屏南縣之富洋溪北自洋墩村入境東南流納溪坪溪折西南流至酒阬會西北來之平湖溪曲曲行八十餘里經紫橋來會又西南曲流三十餘里至半阬塘有西溪西北自白漈嶺東南流七十餘里來注之折而南十五里入閩清縣界福到嶺東有石步阬水自東注之又南稍西十餘里經韓橋塘東繞入本境又西南

十八都在縣北四十五里領十六村
二十一都三十都在縣西北五十里領三十七村
三十五都三十六都在縣東北一百二十里領十二村
三十七都三十八都三十九都四十都四十一都四十二都四十三都四十四都四十五都四十六都在縣東二十里至一百四十里領一百五十三村
五保市在縣城內
黄田市在縣西南八十里
水口市在縣西

南為虎岡為花山

五華山在縣西南三十五里又西南三十里曰金鐘岡西迤為石牌隔為九龍山距城八十里

秀嶺在縣西南八十里又南十里為仙翁堂山

羊角嶺在縣西南一百里隔溪對峙者為小武當山又南十里為停古峯為紗帽隔山

西山在縣治西二里其北為極樂山相屬者曰明府山曰荷峯山

雙桂山在縣西

十里抵水口延平劍溪乃自南平嵢峽司北東流由三都口入境行四十里至谷口納北來之嶺頭赤淩溪二水又東南十里折東北經小武當山來會又東南十餘里出境入閩清縣界達於閩江

蘇洋溪在縣東六十里源自細湖項東南流二十里有杉洋之白溪自東北來注之又東南三十里石馬山水合卓洋水自西北來注之折而南經

南一百里

古田縣汛在城內

杉洋塘汛縣東北一百二十里轄塘二十二內巖頭耨橋湯壽三塘在閩清界內

黃田汛縣西南八十里轄塘七

水口汛縣西南一百里轄塘八惟朝天橋塘係在本境餘七塘在閩清侯官界內

縣前鋪南二十里至曹洋鋪二十里至茶亭鋪二十里至閩清崎嶺鋪二十里至閩清湯壽鋪二十里轉入

三十五里又西二十里爲籌阬隔山其北爲銀山頭並屬者爲尼姑山

三姆格山在縣西北十五里又三十里曰龍天岡又北二十五里曰北山西迆爲葫蘆岡又北二十五里曰大仙岡界於屏南

城隍山在縣治北並峙者爲天王寺山又北爲七星臺山爲烏石姆山爲半天山又北爲饅頭岡其隔溪而峙於平湖街南者曰文昌閣山距縣凡三十里

雙口渡入羅源縣西北境注於羅溪

老人山水在縣東一百四十里西南流十餘里合光家頭山水入羅源縣西北境注於章溪

本境常瀨鋪二十里至閩清縣牛頭鋪

常瀨鋪西十五里至朱興鋪二十里至秀嶺鋪二十里至莪洋鋪十五里至谷口鋪十五里至竹園鋪二十里至雲頂鋪二十里至延平府南平縣嶮峽鋪

縣前鋪北二十里至石洋壩鋪二十五里至官洲鋪二十里至屏南縣梅花地鋪

翠屏山在縣東北一里又十里曰暘谷山又北十里曰焦安寨山其東為牛皮平地山又北十五里曰銅鑼地山隔水相對者為天平石天平石之東為天平山南下為前山

倚嶺在縣東北五十五里其南為細湖頂為紅亭隔東迤為弓箭嶺由嶺而北為烏山烏山之東曰天后山曰龍泉山曰黃居嶺又東二十里曰雷公山其北為釀酒洋山

三十九

屏南縣圖

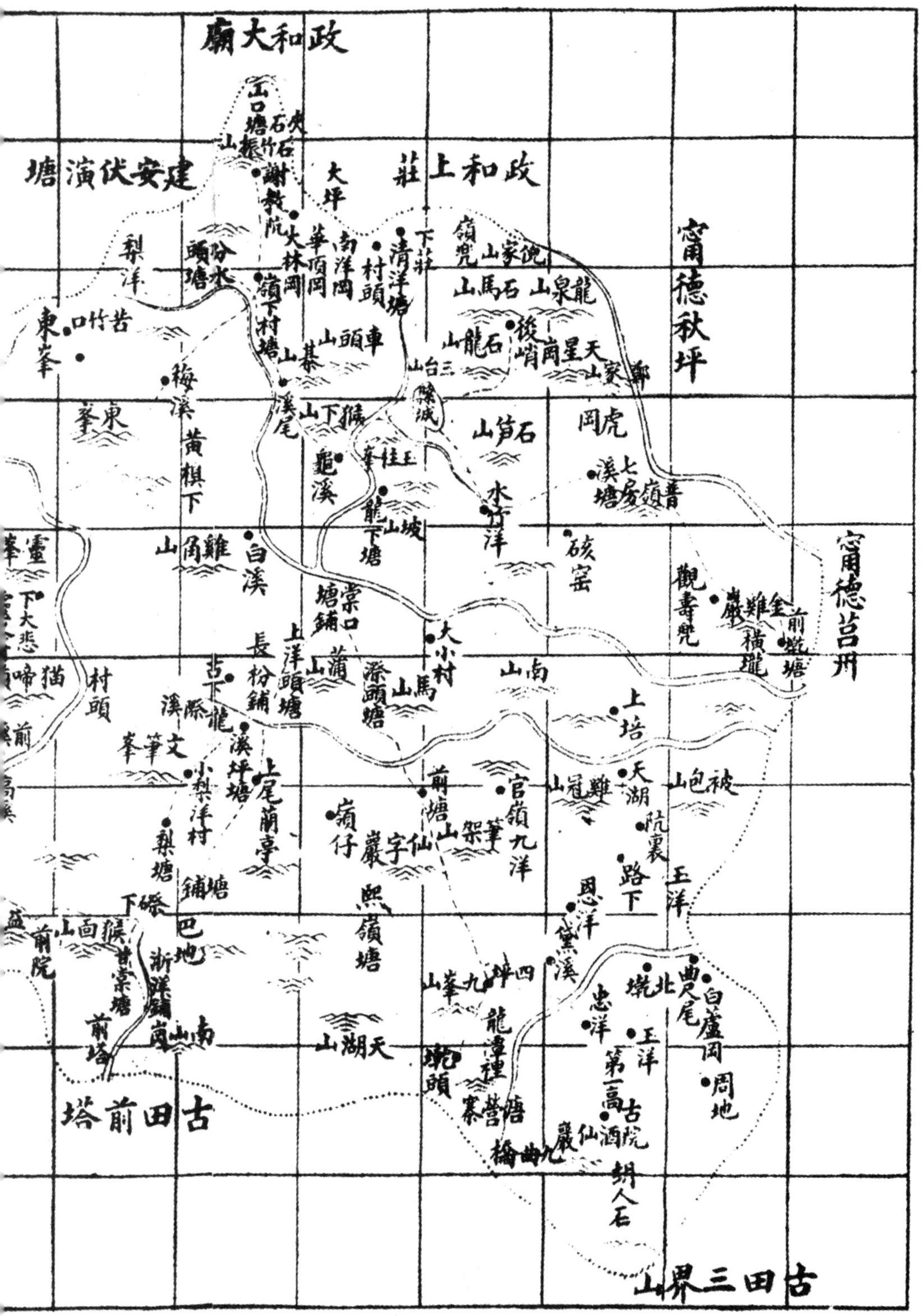

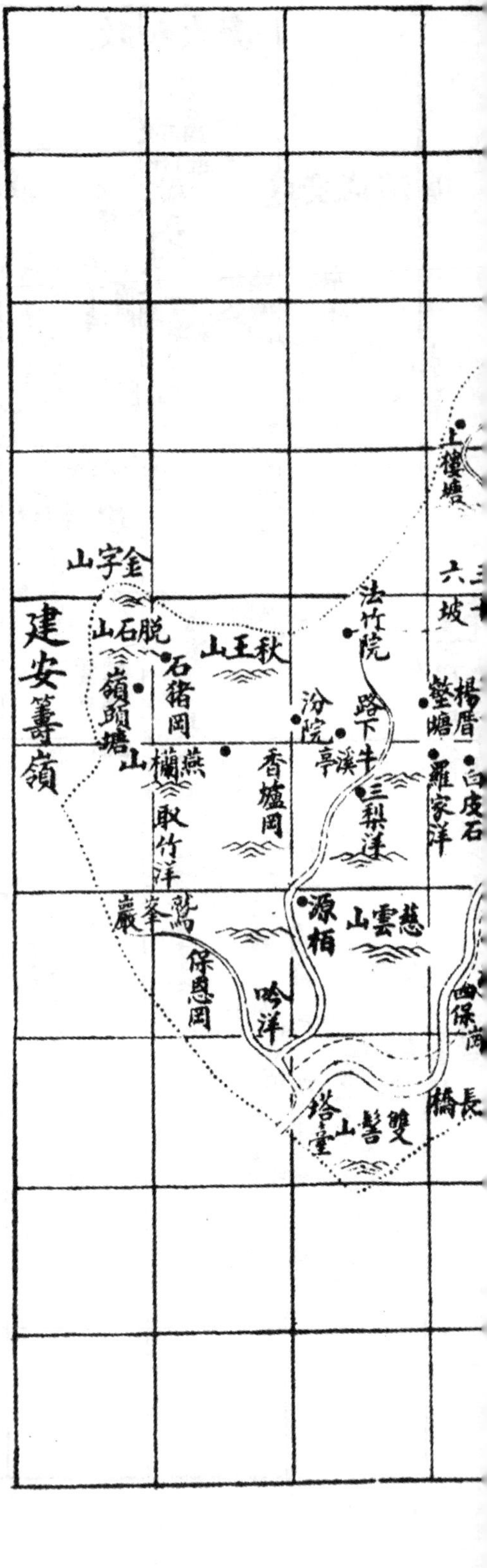
上樓塘
金字山
六坡
脱石山
秋王山
法竹院
建安籌嶺
石豬岡
嶺頭塘山
汾院
路下
溪亭
楊厝
鳌塘
燕欄
香爐岡
羅家洋
三梨洋
取竹洋
鷲峯巖
源栢
慈雲山
保恩岡
吟洋
長橋
雙髻山
塔臺

每方十里

福州府屏南縣中缺

沿革

舊為古田縣地國朝雍正十二年割橫溪新俗移風三里地立縣築城於雙溪轄都一十有六名為屏南屬本府

疆域

東西鳥里廣九十七里南北鳥里縱九十里至省陸程三百二十里水程不通至府水陸同縱距府鳥里一百九十八里橫距府鳥里三十六里斜距府鳥里二百零一里二分有奇東至福甯府甯德縣界莒州七十里西至建甯府建安縣界伏演塘七十里南至古田縣界前塔一百里北至建甯府政

天度

緯二十七度零三分經東二度四十七分冬至日出卯正三刻零六分一十六杪日入酉初初刻零八分四十四杪日四十一刻零二分二十八杪夜五十四刻一十二分三十二杪夏至日出卯初初刻零八分四十四杪日入酉正三刻零六分一十六杪日五十四刻一十二分三十二杪夜四十一刻

山鎮

紫山在城內北隅其東為象山俗名牛姆山又東為走馬山為石筍山又東為虎岡為普嶺又東稍南為北山為雁來峯旁有黃阬嶺界於甯德玉印山在縣東南附郭又六里曰獅子山又二十四里曰大山又東南三十里曰靴石嶺東迤為南山為羅經山距縣六十里金雞巖山在縣東南六十里筆架山在縣東

水道

玉帶河在城內東隅通福門起南流經玉帶橋繞城而西又經西城橋至武山前止仍由西南隅水門出城注於雙溪雙溪在縣治西南源自水竹洋東流十餘里至匯水橋有北源自天台頂南流來會折西南流合入龜溪歷二十餘里至崇口有白溪西自分水嶺東南流合仕洋溪來注又折東南流五十餘里經前

鄉鎮

都十六村二百四十三一都縣東二里至四十三里領十六村二都縣東四十里至六十里領十村三都縣東北六里至二十五里領九村四都縣北十里至四十二里領十八村五都縣北十五里至四十里領十七村六都縣西北四十里至六十里領十六村七都縣西北七十里領一十三村八都縣西四十

職官

知縣一員駐城訓導一員駐城典史一員駐城福州城守左軍把總一員駐城

和縣界上莊十五里
東南至古田縣界三界山一百二十里
西南至建安縣界籌嶺一百六十里
東北至甯德縣界秋坪三十里
西北至政和縣界大廟七十里

零二分二十八杪

南六十里其北為官嶺迤東十里曰雞冠山又東十里曰被包山
九峯山在縣東南八十里
白蘆岡在縣東南一百里其南為第一高峯又南為胡人石又南為三界山相近者為酒仙巖插旂石距縣凡一百二十里
玉柱峯在縣南又南十里曰坡山又南二十里曰馬山由馬山西行五里曰蒲山
仙字巖山在縣南七十里又十里曰熙嶺又南二十里曰天湖山上

墘塘出境入甯德縣西北界有政和縣界水循縣東北界東南流五十餘里至莒州來會注於外渺溪
龍漈溪在縣西南四十五里源自南峭東流六十餘里出境經甯德縣西北界又路亭東有黛溪西南自九曲嶺東北流三十餘里北經黃柏村出境來會注於莒溪
甘棠溪在縣西南九十里源自漈下西南流二十餘里經梅花地東出境入古田縣北界注於

里至七十里領十一村
九都縣西南一百一十里至一百七十里領十八村
十都縣西南六十里至一百里領十八村
十一都縣西南一百里至一百三十里領十二村
十二都縣西南五十里至九十五里領十八村
十三都縣南八十里領九村
十四都縣東南一百里領十五村
十五都縣東南六十里至九十里領二十七村
十六都縣東南一百二十里

有平湖廣三里長亦如之對峙者為石鼓山其北有九曲嶺有麒麟岡又東五里有巖曰禪師巖

金鍾山在縣西南附郭又三十里曰雞罔山相近者為飛天巖

文筆峯在縣西南六十五里又三十里曰猴面巖山西迆為益後岡為雙髻山接於古田

靈峯在縣西南八十里其南為貓啼嶺又南三十五里曰慈雲山

秋王山在縣西南一百一十

東溪

富洋溪在縣西五十里源自東峯山西麓西南流十里至上樓塘折東南流三十里經貓啼嶺東又折西南流合前溪高溪曲曲行五十里至塔臺有牛溪北自法竹阬西南流四十里至吟洋合鷲峯水自西來注之又西南出境入古田縣北界注於東溪

領十六村

屏南縣汛在城內轄汛二塘二十二

甘棠汛縣西南九十里

嶺頭汛縣西南一百三十里

縣前鋪南二十五里至龜溪鋪二十里至長坋鋪二十五里至梨坪鋪二十五里至漈洋了鋪二十三里至梅花地鋪二十里至古田縣官州鋪

里又西十里為石豬岡石豬之北曰金字山折而西曰脫石山距縣一百四十里

香爐岡在縣西南一百十五里又西十五里曰燕欄山由燕欄而南下為鷲峯為保恩岡距縣一百六十里

太邱山在縣城西相屬者為將軍山為馬鞍山

東峯山在縣西五十里又西少南二十里曰三十六坡

車頭山在縣西北十五里西迆為棋山棋山之北為南

洋岡為華頂
岡為大林岡
又西北二十
里曰石竹振
山
三台山在縣北
又北為石龍
山又北為石
馬山為倪家
山而西為天
台頂距縣一
十五里
鄭家山在縣東
北二十五里
其北為天星
岡

四十三

閩清縣圖

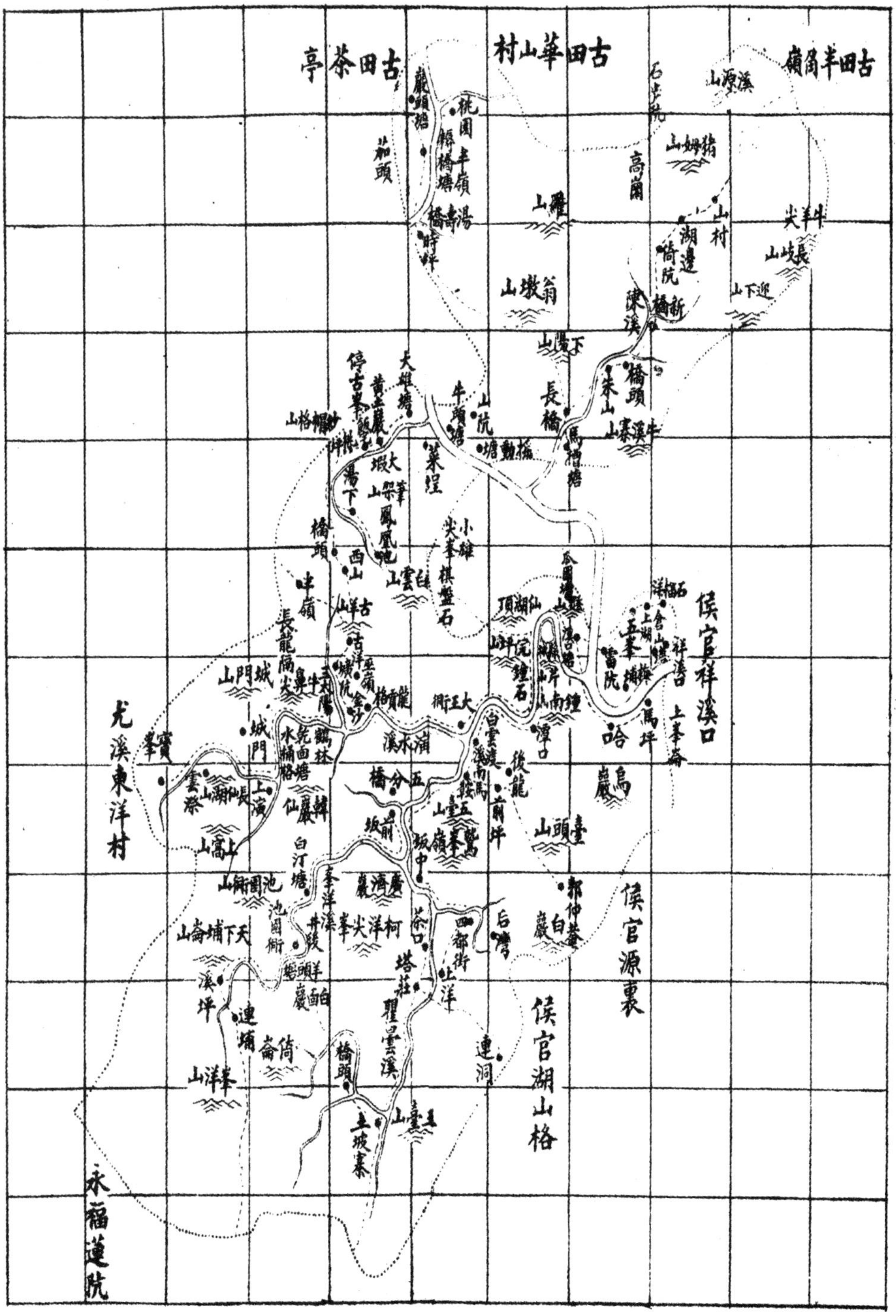

每方十里

沿革

唐貞元間析侯官縣地置梅溪場
五代梁乾化元年閩王氏升為閩清縣屬本州
宋仍之
元屬本路
明屬本府
國朝因之

疆域

東西烏里廣九十二里南北烏里縱一百十四里至省陸程一百二十里水程同至府水陸同縱距府烏里四十里横距府烏里七十八里斜距府烏里八十七里有奇東至侯官縣界洋溪口一十五里西至延平府尤溪縣界東洋村一百里南至侯官縣界湖山格六十里北至古田縣界華山村一百

天度

緯二十六度一十三分經東二度三十三分冬至日出卯正三刻零四分二十五秒日入酉初初刻一十分三十五秒日四十一刻零六分一十秒夜五十四刻零八分五十秒夏至日出卯初初刻一十分三十五秒日入酉正三刻零四分二十五秒日五十四刻零八分五十秒夜四十一刻零六一十秒

山鎮

梅溪山在縣東一里又東為塔山又東六里曰虎旂山又東二里曰大湖山又東五里曰小仁峯界於侯官倉山在縣東南二十里又十里曰摹天嶺南下為龍興山鐘南山在縣南五里左為芹山右為薛仙山又南十五里為塔頭山又南十里為海旂山又南二十里為白巖山白巖迤東為葫蘆山其北為漈上

水道

建江在縣城東北十里上自延平大溪東南流經古田縣水口由縣西北界之大雄塘入境又東南二里許大雄溪自西注之又東南十五里經搖動塘西入侯官縣西北境又東南五里至大箬有陳溪東北自豬蜘山西南流合桐口橋溪文筆山水來會又東南十里經小箬塘折而南十餘里抵雷沆旋入本境又南

鄉鎮

鋪四都二十二村三百二十三
東南西北四鋪在城內
一都縣東南一十里領二十四村
二都縣西南二十里領二十五村
三都縣西南四十里領七村
四都縣西南五十里領十村
五都縣西七十里領十一村
六都縣西南六十里領二十五村
七都縣西南八十里領九村
八都縣西八十里領十四村

職官

知縣一員駐城
教諭一員駐城
訓導一員駐城
典史一員駐城
督右營把總一員駐西門外

一十里
東南至侯官縣界源裏三十
里
西南至永福縣界蓮阬一百
里
東北至古田縣界半角嶺一
百二十里
西北至古田縣界茶亭百二
十里

嶺南為大帽
山
臺山在縣西南
一里上有石
塔亦名石塔
山
鷲峯山在縣西
南三十里其
北為五臺山
又西南十里
為尖峯山迤
北五里為廣
濟巖山又西
南二十里曰
白面巖山
池園街山在縣
西南八十五
里又南十里
為埔畚山又
南為地藏山
王洋山距縣
一百里
白雲山在縣西
二十里西迤
為古洋山古
洋之南為巫
嶺巫嶺之南
為金沙山又

八里有梅溪
納演水溪峯
洋溪瞿曇溪
自西來會又
南五里為谷
口溪折而東
十餘里為祥
溪經石榴洋
出境入侯官
縣界達於閩
江
瞿曇溪在縣西
南八十里源
自永福縣界
東北流十餘
里有倚畚山
水自西北來
注之折東南
流五里土陂
寨水自南入
焉又折東北
流二十餘里
有白巖山水
西北流經四
都街合一小
水自東注之
又折西北流
六里有峯洋

九都縣西六十
里領九村
十都縣西北九
十五里領十
三村
十一都縣西北
七十里領十
五村
十二都縣北九
十五里領十
五村
十四都縣北九
十里領二十
四村
十五都縣北六
十里領一十
五村
十六都縣北三
十里領二十
村
十七都縣北八
十里領十三
村
十九都縣東北
一百一十里
領十五村
二十都縣東北
七十里領十

四十五

西二十里曰牛鼻尖山又西為城門山距縣七十里

臨洋山在縣西八十里又十里曰上演山其北為雲際山由雲際而西十里為寶峯山

天王寺山在縣西北二里相屬者曰鐘石山又十五里曰院坪山

西山在縣西北七十里又西十里曰半嶺

筆架山在縣西北八十里東迤為小雄尖峯又西北二十里曰紗帽格山其北為停古峯

福到嶺在縣西

溪西南自峯洋山東北曲曲流五十餘里來注又北五里經五分橋西受一小水又東北十餘里至白雲渡有演水溪西自寶峯山屈曲東北流合池園衕山水古洋山水韓巖山水自東來注又東北十里至潭口為潭口溪折而北十餘里繞縣西北為天王寺溪又迤縣北折而東為梅溪又東南八里至溪口達於建江

村

二十一都縣東北六十里領十二村

二十二都縣東北七十里領十村

二十三都縣東北一百里領二十村

二十四都縣東北九十里領七村

閩清縣汛在西門外轄塘五

縣前鋪東十里至嵩灘鋪十里至侯官縣小箬鋪

縣前鋪北二十里至甕口鋪十里至牛頭鋪二十里至古田縣常瀨鋪

北一百二十里界於古田

下亭山縣北十里又北二十里曰嶺頭山

下陽山在縣北七十五里又北十里曰翁墩山又十里曰羅山又北十五里曰桃圍山接於古田之華山

猴山在縣東北八里又東北三十里為牛溪寨山又東北三十里曰迎下山又東北為長岐山為牛羊尖山為白雲山距縣百二十里

豬姆山在縣東北一百一十里又北十里曰溪源山

永福縣圖

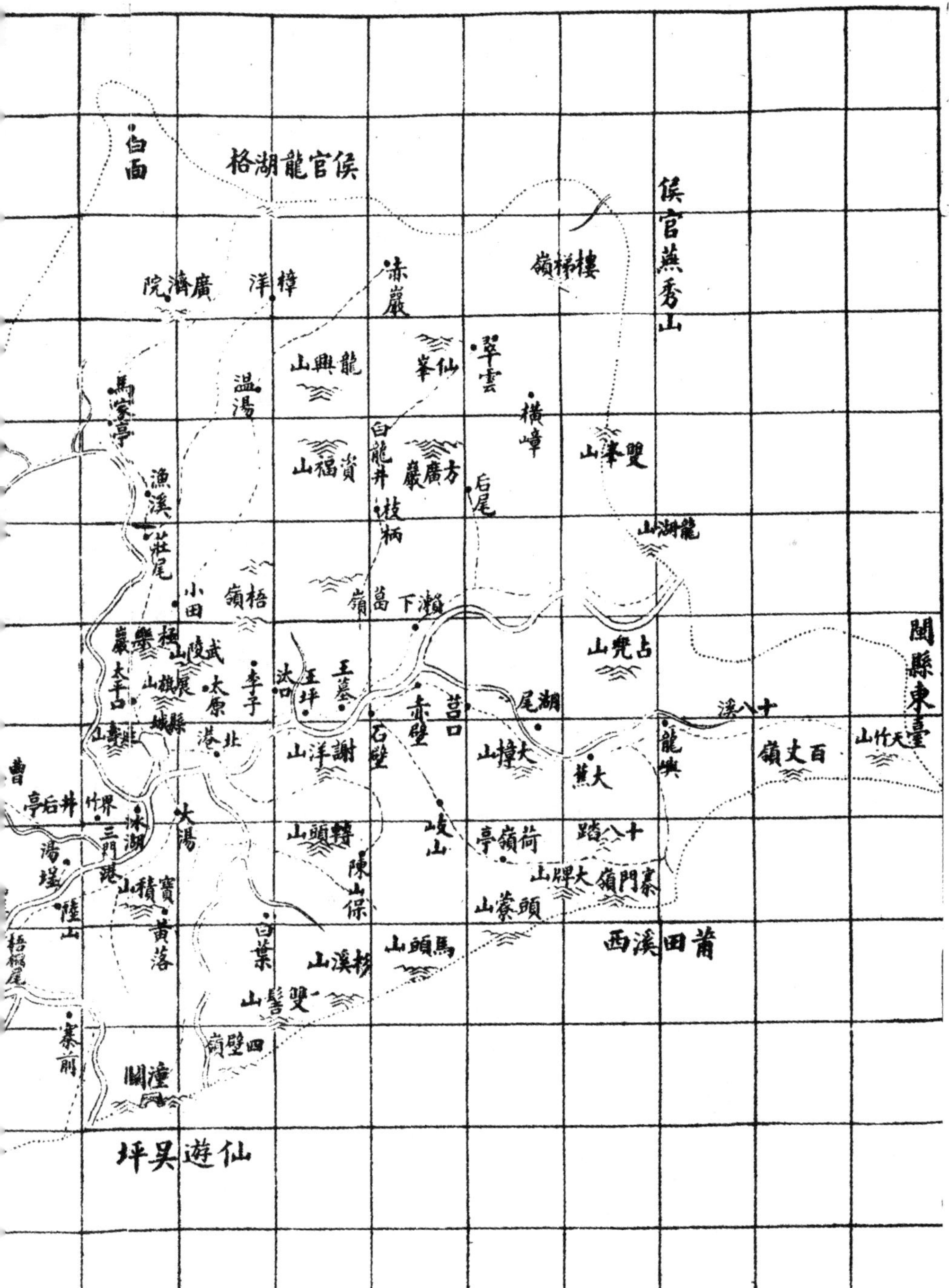
白面
侯官龍湖格
侯官燕秀山
廣濟院
樟洋
赤巖
樓梯嶺
龍興山
仙峯
翠雲
溫湯
馬家亭
橫嶂
資福山
白龍井
方廣巖
后尾
雙峯山
漁溪
枝柄
龍湖山
莊尾
梧嶺
小田
葛嶺
下瀨
占兜山
閩縣東臺
武陵山
太平口
旗山
太原
李子
汰口
王坪
王墓
莒口
赤壁
湖尾
十八溪
縣城
北港
謝洋山
石壁
大樟山
大蕉
百丈嶺
天竹山
曹
井后亭
竹界
大湯
轉頭山
岐山
荷嶺亭
十八踏
寶積山
陳山保
大牌山
寨門嶺
頭蓑山
黃落
白葉
杉溪山
馬頭山
莆田西溪
雙髻山
梧桐尾
寨前
四璧嶺
潼關
仙遊吳坪

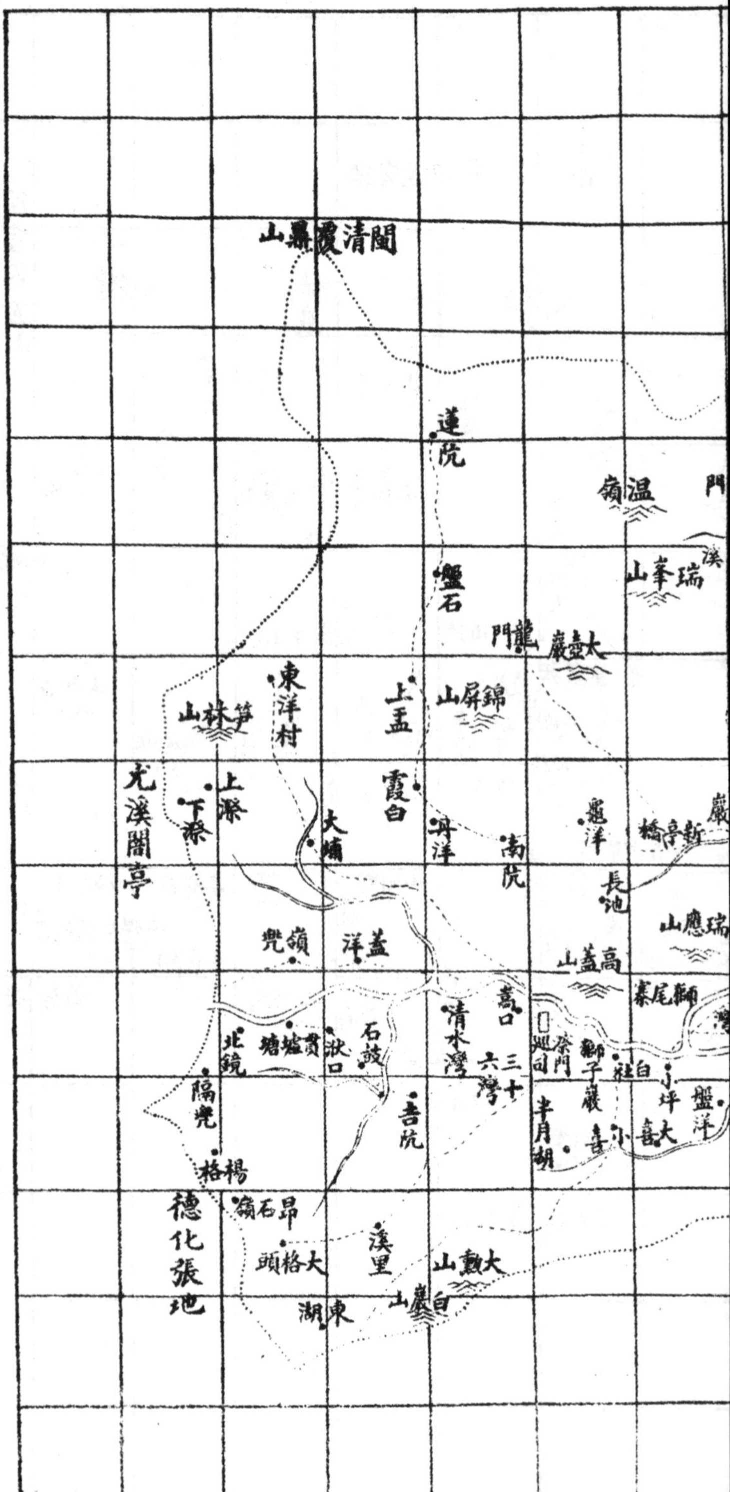
閩清暑㘭山
溫嶺
瑞峯山
錦屏山
東洋村
尤溪閘亭
上漈
下漈
大埔
霞白
南阬
長池
瑞應山
高蓋山
清水灣
北鏡
隔兜
楊格
德化張地
昂石嶺
大格頭
溪里
大數山
白巖山
東湖

每方十里

福州府永福縣簡缺

沿革

唐永泰二年析侯官尤溪二縣地置永泰縣
五代爲閩王氏地
宋崇甯元年改今名屬本州
元屬本路
明屬本府
國朝因之

疆域

東西袤里廣一百五十五里
南北袤里縱一百一十九里
至省陸程一百四十里水程同
至府水陸同
縱距府袤里四十八里
橫距府袤里七十六里
斜距府袤里八十九里八分有奇
東至閩縣界東臺九十里
西至延平府尤溪縣界閣亭八十里
南至興化府仙遊縣界吳坪四十五里
北至侯官縣界龍湖隔七十

天度

緯二十五度四十七分
經東二度三十三分
冬至日出卯正三刻零三分二十八秒日入酉初初刻一十一分三十二秒日四十一刻零八分零四秒夜五十四刻零六分五十六秒
夏至日出卯初初刻一十一分三十二秒日入酉正三刻零三分二十八秒日五十四刻零六分五十六秒夜四十一刻零八分零四

山鎮

登高山在縣城東隅
沖峯山在縣東附郭
謝洋山在縣東二十里又東十里曰新興山又東三十里曰大樟山大樟之南曰岐山曰枕煙山曰荷嶺由荷嶺而東迤曰創嶺曰十八踏山曰南嶺曰太保崎曰天竺山其出於太保崎之南者曰百丈嶺
龍泉山在縣東六十里又東二十里曰觀獵山獵山之北曰占兜山

水道

大樟溪一名漳溪在縣東南五里源自德化縣滻溪東北流由和順鄉入縣西南境有洑溪自德化縣界隔兜東流合大格頭水折而北流來會爲洑口溪又東北五里東洋村水西南流合上下漈水自北來注之又東十里至嵩口又東南二十里有游洋溪南自仙遊縣章嶺西麓北流經縣境寨前合半月湖水折西流來會又折

鄉鎮

都九村三百五十九市五
一都縣東南三十里至七十里領二十一村
二都縣東二十里至七十里領六十七村
三都縣東南十里至三十里領三十五村
四都縣西北五里至八十里領六十五村
五都縣西南四十里至一百里領六十三村
六都縣南五里至四十里領三十一村
七都縣西四十里至八十里領十六村

職官

知縣一員駐城
教諭一員駐城
巡檢一員駐漈門
典史一員駐城
城守右軍千總一員駐城

四十八

里
東南至興化府
莆田縣界溪
西七十里
西南至永春州
德化縣界張
地一百里
東北至侯官縣
界燕秀山八
十里
西北至閩清縣
界覆鼎山九
十里

杪

普門山在縣東南十里又十里曰轉頭山又南為陳山東迤為斗湖山與斗湖相對者曰對山曰馬頭山又東迤為頭寮山為大牌山為寨門嶺距縣七十里
大張山在縣南三里左有小張山又南二里曰寶壽山又南十里曰寶積山又南十五里曰埔嶺又南十里曰四壁嶺迤東為雙髻山為杉溪山界於莆田
延壽山在縣西南五里又西南十五里曰

東北流三十餘里有龜洋溪東流三十餘里來注又東北十里抵縣西南越王山下有濴溪西北自瑞峯山東流合北來二小水南行六十餘里來注為雙溪又東北五里有仙遊縣之游洋溪東分一支由四壁嶺入境北流合杉溪水來會為大溪又東北十五里北納梧嶺水又東北二十里有十八溪東至天竺山西流經大樟山北來注為大樟溪又東

八都縣西南五十里至九十里領十九村
九都縣西南九十里至一百里領四十二村
縣前街市在縣城內
汰口市縣東二十里
莒口市縣東四十里
大樟市縣東六十里
洑口市縣西南九十里
永福縣汛在城內轄塘六
縣前鋪東二十里至汰口鋪二十里至葛嶺鋪二十里至岐山鋪三十里至創嶺鋪十里至福清縣薛田鋪

陸山

瑞應山在縣西南四十里又二十里曰高蓋山又二十里曰大會巖其南有石門峽相屬者為龜嶺又西南為資國山為北巖為昂石嶺由資國山而南為大動山為白巖山距縣一百里

越王山在縣西里許其下為雙溪越溪而西為棲鳳巖

曹溪巖在縣西二十五里相近者為香林山

錦屏山在縣西七十里又十里曰上觀音山又西曰秀

北曲曲流三十餘里經龍湖山南麓入侯官縣西南境達於閩江

峯曰北林山曰壽春山曰烏石山曰筍林山距縣九十里

太壺巖在縣西北六十里西迤為龍門山亦名七鯉山又西北二十里曰蓮阮山又西北十里曰覆鼎山又由太壺而東曰瑞峯山由瑞峯而北少西為温嶺

文殊山在縣北五里又北十里曰清涼山又二十里曰西林山又二十里曰枏木崎山又十里曰澄潭山

展旂山在縣東北七里又三里為極樂巖

其東為峬嶺又七里曰武陵山又東北十三里曰摩笄山其西北為梧嶺其東為葛嶺由葛嶺而上為方廣巖為縣山名勝之冠循方廣而西為橫嶂為雙峯山雙峯之南十里曰龍湖山

二妃山在縣東北四十里其東為下資福山又北十里為龍興山相近者為翠雲山仙峯山赤巖山由仙峯山折東行二十里曰樓梯嶺

五十

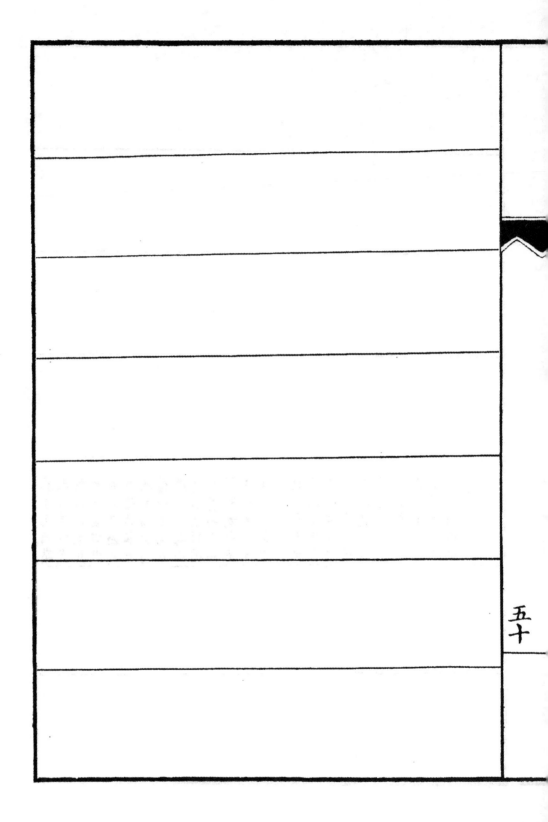

興化府縣總圖

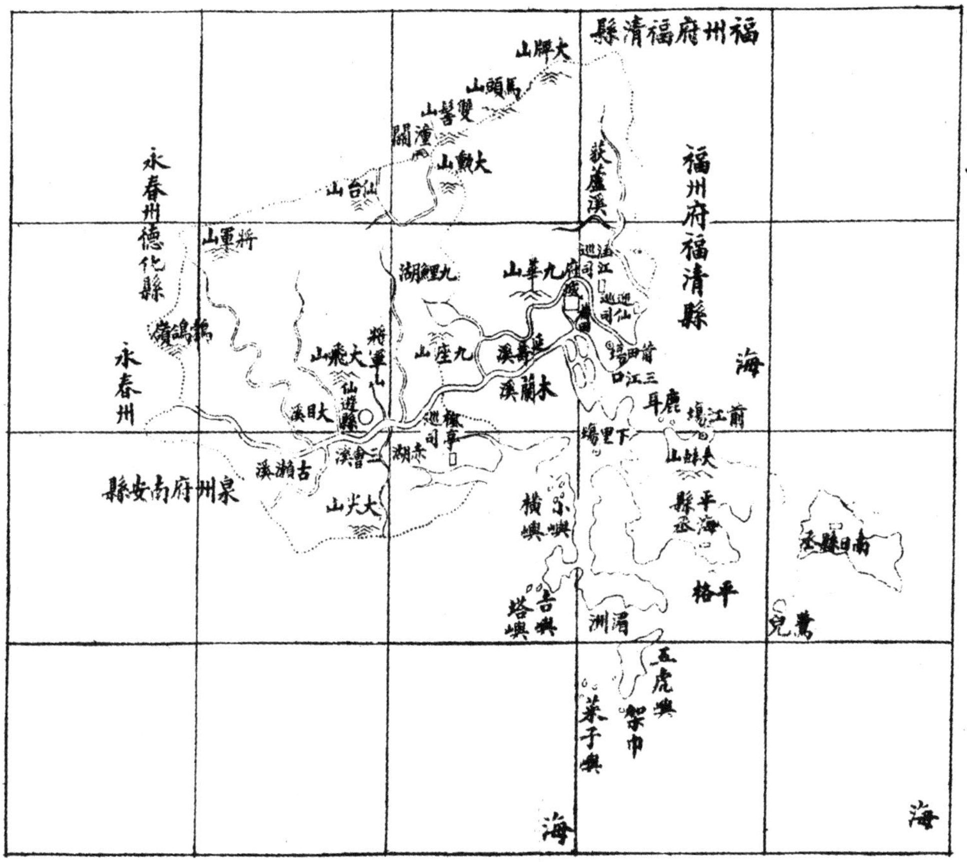

每方五十里

興化府在省治南二百四十里至
京師六千四百零三里隋為南安郡地置莆田縣屬馬尋廢唐屬豐州景雲二年改屬武榮州閩南唐改武榮州為泉州宋太平興國四年析置太平軍旋改今名治興化縣割泉之莆田仙遊來屬五年移治莆田後改為興安州元易為興化路領縣仍舊明改路為府正統十三年省興化縣
國朝因之領縣二治莆田其西為仙遊木蘭溪源自永春州石壺山東南流入仙遊縣西境又東南至西臺為大目溪又東抵上湖有古瀨溪西自鵜鶘嶺東流經祥雲山南文殊寨北來會折而東至烏頭有金沙溪自晉江縣打葛嶺北來注之又東三里為南溪曲背溪合大濟溪自西北來注為三會溪又東北繞仙遊縣南北納走馬山水又東至東度有石二嶺水南自惠安縣北流來會又東至碧溪口安吉溪合赤石溪自西北來注之又東北歷石馬俞潭入莆田縣界又東北至華亭九鯉湖之水自北分流來會又東北經文賦里為瀨溪又東北經木蘭山為木蘭溪一分東北流納新度水折而南一分南流經壺公山麓而東共合於白湖港會涵頭港迎仙港入於海延壽溪源自仙遊縣九鯉湖入府治西境為莒溪東流至莒溪寨南分一支合於木蘭溪其東流經畋町陂抵九華山麓為延壽溪折東南流經涵江司西達涵頭港入於海荻蘆溪源自廣業里石所峯東南流為湘溪又東南經貴人山西有張洋水自西注之又東南至雞壠有赤溪杉溪合灣溪楓溪自西來會又東南經江口寨達迎仙港入於海莆陽諸山來自邵武越尤溪抵永福分而為三其西自洑口達九座為仙遊至壺山以入於海而筆架仙臺大雪至於香山乃其支出也東自杉溪出為長壽峯又東為二支一自狼山為仙壽峯為日月角山迤為金芝瓔珞賜谷夾漈越

王烏石諸山一爲瑞雲爲兜率爲百丈達於福清其中支則爲小章山爲牛嶺爲興化舊縣過章嶺雙髻覆鼎至於石所何巖南出爲龜山爲廣化爲華嚴爲興化郡治又南爲青山爲芹山蜿蜒磅礴落入大海則又諸嶼之所由駢列也
東至海五十里西至永春州界一百四十里南至海一百二十里北至福州府福清縣界六十五里東南至海一百里西南至泉州府南安縣界一百六十里東北至福州府福清縣界六十里西北至永春州德化縣界二百里東西烏里廣一百九十八里南北烏里縱一百五十二里

莆田縣圖

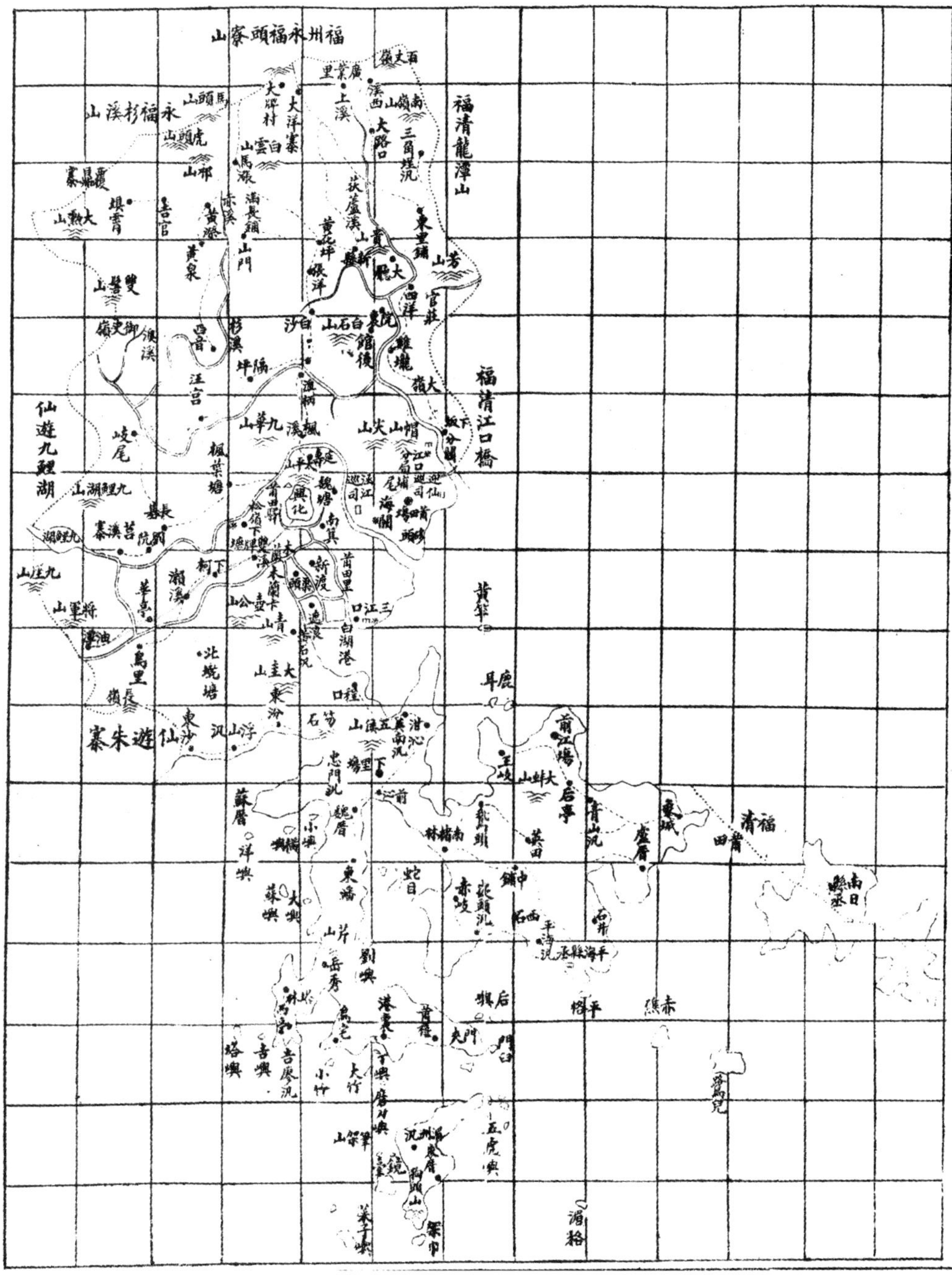

每方十里

興化府莆田縣要缺

沿革

隋開皇九年析南安縣置莆田尋復舊

唐武德六年復置屬豐州貞觀間改隸閩州景雲二年割屬武榮州即今泉州

宋初仍舊太平興國四年析廣業里地置興化縣五年改屬興化軍八年移軍治於此

元為路治

明為府治正統十三年割興化縣廣業里地入焉

國朝因之

疆域

東西烏里廣一百二十三里南北烏里縱一百五十二里至省陸程二百四十里水程二百九十里

府治附郭

東至福州府福清縣界江口橋四十五里

西至仙遊縣界九鯉湖五十里

南至大海菜子嶼界一百二十里

北至福州府永福縣界頭寮山六十五里

東南至大海鷺兜界一百二十五里

西南至仙遊縣

天度

緯二十五度二十六分

經東二度四十七分

冬至日出卯正三刻零二分四十二秒日入酉初初刻一十二分一十八秒日四十一刻零九分三十六秒夜五十四刻零五分二十四秒

夏至日出卯初初刻一十二分一十八秒日入酉正三刻零二分四十二秒日五十四刻零五分二十四秒夜四十一刻

山鎮

烏石山在城內東北隅一名麟山對峙者為梅山梅山之西南為州峯為鳳山

塔山在城東十五里

城山在縣東南三十里又二十里曰五侯山山有五峯正視之五故呼五侯側視之二故呼雙髻自郡城視之三又呼筆架山西下為留仙山東迆為斗南山為屏山為天龍山又東南為印山相屬者曰鯽魚山石

水道

海在縣東南八十里其海潮入境凡四道一自黃竿入過三江口由白湖港通木蘭陂一自砱頭入涵頭港通延壽溪一自江口橋入口由迎仙港通荻蘆溪其南一支由吉蓼入境循吉嶼蘇嶼而西至仙遊境通於太平港涉溪港

木蘭溪在縣南七里木蘭山下源接仙遊縣仙溪於治西境之油潭東北流十里

鄉鎮

廂四里三十村三百八十九

市五

東廂左廂南廂右廂在城內及附郭七村

連江莆田景德國清四里在縣東共五十三村

常泰興教文賦三里在縣西共二十七村

維新醴泉安樂三里在縣南共四十村

延壽待賓孝義三里在縣北共三十一村

胡公興福武盛奉國崇福合浦新安南匿八里在縣東南共一百四

職官

興化府知府一員駐城

通判一員駐城

教授一員駐城

訓導一員駐城

經歷一員駐城

知縣一員駐城

縣丞一員駐平海

教諭一員駐城

訓導一員駐城

巡檢二員一駐迎仙寨一駐涵江

典史一員駐城

鹽大使三員一駐涵江一駐莆禧一駐東嶠

副將一員駐城

左營守備一員駐城

千總一員駐城

把總二員一駐江口一駐平海

右營千總一員駐城

把總一員駐忠門

湄洲營遊擊一員駐湄洲

五十四

	界朱寨四十里 東北至福州府福清縣界龍潭山六十里 西北至福州府永福縣界杉溪山八十里	零九分三十六秒	鼓山鏡石山石海山界於大海 大蚌山在縣東南九十里 東坡山在縣南近郭又南七里曰木蘭山又三里曰鼓角山又十里曰壺公山壺山之麓為翠峯為名山其南諸小山為蓮花山折而東曰蔡山逶迤東南行至海而止者曰柯山又南為大圭山 石笏山在縣南五十里又南三十里曰芹山 筆架山在縣南隔海計程一百里東迤為鏡臺山又東	至華亭九鯉湖之水自北分流來會又東北曲行十餘里經文賦里南為瀨溪又東北十餘里至木蘭山下堰而為陂水漲漫陂而過水落由陂右迴瀾橋循大溝遶橫山支分為二一至渠頭橋下一北行經新渡納城南維新里諸水折而東南至洋城陡門入白湖港一南行循壺公山東麓合近山諸水出林墩陡門亦趨白湖港而白湖港總受諸斗門之水至涵頭鎮 十九村 新興靈川二里在縣西南共一十二村 永平待賢延興望江仁德五里在縣東北共三十九村 廣業尊賢二里在縣西北共三十一村 南市北市在城內 黃石市縣東十五里 涵頭市縣北十里 江口市縣東北四十里 府城汛在城內轄塘一 江口汛在縣東北四十里轄塘二 平海汛在縣東南一百里 涵江汛縣東北二十里轄塘	守備一員駐湄洲 千總一員駐湄洲 把總二員均駐湄洲 海關總口駐涵江 分口駐三江口 哨口三一駐江口一駐塘尾一駐[illegible]山 哨卡四一駐迎頭一駐[illegible]一駐[illegible]一駐[illegible] 興化釐局駐城 分局駐江口 分卡駐木蘭陂

伏而復起為湄洲嶼為狗頭山

鳳凰山在縣西南三里西迤為天馬山有峯曰羅漢峯曰月峯

石梯山在縣西南四十里南分一支曰浮山由石梯而西曰朱寨曰長嶺界於仙遊

龜山在縣西二十里與紫帽山相屬其西為雲峯山雲平山由龜山而北為馬齒山又北為象山小壺山新亭山文筆山以次屬焉

天壺山在縣西四十里相近荻蘆溪在治東

會涵頭港至迎仙橋會迎仙港為三江口合流至遮浪入於海

延壽溪在治北七里源接仙遊九鯉湖入治西境曰莒溪東行經莒溪寨前南分一支南行入木蘭溪其東流一支經町畎陂曲行六十里抵九華山東麓為延壽溪復折東南流經涵江司西曲行二十餘里達於涵頭港總新港陳壩端明三斗門水至三江口東入於海

一

黃石汛縣南二十里轄塘一

三江口汛縣東南二十五里轄塘一

忠門汛縣東南六十里轄塘二

瀨溪汛縣西南二十里轄塘二

埔尾水汛縣東二十六里

平海水汛縣東南一百里

西亭水汛縣南九十五里兼轄莆禧汛

湄洲水汛縣南一百一十里

縣前鋪南十里至雙牌鋪十里至瀨溪鋪十里至猴溪鋪十里至仙遊縣長嶺鋪

者有將軍山九座山由九座山渡溪而北曰九鯉湖山

太平山在縣西北一里又四里曰九華山

御史嶺在縣西北四十里迤北為雙髻山為大動山為鼎模寨山為四壁嶺為杉溪山距縣凡八十里

福平山在縣北五里其支為烽火山為澄渚山

白雲山在縣北五十五里西下為虎頭山虎頭迤東為祁山祁山之北為馬頭山為頭寮山界

北四十五里發源廣業里之上溪東南行三十餘里有張洋水自西來注之又南十餘里有赤溪自祁山來注入杉溪西南流四十餘里合漗溪及御史嶺水折東北流五十餘里納楓溪水來會合而東南納白石桃源諸小水為迎仙溪曲行凡二十里抵迎仙港至三江口入於海

瀨溪鋪西二十里至仙遊縣俞潭鋪

縣前鋪東二十里至塘頭鋪二十里至朴梘鋪三十里至大杭鋪三十里至平海鋪抵海

塘頭鋪南二十里至東林鋪

塘頭鋪南三十里至鄭欖鋪三十里至莆禧鋪抵海

縣前鋪北十里至魏塘鋪十里至涵江鋪十里至佘埔鋪十里至江口鋪二十里至福清縣蒜嶺鋪

五十五

於福清

尖山在縣東北二十五里又東十里曰帽山

白石山在縣東北三十五里

貴人山在縣東北四十五里

芳山在縣東北四十五里

南嶺山在縣東北六十里旁有百丈嶺界於福清

五十六

仙遊縣圖

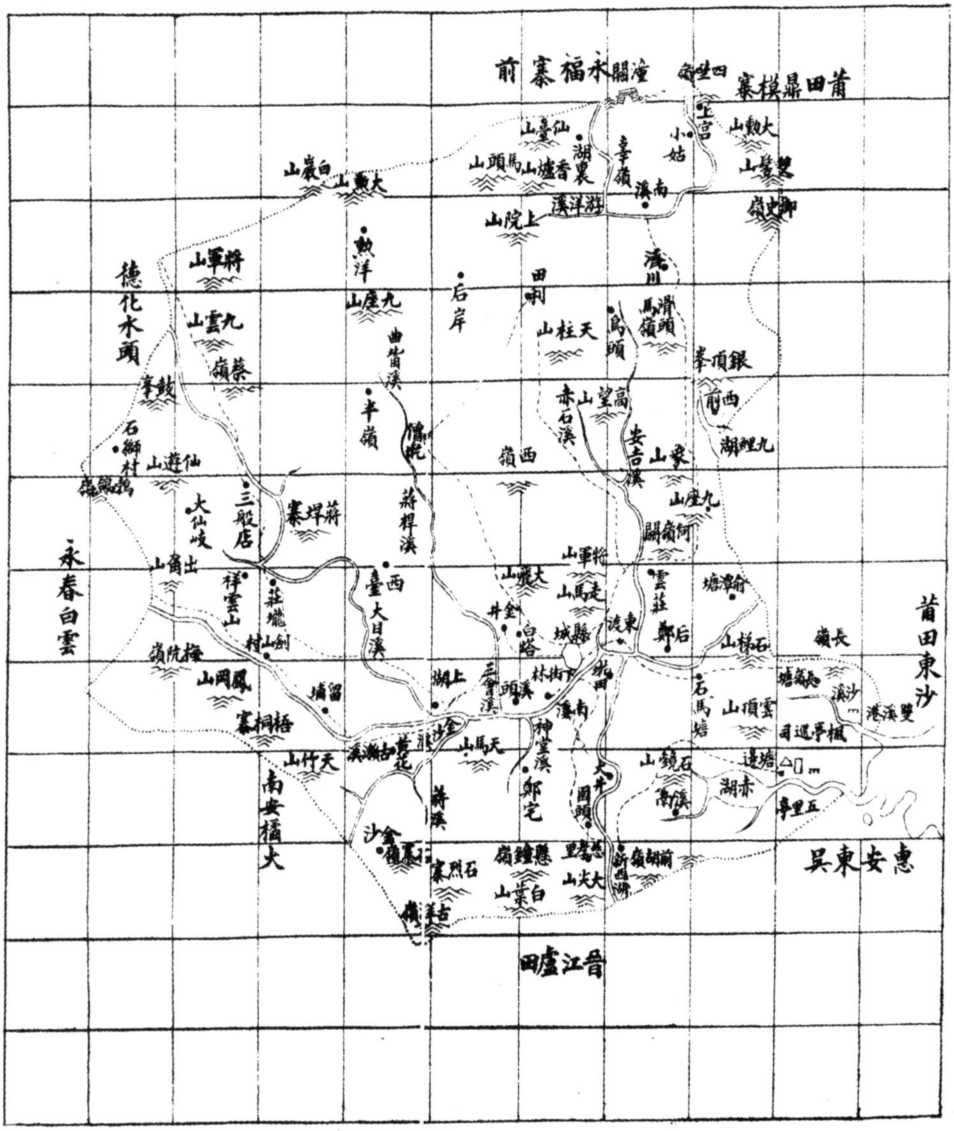

每方十里

興化府仙遊縣簡缺

沿革

唐聖歷二年析莆田西界於今縣北十五里置清源縣屬武榮州尋廢改隸閩州天寶元年改今名

閩南唐仍舊

宋太平興國四年析興泰里地益興化縣五年改屬本軍

元屬本路

明屬本府正統十三年仍以興泰里地隸焉

國朝因之

疆域

東西鳥里廣九十三里

南北鳥里縱九十二里

至省陸程三百一十里水程三百五十里

至府陸程七十里水程八十五里

縱距府鳥里二十七里

橫距府鳥里五十六里

斜距府鳥里六十二里有奇

東至莆田縣界東沙四十里

西至永春州界白雲六十里

南至泉州府晉江縣界盧田三十七里

北至福州府永福縣界寨前

天度

緯二十五度一十八分

經東二度二十八分

冬至日出卯正三刻零二分二十四秒日入酉初初刻一十二分三十六秒日四十一刻一十分一十二秒夜五十四刻零四分四十八秒

夏至日出卯初初刻一十二分三十六秒日入酉正三刻零二分二十四秒日五十四刻零四分四十八秒夜四十一刻一十分一十

山鎮

金石山在城內東北隅

石鼓山在縣東四里與走馬山夾溪而峙又三里為銅盤山又三里為白馬山為雞子城山又五里為新峯山為崑崙山

瓊山在縣東二十里又有龜城山迤南為雲頂山其北為石梯山東迤為長嶺抵莆田界

金井欄山在縣東南十五里其支為洪山為魁山相近者為留仙山石鏡山

九龍山在縣東

水道

仙溪在城南迎薰門外一名南溪源自永春州石壺山東南流入縣西北境經九雲山西屈曲三十里北受一小水又南十里西受仙遊山水折東流十餘里至西臺為大目溪又東南曲行二十餘里抵上湖有古瀨溪西自永春界境東流三十餘里來會又東七里有金沙溪南自晉江縣打葛嶺北流合天竺山水石寨嶺水自西

鄉鎮

里十四村三百四十二市三

功建里在城內

折桂里安賢里在縣東共六十二村

孝仁里慈孝里在縣南共六十四村

萬善里善化里在縣西共三十六村

興賢里在縣北共一十九村

永興里香田里連江里在縣東南共六十一村

仁德里在縣西南共三十一村

興泰里在縣東北共三十三村

文賢里在縣西

職官

知縣一員 駐城

教諭一員 駐城

訓導一員 駐城

巡檢二員 一駐楓亭 一駐興泰

典史一員 駐城

里堤務 駐城內

右營都司一員 駐城

把總一員 駐楓亭

海關分口 駐楓亭

哨卡四 滄溪 南嶺 望水 沙溪

八十里
東南至泉州府惠安縣界東吳五十里
西南至泉州府南安縣界桔火四十七里
東北至莆田縣界鼎模寨一百里
西北至永春州德化縣界水頭一百里

二杪

南四十里對峙者為銅鼎山
魁足山在縣南五里又名喬木山其旁為羅山鄭墓山相近者為大智山為鳴山
飛鳳山在縣南八里
九峯山在縣南十五里縣治之前山也相屬者曰五馬山柳峯山又二十里曰大小尖山
紫幞山在縣南二十五里又十里為牛歇亭山五谷山又五里為照船山鴻漸山
錦屏山在縣南四十里又五里曰塔斗山

南來會又東三里有曲嵴溪自西北九座山東南流七十里合蔣桿溪大濟溪來會乃合大目古瀨大濟為三會溪又東四里神堂溪自南來注之又東北抵治南繞城而東北納走馬山水又東五里有大溪內水東南自惠安縣石二嶺西北流經大尖山東入境匯為新西湖曲行五十餘里來會又東五里有安吉溪源自九座山龍湫東南流合赤石溪

北共三十六村
十字街市在城內
沙溪市縣東南三十里
楓亭市縣東南五十里
仙遊縣汛在城內轄塘六
楓亭汛縣東南五十里
縣前鋪東二十里至石馬鋪二十里至俞潭鋪抵莆田縣界
石馬鋪南二十里至沙溪鋪十里至楓亭鋪十里至泉州府惠安縣白水鋪
沙溪鋪東十里至長嶺鋪抵莆田縣界

鍾石山在縣西南二十里相屬者為天馬山帶帽山
石烈寨山在縣西南四十里其西為石寨嶺東迤為懸鐘嶺由石烈寨而南為古洋嶺界於晉江
天竺山在縣西南五十里西下為梧桐寨寨北為鳳岡山旁為梅阬嶺
龜峯山在縣西十里其旁為北斗岐山又十里為寶山又三里為誥軸山
劍山在縣西四十里又五里為祥雲山又

來注又東北二十餘里經俞潭塘南出境達於莆田縣之木蘭溪入於海
楓亭溪在縣東南四十五里源自九龍山水東流十餘里合石鏡山水仙嶺水瀦為赤湖又東十餘里出陡門抵太平港而沙溪西自黃嶺東流經雙溪港來會又東入於海
游洋溪在縣北七十里源自上阬山東流七里許岐而為二一東北流合雲頂峯水銀巖水小姑水歷上宮

五十九

五里為出角山其北為大仙岐下有鵝鴿嶺界於永春

金雞山在縣西北五里又五里為平光山為大帽山

大栢山在縣西北三十里又五里為泗洲臺山又五里為梯雲山

九座山在縣西北七十里

仙遊山在縣西北七十五里又迤西曰鼓峯山

九雲山在縣西北九十里其北為將軍山其前有嶺曰蔡嶺

大勲山在縣西北九十里迤

山西出境一北流循華嶺西入永福縣界同注於大樟溪入於海

九鯉湖在縣東北五十里合銀頂峯何嶺諸水匯而為湖東南流九里接莆田縣界達於延壽溪入於海

五十九

西為白巖山

大飛山在縣北五里其下為馬鞍山鍾鼎山飛山之後為走馬山東為將軍山其旁有富洋嶺桂陽嶺

天柱山在縣北四十里

香爐山在縣北七十里迤西五里為馬頭山其北為仙臺山

瀑布山在縣東北五里

九仙山在縣東北二十五里又五里為高望山高望山之東曰象山

石頭山距縣六十里其旁為高陽山

六十

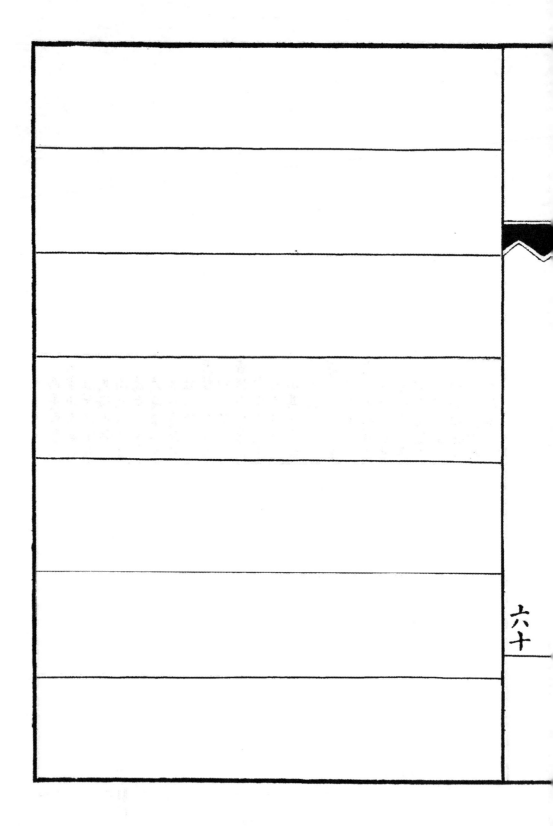

泉州府縣總圖

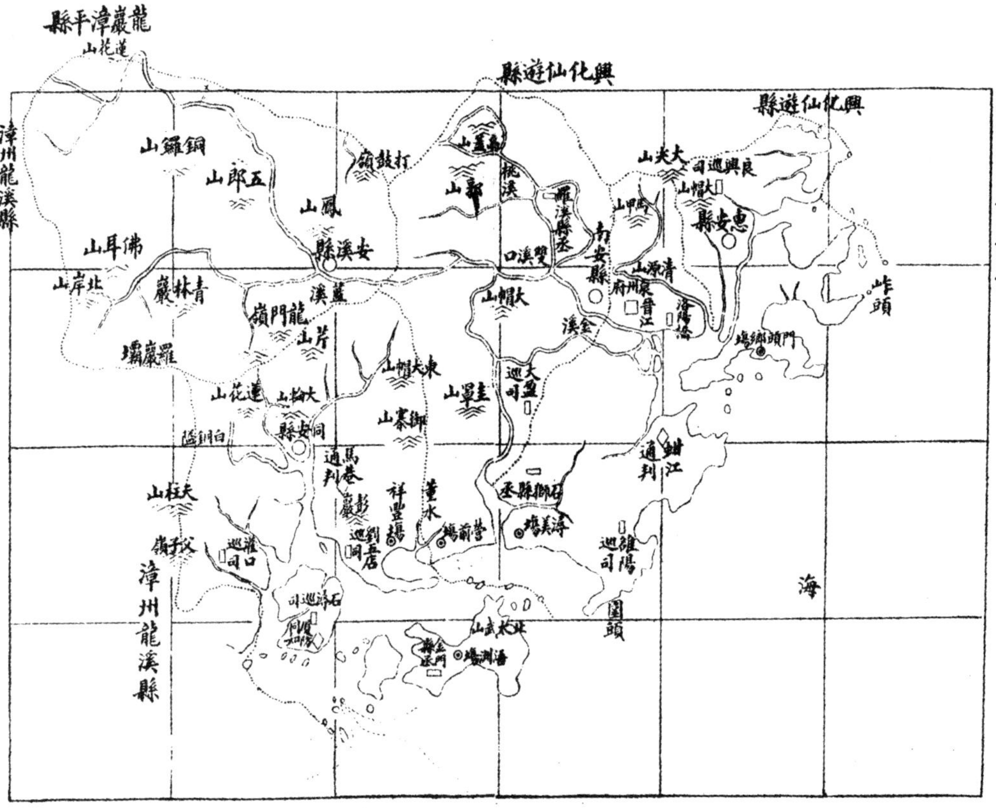

每方五十里

泉州府在省治西南四百一十里至京師七千三百五十里吳為東安縣地屬建安郡晉為晉安縣領縣二隸揚州尋隸江州宋齊因之梁陳屬南安郡隋為南安縣唐為豐州聖歷二年改為武榮州景雲二年改為泉州領縣四即今泉州也開元八年置晉江縣為州治五代為清源軍領縣九宋為泉州府屬福建路領縣七元為泉州路明為泉州府國朝因之領縣如舊雍正十二年升永春縣為直隸州德化縣隸焉今領縣五治晉江東惠安西南安安溪西南同安晉江有二源西北源曰桃溪自永春州東南流至東關橋入府西北境又東南逶邐二十餘里至便口有小姑溪自永春州南來注之又東南二十餘里高田山水自西來注之分流而南合瀘溪洪瀨諸水折而西南抵雙溪口西源曰藍溪亦名清溪自漳平縣古格嶺東南流入府西北境梯子嶺水自東北來注之合而東北入永春州界會洞口溪折而南入境又東流有熊田溪自永春州南流來會合於小橫鄉又東南五十餘里經安溪縣城西有北岸山水合龍門山水自西來注之合流而東二十餘里歷羅渡至南安縣西境經潮塘汎北南分一支合蝌坑山諸水經上曾鄉分為二支一自東流經晉江南合甃竈溪入海一自南流合九溪水達晉江縣之安海港入海其正支仍自東流抵雙溪口與桃溪會合流至金雞山下為金溪又東南繞南安縣南黃龍山下為黃龍江又東南經府治南為晉江又東南合清源山水達於蚶江入於海未出海口其東北即洛陽江口也山之中支自仙遊九座山蜿蜒至府界白虹山西南行至大陽山折而東至清源山入郡治又自大陽山西行為九峯山葵山蓮華山一脈迤邐沿入平原復行隆起南安縣治負馬左支自仙遊縣大尖小尖二山歷晉江之雙髻山東循螃蠏嶺而南為吳山為

東平山為螺山入惠安縣治右支自德化九仙山南行綿亙德化永春以抵鳳山為安溪縣治主山又自安溪縣北境之翠屏山綿延而南至三秀山為同安縣北鎮山又蜿伏十里遥東山入同安城西北隅為葫蘆山蓋安溪南安居郡上游山勢團簇水所由來惠安諸山夾洛陽江順流分統實蔽郡東同安諸山在郡南分支布繞南入大海矗起羣嶼亦即郡南之屏障也東至大海岞頭一百三十里西至漳州府龍溪縣界二百零五里南至大海圍頭界一百零三里北至興化府仙遊縣界五十里東南至海界二十三里西南至漳州府龍溪縣界二百零五里東北至興化府仙遊縣界九十里西北至龍巖州漳平縣界二百七十五里東西鳥里廣二百七十里南北鳥里縱二百里

晉江縣圖

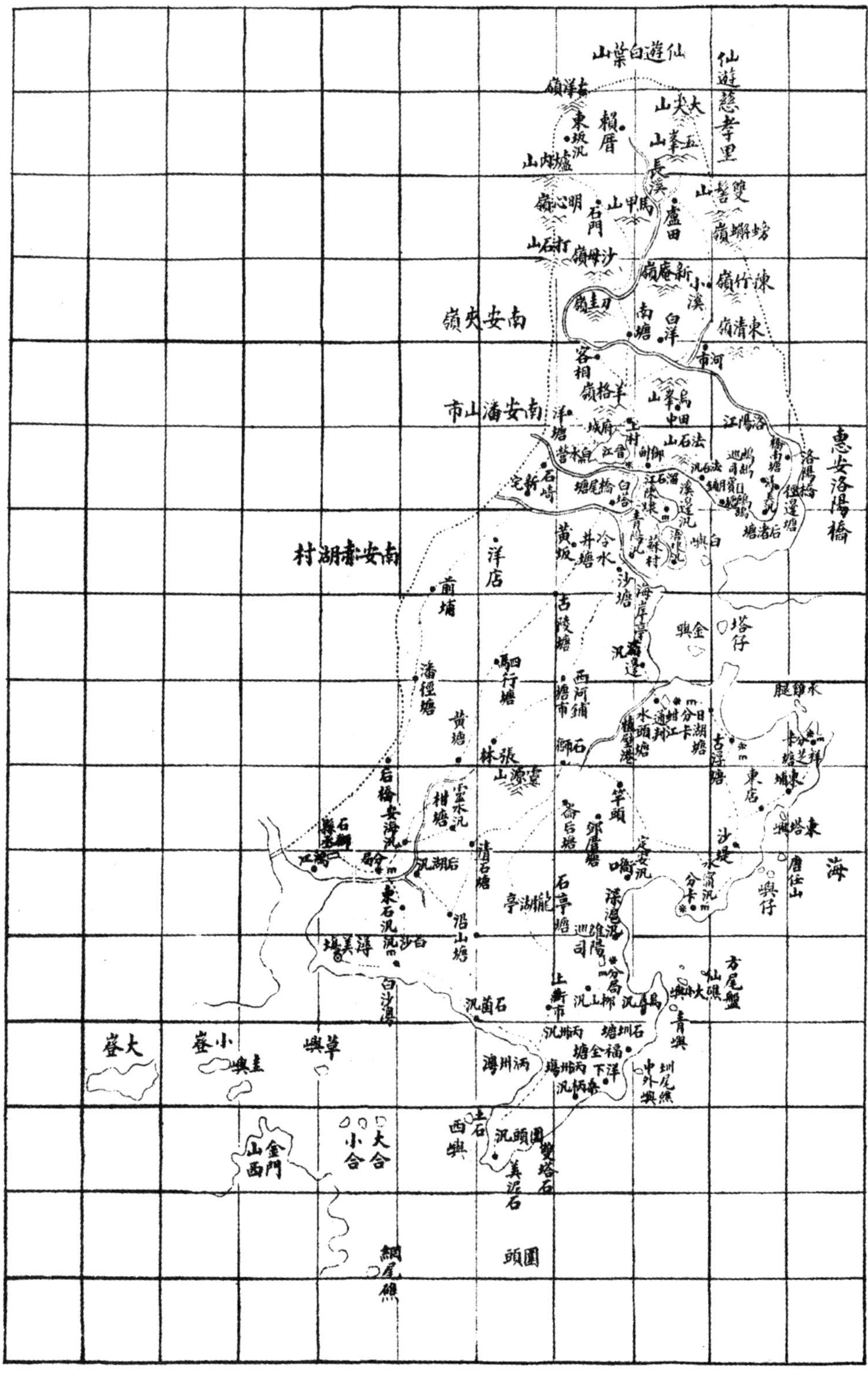

每方十里

泉州府晉江縣要缺

沿革

唐屬南安縣地久視元年為武榮州治景雲二年改為泉州治開元六年始就州郭置晉江縣南唐及宋為州治元為路治明為府治國朝因之

疆域

東西烏里廣八十里南北烏里縱一百三十里至省水程三百六十二里陸程四百一十里府治附郭東至惠安縣界洛陽橋二十里西至南安縣界潘山市八里南至大海圍頭一百三里北至興化府仙遊縣界白葉山五十里東南至海二十三里西南至南安縣界赤湖村三十里

天度

緯二十四度五十六分經偏東二度二十五分冬至日出卯正三刻一分三十六秒日入酉初初刻十三分二十四秒日四十一刻十一分四十八秒夜五十四刻三分十二秒夏至日出卯初初刻十三分二十四秒日入酉正三刻一分三十六秒日五十四刻三分十二秒夜四十一刻十一分四十八秒

山鎮

法石山距城東十里黎山距城東南十五里回龍山距城東南二十里金釵山距城東南三十里寶蓋山距城東南四十五里金鞍山距城東南五十里獅山距城南十里前有小山為行輦山迤東為水亭山白塔山碧峯山又南為雁塔山為高甲山一名東山山之北麓為溜石鎮亦名溜石山羅裳山距城南

水道

海在城東南二十三里經獺窟南當海渚西曲入郡治為洛陽口又南為晉江口洛陽江在城東北二十里晉惠二邑界江也有長溪自東北大帽山來西南行經馬甲山東有雙髻山水來注又西南二十餘里經刀圭嶺北折而西歷從東南流經烏峯山北小溪自陳竹嶺西南來注合流經留公陂陡門匯於江東入於

鄉鎮

隅四都四十七圖一百三十五鄉一千三百八十八市八四隅在城內統圖一十六一都至八都在城西南統圖十四統鄉一百九十四九都至三十二都在城南統圖八十五統鄉六百八十三十三都至三十四都在城西南統圖六統鄉七十三十五都至三十六都在城南統圖五統鄉七十三十七都至三

職官

泉州府知府一員駐城
通判一員駐蚶江
教授一員駐城
訓導一員駐城
經歷一員駐城
知縣一員駐城
縣丞一員駐石獅
教諭一員駐城
訓導一員駐城
巡檢二員一駐[illegible]一駐[illegible]
典史一員駐城
鹽大使一員駐潯美場
福建陸路提督一員駐城
中軍參將一員駐城
守備一員駐城
千總一員駐城
把總一員駐城
左營守備一員駐城
千總一員駐城
把總一員駐城

六十四

東北至興化府仙遊縣界蒸孝里五十里
西北至南安縣界夾嶺十里

三十里稍東曰崎山曰青陽山曰石鼓山曰雙石山曰石城山山勢連綴如石城然
靈源山距城南四十里山南為乞雨山又南為華表山山北為象陷山界於靈源華表之間與府治相對者為高州山
靈秀山距城南五十五里
橫山距城南七十里
鼇山距城西南一里有奇又西里許為石塔山
紫帽山距城西南五里龍首山在其東南稍北為烏石

海
晉江在城南一里自南安東南流入縣西境為晉江又南流九里至臨漳門外石塔山下為筍江又東流至德濟門外為浯江其支流由通淮門入城為城內河復於通淮門外會清源山水東流至溜石渡為溜石江又東經法石汛南又東南為蚶江入於海
甆竈溪自南安東南流入縣西南境東流二十五里至白塔分而為二北流為錢塘溪南流為

十九都在城東北統圖四統鄉七十七
四十都至四十七都在城北統圖五統鄉二百九十七
東門外市在仁風門外
水門外市在南薰門外
吳店市在城南三十里
塘市城南三十五里
石獅市在城南四十里
安平市在城西南五十里
上衛市在城南六十里
河市在城北五十里
府城汛在城內轄汛二
法石汛在城東十里轄塘四
蚶江汛縣東南

右營遊擊一員駐城
守備一員駐城
千總一員駐蚶江
把總二員一駐城一駐深滬
前營都司一員駐城
千總一員駐城
後營都司一員駐城
守備一員駐城
千總一員駐城
把總一員駐城
城守營參將一員駐城
守備一員駐城
千總一員駐城
把總三員一駐城一駐安海汛一駐東石汛
海關總口駐南門外
分口五法石 安海 蚶江 永寧 涼埭
哨卡七南門外 東石 大深滬 祥芝 古浮 衙口 深滬
泉州釐局駐南門外
分局二深滬 安海
分卡五東門 永寧 古浮 祥芝 蚶江

山雙鳳山斗南山翁山古圳山巖山以次屬焉

沙毋嶺距城西北三十五里迤西二里為打石山再北為明心嶺為爐內山

清源山距城北五里為縣主山

大陽山小陽山距城北十二里

刀圭嶺距城北二十五里

五洋山距城北六十里

白虹山距城北一百里迤西五里為古洋嶺

大旗山距城東北八里迤東為烏峯山

青陽陂合於吟嘯橋北經煙浦埭以注於江

植壁港在城南四十里靈源山之東東北流經石獅市南又東北流經浦邊汛入於海

安海港在城西南五十五里自南安南流入縣西南境有靈源山水西南流經黃塘南歷柑塘北合沿山塘水自西北流來注之又西流至西橋合安海港入於海

五十里轄塘三

定安汛縣東南五十五里轄汛九

永甯汛縣東南五十五里轄汛十

石獅汛縣南四十里轄塘四

五堡巖汛縣南六十里

安海汛縣西南五十五里轄汛二

河市汛縣北五十里轄汛二

洛陽橋南岸寨汛縣東北二十里轄汛三塘三

深滬水汛縣東南八十五里轄汛三

祥芝水汛縣東南七十五里轄汛四

六十五

新菴嶺距城東北四十五里
馬甲山距城東北五十里
五峯山距城東北六十里
大尖山距城東北九十二里
紅殊嶺距城東北三十里又北為東清嶺陳竹嶺

圍頭水汛縣南一百三里
府前鋪東十里至新鋪十里至洛陽鋪抵惠安界
府前鋪南十里至下輦鋪十里至冷水井鋪十里至石龜鋪十里至駟行鋪十里至潘徑鋪抵南安界
府前鋪東南十里至寶月鋪十里至新亭鋪十里至白塔鋪十里至山前鋪十里至至蘇村鋪十里至福全鋪十里至白沙鋪十里至西湖鋪十里抵金厦安平鋪

南安縣圖

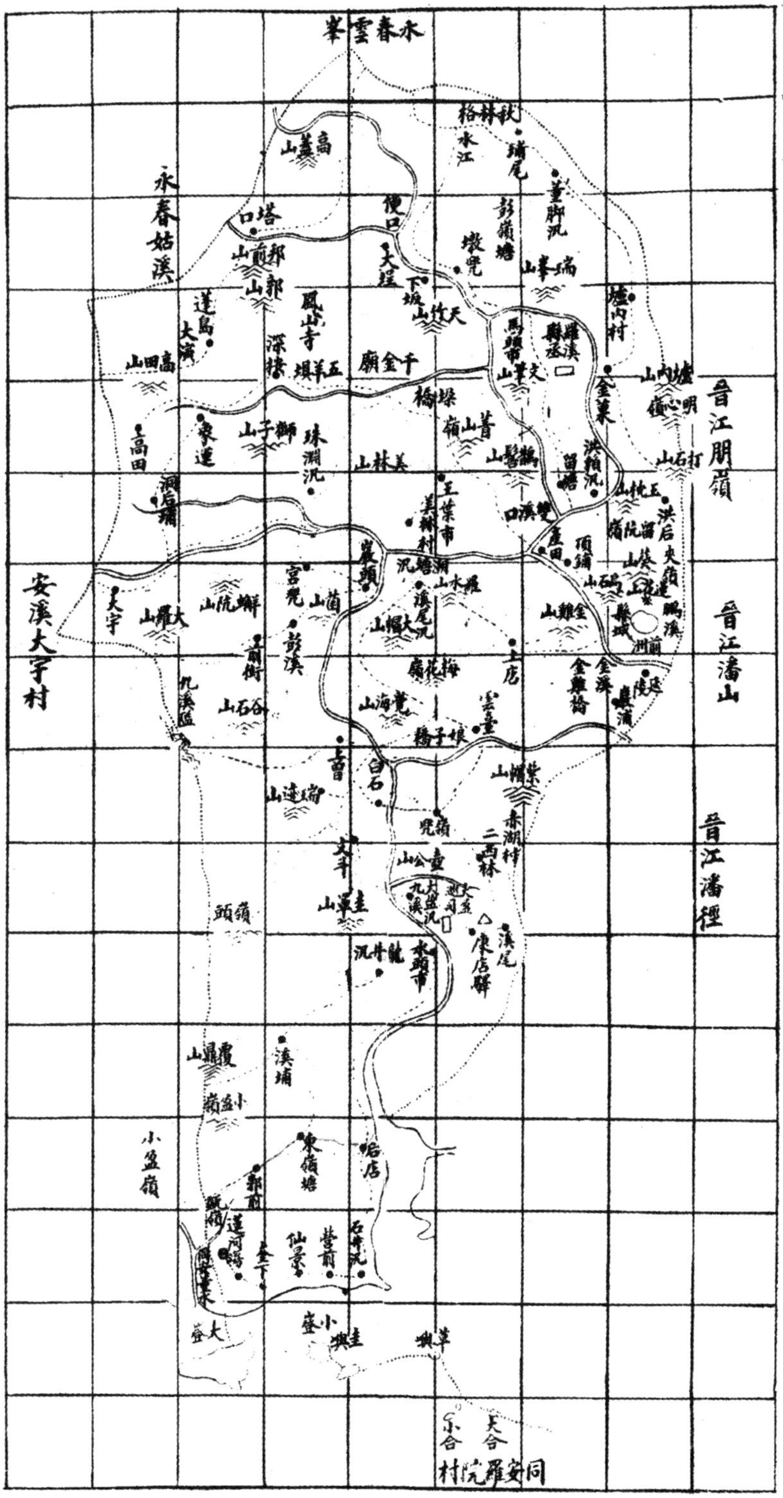

每方十里

泉州府南安縣要鈌

沿革

漢侯官縣地吳永安三年析置東安晉太康三年改晉安縣屬晉安郡天監中析置南安郡即今治所
隋改為縣屬泉州即今福州尋屬閩州復改屬建安郡
唐武德初屬建州五年析置豐州縣為州治尋廢嗣聖十六年析置武榮州尋廢十七年復屬武榮州在今晉江地
宋屬本州
元屬本路
明屬本府
國朝因之

疆域

東西烏里廣七十四里
南北烏里縱一百九十里
至省陸程四百三十里水程三百七十七里
至府陸程十五里水程同
縱距府烏里九里
橫距府烏里六里六分
斜距府烏里十二里有奇
東至晉江縣界潘山七里
西至安溪縣界大宇村六十七里
南至同安縣界羅院村一百里
北至永春州界

天度

緯二十四度五十八分
經東二度二十二分
冬至日出卯正三刻一分四十一秒日入酉初初刻十三分十九秒日四十一刻十一分三十八秒夜五十四刻三分二十二秒
夏至日出卯初初刻十三分十九秒日入酉正三刻一分四十一秒日五十四刻三分二十二秒夜四十一刻十一分三十八秒

山鎮

龍山距城東五里
大小潘山距城東南五里
靈秀山距獄東南七里
圭峯山距城西南三里
紫帽山距城西南二十五里
壺公山距城西南六十里山陰有虎岡山迆東為半月山迆西為柏峯山
谷口山距城西南六十里
圭罩山距城西南七十里
福鼎山距城西南九十里
小盈嶺距城西南一百里
九日山距城西

水道

金溪在縣治南三里導源永春安溪二派自永春來者入縣西北境於水江村上接桃溪由縣西北界東關橋入境東南流二十餘里至於便口有小姑溪自塔口村來注之又南二十里經墩兜鄉南岐分為二一自南流十里許歷馬頭市東有高田山水自西來注又南三十里抵鵲髻山東麓其一自東流合瀘溪歷洪瀨自東北

鄉鎮

坊五都四十六圖四十五鄉四百二十三市一十一
五坊在城內統鋪八
一都在城西南統圖一統鄉四
二都在城南統圖二統鄉十二
三都在城東統圖一統鄉七
四五都在城東北統圖二統鄉一十七
六都至十都在城北統圖三統鄉二十五
十一都至十三都在城西北統圖四統鄉二十八
十四都至十九

職官

知縣一員駐城
縣丞一員駐羅溪
教諭一員駐城
訓導一員駐城
巡檢一員駐大盈
典史一員駐城
鹽大使一員駐林前
泉州城守營千總一員駐洪瀨
把總一員駐城
稅釐分卡二一駐北門一駐溪排

六十七

雲峯九十里
東南至晉江縣
界潘徑一十
五里
西南至同安縣
界小盈嶺八
十里
東北至晉江縣
界朋嶺二十
里
西北至永春州
界小姑鋪一
百里

三里
錦田山距城西
四里
金雞山距城西
五里
羅水山距城西
二十五里
梅花嶺距城西
二十八里
大帽山距城西
三十五里
覺海山距城西
四十里
瑞迹山距城西
六十里
囷山距城西五
十里迤西十
里稍北為蝌
坑山再西為
大羅山大宇
山接安溪界
蓮花山距城西
北二里
鵲髻山距城西
北二十五里
菁山嶺距城西
北三十里

會合而南六
七里至雙溪
口在縣西北
二十里其自
安溪來者接
羅渡之水入
縣西境東流
經珠淵汛南
有洞后埔水
自西北來注
之又東十餘
里抵潮塘汛
北分東南二
流其南流合
囷山蝌坑山
水歷上曾鄉
一折而東經
娘子橋東南
出境達於晉
江縣之鶖竈
溪入海一歷
白石而南經
官厝東合柏
峰山水而南
經大盈汛西
達晉江之安
海港入海其

都在城北統
圖六統鄉三
十八
二十都至二十
八都在城西
北統圖八統
鄉八十二
二十九都至三
十二都在城
西統圖四統
鄉三十
三十三都至四
十六都在城
西南統圖十
四統鄉一百
八十
潘山市縣南五
里
溪尾市縣西二
十三里
洪瀨市縣北二
十五里
瀘溪市縣北四
十里
彭嶺市縣北五
十里
水頭市縣西南

美林山距城西北三十五里
文筆山距城西北四十里
獅子山距城西北五十里
天竹山距城西北五十五里
郭山距城西北六十五里迤西二里為邦前山
高蓋山距城西北七十里
高田山距城西北九十五里
烏石山距城北二里又北五里為葵山又北里許為留坑嶺又北十里為玉枕山
瑞峯山距城北五十里

東流正支則由潮塘汛北東行二十里至雙溪口而桃溪自北來會又折東南流二十餘里經金雞橋繞前洲出境達於晉江縣之晉江入海

六十里
馬頭市縣西北四十里
玉葉市縣西北二十里
珠淵市縣西北四十里
大宇市縣西北五十五里
社壇市縣西北六十里
南安汛在城內轄汛五塘一
大盈汛縣東南四十里轄汛四塘四
縣前鋪東十里至晉江縣界
縣前鋪西十里至溪口鋪十里至后田鋪十里至大師鋪十里至珠淵鋪十里至大宇鋪十里至安溪縣羅渡鋪

六十八

縣前鋪北十里至錦亭鋪十里至澗埕鋪十里至鄭山鋪十里至汏口鋪十里至黄坂鋪十里至塔口鋪二十里至永春州長安鋪

又東南晉江縣潘徑鋪起南十里至大盈鋪十里至康店鋪十里至東嶺鋪十里至馬巷廳

惠安縣圖

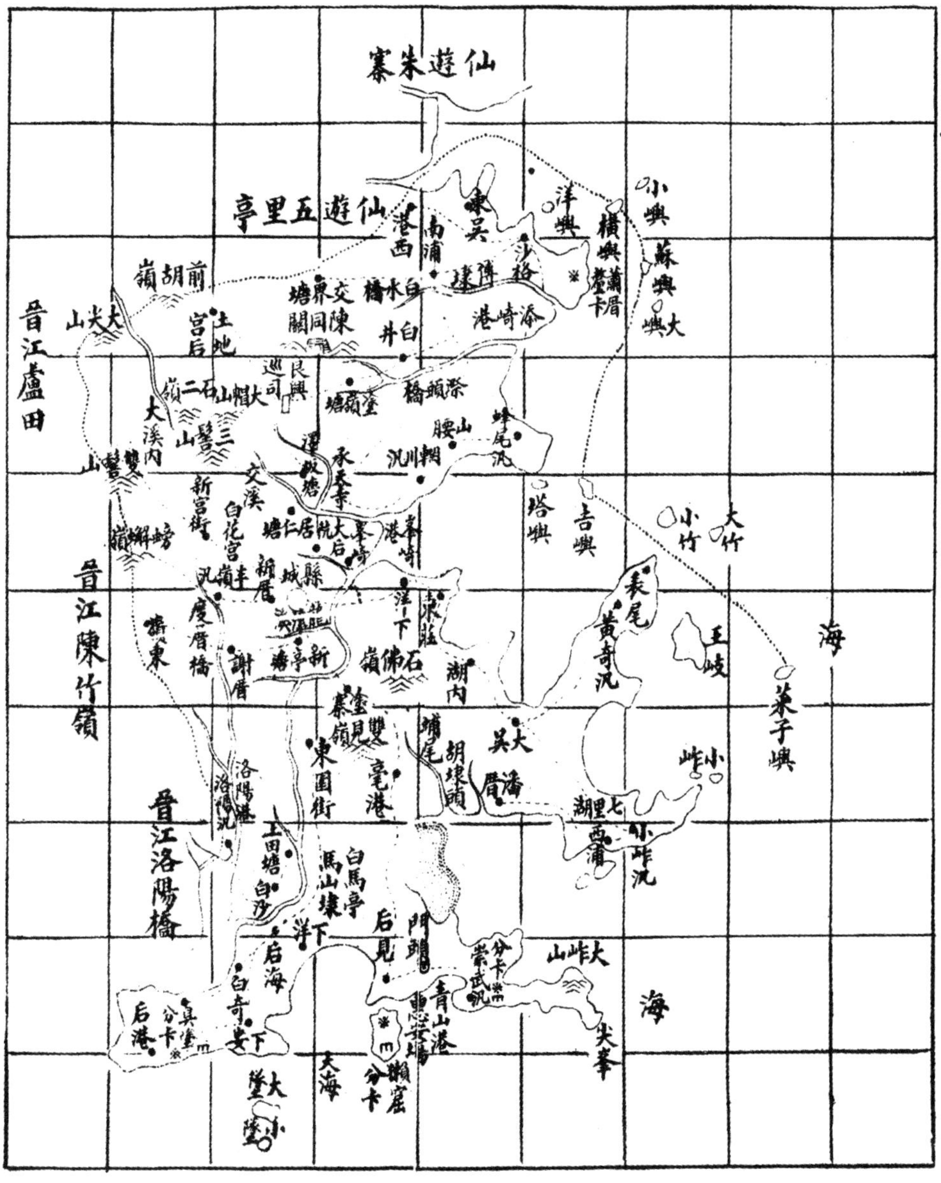
仙遊朱寨
仙遊五里亭
晉江盧田
晉江陳竹鎮
晉江洛陽橋
前胡嶺
大尖山
交界塘
白水橋
白井
西港
南浦
沙格
洋嶼
横嶼
小嶼
蘇嶼
大嶼
塔嶼
吉嶼
小竹
大竹
表尾
黃崎汛
王岐
萊子嶼
縣城
湖內
大吳
大岞山
崇武汛
尖峯
大海
海
海

每方十里

泉州府惠安縣要缺

沿革

宋太平興國六年析晉江縣東鄉地置
宋屬本州
元屬本路
明屬本府
國朝因之

疆域

東西烏里廣七十五里
南北烏里縱九十五里
至省水程二百四十里陸程三百六十里
至府水程六十五里陸程五十里
縱距府烏里三十三里
橫距府烏里十九里八分
斜距府烏里三十八里三分有奇
東至海四十五里
西至晉江縣界陳竹嶺三十里
南至海四十五里
北至興化府仙

天度

緯二十五度零二分
經東二度三十六分
冬至日出卯正三刻一分五十秒日入酉初初刻十三分十秒晝四十一刻十一分二十秒夜五十四刻三分四十秒
夏至日出卯初初刻十三分一十秒日入酉正三刻一分五十秒晝五十四刻三分四十秒夜四十一刻十一分二十秒

山鎮

峰崎山距縣東一十里
石佛嶺距縣東十五里
小岞山距縣東五十里
雙見嶺距縣東南十五里
文筆山距縣東南二十里
青山距縣東南三十五里
大岞山距縣東南五十里
鳳山距縣南三里又南為陳平山為楊崎山旁近者為靈秀山一名美女峰迤東為錦田山
石船山距縣南二十五里
獺窟山距縣南四十五里

水道

海在縣東四十五里
傳埭在縣北四十里源自角山之小鼓溪合西充溪東流過白水鋪橋入於海
添崎港在縣東北三十里源自塗嶺山北之證果溪東南流至橫山橋有橫山水來會合流而東少北過古潺橋為添崎港入於海
峰崎港在縣東十六里源自大帽山麓之驛坂溪上受懸鐘嶺之菱溪東南流十餘里至青龍

鄉鎮

鋪六十八鄉一千五百四十七市四
城內七鋪
弦歌 瓊林
樂善 慶泉
良津 鰲振
登庸
縣東路十六鋪離城一里起至五十里止領鄉三百八十八
瓊田 崧林
普光 仙溪
蔡宅 黃阬
梅庄 吉庄
山前 塲下
青山 鳳洋
獺窟 崇武
溪底 東周
縣西路三鋪離城二十里起至三十五里止領鄉二百

職官

知縣一員
教諭一員
訓導一員
鹽大使一員駐青山鋪門頭鄉
巡檢一員駐良興
典史一員
陸提前營守備一員駐城
把總二員一駐城一駐崇武汛內
湄洲營把總一員駐巡崇武
海關分口駐臭泥即秀塗
哨卡三一駐洛陽一駐獺窟一駐崇武
稅釐分卡四一駐蕭厝一駐崇武一駐獺窟一駐秀塗

七十

遊縣界五里
亭五十里
東南至海五十
里
西南至晉江縣
界洛陽橋三
十五里
東北至仙遊縣
界朱寨五十
里
西北至晉江縣
界盧田四十
五里

鶴堂山距縣西南三十里
報勳山距縣西二十五里
虎窟山距縣西三十五里
螃蟹嶺距縣西四十五里
三髻山距縣西北二十五里又北七里為大腹山迤西為大中山又北為大帽山旁近為石二嶺又西北十里為前胡嶺
雙髻山距縣西北四十五里
螺山在縣北為縣治辰山
五公山距縣北二十七里又北為靈鷲山為昆侖山為塗嶺山距縣北三十里

橋有茭布溪西北白雲峰山麓經居仁橋而東南來注之又東八里許過青龍橋達峰崎港口入海又由峰崎港折西南行二里許至走馬埭有南阬溪自西注之又西南五里有龍津溪西自東平山東流合龍湫溝水來注又西南十餘里經盤龍塘東有一小水自西注之又折南行十餘里至充口受上田鶴嶺二小水為馬山埭又折西南行十餘里入

七十三
黄田 田莊
前郭
縣南路十六鋪離城十里起至四十五里止領鄉三百一十四
下蓮 盤龍
埔林 鎮安
通津 蒼雲
松石 西湖
安雲 谷口
上田 前康
陳莊 庸莊
玉沙 埕洋
白崎 前檍
縣北路二十四鋪離城五里起至五十里止領鄉五百七十二
朝天 王孫
龍盤 霞莊
洞峰 西溪
石江 錦溪
福山 驛坂

七十

圭峯距縣北五十里
輞川山距縣東北十五里
香山距縣東北三十里
黃崎山距縣東北五十里

海

洛陽港在縣西南三十里發源三髻山即筆架山南流十五里經度厝橋又南十餘里至深邊有莆郭溪灣溪自嶺東南流來會合流為洛陽江上源入晉江境達於海
胡埭頭在城東南二十五里發源石佛嶺之南麓東南流經埔尾南合潘厝水入於胡埭抵海
大溪在縣西北三十里發源於石二嶺向西北流歷大尖山東流入仙遊為新西

承天 樟市
鼇塘 安埕
古樓 梅峯
添奇 良興
仙塘 竹溪
蔡林 後林
東林 東平
市四 南街 北街 東門市 西門市 均在城內
惠安縣汛在城內轄汛五
黃崎汛距縣東四十里轄汛二
崇武汛距縣東南四十五里轄汛六
洛陽汛縣西南三十里轄汛三
塗嶺汛距縣北三十里轄汛三
峯尾汛距縣東北三十里轄

七十一

湖

汎二

崇武水汎轄汎四

黃崎水汎轄汎四

峯尾水汎轄汎一

縣前鋪西南十里至盤龍鋪十里至上田鋪十里至晉江縣洛陽鋪

縣前鋪北十里至居仁鋪十里至驛坂鋪十里至塗嶺鋪十里至白水鋪十里至仙遊縣楓亭鋪

同安縣圖

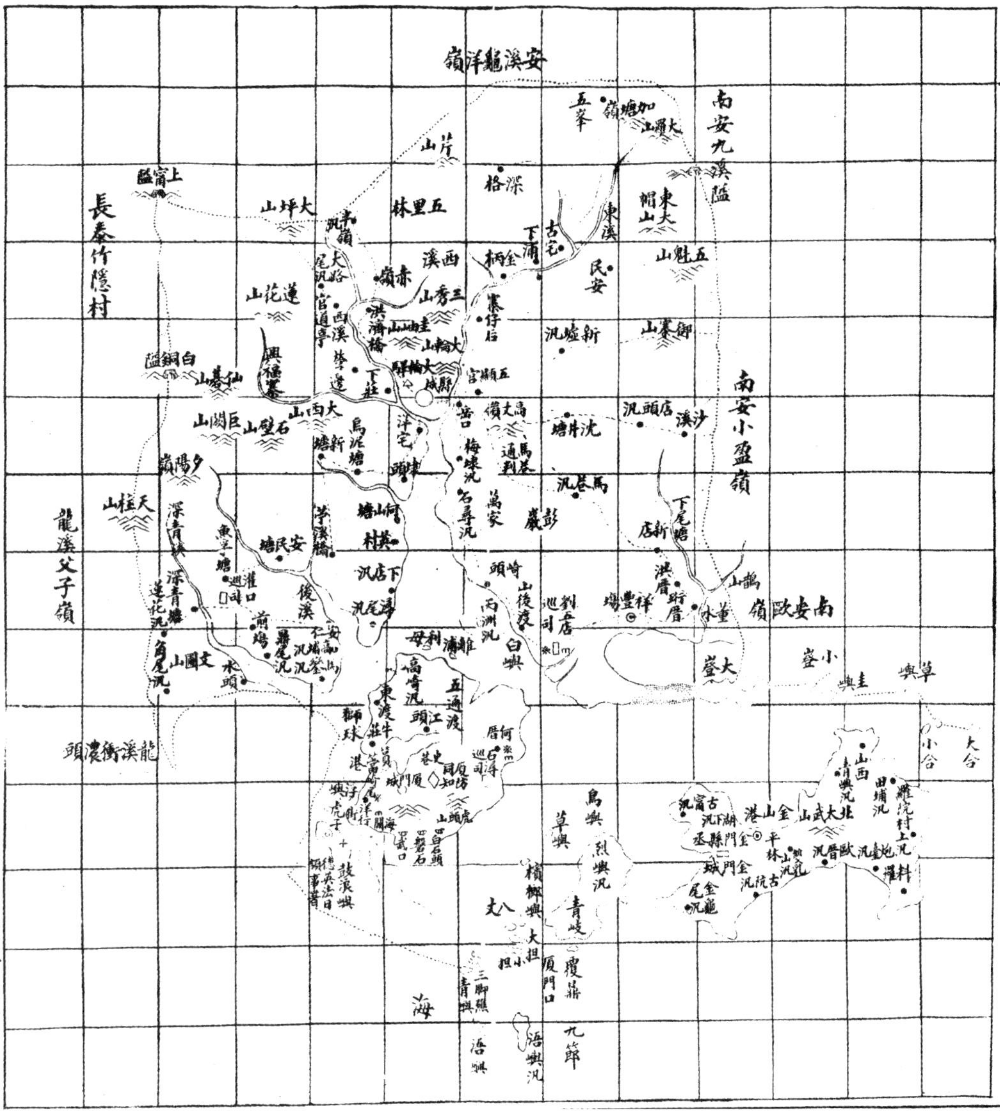

每方十里

泉州府同安縣最要缺

沿革

吳東安縣地

晉太康三年改為晉安縣復析置同安縣屬晉安郡尋省入晉安縣

隋為南安縣地

唐貞元十九年析南安四鄉置大同場

五代唐天成閩王延鈞升為同安縣屬泉州

宋屬本州

元屬本路

明屬本府

國朝因之

疆域

東西烏里廣一百十五里

南北烏里縱一百三十五里

至省水程七百四十里陸程四百二十里

至府水程二百一十里陸程一百三十里

縱距府烏里九十六里九分

橫距府烏里三十六里三分

斜距府烏里一百零三里有奇

東至南安縣界小盈嶺四十四十里

西至龍溪縣界父子嶺七十五里

南至海八十里

天度

緯二十五度四十五分

經東一度五十二分三十秒

冬至日出卯正三刻三分二十三秒日入酉初初刻十一分三十七秒日四十一刻八分十四秒夜五十四刻六分四十六秒

夏至日出卯初初刻十一分三十七秒日入酉正三刻三分二十三秒日五十四刻六分四十六秒夜四十一刻八分十四秒

山鎮

九躍山在縣東里許

高文嶺在縣東十里

御寨山在縣東三十五里

三魁山在縣東南二十里

香山在縣東南二十里其南為磨山磨山之東為東山

鴻漸山在城東南四十里

金山在城東南一百里

北太武山在城東南一百三十里又南水程一十里曰南太武山突立海中

聖水泉山在縣南三十里又

水道

海在縣南八十里自石井灣西南歷大嶝至治南浯州之南入口

東溪在治東門外發源縣東北大羅山南流經民安里有曾溪自曾溪嶺下西南流注之折而西經金柄鄉南右受一小水合流而南抵治城南過銅魚橋與西溪合

西溪在治西門外發源安溪界龍門嶺之南麓南流十五里至赤嶺有一水自東

鄉鎮

里十二保二百四十七市九墟一

在坊里即縣治共十一保

長興里在縣東十里共十七保

同禾里在縣東十里共三十保

民安里在縣東三十里共十六保

翔鳳里在縣東三十里共二十七保

從順里在縣西十里共十七保

感化里在縣西三十里共十六保

歸德里在縣西

職官

興泉永兵備道一員駐廈門

同知一員駐廈門

通判一員駐馬巷

照磨一員駐馬巷

知縣一員駐城

縣丞一員駐金門

教諭一員駐城

訓導一員駐城

巡檢三員灌口 劉五店 廈門

典史一員駐城

鹽大使二員一駐浯洲 一駐祥豐

福建水師提督一員駐廈門石寨

中營參將一員駐廈門石寨

守備一員駐廈門和鳳保

千總一員駐廈門石寨

把總二員一駐廈門石寨 一駐高崎

左營守備一員駐廈門將泰社

千總一員駐廈門石寨

七十三

北至安溪縣界龜洋嶺五十五里
東南至南安縣界歐嶺四十五里
西南至龍溪縣界衝濃頭七十五里
東北至南安縣界九溪隘四十里
西北至長泰縣界竹隱村五十里

南二里為豪山又南為天馬山其支為寶蓋山
虎頭山在縣南七十里
夕陽山在縣西南六十里又南五里曰天柱山又南十里曰父子嶺
文圃山在縣西南八十里迤西為西大帽山
寶勝山在縣西八里
大西山在縣西十里
石壁山在縣西二十里迤西二里為巨關山又前為仙碁山
蓮花山在縣西北二十五里
斗拱山在縣西北三十里其

北來注合流過洪濟橋蓮花山水自西來注之合東南流繞縣治豐澤門外西安橋與東溪會合而東南至白嶼入於海
蓮溪在縣東南四十里發源於鴻漸山南流稍西經洪厝東有鵝山水自東流注之合而抵董水村過通濟橋東入於海
深青溪在縣西南四十五里發源於夕陽山南流有三重山水來注合流十餘里抵深青塘又西南十餘里經林埭入於

二十里共十四保
仁德里在縣西三十里共二十六保
安仁里在縣西五十里共三十三保
積善里在縣西五十里共二十保
嘉禾里在縣南六十里共二十保
縣前大市鋪前市在城內
銅魚館市全卓館市在治南
銅魚門外
松柏林市在縣西三十里
廈門市在縣南六十五里
灌口市在縣西南四十里
角尾市在縣西南六十五里
溪邊市在縣東

把總二員一駐廈門石寨 一駐廈門五通渡
右營遊擊一員駐廈門港保
守備一員駐廈門外清保
千總一員駐廈門石寨
把總一員駐廈門文灣社
後營遊擊一員駐淄江
守備一員駐廈門鼓西保
千總一員駐廈門石寨
把總三員一駐廈門石潯尾 一駐淄江 一駐廈門金雞亭
金門水師營副將一員駐金門
都司一員駐金門
千總一員駐金門
把總三員駐金門
同安營參將一員駐城
守備一員駐城
千總一員駐灌口
把總二員一駐城 一駐馬巷
海關總口駐廈門島尾道頭
海關分口四廈門港口 古浪嶼 排頭 劉五店
洋稅新關駐廈門島尾道頭
廈門釐局駐廈門關前後

七十三

西為高齊山相望者有吳淮山又西北十五里曰大坪山界於安溪

應城山在縣北一里又上為白鶴山

圭岫山在縣北八里

三秀山在縣北一十里

芹山本名囷山在縣北四十里

大輪山在縣東北一里對峙者曰囷山又東一里曰孤卿山

北辰山在縣東北二十五里

東大帽山在縣東三十里

五魁山在縣東北三十五里

海

後溪在治西南三十里發源於洪巖山東南流經安民塘南有苧溪自北來注之又東南十餘里入於海

篔簹港在縣南六十里之厦門廳北發源於禾竈社前後溪一出紫占山一出西孤嶺經雙涵合流為篔簹港入於海

南一百二十五里

新墟在縣東二十里

店頭汛在縣東三十里轄汛四塘五

新墟汛在縣東二十里

灌口汛在縣西南四十里轄汛四塘三

下店汛在縣南三十里轄汛二塘六

大路尾汛在縣西北二十五里轄汛二

高崎汛在縣南四十五里

大擔門汛在縣南七十八里

五通蛟塘二汛在縣南四十五里

小擔門汛在縣南八十里

稅釐分卡五厦門港仔口鎮五店提督史巷何厝鋪

茶釐分局駐厦門關廟後

茶釐驗卡駐同安渡頭

海防分局駐厦門關廟後

海防分卡駐厦門鎔江

七十四

黃曆社汛在縣東南七十里

鎮南關汛在縣南六十五里

鼎尾汛在縣西南四十五里

白礁汛在縣西南七十五里

劉五店汛在縣東南三十五里轄汛八

金門汛在縣東南一百二十里

金龜汛在縣東南一百二十五里轄汛九

料羅汛在縣東南一百五十里轄汛九

縣前鋪東十里至洪塘鋪十里至馬巷廳沈井鋪

縣前鋪西十里至烏泥鋪十里至新塘鋪

十里至苧溪鋪十里至安民鋪十里至魚孚鋪十里至新青鋪十里至仙居鋪十里至龍溪縣龍江鋪

烏泥鋪南十里至康方鋪十里至兑山鋪十里至集美鋪十里至高崎鋪十里至蓮坂鋪十里至厦門和鳳鋪

七十五

安溪縣圖

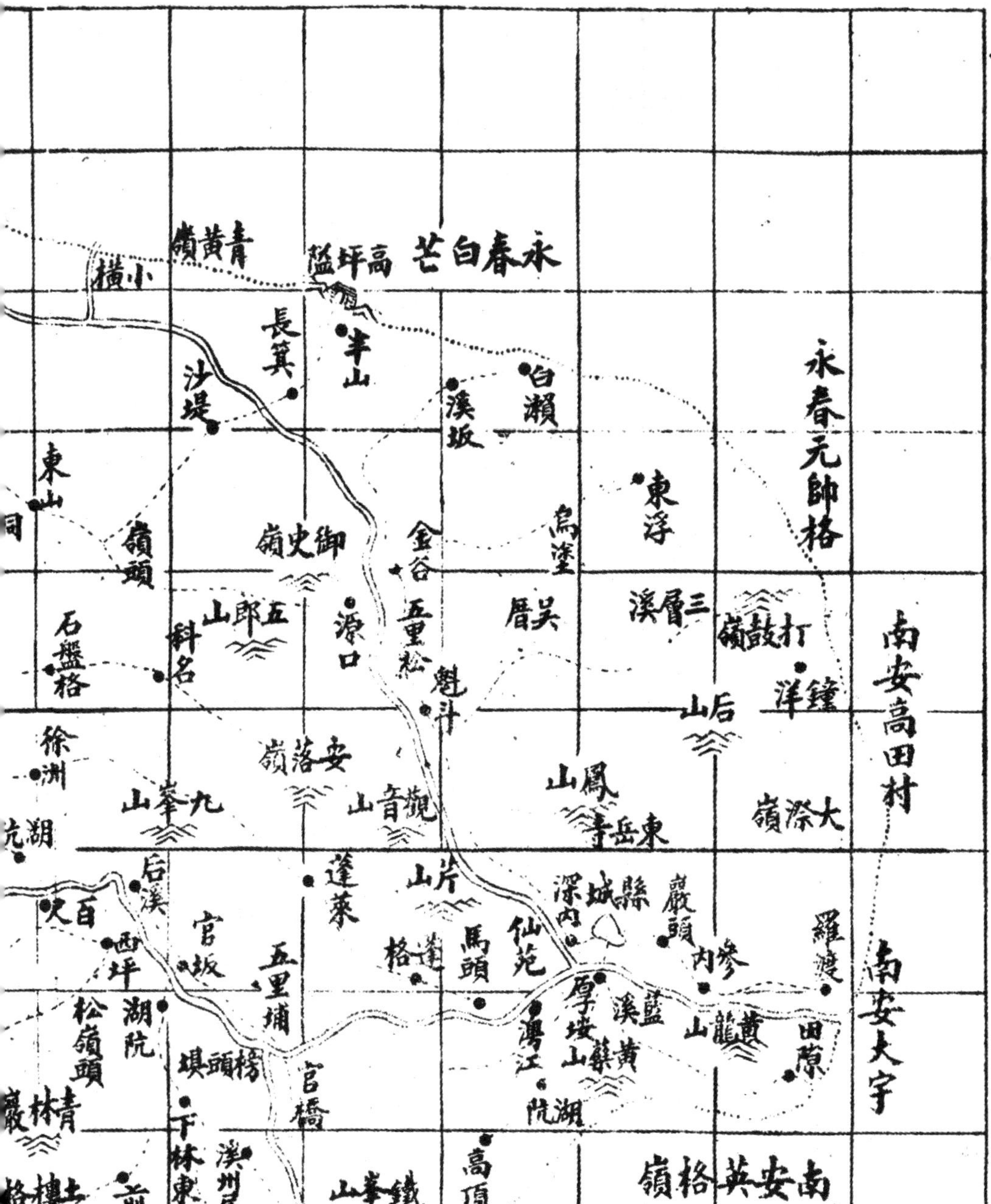

永春白芒高坪隘
青黄嶺
小横
長箕
半山
沙堤
白瀨
溪坂
東山
東浮
御史嶺
金谷
烏塗
嶺頭
五郎山
源口
五里松
吳厝
三層溪
打鼓嶺
永春元帥格
石盤格
科名
魁斗
鍾洋
后山
南安高田村
徐洲
安落嶺
鳳山
九峯山
觀音山
東岳寺
大潒嶺
湖坑
蓬萊
片山
縣城
巖頭
羅渡
后溪
官坂
仙苑
馬頭
參内
西坪
五里埔
藍溪
黄龍山
南安大宇
松嶺頭
湖頭
官橋
青林巖
下林東
高頂
溪州尾
鐵峯山
南安英格嶺
土樓格
前洋
龍門嶺
塔仔嶺
大坪
大坪山

每方十里

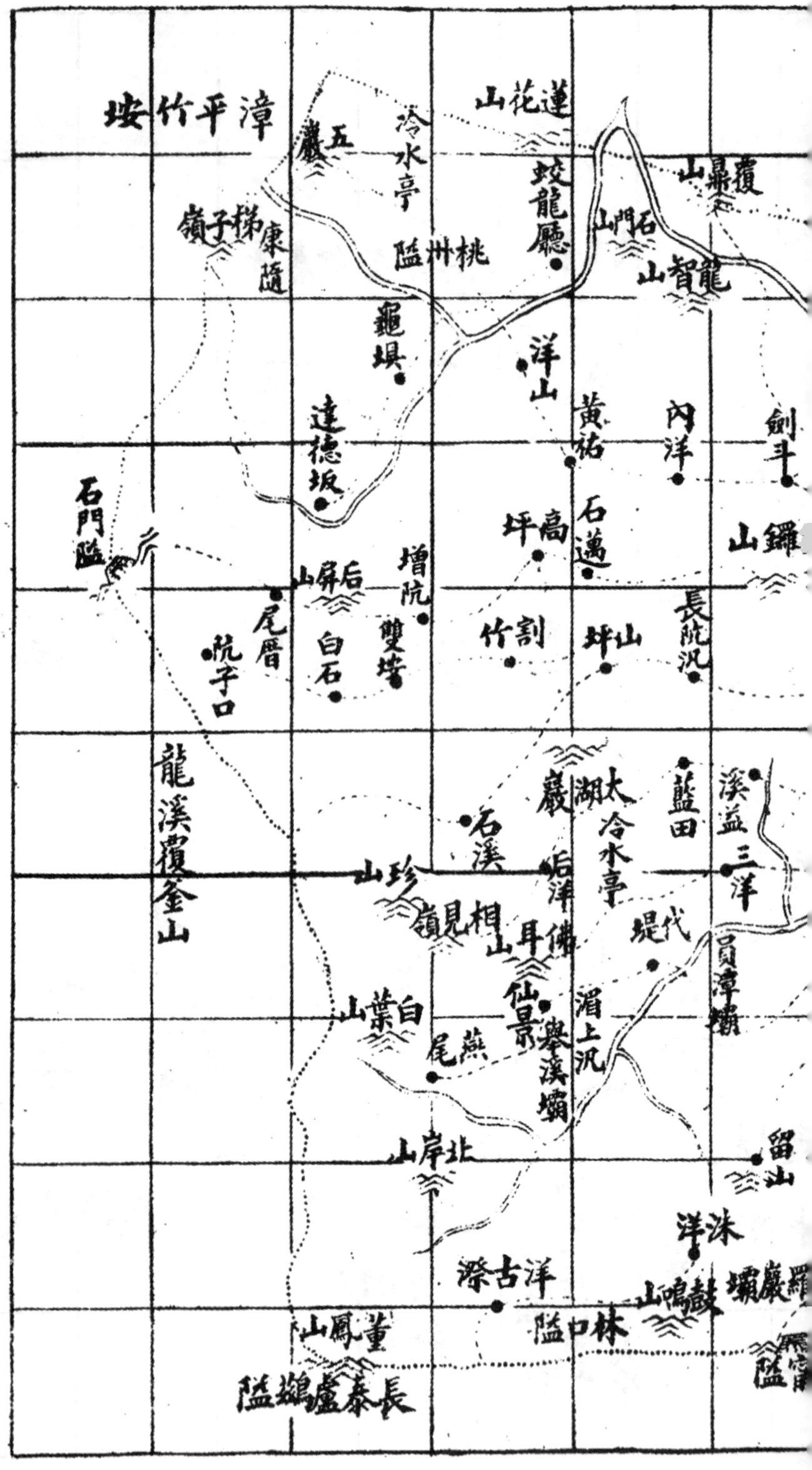

蓮花山
五巖
冷水亭
覆鼎山
石門山
龍智山
桃州隘
梯子嶺
洋山
內洋
劍斗
達德坂
石門隘
高坪
石邁
石屏山
增阬
尾厝
山坪
長阬汎
阬子口
白石
龍溪覆釜山
太湖
藍田
石溪
冷水亭
三洋
珍山
后洋
相見嶺
佛耳山
白葉山
仙景
燕尾
湄上汎
北岸山
留山
林口隘
鼓鳴山
董鳳山

泉州府安溪縣中缺

沿革

隋屬南安縣治
唐咸通中析南安西二鄉置小溪場
周顯德二年南唐升為清溪縣
宋宣和二年改今名屬泉州
元屬本路
明屬本府
國朝因之

疆域

東西烏里廣一百一十五里南北烏里縱九十五里
至省水程七百九十里陸程三百七十里
至府水程一百五十里陸程一百零五里
縱距府烏里九十里
橫距府烏里八十六里五分
斜距府烏里九十一里四分有奇
東至南安縣界高田村二十五里
西至龍溪縣界覆釜山九十里
南至南安縣界英格嶺三十

天度

緯二十五度零一分
經東一度五十五分
冬至日出卯正三刻一分四十八秒日入酉初初刻十三分十二秒晝四十一刻十一分二十四秒夜五十四刻三分三十六
夏至日出卯初初刻十三分十二秒日入酉正三刻一分四十八秒晝五十四刻三分三十六秒夜四十一刻十一分二十四秒

山鎮

馬旂山亦名展旂山在縣東十里
黃龍山在縣東南里許其東為三公山又迤東五里曰北觀山
龜山在縣東南十里
黃蘗山在縣南十五里又南曰產坑山曰宮山迤東曰旂山曰大宇嶺
鐵峯山在縣西南二十三里又南曰龍門嶺曰龜洋嶺龍門嶺迤西五里曰筀嶺
塔仔嶺在縣西南三十五里
大坪山在縣西

水道

藍溪在縣南三里亦名清溪其西北源從漳平之古格嶺東南流至康隨入縣西北境又東南十五里至桃舟隘左有一水自梯仔嶺南流經達德坂屈從東北流歷龜壩來會合而東北十餘里出境有洞口溪自永春南流注之折而南經覆鼎山西又東流經呂坪北有熊田溪自永春南流來會共合於小橫鄉又東南經御史嶺

鄉鎮

里十八圖十八鄉四百一十六市六墟三
在坊里即縣治附郭統圖一統鄉五
永安里在縣南十里統圖一統鄉二十三
光得里在縣西五里統圖一統鄉十
長泰里在縣東十里統圖一統鄉十八
依仁里在縣西北二十里統圖一統鄉四十四
新溪里在縣西北二十里統圖一統鄉二十五
新康里在縣西北五十里統

職官

知縣一員駐城
教諭一員駐城
訓導一員駐城
典史一員駐城
陸提中營千總一員駐長坑
把總一員駐城

五里北至永春州界白芒六十里東南至南安縣界大宇村二十五里西南至長泰縣界鵰鶚隘九十里東北至永春州界元帥格六十里西北至漳平縣界竹埈一百三十五里

南四十里松嶺在縣西南五十里又西南為青林巖又西曰留山鼓鳴山在縣西南七十五里北岸山在縣西南九十里董鳳山在縣西南一百一十里芹山在縣西十五里又西曰蓬萊山佛耳山在縣西九十里又西曰相見嶺曰珍山白葉山在縣西一百里觀音山在縣西北十里又西北五里曰安樂嶺九峯山在縣西北三十里

溪坂水自東北注之又南右受東溪三層溪二水又東南至治西北為吳埔溪其西源從北岸山東麓東流十餘里有白葉山水自西北來注之合而東北經舉溪壩有留山水自南來注之稍北又東右受溪益湖坑后溪九峯山諸水折而南至五里埔龍門山水自南來注之又東十餘里為灣江又東至於仙苑鄉合於吳埔溪繞縣東南歷黃龍山至田

圖一統鄉二十三崇信里在縣西北八十里統圖一統鄉三十五龍涓里在縣西北一百里統圖一統鄉二十興一里在縣西北五十里統圖一統鄉十五興二里在縣西北五十里統圖一統鄉十七還一里在縣西北八十里統圖一統鄉十九還二里在縣西北九十里統圖一統鄉二十五感德里在縣西

五郎山在縣西北三十五里
御史嶺在縣西北三十五里
東山在縣西北四十里
銅鑼山在縣西北四十五里
半山在縣西北六十里又北為高坪隘迤西為青黃嶺
龍智山在縣西北六十五里其西為石門山又西北十里曰覆鼎山折而西曰蓮花山
洋山在縣西北八十里
後屏山在縣西北九十五里
梯仔嶺在縣西北一百三十五里
鳳山在縣北七

隙鄉東出羅渡入南安境為金溪

八十里統圖一統鄉四十三
常樂里在縣東北八十里統圖一統鄉十九
崇善里在縣東北四十里統圖一統鄉四十八
來蘇里在縣西北五十里統圖一統鄉十五
感化里在縣北五十里統圖一統鄉十二
東街西街南街北門街吉字街均有市在城內
淵頭市在縣北五十里之湖頭鄉
下洋墟縣西六十五里

七十八

里

五閬山在縣北四十五里又北為翠屏山亦名大尖山其東為小尖山折而北曰雪山

大漈嶺在縣東北十五里又少北為后山

打鼓嶺在縣東北五十里

徐州墟縣西北五十三里

長阬墟縣西北六十里

安溪縣汛在城內轄汛一塘一

湄上汛在縣西六十五里轄汛一塘二

長阬汛在縣西北六十里轄汛一塘九

縣前鋪東十里至公母林鋪十里至羅渡鋪十里至南安縣大宇鋪

漳州府縣總圖

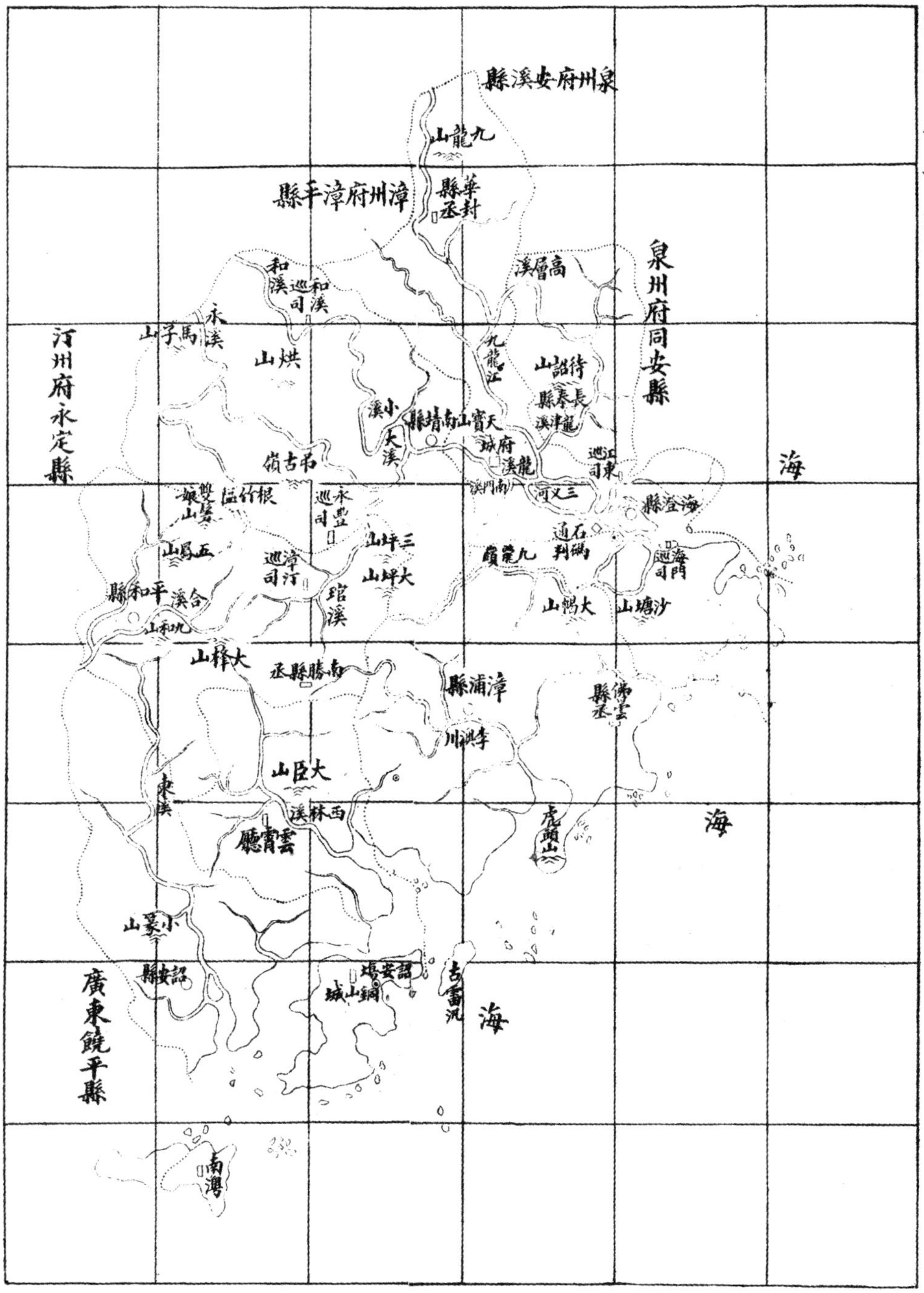

每方五十里

漳州府在省治西南六百八十里至
京師七千五百二十五里吳為建安郡地晉為晉安郡地宋齊因之梁以來屬南安郡始築龍溪陳隸閩州改隸豐州隋為建安郡四縣之一唐置漳州郡即今漳浦縣西八十里並置漳浦縣屬焉隸嶺南道漳為州自此始開元四年徙治李澳川二十八年析漳浦縣置懷恩縣尋省而以泉之龍溪來屬大歷十二年析汀州龍巖縣來屬貞元二年徙治龍溪天寶元年改為漳浦郡割屬江南東道乾元元年復為漳州唐末為閩王氏所有後入南唐改為南州宋為漳州漳浦郡軍事乾德四年復舊名太平興國五年析泉州長泰縣來屬領縣四元為漳州路至治中析置南勝縣至正十六年改為南靖領縣五明為漳州府析增漳平平和詔安甯洋海澄五縣領縣十
國朝因之雍正十二年升龍巖縣為州割漳平甯洋二縣隸焉嘉慶元年析平和詔安地置雲霄廳共領一廳七縣治龍溪東海澄西南靖南漳浦西南平和雲霄詔安東北長泰漳之九龍江有二源西北源為甯洋之九鵬溪西源為龍巖之雁石溪二溪合於漳平縣西境之鹽場塘東南流入龍溪縣西北境經涵口南流至斂仔鄉北有石兀山水自東來注之又東南至楊柳口有長泰縣高層溪自東北注入熱水來會折西南流至新嶺東有漳平縣三腳竈水由府西北境來注又東南至香洲渡有龍津溪東北自磨鎗臨西南流經長泰城東南合諸小水而西來注之又南至三叉河與南門溪會南門溪亦名龍江有二源西南源為大溪出平和縣之雙髻娘山東北流入南靖南境為高港折西北流至小溪口有永溪西北接龍巖博平嶺水而東南來注之又東南經弔古嶺至山城有平和縣之高山溪小坪溪南勝溪合入琯溪而東北流來注之又東而北

至旂尾渡與西北源會西北源為小溪出漳平縣之九車塘東南流入南靖縣西北境為和溪又東南曲曲歷水潮湧口至塔仔嶺西麓有苦竹村水東北自龍溪縣境西南流合三腳澗深渡溪來注又南至雙溪口合於大溪為雙溪折而東經南靖縣治南出峽口入龍溪縣西境又折東南流至詩墩有龍磔山水自西南來注之又東至三叉河而九龍江自西北來會合而東繞浮洲四十餘里經海澄城西有南溪西自平和縣之三坪嶺東流經南靖縣南境合巖前甘棠二溪而西來注之又東歷海門山達於廈門入於海漳浦縣李澳川西自平和縣之五寨流入縣境合諸小水經城南又東南合二小水經龍頭保入海雲霄西林溪出平和縣大桻山東南流經廳北境有嶺腳水龍頭水上河后阬將軍山諸水以次先後來注又東南合杜潯港達於漳江入海詔安縣東溪源出平和縣大桻山西流納天馬山水折而南入縣北境又西南至碗窯村有馬堂水自東北來注之又南少西經華茶村有白葉洞水自西北來注之又東南歷大布岑湖納八仙山赤溪二小水又南經城東分繞甲洲而南合西來之瓷窯溪歷懸鐘城西入海平和縣河頭溪源出大桻山西麓西流十餘里有官寮山水自東北來注為合溪又西經縣治南繞城西抵赤石巖有大蘆溪合小蘆溪諸水自東北來會又西南入廣東大埔縣境達於清遠河龍溪之山自漳平縣東南第一峯盤礴而下至府治北起九龍山又南至於天寶為郡鎮山又南過烏石油車為望高山又南為紫芝山郡城繞馬又自天寶山西行為五鳳山為峯蒼嶺南折為華坪嶺為歐寮山突落平疇南靖縣治創馬平和之山自汀州永定連峯而來沿入縣北為雙髻娘山五鳳山雙髻山迤入平和縣治南折為九和嶺大芹山小芹山大桻山又折西南行至詔安縣北境突起為點燈山分

為二支一自西南沿赤阬山小篆山至於良峯為縣主山一由南行自初稽山九侯山至於廣厚山為縣後展詔安縣治負之又自大梌山東南行轉至大臣山入望高山為雲霄廳治主山又自大梌山東行遞九牙山歷三平大平左折為摩頂山又東過御史嶺沿龜山羅山至於虎山而漳浦縣治在其麓又自三平山歷九龍嶺而東轉入縹山而海澄縣治面之長泰之山自泉之同發山循安溪日觀而來入於縣之西北為良岡山磅礴南下為員峯為羅侯山入長泰縣治要之水皆東流而長泰之水自西往則山必自東來九龍之水源於龍甯山高水長其來有自浦和雲詔諸山在郡西南大梌一脈分支劈絡落入大海島嶼星羅沿至南澳則又為閩粵兩省之門戶也東至泉州同安縣界七十里西至汀州府永定縣界二百里南至大海一百八十里北至泉州府安溪縣界一百一十里東南至大海一百八十里西南至廣東潮州府饒平縣界二百八十里東北至泉州府同安縣界一百二十里西北至龍巖州漳平縣界四百里

東西烏里廣二百四十里南北烏里縱三百六十里

雲霄廳圖

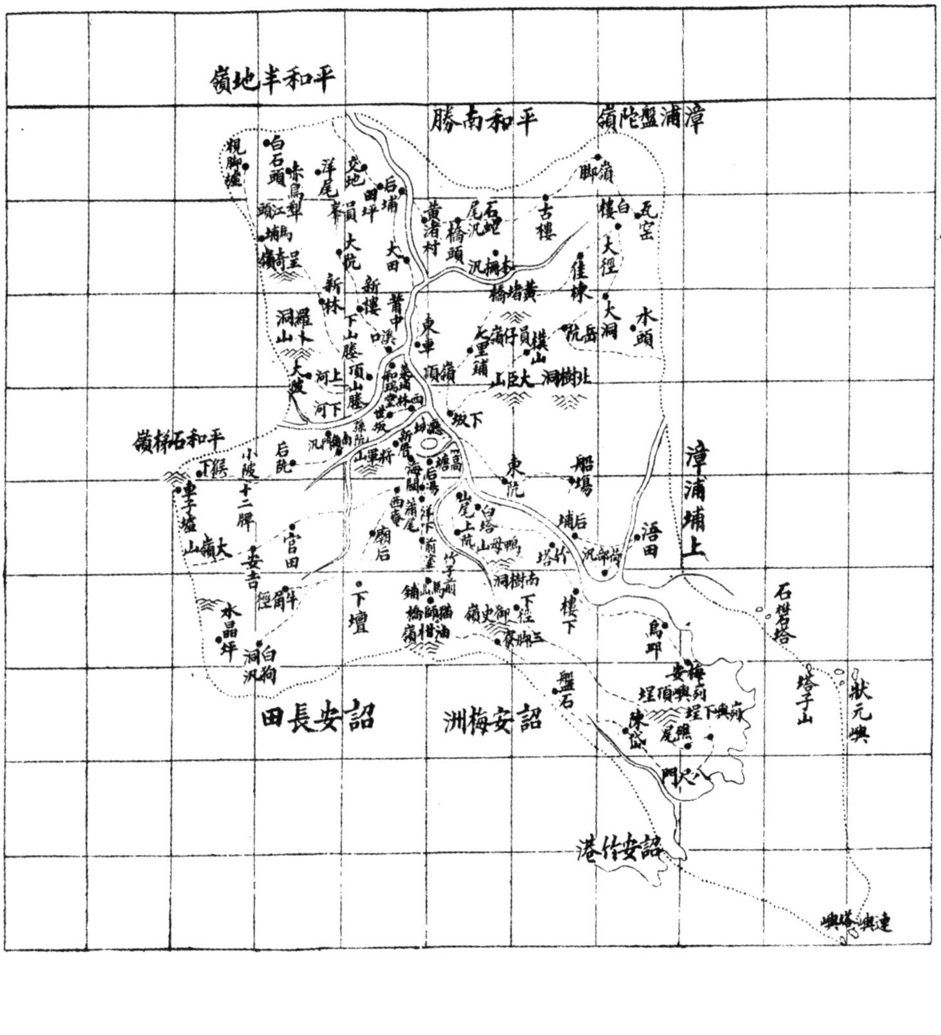

每方十里

漳州府雲霄廳中缺

沿革

國朝嘉慶三年
割平和二十
五保詔安二
保并雲霄三
十保置雲霄
廳改南勝同
知為撫民同
知盤陀巡檢
為照磨移駐
廳治

疆域

東西烏里廣八
十三里
南北烏里縱九
十里
至省陸程一百
一十里
至府陸程一百
六十里水程
無內河可通
惟由漳江達
海繞廈門而
入漳州計程
三百八十里
縱距府烏里一
百一十里
橫距府烏里七
十里
斜距府烏里一
百三十里有
奇
東至漳浦縣界
埔上四十里
西至平和縣界
石梯嶺四十

天度

緯二十四度
經東一度
冬至日出卯正
二刻一十四
分三十七秒
日入酉初一
刻零二十三
秒日四十二
刻零四十六
秒夜五十三
刻一十四分
一十四秒
夏至日出卯初
一刻零二十
三秒日入酉
正二刻一十
四分三十七
秒日五十三
刻一十四分
一十四秒夜
四十二刻零
四十六秒

山鎮

大臣山在廳東
一十二里
北樹洞山在廳
東二十里
益母山在廳東
南一十五里
又東南里許
曰南樹洞山
迤東曰玉女
山仙人亭山
對溪相望者
為御史嶺
蒴輿山在廳東
南四十二里
馬山在廳南一
十五里
油柑嶺在廳南
二十五里
將軍山在廳西
八里
真武崎山在廳
西南二十五
里迤西十二
里為大嶺山

水道

海在縣東南境
其入口有三
道一自塔子東
山西流循石西
礬塔而上通南
於杜潯港一
自杜潯港口
西流通於西
林溪一自塔
輿而西經銅
山北礁尾南
循八尺門而
入通於陳岱
港
西林溪在廳北
五里導源於
平和之河上
溪自大峯山
東南流十餘
里合白石山
水為白石溪
又東南會佛
凡嶺水入廳
北境又南二

鄉鎮

鄉四保七十八
市六
東鄉一十保
西鄉二十三保
南鄉一十七保
北鄉二十八保
中大街市在城
內
南門外市在廳
南附郭
蒴輿市廳東南
四十二里
下河市廳西一
十五里
陳旗嶺市廳西
北三十三里
西林市廳北五
里
雲霄汛在城內
轄汛一塘五
石蛇尾汛在廳
東南四十里
轄汛一塘一
梅洲汛在廳西

職官

同知一員 駐城
照磨一員 駐城
雲霄營都司
一員 駐城
守備一員 駐城
千總一員 駐城
把總二員 一駐石蛇尾 一駐梅洲
海關分口 駐高塘

八十三

里
南至詔安縣界
梅洲四十里
北至平和縣界
南勝三十里
東南至詔安縣
界竹港五十
里
西南至詔安縣
界長田三十
五里
東北至漳浦縣
界盤陀嶺頂
四十里
西北至平和縣
界半地嶺腳
五十里

又北為風山
為猴下嶺
大嶺在廳西三
十五里
羅卜洞山在廳
西北二十二
里
呈奇嶺在廳西
北三十三里
員峯在廳西北
三十八里迤
西三里為塔
山
茅嶺在廳北五
里
樸山在廳東北
一十五里
員仔嶺在廳東
北一十七里
盤陀嶺在廳東
北四十里界
於漳浦

十里許至大
田有嶺腳水
自東來注之
又南十餘里
經溪口有龍
頭水自平和
縣東境西流
入境合上河
水來注又南
九里經西林
城為西林溪
有將軍山水
合后阬水自
西來注之又
東南十里繞
廳治至馬塘
有御史嶺水
自南來注之
又東南二十
五里有杜潯
港東北自漳
浦縣西南流
入境經浯田
鄉來注又東
南達於漳江
入於海
陳岱港在廳東
南四十里源

南四十里轄
汎一塘五
廳前鋪北十里
至徑口鋪十
里至黃堵鋪
十里至盤陀
鋪十里至漳
浦縣無象鋪
廳前鋪南十里
至鐵塘鋪十
里至徑心鋪
十五里至雲
頭鋪十五里
至陳平鋪十
五里至詔安
縣後林鋪

自盤石東南流二十里下接潮水經八尺門入海

龍溪縣圖

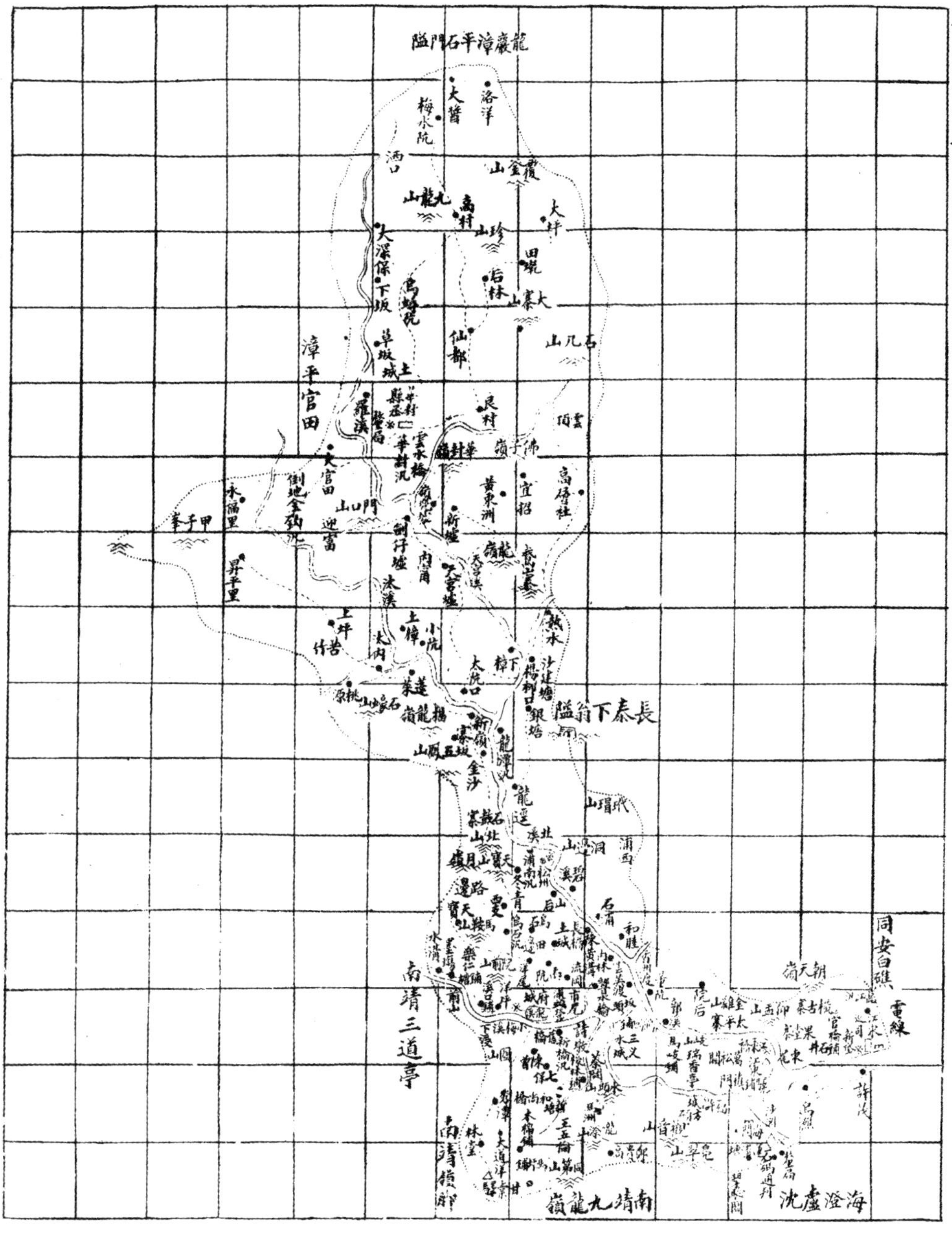

每方十里

漳州府龍溪縣最要缺

沿革

梁天監間置屬晉安郡陳光大間自晉安改屬南安郡隋開皇九年改屬舊泉州即今福州十二年省蘭水安綏二縣入焉唐嗣聖十六年屬武榮州尋廢還屬舊泉州久視元年復置武榮州縣仍屬焉景雲二年改屬今泉州開元二十九年始來屬漳州貞元二年移州治於此為附郭縣宋仍舊為州治元為路治至治

疆域

東西烏里廣一百零六里南北烏里縱一百五十二里至省陸程六百五十里水程七百二十里府治附郭東至泉州府同安縣界白礁七十里西至南靖縣界三道亭二十里南至南靖縣界九龍嶺三十里北至龍巖州漳平縣界石門隘一百五十里東南至海澄縣界盧沈三十八里西南至南靖縣

天度

緯二十四度三十二分經東一度二十分冬至日出卯正三刻零四十五秒日入酉初初刻一十四分一十五秒日四十一刻一十三分三十秒夜五十四刻零一分三十秒夏至日出卯初初刻一十四分一十五秒日入酉正三刻零四十五秒日五十四刻零一分三十秒夜四十一刻一十三分三十秒

山鎮

登高山舊名紫芝山在城內西北隅郡鎮山也其左曰隆壽山曰日華山曰禪月山其右曰萬松峯曰保福山曰淨安山其西南平地聳起者曰騰龍山鶴鳴山在縣東二十里並峙者曰岐山出二山間者曰萬松嶺出於岐山之東者曰好景山又東五里曰鄰山金雞山在縣東四十五里仰盂山在縣東五十里並峙

水道

九龍江亦名北溪在縣北二十五里為縣之經流源自西北華崶接漳平之九龍溪東南流入縣境經涵口又南流三十里為羅溪亦名華崶溪又東南曲流十五里許經鎮仔鄉北有石兀山水自東北來注之又東南三十里至下漳有長泰之高層溪自縣東北境來會折而西南十餘里有漳平縣之三腳竈水西南流入縣西北

鄉鎮

隅三廂三都十三保一百二十四鄉一千零六十三市六墟四南隅西隅東北隅在城內東廂在縣東轄保十南廂在縣南轄保六西北廂在縣西北無圖保東路共六都轄二十七保三百九十鄉南路共三都轄四十五保二百二十四鄉西路共一都轄二十三保一百零八鄉北路共三都轄二十三保三百四十一鄉

職官

汀漳龍兵備道（駐城）漳州府知府一員（駐城）通判一員（駐石碼）教授一員（駐城）訓導一員（駐城）經歷一員（駐城）知縣一員（駐城）縣丞一員（駐華崶）教諭一員（駐城）訓導一員（駐城）巡檢一員（駐新岱）典史一員（駐城）漳州鎮總兵一員（駐城）中營遊擊一員（駐城）守備一員（駐城）把總一員（駐城）左營守備一員（駐城）把總一員（駐城）右營守備一員（駐城）

中析七都分隸南靖縣明為府治隆慶元年析五都隸海澄縣國朝因之

界嶺舖三十里東北至長泰縣界下翁嶺四十五里西北至龍巖州漳平縣界官田山九十五里

者曰樓山曰坂尾山曰白石山觀音山在縣東南二十里又南十里為鳥翠山龍潨山在縣東南一十八里南山在城南二里許名第山在縣南二十五里迤西五里為九龍嶺員山在縣西南一十二里前山在縣西一十五里院前山在縣西北一十二里又七里為馬鞍山又一十一里為天寶山迤西為月嶺其北麓即北山也

境合入汰溪來會又東南三十餘里為碧溪又東南十餘里至香洲渡有長泰之龍津溪自縣東北境來會又南十餘里為郭溪折而東二十里為柳營江過江東橋折而南八里歷長洲抵三叉河與南門溪會是為福河又東五里為錦江中浮二洲北曰許茂南曰烏礁烏礁之南直石碼海澄為南港許茂之北為北港間於二洲間為中港而江亦分流

東門外市南門外市石碼鎮市在縣東南四十里東尾市在縣東南五十里天寶市在縣西北三十里華葑市在縣西北一百二十里角尾墟在縣東南七十里蓮花墟在縣西南三十三里南山墟在縣西北二十五里天寶墟在縣西北三十里府汛在城內浦頭汛在縣東二里轄汛三江東汛在縣東塘一十七三十七里轄汛一塘二龍江汛在縣東

把總一員（駐城）城守營都司一員（駐東關外）守備一員（駐城）千總一員（駐城）把總一員（駐華葑）水提左營遊擊一員（駐石碼）千總一員（駐木履汛）把總一員（駐石尾汛）水提右營把總一員（駐五洲汛）海關分口二（一駐石碼 一駐五洲）海關哨口一（駐浦頭）漳州釐局（駐城）稅釐分局五（西溪 石碼 北溪 華葑 新墟）稅釐分卡二（江東 東尾）

八十六

新嶺在縣西北四十八里迤西為揭鴻嶺又西為石蠔山　門口山在縣西北八十里迤西三十里為甲子峯　華葑嶺在縣西北百二十里　九龍山在縣西北百四十里　石鼓山在縣北三十里　龍嶺在縣北八十里迤東曰鵝山又北十里曰佛子嶺　大寨山在縣北一百二十里其東為石兀山　珍山在縣北一百二十里又北十里為覆釜山

為二馬南流由烏礁南經海澄界東流由二洲閒歷石尾白石青礁與南流合又東會海澄之南溪入於海　南門溪在城南亦名西溪源接南靖大溪自縣西入境東南十五里經溪口鋪為梅溪又十餘里經縣南左分一小支入城內為縣支河又東至詩墩有龍漈山水自西南來注之又東二里許左有一小水通於郭溪俗稱為九灣又東南

南七十里轄汛一塘一　浦南汛在縣北三十里轄汛二塘五　華葑汛在縣西北一百二十里轄汛一塘五　玉洲水汛在縣東南五十里轄汛六　木屐水汛在縣東南三十里轄汛四　福滸水汛在縣東南三十五里轄汛一　府前鋪東十里至赤嶺鋪十里至鶴鳴鋪十里至馬岐鋪十里至江東鋪十里至石井鋪十里至管橋鋪十里至龍江鋪

洞邊山在縣東北二十里又十里曰玳瑁山

達於三叉河與北溪會

十里至同安縣仙店鋪府前鋪西十里至溪口鋪十里至樂仁鋪二十里至南靖縣縣前鋪府前鋪南十里至濠林鋪十里至木棉鋪十里至馬坪鋪十里至漳浦縣甘棠鋪

八十七

漳浦縣圖

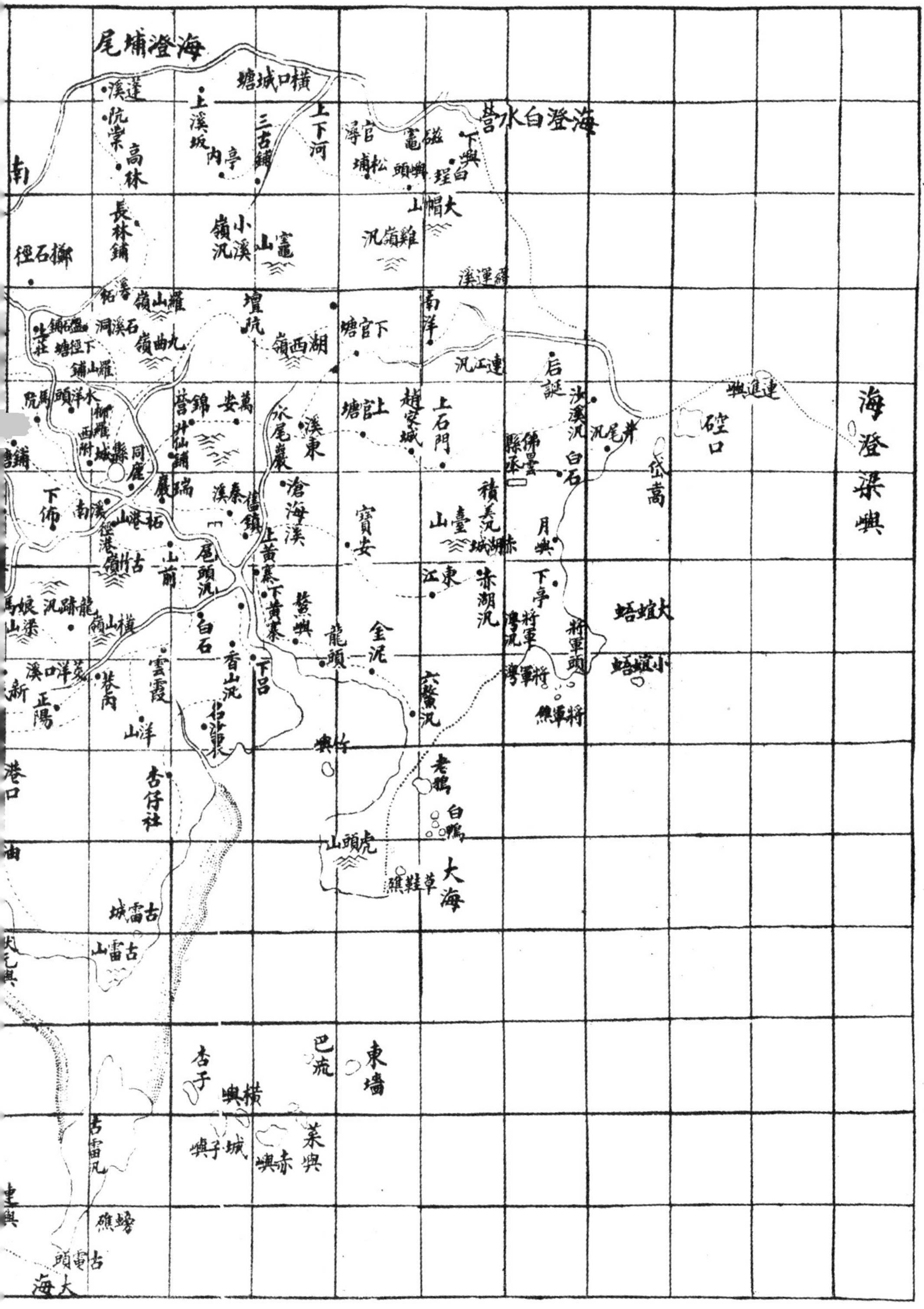
海澄埔尾
橫口城塘
海澄白水營
高林
長林鋪
三古鋪
上下河
小溪嶺汎
雞嶺汎
大帽山
湖西嶺
下官塘
連江汎
后誕
連進嶼
海澄渠嶼
硿口
上官塘
趙家城
上石門
佛曇縣丞
白石
井尾汎
萬安
東溪
滄海溪
寶安
臺山
積美汎
月嶼
赤湖汎
東江
將軍澳汎
龍頭
金泥
六鰲汎
竹嶼
老鴉
白鴨
虎頭山
草鞋礁
大海
港口
雲霞
香山汎
下呂
古仔社
古雷城
古雷山
古子
橫嶼
巴流
東墻
城子嶼
菜嶼
赤嶼
古雷汎
古雷頭
大海

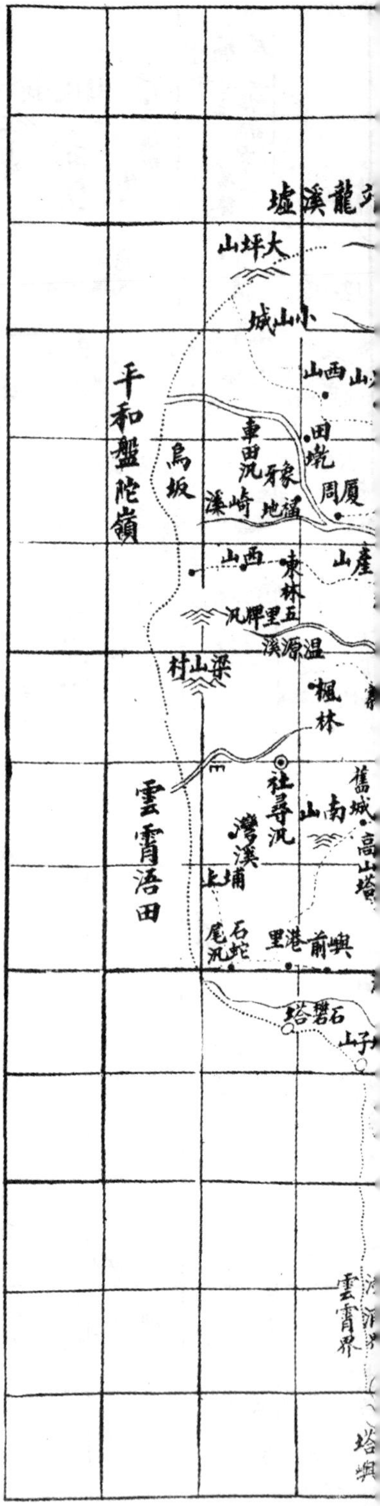

每方十里

漳州府漳浦縣要訣

沿革

唐垂拱二析龍溪地置漳浦為州治古綏安縣地也開元四年移治李澳川即今治所二十八年析置懷恩縣二十九年仍省入漳浦貞元二年州移治龍溪始為屬縣

宋屬本州

元屬本路

明屬本府正德十四年割二三等都隸平和縣嘉靖九年析二三四五都置詔安縣隆慶間又割二十三都第九圖隸海澄縣

疆域

東西烏里廣一百二十三里

南北烏里縱一百三十七里

至省陸程七百四十里水程八百七十里

至府陸程九十里水程無內河可通由海道繞廈抵漳計程二百九十五里

縱距府烏里七十五里

橫距府烏里九里

斜距府烏里七十五里三分有奇

東至海澄縣界梁嶼一百里

西至平和縣界盤陀嶺頂三十七里

天度

緯二十四度零九分

經東一度二十一分

冬至日出卯正二刻一十四分五十三秒日入酉初一刻零七秒日四十二刻零一十四秒夜五十三刻一十四分四十六秒

夏至日出卯初一刻零七秒日入酉正二刻一十四分五十三秒日五十三刻一十四分四十六秒夜四十二刻零一十四秒

山鎮

印石山在縣東一里

小天馬山在縣東十里

海雲山在縣東二十里並峙者曰馬鞍山迤西曰湖西嶺

峯山在縣東南一里許隔溪為柘港山

扈頭山在縣東南一十里

黃家山在縣東南二十五里隔水為香山香山迤西為洋山為雀山

臺山在縣東南六十里

大澳山在縣東南七十里其左曰對面山其環而西者

水道

海在縣東南二境其入口有三北派由井尾港門入至連江汎中派由竹嶼入經鹿溪至南門溪西派由雲霄之漳江入至杜潯保

李澳川一名南溪在縣南二里許源自平和縣東之五寨東南流入縣西境東流十餘里至石榴坂有崎溪自西來注之又東南二十里有盤陀嶺之温源溪自西來注之又東十餘里至治南有長林

鄉鎮

隅四保一百三十九鄉一千三百六十九市一十

東南西北四隅在城內

東路二十七保統三百五十鄉

西路一十九保統九十三鄉

南路二十五保統二百二十

北路十八保統一百九十三鄉

東南路二十三保統二百二十九鄉

西南路一十三保統一百一十鄉

東北路九保統一百三十三

職官

知縣一員 駐城

縣丞一員 駐佛曇

教諭一員 駐城

訓導一員 駐城

典史一員 駐城

鹽大使一員 駐城

左營遊擊一員 駐城

千總一員 駐城

把總一員 駐杜潯

海關分口 駐下角尾

海關哨口 駐杜潯

國朝因之仍以九圖鎮海衛地屬焉雍正十一年又割屬海澄十三年復割銅山屬詔安而以南靖之居仁里第一圖東田十五保及平和之下林保益入漳浦嘉慶三年析縣西南六都八都地隸雲霄廳

南至古雷頭大海一百零五里

北至海澄縣界埔尾四十五里

東南至大海草鞋礁界六十二里

西南至雲霄廳界浯田五十里

東北至海澄縣界白水營五十八里

西北至南靖縣界龍溪圩四十里

為虎頭山

古竹嶺在縣南一十五里又南十里為横山嶺

古雷山在縣東南八十里

南山在縣西南四十里

高山在縣西南四十五里

塔子山在縣西南八十五里

梁山在縣西南一十五里蜿蜒而西計九十九峯其峯之大者為金剛石齋帝石晋亭峯又其西為盤陀嶺

產山在縣西二十里

東山在縣西北二十里對峙者為西山

虎山亦名好景

溪北自溪柘西南流合獅石徑水而北來注之又東里許經治南之五鳳橋而上蔡溪合羅山水自北來注合為鹿溪而城內之傳河亦通焉又東南二里經峯山為秦溪又歷十餘里有水尾巖溪自東北來注之又南二里有芡津口溪自西來注之又南十餘里經龍頭保東達於六鼇港入海

杜潯港在縣西南四十里西南流十餘里入雲霄廳東

鄉

西北路五保統四十一鄉

橋頭市北街頭市大潭頂市在城內

南門外市北門外市黄倉市均附城

佛曇市縣東六十里

舊鎮市縣東南二十里

赤湖市縣東南五十五里

杜潯市縣西南四十里

漳浦縣汛在城內

積美汛在縣東六十五里轄汛三

舊鎮汛在縣東二十里轄汛二塘三

赤湖汛在縣東南五十里轄

山在縣城北又北曰雞籠山又北八里曰羅山並峙者曰后到山又北為盤石山

亭內山在縣北三十里迤西二里為烏嘴山

九曲嶺在縣東北十五里

龜山在縣東北二十里

小溪嶺在縣東北三十里

竈山在縣東北五十里

大帽山在縣東北六十八里其北麓為磁竈山迤南為磁輿

境達於漳江入於海

黃如江在縣東北四十五里發源龜竈二山之間東流二十餘里有象運溪自西北來注之又東南十餘里經沙溪汛北達井尾澳入於海

縣北一溪詳列海澄表內

汛二

杜潯汛在縣西南四十里轄汛四塘四

縣前鋪南十里至梅林鋪十里至無象鋪十里至盤陀鋪二十里至雲霄廳黃堵鋪

縣前鋪東十里至湖西鋪十里至昇仙鋪十里至梅月鋪十里至峯山鋪十里至長嶺鋪二十里至佛曇縣丞衙署

縣前鋪北十里至羅山鋪十里至盤石鋪十里至長林鋪十里至三古鋪十里至甘棠鋪十里

九十

至龍溪縣馬坪鋪

海澄縣圖

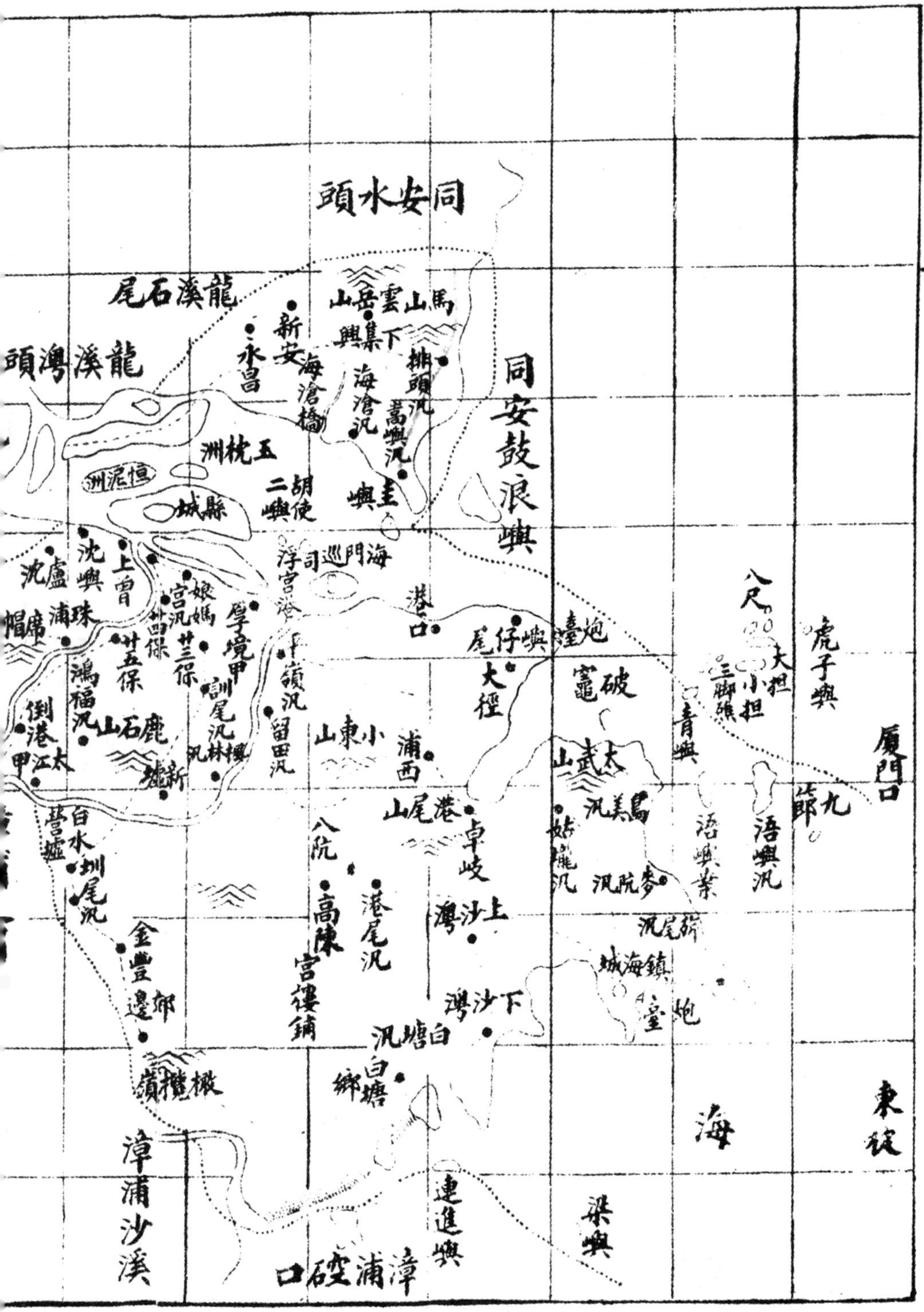
同安水頭
龍溪石尾
龍溪灣頭
同安鼓浪嶼
海門巡司
五枕洲
恒泥洲
縣城
胡使二嶼
圭嶼
海滄橋
海滄汛
排頭汛
高嶼汛
新安
永昌
浮宮埯
港口
炮臺
嶼仔尾
大徑
破竈
太武山
虎子嶼
大担
小担
青嶼
浯嶼汛
九節
廈門口
小東山
浦西
港尾山
卓岐
上沙灣
下沙灣
白塘汛
白塘鄉
高陳
港尾汛
宮後鋪
鹿石山
鴻福汛
倒港甲
營墟
橄欖嶺
鎮海城
海
東碇
連進嶼
梁嶼
漳浦沙溪
漳浦硿口

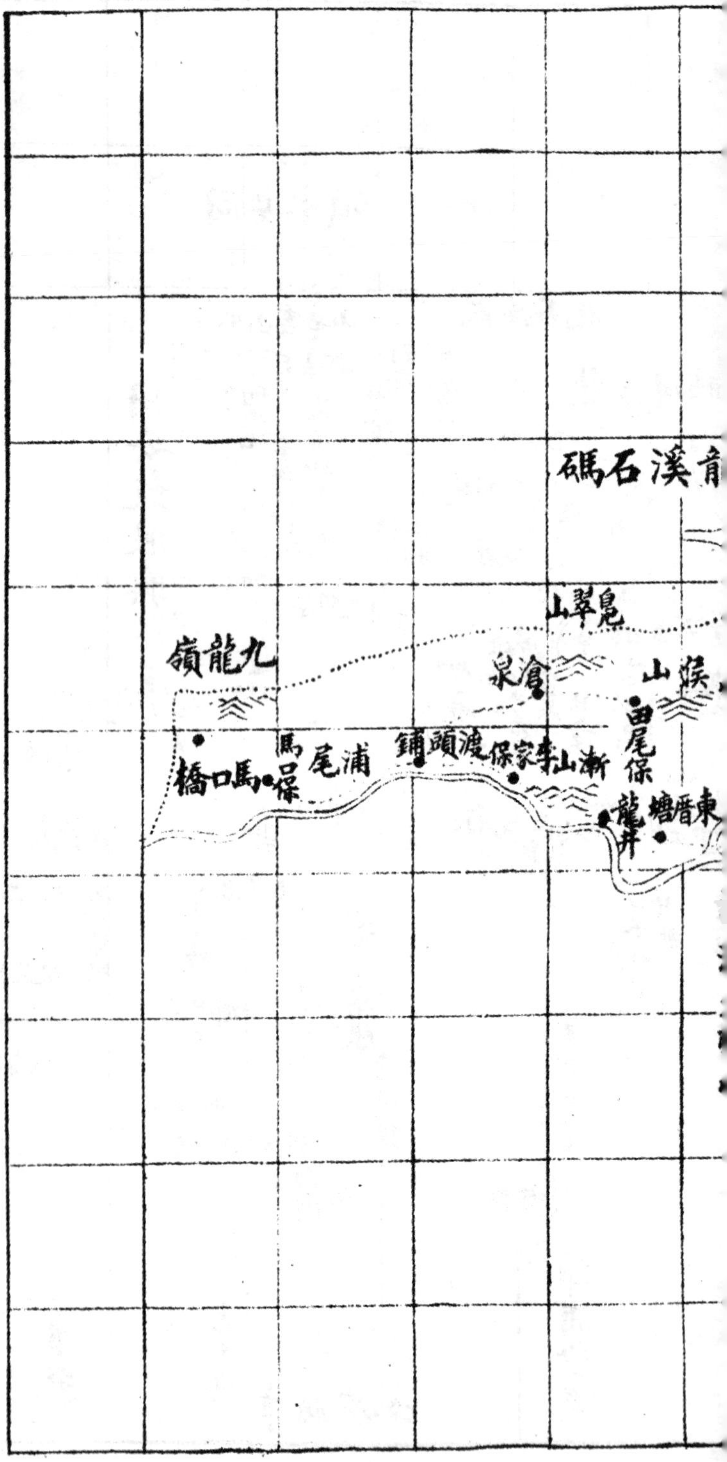

每方十里

漳州府海澄縣簡缺

沿革

明嘉靖四十五年析龍溪縣五都及漳浦地置屬本府國朝因之雍正十一年復以漳浦之鎮海衛地屬焉

疆域

東西烏里廣一百一十里南北烏里縱七十八里至省陸程六百一十里水程六百八十里至府陸程四十里水程同蹤距府烏里一十九里橫距府烏里四十五里斜距府烏里四十八里有奇東至泉州府同安縣界嵩嶼二十里西至龍溪縣界石碼一十五里南至漳浦縣界沙溪五十四里

天度

緯二十四度二十七分三十秒經東一度三十九分冬至日出卯正三刻零三十五秒日入酉初初刻一十四分二十五秒日四十一刻一十三分五十秒夜五十四刻零一分一十秒夏至日出卯初初刻一十四分二十五秒日入酉正三刻零三十五秒日五十四刻零一分一十秒夜四十一刻一十三

山鎮

胡使二嶼今呼為海門南北山亦即梁嶼荆嶼也在縣東六里圭嶼在縣東二十里平嶺在縣東南一十五里小東山在縣東南二十八里石阜山在縣東南三十三里港尾山在縣東南三十七里太武山在縣東南五十里五星山在縣東南六十里旗尾山在縣東南七十五里鴻福山在縣南七里鹿石山在縣南

水道

海環縣之東南北三面自玉枕洲起至白塘止計一百三十餘里南溪在縣南六里漳浦海澄二邑之界水也導源於平和縣之三坪嶺東南流五里經南靖縣南屈曲東北流三十餘里歷葵阬北是為漳浦之巖前溪又東為馬坪溪又東入縣境過馬口橋為馬口溪亦名甘棠溪又東三十餘里漳浦縣之小溪嶺水

鄉鎮

隅四甲五十保四十一社六百八十七市四墟六東西南北四隅在城內統八保領三十二社東鄉統二十甲二十四保領三百九十八社西鄉統一十八甲一十三保領九十七社南鄉統九甲三保領五十二社北鄉統三甲一保領一百零八社縣前市在城內新盛市在縣南門外

職官

知縣一員駐城
教諭一員駐城
訓導一員駐城
巡檢一員駐城
典史一員駐城
右營都司一員駐城
千總一員駐城
把總一員駐鎮海
水提中營守備一員駐浯嶼
千總一員駐海澄
把總一員駐海門
金門水師營把總一員駐鎮海

九十二

北至龍溪縣界石尾一十五里
東南至海一里
西南至漳浦縣界大帽山三十五里
東北至泉州府同安縣界水頭二十八里
西北至龍溪縣界澳頭一十五里

分五十秒

二十里
沙塘山在縣南二十九里
橄欖嶺在縣南四十七里
儒山在縣西南二里
席帽山在縣西南一十里迤西為常春山為侯山
倒港山亦名南岐鋪頭山在縣西南一十五里
漸山在縣西南三十五里
虎甲山在縣西一里其西為龍頭山在龍頭虎甲之間者曰陳阬山迤而西南為石壁山亦名水磨阬山半山有紫雲巖自石壁蜿蜒而下者曰祖

自南來注之折而東南十餘里為倒港岐而為二一由東流歷白水營折而北經圳尾保東留田汛西行四十五里達浮宮港入海一由北流稍東行二十餘里經上曾甲抵縣南又分為二一自東流夾洲而下合入浮宮港入海一自縣南繞治西而北為普賢港又西北流十餘里歷沈嶼為盧沈港有龍溪縣之石碼港東南流來會合而東凡十餘里經縣治之北烏

港口市在縣西北一里
鎮海市在縣東南六十里
白水營墟在縣東十五里
海門墟在縣東一十六里
港尾墟在縣東南三十七里
倒港墟在縣西南二十八里
龍井墟在縣西南三十里
馬口墟在縣西南六十里
海澄縣汛在城內轄塘三
圳尾汛在縣東十五里轄汛三
港尾汛在縣東南三十七里轄汛三
鎮海汛在縣東南六十里轄汛三
海門汛在縣東

九十二

山相望者曰小龜山又西曰劉阬山大觀山在縣東北一十五里相屬者曰樓山馬山東頭山又有許林頭山衙後山澳頭山三山並峙臨海有嶺曰龍門嶺其北曰雲岳山又北爲文圓山

焦許茂之南夾恒泥洲玉枕洲而下歷胡使與圭與達同安縣境之鼓浪與入海

海滄港在縣東北二十里源自新安西南流十餘里經海滄橋下接潮水入海

一十六里轄汛三

鎮海水汛在縣東南六十里

浯與水汛在縣東南六十五里轄汛三

海滄水汛在縣東北二十里轄汛五

縣前鋪東十里至龍灣鋪十里至官樓鋪十五里至漳浦縣界

縣前鋪南十五里至渡頭鋪接漳浦縣界

縣前鋪西十里至祖山鋪十里至西陵鋪十五里至蓮埔鋪抵龍溪縣界

縣前鋪北十五里至石尾鋪五里抵泉州同安縣界

九十三

南靖縣圖

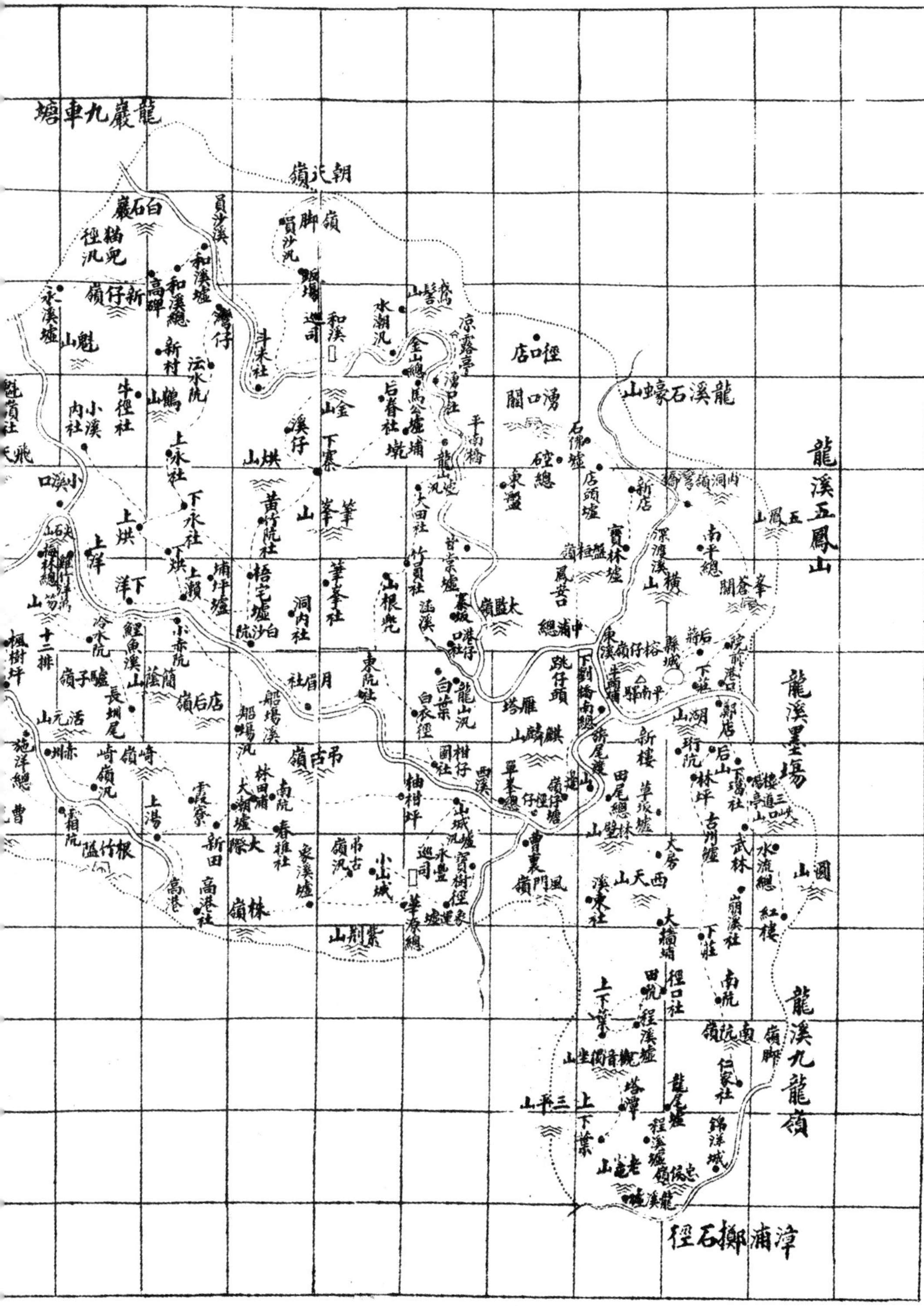
龍巖九車塘
朝天嶺
白石巖
新仔嶺
魁山
鶴山
洪山
金山
筆峯山
徑口店
湧口關
龍溪石螺山
龍溪五鳳山
龍溪墨場
大監嶺
縣城
橫山
麒麟山
雁塔
吊古嶺
林嶺
紫荊山
鳳門嶺
西天山
三平山
老虎山
龍溪九龍嶺
漳浦獅石徑

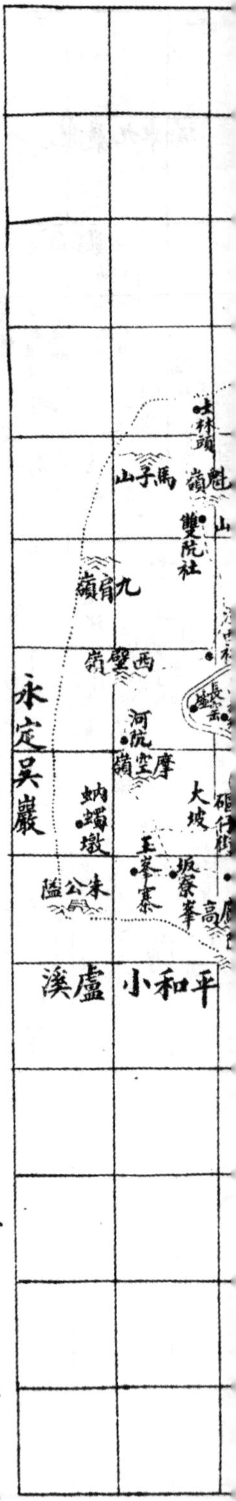

每方十里

漳州府南靖縣中缺

沿革

元至治間析龍溪漳浦龍巖三縣地置南勝縣在九圍磐山之東至元三年徙於小溪琯山之陽至正十六年又徙於雙溪之北改今名

明因之屬本府正德十四年析清甯新安二里隸平和縣嘉靖四十五年北徙大帽山麓萬歷二十三年復還舊治

國朝因之雍正十三年割居仁里第一圖車田十五保

疆域

東西鳥里廣一百零八里南北鳥里縱一百一十六里

至省陸程六百九十里水程七百六十里

至府陸程四十里水程同

縱距府鳥里八里

橫距府鳥里二十二里

斜距府鳥里二十三里四分有奇

東至龍溪縣界墨場十里

西至汀州府永定縣界吳巖一百四十里

南至漳浦縣界擲石徑八十里

天度

緯二十四度三十五分

經東一度一十七分

冬至日出卯正三刻零五十一秒日入酉初初刻一十四分零九秒日四十一刻一十三分一十八秒夜五十四刻零一分四十二秒

夏至日出卯初初刻一十四分零九秒日入酉正三刻零五十一秒日五十四刻零一分四十二秒夜四十一刻一十三分一十八秒

山鎮

峽口山在縣東南一十五里

圓山在縣東南二十里

湖山在縣南二里旁為橄欖山迤東曰后山迤西曰林壁山又南曰旂鼓山

西天山在縣南二十五里

觀音獨坐山在縣南五十里為漳南第一高峯迤東為南坑嶺

老竈山在縣南六十五里其東為忠侯嶺

麒麟山在縣西南一十五里其北為雁塔山

水道

雙溪在縣南以大小二溪合流得名為府治南門溪之上流大溪亦名西溪發源於平和縣東北之雙髻娘山經葛竹約入縣西南境為高港西北流五十餘里經長窖墟西折東北流二十里至尖石山東麓為小溪口有龍巖博平嶺水自縣西北入境合永溪來注轉而東南十五里至上洋村合上烘下烘冷水阬水

鄉鎮

總二十九鄉四百四十七市二墟六

東路五總領五十五鄉

西路九總領一百六十五鄉

南路七總領九十九鄉

北路八總領一百二十八鄉

龍山市在縣西北六十二里

水潮市在縣西北五十里

和溪墟在縣西北七十里

船場墟在縣西六十里

長窖墟在縣西一百十五里

象運墟在縣東南四十里

草坂墟在縣南

職官

知縣一員駐城

教諭一員駐城

訓導一員駐城

巡檢二員一駐和溪一駐永豐

典史一員駐城

中營千總一員駐城

把總一員駐山城

屬漳浦馬

北至龍溪縣界石濠山二十五里
東南至龍溪縣界九龍嶺三十八里
西南至平和縣界小蘆溪一百一十五里
東北至龍溪縣界五鳳山一十九里
西北至龍巖州界九車塘一百五十三里

風門嶺在縣西南三十里
紫荊山在縣西南四十五里迤東五里為林嶺
弔古嶺在縣西南五十里
根竹隘在縣西南七十八里蜿蜒而西曹充隘鷹高峯玉峯牛屎嶺朱公隘以次屬馬
簡蔭山在縣西七十五里迤西為活兊山又北五里為驢子嶺
摩空嶺在縣西一百二十五里
榕仔嶺在縣西北七里
横山在縣西北一十里
太監嶺在縣西

為鯉魚溪又東南流二十餘里經船場為船場溪又東南十餘里經弔古嶺東有象溪自西南來注之又東南十餘里經山城汛東嶺仔塘西有琯溪南自平和縣北流經象運圩來會又東十里折東北流十里至旂尾渡與小溪合小溪亦名東溪發源漳平縣之九車塘即朝天嶺北麓也入縣西北境東南流十餘里經員沙汛西為員沙溪亦名和溪又南流十餘里

一十五里
縣汛在城内轄汛一塘五
山城汛在縣西南三十里轄汛五塘一
洪瀨汛在縣西南五十里轄汛二塘一
水潮汛在縣西北五十里轄汛五塘三
縣前鋪東二十里至龍溪縣樂仁鋪
縣前鋪南十五里至吳峯鋪五十五里至平和縣琯溪鋪
縣前鋪西十里至寶林鋪二十里至湧口鋪十五里至全山鋪十五里至湯阬鋪十里至斗米鋪十里至和

北二十五里迆北為盤桓嶺

華峯山在縣西北五十五里又迆西而北為烘山

萬笏山在縣西北一百里又北為尖石山

西壁嶺在縣西北一百二十里又北十里為九肩山

金山在縣西北九十五里其西麓伏而復起者為鶴山沿而北為魁山

飛天馬山在縣西北一百三十里其西為魁嶺又西為馬子山

新仔嶺在縣西北一百三十

合沄水阬水折而東二十里許至水潮納鶴髻山水繞而南出湧口歷平南橋至太監嶺西麓計三十餘里有函溪自西來注之又南而東十五里經塔仔嶺西有龍溪縣苦竹村水入縣北境合入深渡溪並三脚澗入馬又南十餘里合於大溪為雙溪口折而東八里經縣南之湖山下為湖山溪又東南流十里許出峽口為峽口溪入龍溪縣西境達於

溪鋪十里至員沙鋪二十里至林田鋪二十里至龍巖州前林鋪

員沙鋪東北十五里至漳平縣田尾鋪

六里

花坪嶺在縣北二十里迤東為峯蒼關又北十里為内洞嶺

五鳳山在縣東北三十三里

九龍江

長泰縣圖

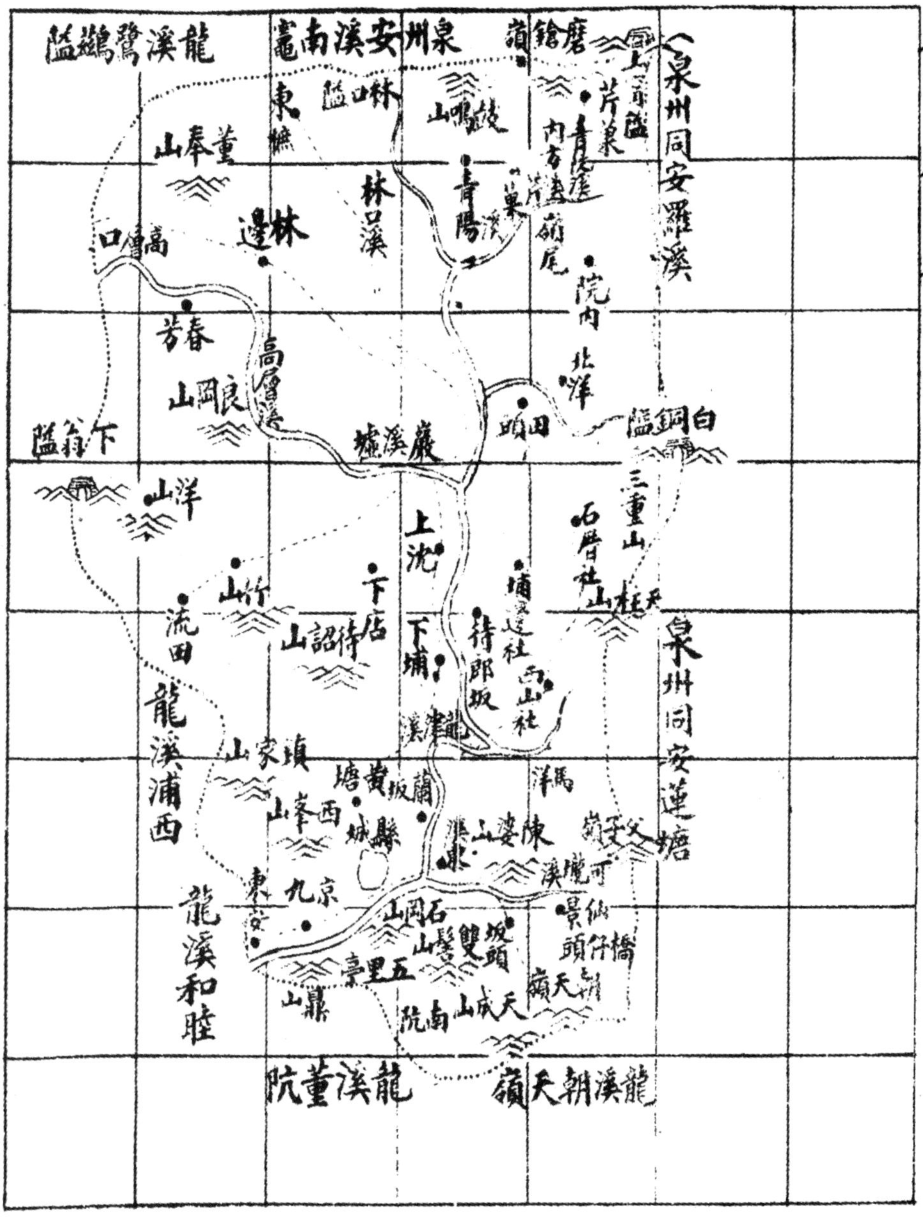
龍溪鷺鷀隘
泉州安溪南竈
泉州同安羅溪
董奉山
林口隘
鼓鳴山
林邊
林口溪
青陽
芳春
良岡山
高層溪
下翁隘
巖溪墟
白銅隘
田頭
北洋
院內
洋山
上沈
三重山
天柱山
泉州同安蓮塘
竹山
流田
下店
侍詔山
下埔
侍郎坂
西山社
龍溪浦西
黃坂塘
西峯山
縣城
陳婆山
馬洋
石岡山
雙髻山
五里亭
龍溪和睦
鼎山
天成山
龍溪董院
龍溪朝天嶺

每方十里

漳州府長泰縣簡缺

沿革

隋泉州南安縣武德鄉地唐乾符三年改置武德場南唐保大十三年升為縣改名長泰宋太平興國五年改屬本州元屬本路明屬本府國朝因之

疆域

東西鳥里廣三十七里南北鳥里縱六十八里至省陸程六百一十里水程七百四十里至府陸程三十八里水程九十里縱距府鳥里一十八里橫距府鳥里二十五里斜距府鳥里三十一里二分有奇東至泉州府同安縣界蓮塘三十里西至龍溪縣界浦西一十五里南至龍溪縣界董阬十里

天度

緯二十四度三十七分經東一度三十二分冬至日出卯正三刻零五十六秒日入酉初初刻十四分四秒日四十一刻一十三分零八秒夜五十四刻零一分五十二秒夏至日出卯初初刻一十四分零四秒日入酉正三刻零五十六秒日五十四刻零一分五十二秒夜四十一刻一十三分零八秒

山鎮

陳婆山在縣東五里石鼓山在縣東三十里雙髻山在縣東南一十七里迤東五里為天成山又東為朝天嶺石岡山在縣南一里又南四里曰鼎山西峯山在縣西北五里其北為鎮家山竹山在縣西北二十五里洋山在縣西北三十五里良岡山在縣西北四十五里相近者曰金岡湖山曰大帽山曰鑼山曰龍角山迤

水道

龍津溪在縣南門外為縣經流源出東北境安溪縣界之林口臨東南流二十里有青阬溪內方溪注入芹果溪自東來會又南十餘里至田頭鄉有白桐山水自東來注之又南十里歷縣北之旌孝里支分為二一自巖溪墟西北流十餘里合入高層溪又西北二十餘里入龍溪縣東北境與熱水會其經流則自旌孝里而南二

鄉鎮

坊四里八社三百五十七市三墟十東西南北四坊在城內方成里在縣東九里共四十社彰信里在縣東二十里共三十六社欽化里在縣東南十里共二十八社人和里在縣西北五里共四十七社石銘里在縣西北四十五里共六十八社旌孝里在縣北五十里共四十四社恭順里在縣東北四十里共

職官

知縣一員駐城
教諭一員駐城
訓導一員駐城
典史一員駐城
城守營把總一員駐城

北至泉州府安溪縣界南竈七十五里
東南至龍溪縣界朝天嶺三十里
西南至龍溪縣界和睦一十五里
東北至泉州府同安縣界羅溪八十里
西北至龍溪縣界鸕鷀隘七十里

西曰良岡嶺曰下翁嶺
董奉山在縣西北六十五里
待詔山在縣北一十七里
易山亦名吳田山在縣東北四十里山左為蜈蚣山相近者有大小尖峯又北為天柱山又北五里為三重山又北為白桐山下有隘界同安縣
內方山在縣東北七十五里又北為磨鎗嶺迤西為鼓鳴山為長腰林山

十餘里歷石銘里至彰信里馬洋溪自東北來注之折西南流十餘里有可壠溪東自父子嶺西流來注折西流八里經縣治南為龍津溪又西南十餘里歷欽化里鼎山北麓出境抵龍溪縣之香洲渡達於九龍江

四十八社
善化里在縣東北七十里共四十六社
縣前學前東門三市在城內
東關市在東門外
陳巷墟在彰信里
高層墟跳頭墟坂裏墟可塘墟在石銘里
巖溪墟在旌孝里
林墩墟方洋墟葛尾墟新墟在善化里
長泰縣汛在城內轄汛四塘三
武安鋪在南門外又南十五里至渡頭鋪二十二里至龍溪縣縣前鋪

平和縣圖

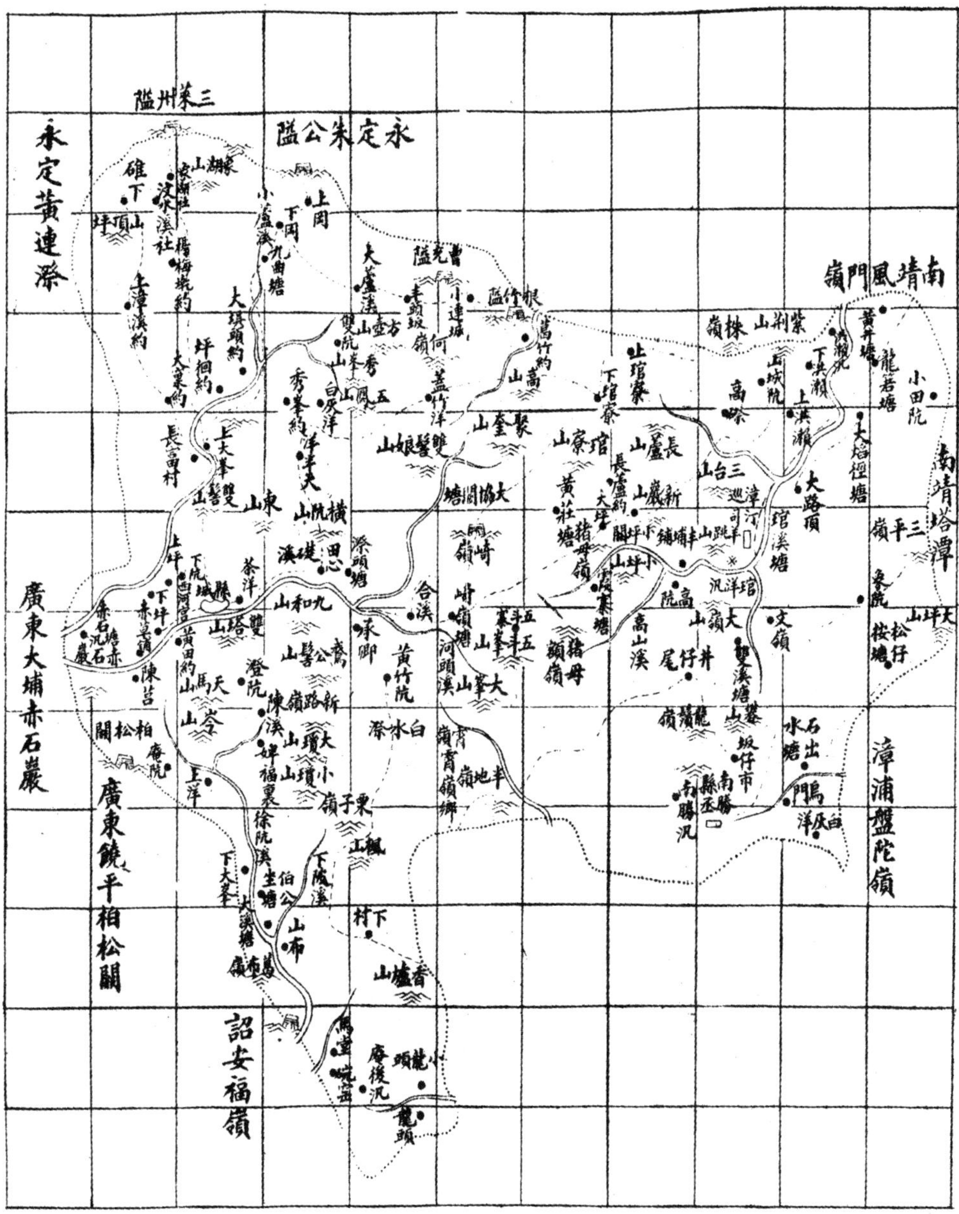

每方十里

漳州府平和縣中缺

沿革

明正德十四年析南靖縣清甯新安二里地置今縣又割漳浦二三都地以益之屬本府
國朝因之雍正十三年割下林一保改屬漳浦嘉慶三年割何地馬鋪等二十五保隸雲霄廳

疆域

東西鳥里廣一百零四里南北鳥里縱一百零五里
至省陸程八百一十里水程自縣治陸行一百里至琯溪抵廈赴省計程八百三十里
至府陸程二百一十里水程自縣治陸行一百里至琯溪抵郡一百一十里
縱距府鳥里四十六里
橫距府鳥里一百二十里
斜距府鳥里一百二十八里五分有奇
東至南靖縣界

天度

緯二十四度一十八分
經東四十五分
冬至日出卯正三刻零一十五秒日入酉初初刻一十四分四十五秒日四十一刻一十四分三十秒夜五十四刻零三十秒
夏至日出卯初初刻一十四分四十五秒日入酉正三刻零一十五秒日五十四刻零三十秒夜四十一刻十四分三十秒

山鎮

九和山在縣東一十二里
五斗峯在縣東四十五里又東五里為豬母額嶺
小坪山在縣東五十里
大嶺在縣東一百里迤北為琯山旁為璞山閣山迎嵐山寶珠嶺文嶺
大平山在縣東一百三十里迤北為三平山
鵝公髻山在縣東南一十五里迤南為新路嶺小瓊山大瓊山又東南十里為大芹山山腰為

水道

河頭溪在縣東南四十里發源於大峰山之西麓西流十餘里至承阬有官寮山水自東北來注為合溪又西流稍北曲行二十餘里為礎溪又西七八里經縣治南繞城西至赤石巖有大蘆溪合雙髻娘山五鳳山秀峯山諸水及小蘆溪自東北來會又西南至廣東大埔縣白土鄉達於清遠河
高山溪在縣東南八十里發

鄉鎮

鄉四村一百三十七市四墟五
東鄉領七十二村
西鄉領八村
南鄉領三十二村
北鄉領二十五村
東門外市
西門外市
赤石市在縣西二十五里
小溪市在縣北一百里
琯溪墟在縣東一百里
坂仔墟在縣東一百二十里
大溪墟在縣東南七十里
庵後墟在縣東南八十里
南勝墟在縣東

職官

知縣一員駐城
縣丞一員駐南勝
教諭一員駐城
訓導一員駐城
巡檢一員駐琯溪
典史一員駐城
平和營遊擊一員駐城
守備一員駐琯溪
千總一員駐城
把總二員一駐南勝一駐庵後
稅釐分局駐琯溪

壹百

塔潭一百一十里

西至廣東大埔縣界赤石巖二十里

南至詔安縣界福嶺五十五里

北至汀州府永定縣界朱公隘五十六里

東南至漳浦縣界盤陀嶺一百一十五里

西南至廣東饒平縣界松柏關一十八里

東北至南靖縣界風門嶺一百二十五里

西北至汀州府永定縣界黃連磜五十里

栗子嶺又南為楓山

香爐山在縣東南六十二里

大峯山在縣東南七十里自麓至頂計五十里邑鎮山也綿延而南霄嶺半地嶺白石山佛几嶺以次屬焉

九牙山在縣東一百一十里石可煎礬亦名礬山其西麓為龍鬚嶺

塔山在縣南四里又南為天馬山岑山

葛布嶺在縣南四十五里

頭坪山在縣西北四十五里

雙髻山在縣北五里

象湖山在縣北

源於大桻山之東東北流十餘里有小坪山水自西來注之又東一十五里有南勝溪自南來注之又東北經琯山為琯溪又東北經漳汀司東有高磜溪自西來注之又東北二十餘里經黃井塘入南靖縣西南境達於大溪

河上溪發源於大桻山東南流一十餘里合白石山水為白石溪又東南合佛几嶺水入雲霄廳北境達於西林溪

南一百三十里

平和縣汛在城內轄汛一塘二

琯溪汛在縣東一百里轄汛一塘二

南勝汛在縣東南一百三十里轄塘二

庵後汛在縣東南八十里轄塘二

縣前鋪東三十里至崎嶺鋪三十里至霞寨鋪二十里至豐埔鋪二十里至琯溪鋪三十里至舊縣鋪十五里至洪瀨鋪十里至南靖縣吳峯鋪

舊縣鋪南三十里至琯溪鋪

七十里

東山在縣東北一十二里並峙者為橫阬山又北為五鳳山其陰為秀峯山又東北五里為方壺山迆東為柯嶺

崎嶺在縣東北三十里

雙髻娘山在縣東北六十里隔溪對峙者為聚奎山又北五里為高山

新巖山在縣東北八十里迆東五里為羊跳山

長蘆山在縣東北八十五里

徐阬溪發源於大峰山西南流合陳溪又西南五里許有天馬山水自北來注之又南二十里許有下陂溪自東北來注之折東南流十里又折西南流十里許有馬堂水自東北來注之合於碗窰村入詔安縣北境達於東溪

五寨溪在縣東南一百里發源於九牙山之南東流十餘里入漳浦縣西北境達於李澳川

高港在縣東北六十五里發源於雙髻娘山東北流十

三十里至南勝鋪抵縣丞衙門

一百一

餘里經葛竹約入南靖縣西南境達於大溪

詔安縣圖

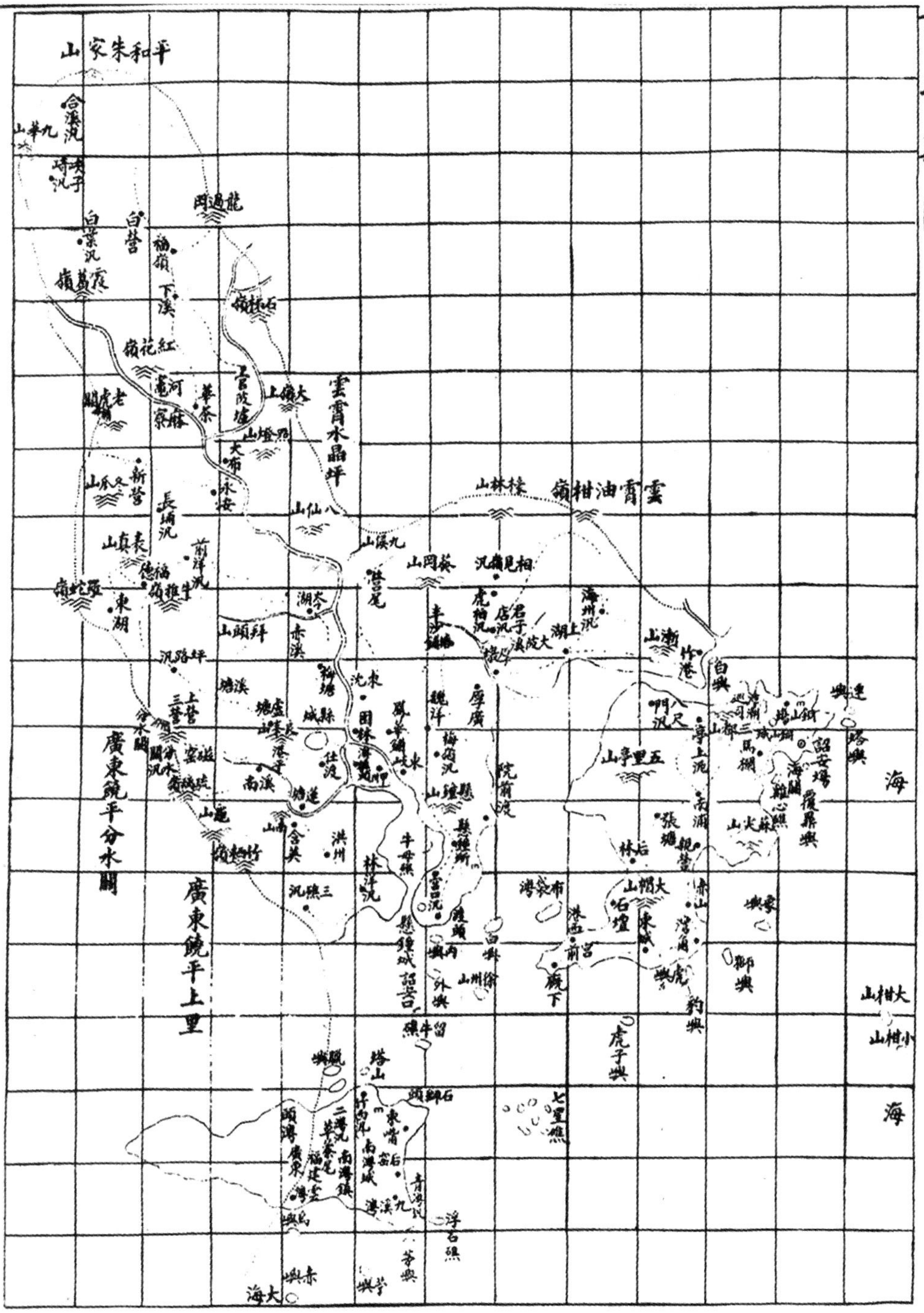
平和朱家山
九華山
合溪汛
龍過岡
雲霄水晶坪
雲霄油柑嶺
樣林山
八仙山
廣東饒平分水關
廣東饒平上里
五里亭山
詔安城
懸鐘城
南澳鎮
大柑山
小柑山
虎子嶼
七星礁
浮石礁
海
海

每方十里

漳州府詔安縣要鈌

沿革

明嘉靖九年析漳浦縣二三四五都地置屬本府

國朝因之雍正十三年復益以漳浦縣之銅山嘉慶三年割南山赤羅二保地隸雲霄廳康熙間割南灣之雲灣青灣附之

疆域

東西烏里廣一百二十九里南北烏里縱一百七十六里

至省陸程八百九十里水程一千零九十里

至府陸程二百四十里水程無內河可通惟由南灣出海繞廈門而入漳州計程四百六十里

縱距府烏里一百六十二里

橫距府烏里九十八里

斜距府烏里一百八十九里三分有奇

東至銅山大海界八十里

西至廣東饒平

天度

緯二十三度四十四分

經東五十一分

冬至日出卯正二刻一十四分零三秒日入酉初一刻零五十七秒日四十二刻零一分五十四秒夜五十三刻一十三分零六秒

夏至日出卯初一刻零五十七秒日入酉正二刻一十四分零三秒日五十三刻一十三分零六秒夜四十二刻零一分五十四秒

山鎮

真武山在縣東五里

鳳山在縣東一十里

梅嶺在縣東一十里

漸山在縣東五十里

五里亭山在縣東五十八里

三都山在縣東七十里

銅山在縣東八十里

懸鐘山在縣東南三十里

古老山在縣東南三十五里

大帽山在縣東南六十里迤東為赤山

蘇尖山亦名川陵山在縣東南八十里

大柑山在縣東

水道

海在縣東南境其入口有三道一由銅山所之大京門經五都百埔入走馬溪一由懸鐘所之港門入經潮山上接梅洲上湖一由懸鐘南港入經卸石灣至甲洲而止

東溪在縣東三里源接平和縣之徐阬溪自西南流入縣北境又西南七里平和縣之下陂溪自東北來注之又南二十里折而西經華茶村北有白葉洞水西

鄉鎮

隅四保一百二十六市八墟八

東南西北四隅在城內

東鄉四十六保

西鄉一十七保

南鄉一十三保

北鄉五十保

沈厝市林厝市北門市在城內

演武亭市在縣東八十里

溪南市在縣西二十里

長埔市在縣西二十五里

上湖市在縣東北四十二里

梅州市在縣東北五十里

下河墟在縣東二十里

奇材墟在縣東

職官

知縣一員駐城

教諭一員駐城

訓導一員駐城

巡檢一員駐銅山

典史一員駐城

鹽大使一員駐銅山

南灣鎮總兵駐南灣城內

左營遊擊一員

守備一員駐南灣城內

千總二員一駐雲灣一駐青灣

把總二員一駐西礮臺一駐草寮尾

銅山營參將一員駐銅山城西門外

守備一員駐銅山城內

千總一員駐銅山後林村

把總一員駐銅山宮前村

詔安營遊擊一員駐城

守備一員駐城

千總一員駐紅花嶺

把總三員一駐城一駐懸鐘一駐分水關

縣界分水關二十里

南至赤嶼大海界一百零五里

北至雲霄廳界水晶坪六十里

東南至小柑山大海界一百二十五里

西南至廣東饒平縣界上里二十里

東北至雲霄廳界油柑嶺三十八里

西北至平和縣界朱家山一百二十五里

南一百一十里又南五里曰柑山

南灣山在縣東南七十五里

大南山小南山在縣西南一十五里

竹栖嶺在縣西南二十里迤西五里為龜山又北為琉璃嶺

良峯山在縣西里許

犁頭山在縣西北二十二里

焦坑山在縣西北三十里

牛雅嶺在縣西北三十五里又西北五里曰表其山迤西而南為羅蛇嶺

冬瓜山在縣西北五十三里

北自霞葛嶺東南流來注之又折東南流二十餘里經八仙山南麓有一小水自北來注之又南七八里有赤溪自西來注之又南二十里至圓林岐分為二一經東沈村南繞甲州而東入海一經灣雅頭西合西來之瓷窰溪而東歷懸鍾山西折而南歷牛搦礁懸鐘城入於海

大陂溪在縣東北三十里發源於葵岡山東南流十餘里有一水自

三十里

西埔墟在縣東六十里

金溪墟在縣西北五十里

太平墟在縣西北六十里

下葛墟在縣西北八十里

官陂墟在縣西北八十五里

牛角墟在縣西北一百二十里

詔安縣汛在城內

懸鐘汛在縣東南三十里轄汛二

分水關汛在縣西二十里轄汛一

紅花嶺汛在縣西八十里轄汛二

銅山汛在縣東南八十里轄

海關總口駐銅山外

分口駐懸鐘

哨口駐銅山西埔

一百三

紅花嶺在縣西北八十里

霞葛嶺在縣北八十五里

福嶺在縣西北九十里又北五里爲龍過岡

九華山在縣西北一百二十里

朱家山在縣西北一百二十五里

九侯山在縣北二十五里其左曰初稽山迤西曰烏山

八仙山在縣北四十里又北十里爲點燈山

磁竈山在縣東北一十五里相望者曰九上落山

葵岡山在縣東北三十五里

相見嶺南來注又東南十餘里繞上湖保入海

竹港在縣東北八十二里界於雲霄之八尺門係海水條入成港非淡水溪也長一十五里其接海處亦名爲陳岱港

汛四

北山水汛在縣東南六十五里轄汛二

八尺門水汛在縣東南七十里轄汛二

雲灣汛在南灣城西南一十五里

青灣汛在南灣城東南一十里

西磁臺汛在南灣城西一十二里

草寮尾汛在南灣城西一十三里

縣前鋪東十里至鳳山鋪十里至半沙鋪十里至古林鋪十里至大興鋪十里至嶺南鋪十里至深田鋪十里至雲霄廳

一百四

迆東為相見嶺
橡林山在縣東北五十里

徑心鋪縣前鋪西十里至磁窰鋪二十里至廣東饒平縣界

一百四

延平府縣總圖

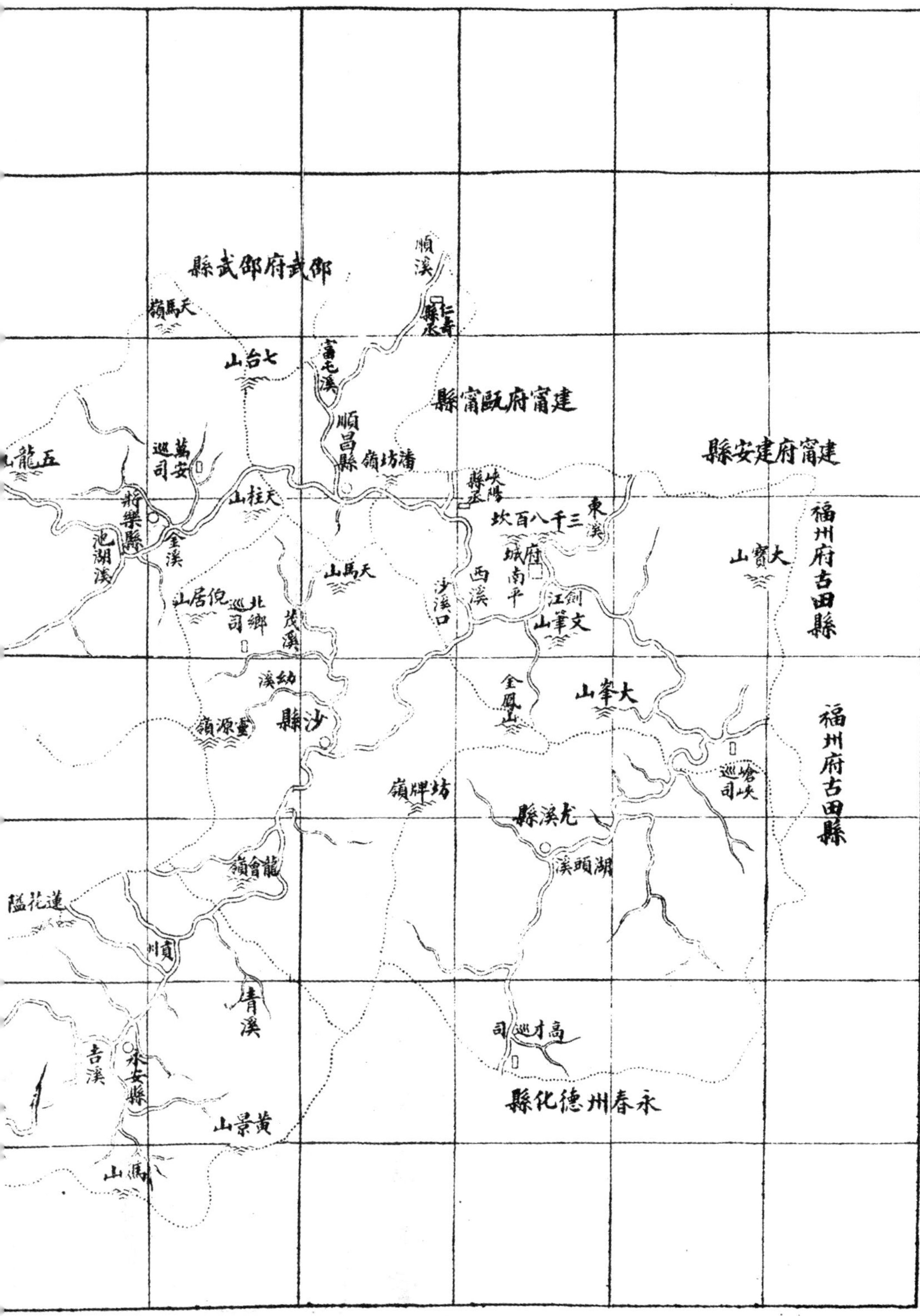
邵武府邵武縣
建甯府甌甯縣
建甯府建安縣
福州府古田縣
福州府古田縣
永春州德化縣
順溪
仁壽縣丞
天馬嶺
七台山
富屯溪
順昌縣
清坊嶺
五龍山
萬安巡司
將樂縣
天柱山
峽陽縣丞
東溪
三千八百坎
大寶山
池湖溪
金溪
天馬山
延平府城
倪居山
北鄉巡司
沙溪口
西溪
劍江
文筆山
茂溪
幼溪
金鳳山
大峯山
壺源嶺
沙縣
嵢峽巡司
坊牌嶺
尤溪縣
湖頭溪
龍會嶺
蓮花隘
貢川
青溪
高才巡司
吉溪
永安縣
黃景山

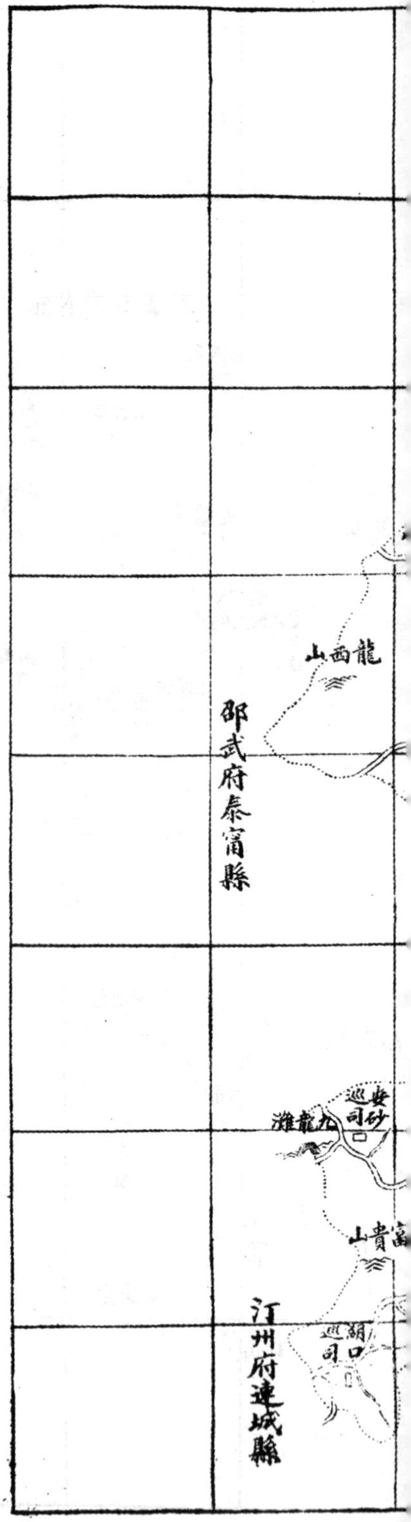

每方五十里

延平府在省治西北三百六十里至
京師五千二百九十三里漢建安初分侯官北置南平縣即今府地也吳為建安
郡地增置將樂領縣二晉屬江州改南平為延平復增置綏城縣沙戍堡宋改
沙戍為沙村縣而廢延平領縣三齊梁陳因之隋廢沙村縣併綏城入邵武屬
撫州尋屬泉州大業初又屬閩州唐武德元年為建福汀三州地三年置延平
軍上元元年改為劍州領縣一曰將樂五代改為延平鎮尋易為永平鎮晉天
福八年閩王延政以將樂縣為鏞州延平鎮為鐔州開運三年南唐廢鏞州改
鐔州為劍州及劍浦縣治劍浦復割沙縣順昌尤溪三縣來屬宋太平興國四
年因蜀有劍州改名南劍州復割建州將樂縣來屬凡縣五元改為南劍路尋
改為延平路領縣如前改劍浦為南平縣明為延平府景泰三年增永安縣嘉
靖十五年增大田縣凡縣七
國朝因之雍正十二年割大田隸永春共領縣六治南平南尤溪西南沙縣永安
西北順昌將樂延平劍江有三源西北源自將樂縣西北境接泰甯縣之大溪
東南流至蛟湖有池湖溪西南自歸化之白葉村東北流來會折而東經象山
西有三都溪自南注之又東北經將樂縣南有龍池溪西北自張原嶺合西來
之沙溪注之又東至積善都有安福溪合婁杉村水自北來注之又東北經黃
亨塘北入順昌縣西境又東少南至白沙有富屯溪西北自邵武水口寨經富
屯驛入境東南流至口前合東北來之順溪南流來會又東至水南都有帽子
山水自西南來注之又東至南平縣西北境靈茲口有鸕鷀溪東北自甌甯界
境來注又東經峽陽司南折而南至雙溪口與西南源會西南源自永安縣西
北境接清流縣之九龍灘東流至水東有羅峯溪自西北來注之又東少南至

曹口將樂阬水自北來注之又東至蓮花山下有吉溪西南自連城縣經湖口司西入境合諸小水東北流來會又東抵永安縣西有南溪合諸小水自東南來注又東北經縣城北有大梅溪自東南來注之又東北經安定橋有益溪自西北來注之又東北至大坡大坡水自東南注之又東北至貢川有歸化縣之坊溪自縣西北境來會又東北至樓前有大吉溪西北自歸化縣入境合田沙溪來會又東北至沙溪洋有青溪合松洋水自東南來注又東北至沙縣荊村鋪有西霞坂水南至永安縣界西北流來注折而北至尾歷有歸化之明溪東流經永安縣界來會又北經碧湖有蔣阬水自東來注之又東北經沙縣南而東溪源自西北之天柱山南流合茂溪幼溪來會又東北至南平縣之沙溪口與西北源會是為西溪又東至西芹鋪有大芹溪自南來注之折而東北經九峯山麓而北源之建溪西南流經府城東來會是為東溪合而東南至吉溪鋪有吉溪自東北來注之又東南至岳溪塘有岳溪自東北來注之又南少西至劉家寨有金鋼嶺水自西來注之轉而東南至尤溪口有湖頭溪自尤溪縣南境上接大田龍背嶺諸水北流合青印溪華南溪資青溪及諸小水入南平縣東南境來會合而東北有武步溪自東北注之又東北入古田縣境歷閩清侯官達於閩江入於海延平之山西北支自邵武杉關沿毛家隘茶花隘東南趨下銀洋嶺鐵嶺烏泥隔諸境折入七臺山至將樂縣境西南行為九仙山為白豹毬山為西臺山落入將樂縣治又自杉關北分一支奔騰而至甌甯矗起國華山蜿蜒南赴凡六十里至順昌之九龍山沿潦濱東源而南為華陽山為罗角山為雙髻峯而順昌縣城倚焉又自國華山東起為郭巖出花橋至大歷過廣山由大洋坋過峽循五穀巖演仙山大巖而南突起龍山入於府治北隅又

南為積寶山為龍湖山為清風嶺則入古田縣境矣西南支自歸化之鼓角山循上豐洋歷蓮花山隘而南為忠山為蘿紋山為凌霄塔山繞永安縣治而東歷余荊山天馬山入大田縣境循龍背嶺北趨尤溪縣界夾溪而下至於城南之公山而縣治面之又自歸化之紫雲臺山東循侍郎巖觀音洞沿入永安之小幼山大幼山巖山以至於溪南之鳳皇山潛伏經縣北再起為鳳岡山迆邐而至南平縣與西北支山夾趨閩江則又為福州諸山所自源也東至福州府古田縣界一百里西至邵武府泰寧縣界二百二十五里南至永春州德化縣界二百二十里北至建甯府甌甯縣界五十里東南至古田縣界二百二十里西南至汀州府連城縣界四百二十里東北至建甯府建安縣界七十里西北至邵武府邵武縣界二百三十里東西鳥里距三百里南北鳥里距三百一十八里

南平縣圖

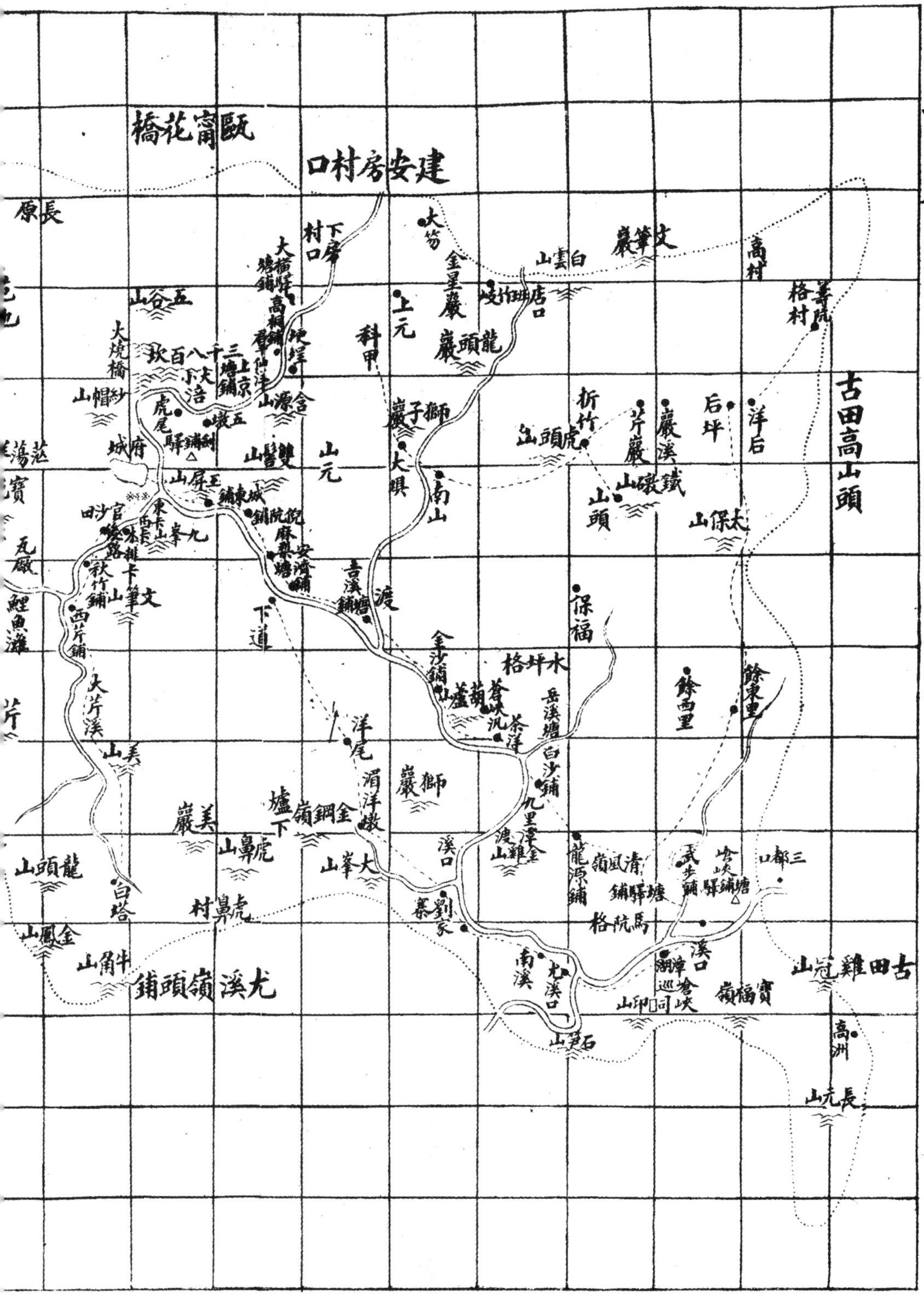
甌甯花橋
建安房村口
長原
文筆巖
白雲山
高村
古田高山頭
五谷山
大烧橋
紗帽山
府城
龍頭巖
上元
科甲
獅子巖
南山
虎頭山
折竹
芹巖
巖溪
后坪
洋后
鐵磯山
山頭
太保山
雙髻山
王屏山
城東鋪
九峯山
文筆山
西芹鋪
大芹溪
美山
保福
水坪格
餘東里
餘西里
岳溪塘
茶洋
白沙鋪
洋尾
湄洋墩
下道
獅巖
美巖
虎鼻山
金鋼嶺
爐下
大峯山
溪口
劉家寨
龍頭山
白塔
虎鼻村
金鳳山
牛角山
尤溪嶺頭鋪
清風嶺
龍源鋪
馬坑格
三都口
古田雞冠山
寶福嶺
南溪
尤溪口
印山
石筍山
高洲
長元山

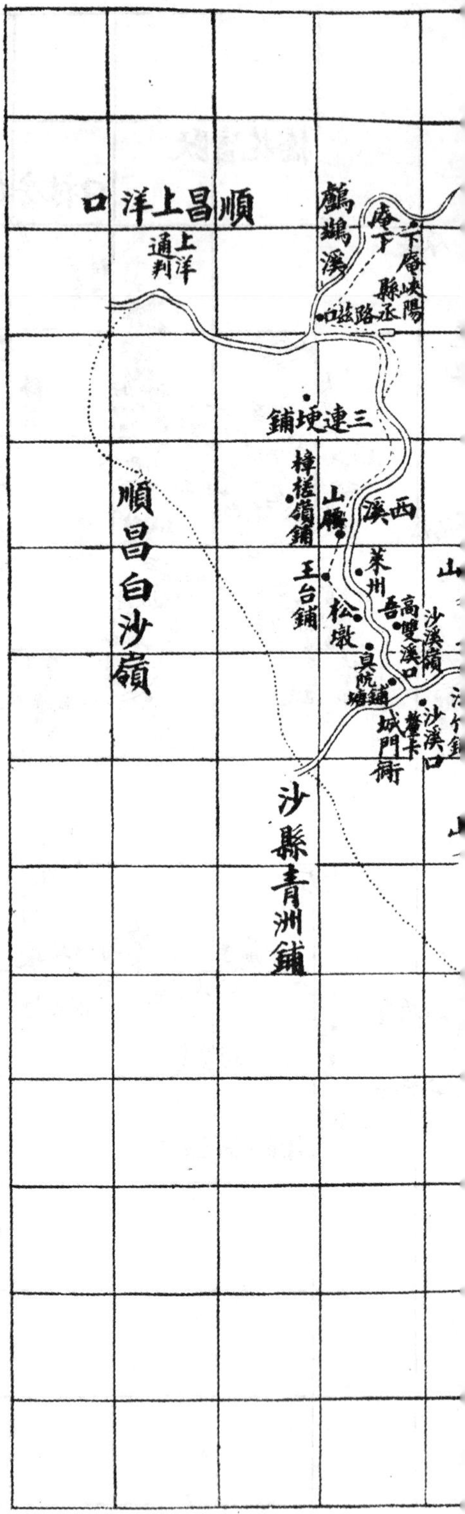

每方十里

延平府南平縣中缺

沿革

漢建安中置為東治五縣之一
吳屬建安郡
晉改為延平
宋明帝時省入建安郡
唐改為延平軍
五代為延平鎮升為永平鎮又改為龍津縣置鐔州晉開運二年改為劍浦
宋為州治尋割劍浦之交溪鄉以禆順昌
元大德六年改復舊名為路治
明為府治
國朝因之

疆域

東西烏里廣一百三十八里
南北烏里縱一百一十八里
至省陸程三百六十里水程四百二十里
府治附郭
東至福州府古田縣界高山頭一百里
西至順昌縣界白沙嶺六十里
南至尤溪縣界嶺頭鋪六十里
北至建甯府甌甯縣界花橋五十里
東南至古田縣界雞冠山一百三十里
西南至沙縣界青州六十五

天度

緯二十六度三十九分
經東一度四十九分
冬至日出卯正三刻零五分二十二杪日入酉初初刻零九分三十八杪日四十一刻零四分一十六杪夜五十四刻一十分四十四杪
夏至日出卯初初刻零九分三十八杪日入酉正三刻零五分二十二杪日五十四刻一十分四十四杪夜四十一刻零四分一十六

山鎮

金鳳山在城東三里又二里曰太古山稍南曰玉屏山又東五里曰雙髻山曰石壘山又東五里曰湖頭嶺
南山在縣東四十五里又東十里為虎頭山又東十里為芹山巖其南為鐵墩山又東十餘里為太保山
積寶山在城內南隅其東為梅山城跨其巔又東南為金樓山
龍湖山在縣東南八十里旁有虎掌山葫

水道

東溪在縣東北七十里源接建安縣建溪西南流入境三十里至高桐東納埂埕溪水又十里西納犀仙洋水東納合源山水又十里經邱墩北納大小淯水折西北曲流二十餘里經城東而南與西溪會
西溪在縣西北一百二十里源接順昌大溪於縣境之上洋口東南流二十餘里有鸕鷀溪自郭巖右麓循

鄉鎮

坊四十八鄉七里四十一村八百五十八
市九
城內統三十二坊
附郭統一十八坊
積善鄉在縣東南統普安還喬保福金砂遵教餘東餘西泰平喬保九里共二百三十四村
垂裕鄉在縣東南統長安南北二里共四十九村
歸善鄉在縣西南統羅源雲蓋社溪壽山崇仁崇福六里共一百三

職官

延建邵分巡道駐城
延平府知府一員駐城
通判一員駐上洋
經歷一員駐城
教授一員駐城
訓導一員駐城
知縣一員駐城
縣丞一員駐峽陽
教諭一員駐城
訓導一員駐城
巡檢一員駐漳湖坂
典史一員駐城
副將一員駐城
都司一員駐城
千總一員駐漳湖坂
把總二員一駐嵢峽一駐王臺
延平釐局駐城
稅釐分局駐洋口
稅釐分卡三東溪西溪西門外

里

東北至建甯府建安縣界房村口七十里

西北至順昌縣界上洋口一百二十里

杪

蘆山金山大彔山芹山

虎鼻山在縣東南七十里東迆為金鋼嶺為大峯山旁有丹溪嶺界於尤溪

金雞山在縣東南九十里

九龍山在縣東南一百二十里相近者有黃源嶺

印山在縣東南一百二十里西迆為石筍山東迆為寶福嶺蔡嶺長源山界於古田

九峯山在縣南附郭下臨劍水越水而東曰八仙山迆南曰歌舞山又南曰展旂山

甌甯縣界境東北來注之又十里經峽陽市之南折而南又三十里經王臺鋪東納王泥溪水又東南二十里至雙溪口有沙縣之沙溪合甯化清流歸化永安連城龍巖之水東北流入縣西南境來會又東二十里至西芹鋪有大芹溪合長沙阬水白塔水自南來注之折東北行二十里經府治南與東溪會合而東南流十里納十里庵水又十里納開平里水又十

十八村

延平鄉在縣西南統長沙上下大內大外開平創津天竺七里共一百七十五村

芹峭鄉在縣西北統梅東梅西梅南梅北峽陽塘源壽巖吉田新興九里共一百八十村

上陽鄉在縣西北統太平資福安福建興四里共九十八村

富沙鄉在縣東北統演仙上下仁州汾常四里共八十五里

大壩市縣東四十里

安濟市縣東南三十里

一百九

小文筆山在縣南十五里又南五里為大文筆山又南二十里為美山相近者為美巖為北峯山北峯之右曰瓦口山其外曰天馬山

龍頭山在縣西南五十里又南十里為金鳳山相屬者曰打狗山東山牛角山

西山在城內西隅越城而西為虎頭山由虎頭山而右下為溪源山為鳳山為赤岐山又西為涼繖山為碧巖為鹵水嶺又西為寶龜山旁有沙溪

里納安濟水又十里至吉溪鋪有吉溪自東北來注之又二十餘里至岳溪塘有岳溪接龍湖水自東北來注之又南少西二十里至溪口有尤溪東北流入縣境來會又東十餘里經嵢峽驛北有武步水自東北來注之又東北十餘里出三都口達於古田縣之大溪下於閩江入於海

吉溪市縣東南四十里

岳溪市縣東南六十五里

漳湖市縣東南一百里

西芹市縣西南三十里

王臺市縣西六十里

峽陽市縣西北六十里

大橫市縣東北三十里

嵢峽汛縣東南六十里轄塘十二

漳湖坂汛縣東南一百里轄塘十三

沙溪汛縣西南五十里轄塘八

王臺汛縣西六十里轄十六

大橫汛縣東北五十里轄塘

一百十

嶺
樟槎嶺在縣西六十里又西有白沙嶺界於順昌
紗帽山在縣西北五里
石鼓嶺在縣西北四十里又十里曰霧岐山又二十里曰銅釘山又三十里曰碧山又西為玉屏山其下為峽陽相對者為香山歛山有嶺曰梧桐嶺迤北為常窠山又西北曰天臺山距城一百二十里
龍山在城內北隅
蓬萊山在縣北五里

七
府前鋪東十里至城東鋪十里至邱墩鋪十里至京口鋪十里至高桐鋪十里至大横鋪二十里至建甯府房村口鋪
府前鋪西十里至城西鋪二十里至尤溪縣羅源鋪
城西鋪西十里至秋竹鋪十里至西芹鋪十里至發竹鋪十里至沙溪鋪十里至沙縣青州鋪
沙溪鋪西十里至吳阬鋪十里至王臺鋪十里至樟槎鋪十里至貿畬鋪十里至

演仙山在縣東北十里迤東為三千八百坎亦名大巖由大巖歷二十里為西巖大巖之東為東蓮花山又東為百丈山為金斗山西巖之下為中蓮花山西巖之西為西蓮花山

含源山在縣東北二十里又東為獅子巖其北為龍頭巖又東北為白雲山為文筆巖距縣凡八十五里

順昌縣石溪鋪

府前鋪東南十里至倪阬鋪二十里至安濟鋪十里至吉溪鋪十里至金沙鋪十里至茶洋鋪十里至白沙鋪十里至龍源鋪十里至清風鋪十里至武步鋪十里至嵢峽鋪三十里至古田縣雲項鋪

一百十二

順昌縣圖

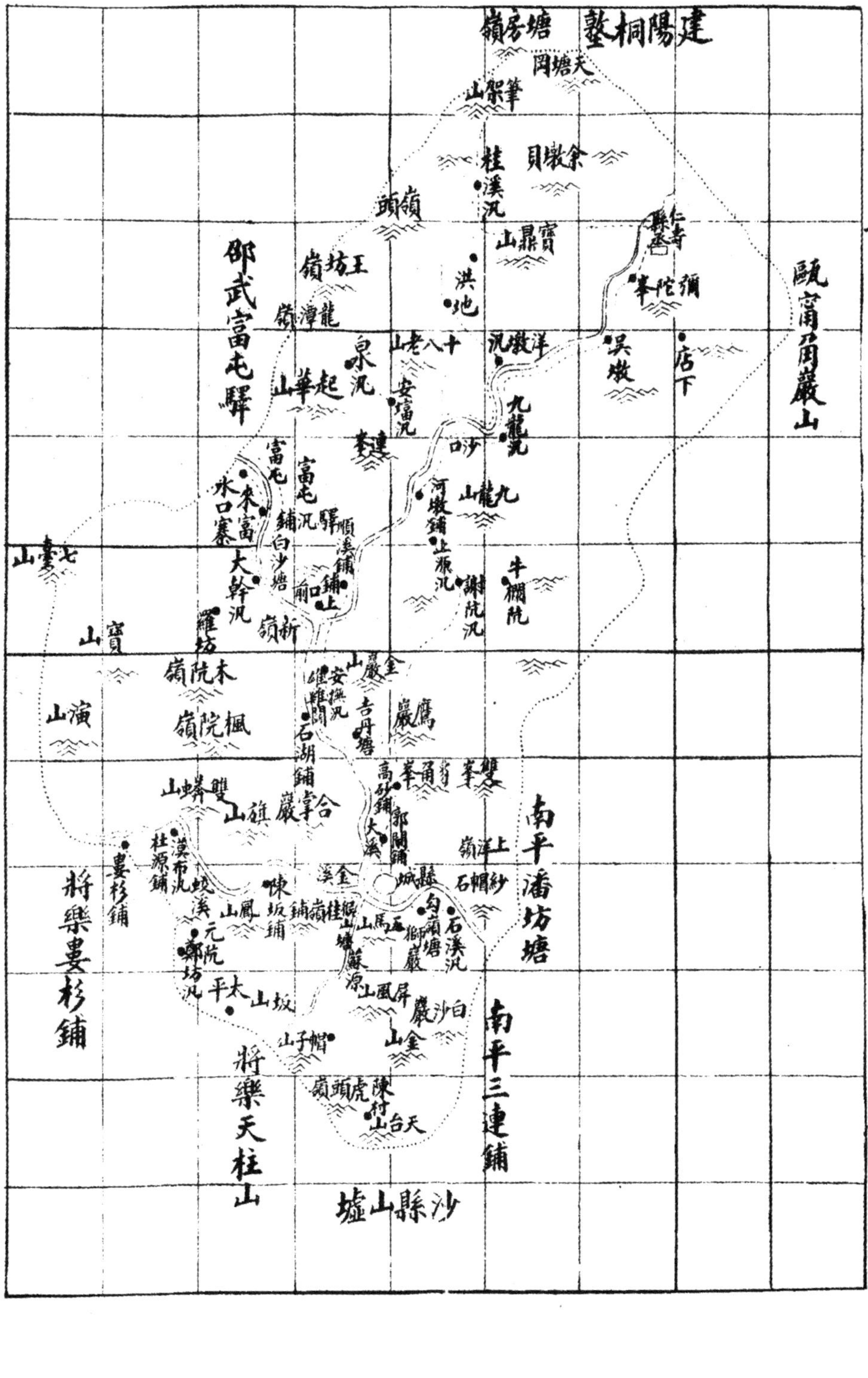
建陽桐墊
塘房嶺
天塘岡
筆架山
余墩貝
桂溪汛
嶺頭
寶鼎山
仁壽
縣基
彌陀峯
甌甯甯巖山
王坊嶺
洪地
龍潭嶺
邵武富屯驛
泉汛
十八老山
洋墩汛
吳墩
店下
起華山
安富汛
九龍汛
連峯
沙口
富屯
富屯
九龍山
河墩鋪
水口寨
來富
驛汛
順溪鋪
白沙塘
七臺山
大幹汛
口前
上鋪
上瀕汛
謝坑汛
牛欄坑
寶山
羅坊
新嶺
木坑嶺
金巖山
安撫汛
演山
楓坑嶺
吉丹塘
鷹巖
石湖鋪
雙峯山
旗山
合掌巖
高砂鋪
雙峯
南平潘坊塘
大溪
郭關鋪
上洋嶺
婁杉鋪
漢布汛
杜源鋪
金溪
縣城
紗帽石
陳坂鋪
將樂婁杉鋪
元坑
大平
坂山
蘇源
屏風山
白沙巖
南平三連鋪
帽子山
金山
將樂天柱山
陳村
虎頭嶺
天台山
沙縣山墟

每方十里

延平府順昌縣中缺

沿革

唐以前均屬建安郡地貞觀三年以建安地東南二鄉置將水場嗣聖四年分南鄉將水口為鎔科鎮景福二年改為永順場隸建州
後唐長興四年閩升建安縣永順場為順昌縣屬長樂府南唐改屬本州
宋割劍浦縣之交溪鄉益之屬本州
元屬本路
明屬本府
國朝因之

疆域

東西烏里廣七十八里南北烏里縱一百零二里
至省陸程四百八十里水程五百七十里
至府陸程一百二十里水程一百五十里
縱距府烏里二十四里
橫距府烏里六十里
斜距府烏里六十四里有奇
東至南平縣界潘坊塘二十五里
西至將樂縣界婁杉鋪四十里
南至沙縣界山墟五十里

天度

緯二十六度四十七分
經東一度三十分
冬至日出卯正三刻零五分四十秒日入酉初初刻零九分二十秒日四十一刻零三分四十秒夜五十四刻一十一分二十秒
夏至日出卯初初刻零九分二十秒日入酉正三刻零五分四十秒日五十四刻一十一分二十秒夜四十一刻零三分四十秒

山鎮

上洋嶺在縣東十五里又東五里為潘坊嶺其北為雙峯並峙者為豸角峯
白沙嶺在縣東南二十里相近者為象嶺泗州嶺佛嶺石湖嶺又南為天臺山界於沙縣
龍山在縣南附近又前為貴人山五馬山山迤東為榜山為魚袋山復折而南曰屏風山有祥雲峯了峯獅子峯其左近為徘徊嶺又南為金烏山少

水道

大溪在縣南門外西北源接邵武之大溪於富屯北東南流三十里至口前有順溪自甌甯縣淙下西流入縣東北境歷九十餘里來會又東南納大幹溪水歷三十餘里至治西而金溪自西來會
金溪自將樂縣東北流入縣境又東北二十里至交溪橋納婁杉溪蛟溪水又東二十里至白沙而富屯溪自北來會又

鄉鎮

坊六鄉四都二十八村一百三十一市二墟四
興賢宣化愛民阜城崇法安靖六坊在城內
鯷潭鄉在縣東轄石溪石頭水南驛砧吉舟石湖仙源七都共三十六村
交溪鄉在縣南轄長壽西峯義豐廣福甯安靖安婁杉七都共三十八村
招仁鄉在縣西轄大幹莒口富屯慈悲安富白水昏田

職官

知縣一員駐城
縣丞一員駐城
教諭一員駐城
訓導一員駐城
典史一員駐城
順昌營遊擊一員駐城
都司一員駐城
守備一員駐城
千總一員駐城
把總三員一駐城一駐仁壽一駐上洋

北至建甯府建陽縣界桐墩一百三十里
東南至南平縣界三連鋪三十里
西南至將樂縣天柱山三十里
東北至建甯府甌甯縣界角巖山一百四十里
西北至邵武府邵武縣界富屯驛六十里

西為虎頭嶺距城四十里
帽子山在縣西南二十五里隔溪對峙者為板山
大明山在縣西南三十里相屬者曰金龍山其旁為巖山
猴山在縣西五里又西五里曰桂嶺又西十里曰鳳山與鳳山對峙者為景靈山其旁為圓山
魚山在縣西北八里
旗山在縣西北十八里又西五里為雙蟒山
楓院嶺在縣西北三十里又北為木阬嶺
演山在縣西北

東至水南都有帽子山水自西南來注之又東經縣南納蘇源小溪水又屈曲而東十餘里經石溪汛北納石溪水又東經上洋口出境入南平縣界達於延平府治之西溪

七都共二十六村
順陽鄉在縣北轄崧溪壽紫田溪興賢仁壽桂溪杉溪七都共三十一村
富屯街市縣西北六十里
仁壽街市縣東北一百里
鄭坊墟縣西南三十里
蛟溪墟縣西二十五里
大榿墟縣西三十里
新墟縣北一百三十里
順昌縣汛在城內
上洋汛縣東十五里轄汛三
安撫汛縣西北三十里轄汛二
大幹汛縣西北

五十里其北
有寶山又西
北十五里為
七臺山
新嶺在縣西北
三十五里又
西北二十五
里為寨山
超華山在縣北
少西六十五
里又北為龍
潭嶺王坊嶺
寶嶺
金巖山在縣北
三十二里又
北八里曰華
陽山又北為
倒崎山為九
龍山
連峯在縣北五
十里又北十
五里為十八
老山
寶鼎山在縣北
九十里
筆架山在縣北
一百一十里

四十五里轄
汎六
仁壽汎縣東北
一百里轄汎
二
縣前鋪東十里
至郭閘鋪十
里至石溪鋪
十里至南平
縣三連鋪
縣前鋪西北十
里至高沙鋪
十里至吉舟
鋪十里至石
湖鋪十里至
順溪鋪十里
至白石鋪十
里至富屯鋪
十里至邵武
府邵武縣黃
坊鋪
順溪鋪東北二
十里至河墩
鋪二十里至
洋墩鋪二十
里至仁壽鋪
抵順昌縣丞

彌陀峯在縣東北九十五里相近者有吳道峯

縣衙門前鋪西十里至桂嶺鋪十里至陳坂鋪十里至杜源鋪十里至裏杉鋪十里至將樂縣黃亭鋪

一百十四

将樂縣圖

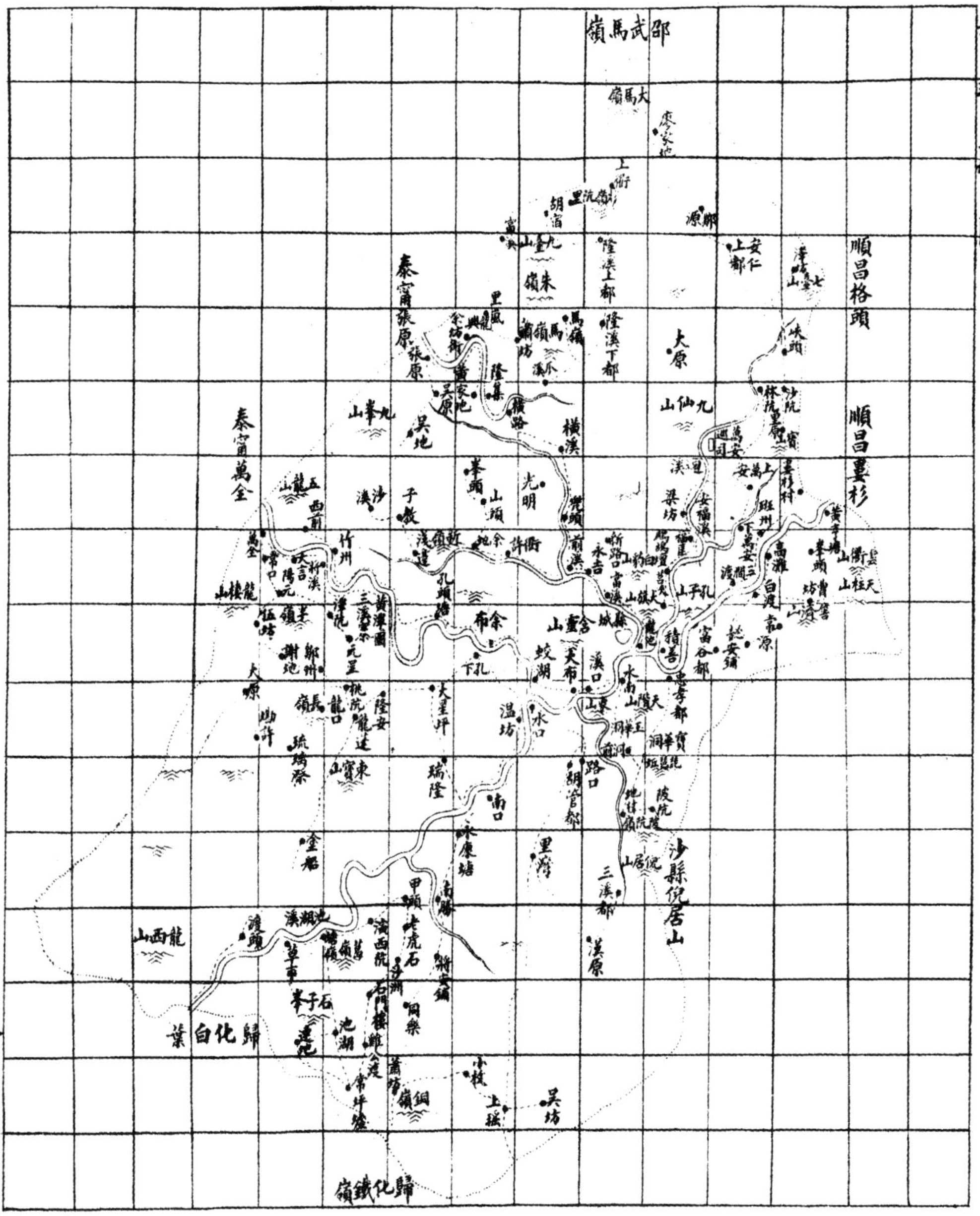

每方十里

延平府將樂縣簡缺

沿革

吳永安三年析建安之校鄉置將樂縣

晉隆安三年析縣之西鄉為綏安縣義熙元年改綏安為綏城屬撫州

隋開皇九年省入邵武縣

唐武德五年析邵武縣置今縣隸撫州七年省垂拱四年復置隸撫州元和三年省五年復置屬建州

五代晉天福八年王延政升置鏞州南唐保大中復舊仍隸建州

宋太平興國四

疆域

東西鳥里廣一百三十五里

南北鳥里縱一百五十三里

至省陸程五百八十里水程六百八十里

至府陸程二百二十里水程二百六十里

縱距府鳥里一十五里

橫距府鳥里一百二十四里

斜距府鳥里一百二十五里弱

東至順昌縣界婁杉鋪六十里

西至邵武府泰甯縣界萬全村一百里

南至汀州府歸化縣界鐵嶺

天度

緯二十六度四十四分

經東一度零九分

冬至日出卯正三刻零五分三十四秒日入酉初初刻零九分二十六秒晝四十一刻零三分五十二秒夜五十四刻一十一分零八秒

夏至日出卯初初刻零九分二十六秒日入酉正三刻零五分三十四秒晝五十四刻一十一分零八秒夜四十一刻零三分五十二

山鎮

西臺山在城內北隅亦名鐘山折而東為大旗山旗山之支為封山封山之支為龜山折而西為含雲山迤東為後山為鐘翠山為章山旁有兩峯對峙者為鳳山其東曰下山又北曰海棠山迤而至西南隅曰五馬山

錦被山在城東一里其左曰飯蘿山曰珠林山曰通天山曰烏石山曰四望山曰南山以次連屬在縣東十

水道

金溪在縣治南源接泰甯縣大溪於縣西北之萬全鄉東南流十里納常口水又東南十里納常口水又東南十里納竹洲都水又東南曲行十餘里至黃潭圖納三溪寨水又東南曲曲行四十餘里至蛟湖有池湖溪西南自歸化之白葉村東北流合南勝都水來會折而東十里有三溪都水自南來注之又東北十餘里經縣南

鄉鎮

坊十二都二十九村三百四十市三墟三

迎樓長安顯烈遵道松橋翠簾六坊在城內東北隅

求仁梅里興賢武德仁德文昌六坊在城內東南隅

隆池積善忠孝富穀高灘五都在縣東共四十四村

水南玉華胡管三溪四都在縣東南共十九村

桃源蛟湖永康南勝四都在縣南共四十六村

隆安池湖大里隆蔭四都在

職官

知縣一員駐城

教諭一員駐城

訓導一員駐城

巡檢一員駐萬安

典史一員駐城

千總一員駐城

把總一員駐城

年改屬本州
元屬本路
明屬本府
國朝因之

隘一百里
北至邵武府邵武縣界馬嶺一百二十里
東南至沙縣界倪居山三十五里
西南至歸化縣界白葉村一百四十里
東北至順昌縣界格頭一百里
西北至泰甯縣界張原一百里

杪

里
孔子山在縣東一十五里
箬濟山在縣東四十里又東為雪裏山其北為天柱山又北為雲衢山
天階山在縣東南一十五里下有玉華洞寶華洞其旁為馬鞍山
陂阬嶺在縣東南三十里
白雲山在縣西南三里旁有象山天湖山
神童山在縣西南四十里
東寶山在縣西南六十里
仙塘山在縣西南七十里
葛嶺在縣西南九十里又西

而東有龍池溪西北自張原嶺東南流經前溪村合西來之沙溪注之又東五里有安福溪東北自七臺山南流合婁杉村水來注之又東北二十里至三澗渡納富谷都水又東北十里納高灘都水又東北十餘里經黃亨塘出境達於順昌縣之富屯溪
瓜溪在縣西北四十五里發源於馬嶺之南西流十餘里至橫路村折而北又十餘里至龍興

縣西南共四十三村
陽源瑞隆義豐黃潭四都在縣西共四十四村
竹舟子教二都在縣西北共一十一村
永吉光明陽岸莫源張源隆興隆集七都在縣北共五十七村
萬安上下隆溪上下安仁上下隆渡上衢崇善九都在縣東北共七十六村
草市縣西南九十里
余坊街市縣西北八十里
萬安市縣東北六十里
常坪墟縣西南

一百十六

有嶺曰塘嶺

銅嶺在縣西南一百里又西為鐵嶺界於歸化

君子峯在縣西南一百一十里

龍西山在縣西南一百三十里

藤嶺在縣西五里

含靈山在縣西七里

獅子山在縣西二十五里其支為五臺山又四十五里曰賢山

龍樓山在縣西一百里旁有嶺曰半嶺

新嶺在縣西北四十里

九峯山在縣西北八十里又

村又西北十餘里經余坊街南出境注於泰甯之黄溪

一百里子教壚縣西北四十里光明壚縣北二十里

將樂縣汛在城內轄塘二十八

縣前鋪東十里至莒峽鋪十里至孔山鋪十里至懿庵鋪十里至黄亨鋪十里至順昌縣崀杉鋪

縣前鋪西十里至桃源鋪十里至蛟湖鋪十里至永康鋪十里至裏灣鋪十里至隔頭鋪十里至將安鋪十里至白蓮鋪十里至蓋竹鋪十里至坵

北有張原嶺
五龍山在縣西北九十里
白豹毬山在縣北一十里
馬嶺在縣北六十里又北為朱嶺為九臺山又北稍東為杉嶺又北為大馬嶺為銀洋嶺距縣一百二十里
蓮花山在縣東五里又東北二十五里曰九仙山其支為石帆山又五里為仙橋山又東迤五里為寶山界於順昌
七臺山在縣東北一百里

場鋪十里至歸化縣鐵嶺鋪

沙縣圖

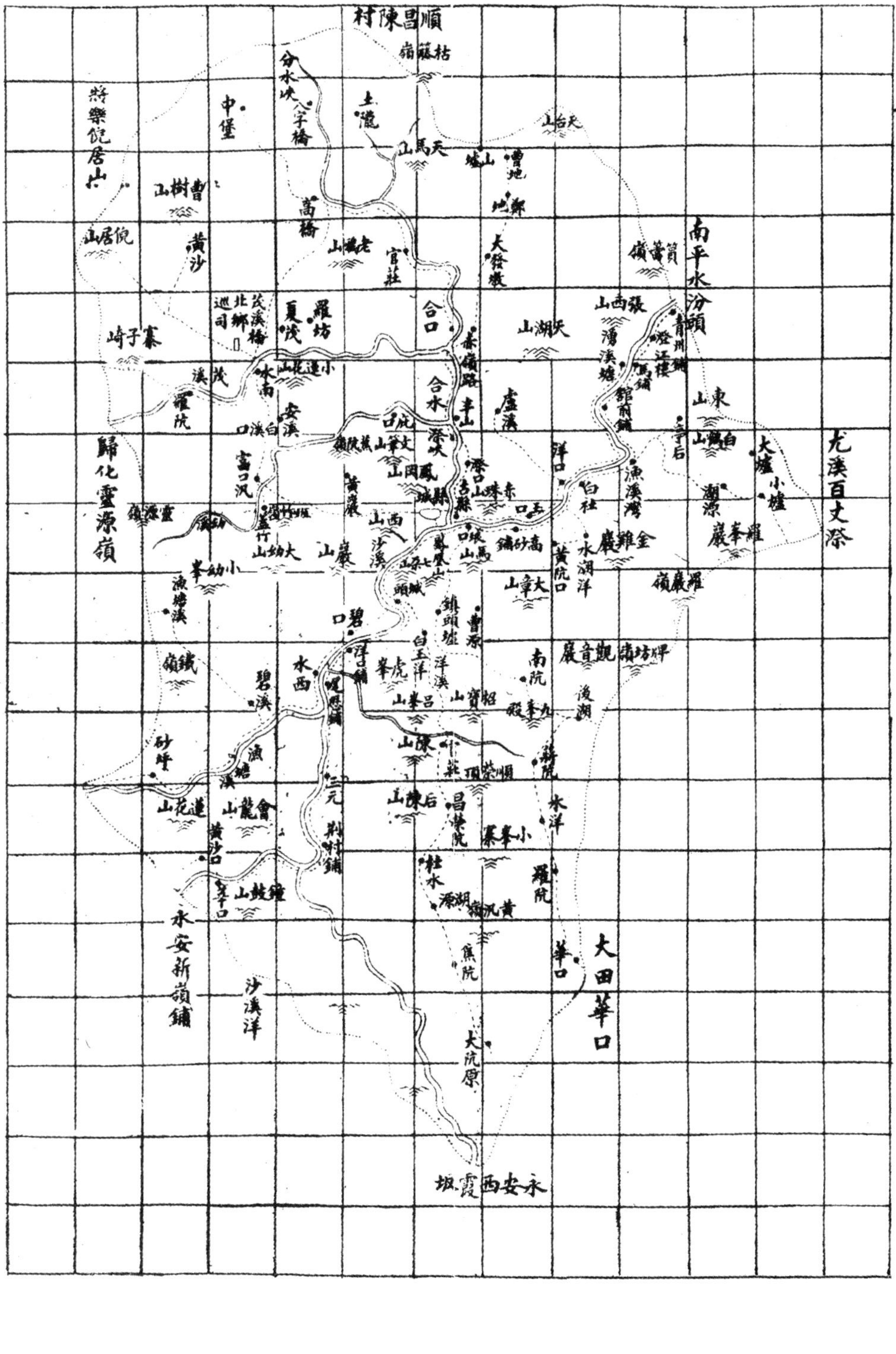

每方十里

延平府沙縣中缺

沿革

吳為南平縣地隸建安郡
晉太平四年析南平縣南鄉沙源地置沙戍
宋元嘉中改沙戍為沙村縣
隋改沙村縣為沙縣開皇十六年省入建安縣
唐武德四年復置屬建州嗣復省入建安永徽六年復置開元中析縣西地置黃連縣即今甯化也大歷十二年改隸汀州
五代南唐改屬本州
宋屬本州

疆域

東西烏里廣一百一十里
南北烏里縱一百六十三里
至省陸程四百八十里水程五百八十里
至府陸程一百二十里水程一百四十里
縱距府烏里五十五里
橫距府烏里六十五里
斜距府烏里八十五里有奇
東至尤溪縣界百丈漈八十里
西至汀州府歸化縣界靈源嶺七十里
南至永安縣界西霞坂一百一十里

天度

緯二十六度二十三分
經東一度二十七分
冬至日出卯正三刻零四分四十七秒日入酉初初刻一十分一十三秒日四十一刻零五分二十六秒夜五十四刻零九分三十四秒
夏至日出卯初初刻一十分一十三秒日入酉正三刻零四分四十七秒日五十四刻零九分三十四秒夜四十一刻零五分二十六

山鎮

性天峯在東門外又東曰祥雲峯相屬者為赤珠山
玉山在縣東三十里對峙者為鐵鉢山其外為卓筆山為馬頭山迤南曰越王山又南為武仙山
金雞巖在縣東四十里東迤為羅巖嶺
白鶴山在縣東五十五里
馬山在縣東南十里又十里曰大章山又二十里曰觀音巖旁有坊牌嶺
鳳凰山在縣南溪南旁曰虎

水道

太史溪在縣南附郭源接永安燕水溪於縣之西南境為沙溪西源東北流五里納黃沙口水又東五里納華口水又東北二十里有西霞坂水南自永安縣西北流來會又東經荆村鋪折北流二十餘里至尾歷鋪有歸化之明溪東流經永安縣界沙口村合漁塘溪碧溪自西來會又北七里有蔣阬水東自九峯山麓合招寶山

鄉鎮

坊二都二十四村五百六十五市一墟三
和仁坊在城內西北隅
興義坊在城內東南隅
一都二都三都四都五都在縣東共九十五村
六都七都八都在縣東南共六十五村
九都在縣南縣北二十里共五十六村
十都十一都在縣東北共五十六村
十二都十三都十四都十五都十六都十七都十八都在縣西北共

職官

知縣一員駐城
教諭一員駐城
訓導一員駐城
巡檢一員駐夏茂
典史一員駐城
把總一員駐城

元屬本路
明屬本府景泰三年析二十四都至三十二都地置永安縣成化六年又析十九都沙陽砂陽二里禪歸化縣
國朝因之

北至順昌縣界陳村九十里
東南至永春州大田縣界華口一百里
西南至永安縣界新嶺鋪一百里
東北至南平縣界水汾頭八十里
西北至將樂縣界倪居山一百里

杪

邱山曰羅公山
七朶山在縣南一十里又南十五里曰虎峯迤東南十里曰呂峯山旁有招寶山九峯殿山
馮山在縣南五十里又南曰前陳山曰后陳山曰蓋竹山折而東為小峯寨山又南十二里為黃汎嶺又南二十五里為大甲嶺
龍會山在縣西南六十里又西曰蓮花山普賢山大狀山莊山
鐘鼓山在縣西南八十里又西十里為新

水呂峯山水而西來注之又東北五里至洋口鋪洋口碧口二水分左右入焉又東北二十餘里經縣南而東與東溪會
東溪在縣東源於縣西北境順昌縣界之天柱山東南流三十餘里經高橋而東有枯籐嶺水合土壠水自北來注之又東南三十里經赤嶺西有茂溪上接歸化縣氏溪自西合羅坊水來會又南十里有幼溪西南自大小幼

一百四十六村
十九都在縣南共二十六村
二十都二十一都二十二都在縣西共五十六村
二十三都二十四都在縣西南共六十五村
夏茂市縣西北五十五里
鎮頭墟縣南十五里
徐坊墟縣南二十里
洋溪墟縣南二十五里
沙縣汎在城内轄塘一十九
縣前鋪南二十里至鎮頭鋪二十里至高砂鋪三十五里至館前鋪

一百十九

西嶺界於永安山在縣西附郭又西十里曰巖山其旁有聚峯山對峙者為怡山

大幼山在縣西三十里西下為小幼峯其左曰龍山曰高源山

淘金山在縣西北六里其東為獅豸山豸山之左為大靈山大靈山之下為小靈山旁有嶺曰蕉阬嶺

小蓮花山在縣西北三十五里

老鴉山在縣西北四十五里

將軍山在縣西北五十里又北二十里為寨子崎又西

山東流合白溪炎溪來注又南十餘里經縣東與太史溪會是為沙溪合而東五里受琅口水又東十里納玉口水又折東北流七里納洋口水又東北十里納漁溪水又北少西二十里至馬鋪納湧溪水又東北十餘里入南平縣境達於西溪

二十里至青州鋪二十里至南平縣沙溪鋪

縣前鋪西三十里至洋口鋪三十里至尾歷鋪二十里至荊村口鋪二十里至永安縣新嶺鋪

一百二十

北三十里為倪居山界於將樂

曹樹山在縣西北九十五里

鳳岡山在縣北附近又北十里為文筆山其東為靈寶山石舫山

天馬山在縣北七十里又北為枯籐嶺

馬笠山在縣東北二十里又東北五里曰天湖山東迤十里曰張西山

天臺山在縣東北九十里其顛界於南平順昌二縣下為屏山迤東為太平山

尤溪縣圖

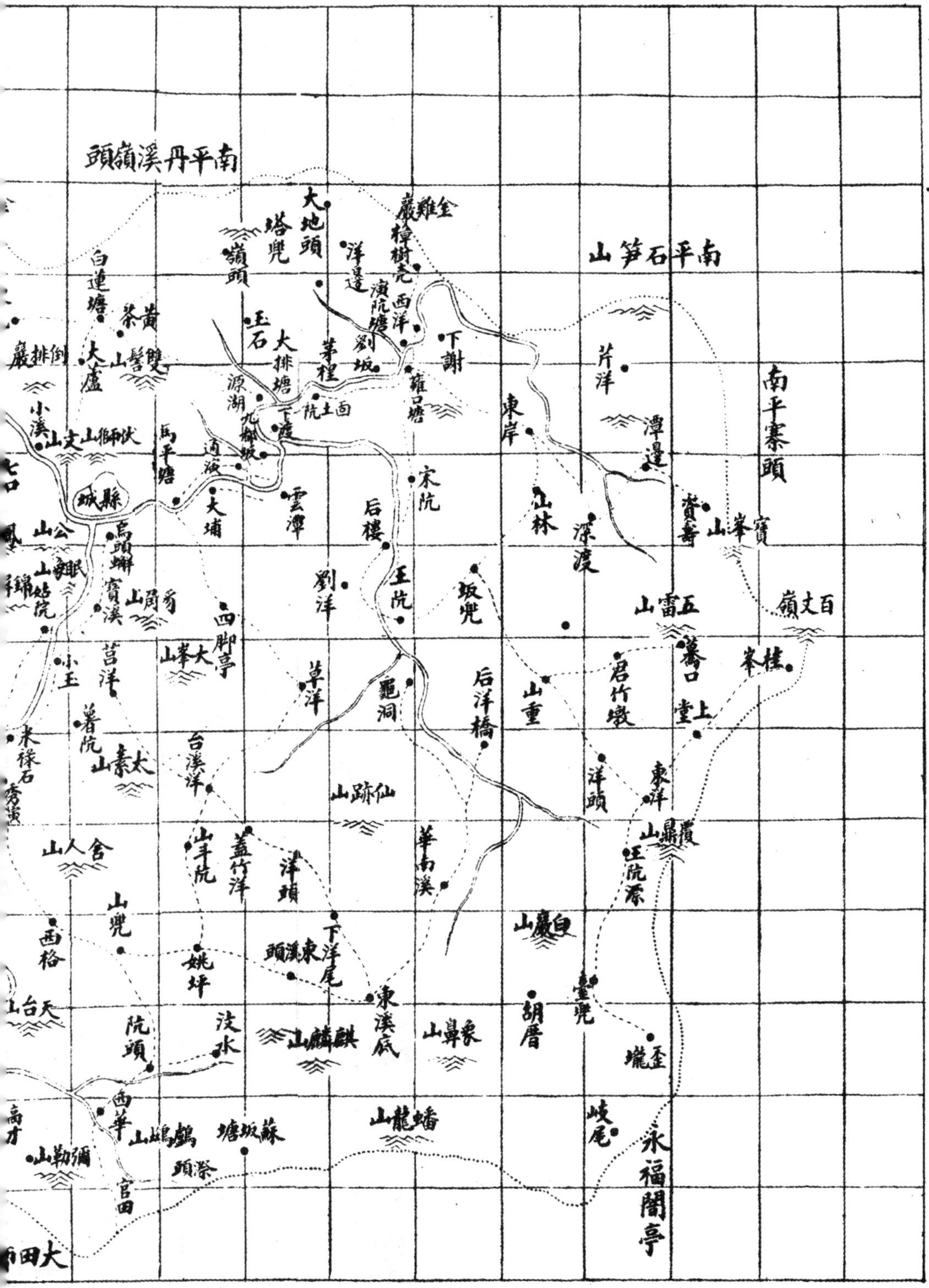
南平丹溪嶺頭
南平石笋山
南平寨頭
大地頭
塔兒嶺頭
縣城
五雷山
百丈嶺
寶峯山
桂峯
上堂
君竹墩
重山
后洋橋
后樓
王阬
坂兜
深渡
宋阬
下謝
東岸
芹洋
潭邊
劉洋
雲潭
大埔
仙跡山
合人山
麒麟山
象鼻山
蟠龍山
白巖山
東溪底
天台山
彌勒山
太素山
大峯山
永福閣亭
大田

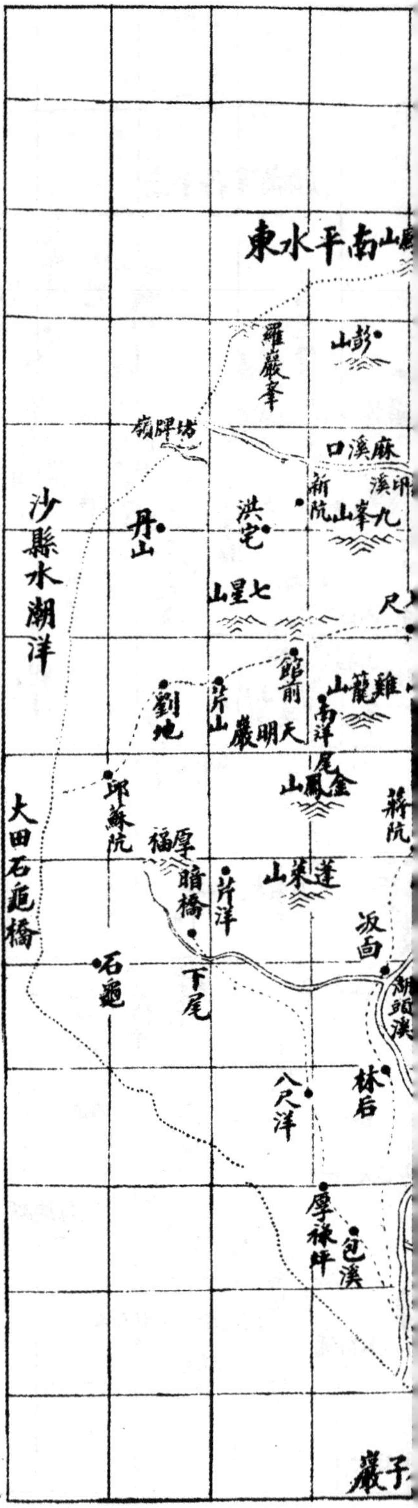
東水平南山
羅巖峯
山彭
坊牌嶺
口溪麻
新阬
溪印
山峯九
沙縣水潮洋
丹山
洪宅
山星七
尺
館前
山籠雞
劉地
岕山
巖明天
高洋
尾
山鳳金
大田石龍橋
邱蘇阬
福厚
暗橋
岕洋
山萊蓬
蔣阬
汳面
石龍
下尾
八尺洋
林后
厚祿坪
包溪
巖子

每方十里

延平府尤溪縣中缺

沿革

唐開元二十九年開延平縣之山峒置曰沈溪隸福州天寶初改福州為長樂郡沈溪仍附之永泰元年將沈溪侯官合為一縣曰永泰即今永福也五代閩王氏析永泰為二縣避審知諱改沈為尤因名尤溪屬福州長樂府南唐改屬本州又析縣之進城常平二鄉以禆德化宋屬本州元屬本路明屬本府景泰

疆域

東西爲里廣一百三十三里南北爲里縱一百二十里至省陸程三百二十里水程三百七十里至府陸程一百六十里水程一百八十五里縱距府爲里八十五里橫距府爲里五里斜距府爲里八十七里三分有奇東至南平縣界寨頭九十里西至沙縣界水潮洋七十里南至永春州大田縣界獅子巖一百一十

天度

緯二十六度一十三分經東一度五十分冬至日出卯正三刻零四分二十五秒日入酉初初刻一十分三十五秒日四十一刻零六分一十秒夜五十四刻零八分五十秒夏至日出卯初初刻一十分三十五秒日入酉正三刻零四分二十五秒日五十四刻零八分五十秒夜四十一刻零六分一十秒

山鎮

參拜山在縣東三里又東七里曰碧雞山相近者曰應仙山徐家山在縣東三十里五雷山在縣東七十里又東十里曰金雞山又東曰寶峯山迤南十里曰桂峯山界於閩清豸角山在縣東南十五里又十里曰大峯山太素山在縣東南五十里東迤三十里曰仙跡山又東南三十里曰白巖山又南曰赤雲山曰

水道

湖頭溪在縣南一百里源自大田縣溪東北流入縣境又北十餘里西納包溪水而漈頭溪亦合汶水自東來注之又北三十里有新橋溪自西來注之又北稍東二十里納寶溪苫洋水又北十里至縣南有青印溪自西來會青印溪在縣治南源出沙縣界山之羅巖峯東南流二十餘里納新阬水又東南十里納麻溪水又東南二

鄉鎮

坊十四都三十一村二百零七宣化畫錦登雲興賢通駟昇平拱星崇文福昌積善十坊在城內青印興文水東城西四坊在城外四向附郭一都二都縣西南一百里共一十七村三都縣西六十里共八村四都縣西北六十里共八村五都縣西三十里共九村六都縣西四十里共八村七都在縣城附近之地共九

知縣一員駐城
教諭一員駐城
訓導一員駐城
巡檢一員駐高才坂
典史一員駐城
把總一員駐城

一百二十二

三年析寶山以西地隸永安嘉靖十六年又析遥田萬足二里以益大田
國朝因之

里
北至南平縣界丹溪嶺五十里
東南至福州府永福縣界閩亭一百七十里
西南至大田縣界石龜橋一百里
東北至南平縣界石笋山八十里
西北至南平縣界水東六十五里

象鼻山曰蟠龍山距縣一百四十里
麒麟山在縣東南一百一十里
公山在縣南其右曰鯉山曰眠象山有嶺曰牛嶺其左曰錦屏山
舍人山在縣南五十里又南十五里曰天台山
鷓鴣山在縣南八十五里相近為靈旗山劍門山又十里為竹峯巖又十里為龍門山迤西為彌勒山
鳳山在縣西南五里又二十里曰雞籠山又五里曰金

十里納小溪水又東南十里經城西與湖頭溪會是為尤溪合而東北曲行二十里雙髻山水自西北來注之又東而北十里至下洋有華南溪南自象鼻山北流合王阬水台溪水曲行來注折西北流十里有源湖水自西北來注之又轉而東流曲曲二十里有塔兜水自西北來注之又東北十里有資壽溪合五雷山水自東南來注之又東北經金雞

村
八都縣東二十里共六村
九都縣東三十里共八村
十都縣東北六十里共八村
十一都縣東北七十里共八村
十二都十三都縣東一百里共一十二村
十四都十五都縣東八十里共一十一村
十六都縣東南一百三十里共七村
十七都縣東南一百里共七村
十八都縣東南六十里共七村
十九都二十都二十一都縣

鳳山迤而北曰賴巖曰天明巖
蓬萊山在縣西南七十里
流溪巖在縣西南一百里旁有馬軍嶺鐵嶺
翠帷山在縣西附郭又西六里曰璠山又西二十里曰九峯山
七星山在縣西五十里其南為芹山
丹山在縣西六十里相近者有大雪嶺小雪嶺
國山在縣西北五十里又北為彭山西迤為半山又北為羅巖峯距縣六十五里

巖東出尤溪口達於南平之西溪

東南一百三十里共二十七村
二十二都縣東南一百五十里共四村
二十三都縣南一百一十里共四村
二十四都二十五都縣南七十里共一十三村
二十六都二十七都縣南一百一十里共七村
二十八都縣南八十里共六村
二十九都縣南一百一十里共五村
四十九都縣西南九十里共六村
五十都縣西六

一百二十三

伏獅山在城北其右為玉釜山又北四里為丈山又北二十里為雙髻山又北稍西為倒排巖

半山在縣東北十五里又十五里曰彭阬巖有嶺曰秋竹嶺小襄嶺

后山在縣東北六十里迆東十五里為東山又東為金雞巖界於南平

十里共五村

尤溪縣汛在城內轄塘一十三

縣前鋪東三十里至馬坪鋪三十里至丹溪鋪三十里至大蓋鋪二十里至鳩源鋪二十里至羅源鋪二十里至南平縣城西鋪

一百二十三

永安縣圖

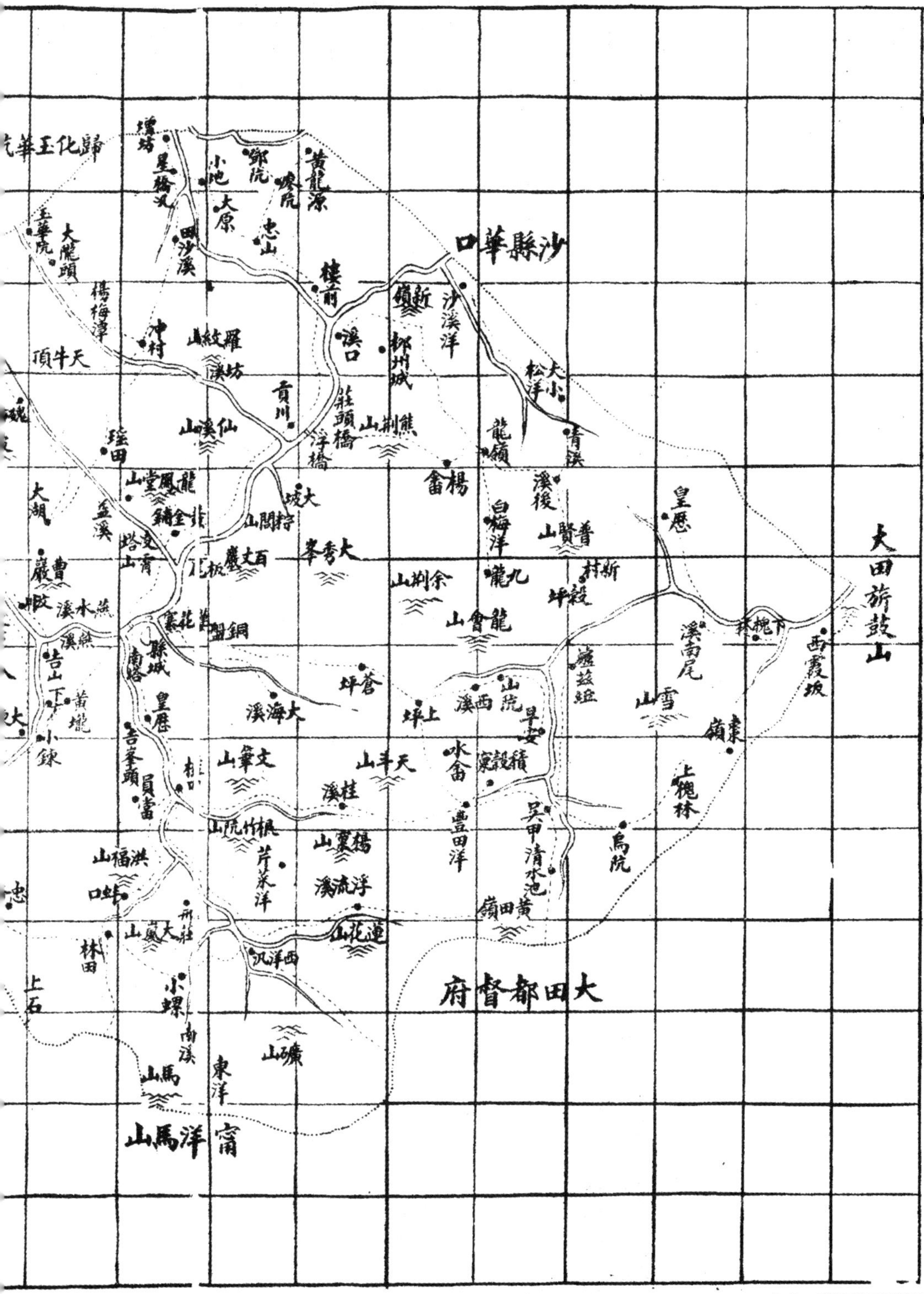

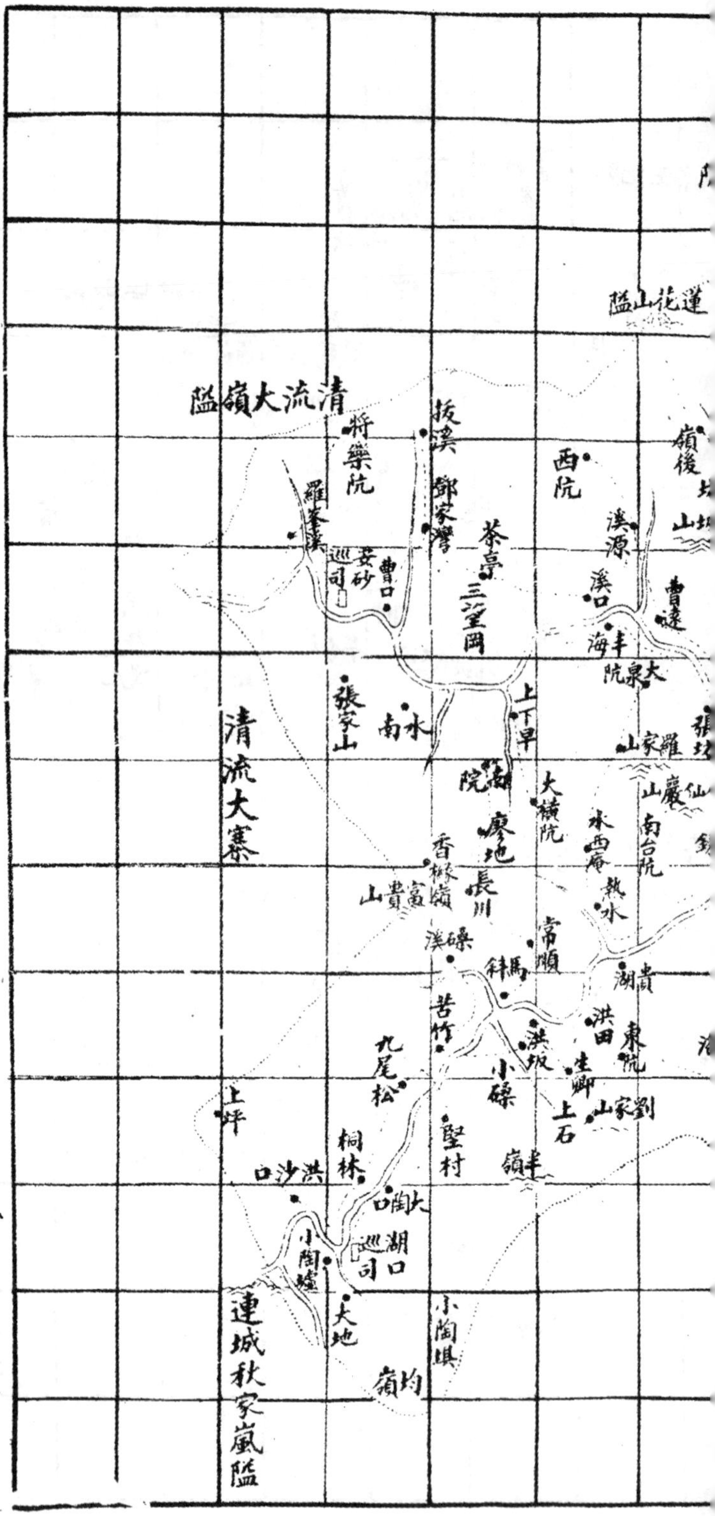
清流大嶺隘
蓮花山隘
清流大寨
連城秋家嵐隘
巡司
安砂
曹口
茶亭
三望岡
溪源
溪口
西阬
張家山
水南
富貴山
長川
常順
苦竹
九尾松
上坪
桐林
堅村
洪沙口
大陶口
湖口
巡司
小陶墟
大地
均嶺
半嶺
小磜
上石
劉家山
羅家山
熱水
洪田
東阬
南台阬
大橫阬

每方十里

延平府永安縣中缺

沿革

明為沙縣之浮流巡檢司地正統十四年置永安千戶所於此景泰三年改置析尤溪縣地益之為永安縣

國朝因之

疆域

東西鳥里廣一百四十九里

南北鳥里縱一百一十七里

至省陸程六百四十里水程七百六十里

至府陸程三百里水程三百四十里

縱距府鳥里一百四十四里

橫距府鳥里一百三十五里

斜距府鳥里一百九十七里有奇

東至永春州大田縣界旂鼓山一百里

西至汀州府清流縣界大寨八十里

南至龍巖州甯洋縣界馬山

天度

緯二十五度五十五分

經東一度零五分

冬至日出卯正三刻零三分四十五杪日入酉初初刻一十一分一十五杪日四十一刻零七分三十杪夜五十四刻零七分三十杪

夏至日出卯初初刻一十一分一十五杪日入酉正三刻零三分四十五杪日五十四刻零七分三十杪夜四十一刻零七分三十杪

山鎮

東山在治東城跨其上旁曰三台山

卓筆峯在縣東五里

太秀峯在縣東二十五里又東十五里曰錦屏山其北有余荊山又東曰龍會山又東少北為普賢山距城凡五十里

文筆山在縣東南十五里又東十里曰天斗山

根竹院山在縣東南二十六里東迤十里曰暘窠山又南十五里曰道花山又南曰礦山

水道

燕水溪在縣西十里為縣之經流源接清流縣九龍灘於縣西北境之大嶺前東流十里羅峯溪自西北來注之又東稍南十餘里經安砂司南至曹口將樂阬水自北來注之又東十里至水南香椒嶺水自南注之又東八里大橫阬水自南注之又東北二十里至溪口溪源水自北注之折而東南十餘里經東華山下有吉溪自

鄉鎮

坊十三都十二鄉一百一十五市三墟七

城廂內外統一十三坊

二十四都在縣東北統九鄉

二十五都二十六都在縣北統二十六鄉

二十七都在縣東南及近縣西地統二十四鄉

二十八都在縣南統一十一鄉

二十九都在縣西統一十四鄉

三十都三十一都三十二都在縣西北統一十三鄉

四十一都四十

職官

知縣一員 駐城

教諭一員 駐城

訓導一員 駐城

巡檢二員 一駐安沙 一駐小陶

典史一員 駐城

把總二員 一駐西洋 一駐星衢

九十里

北至汀州府歸化縣界玉華阬八十里

東南至大田縣界都督府八十里

西南至汀州府連城縣界秋家嵐一百二十里

東北至沙縣界華口八十里

西北至清流縣界大嶺隘一百里

黃田嶺在縣東南八十里

石羅山在縣東南九十里其旁曰黃甲山白巖山瓊山迆東曰獅子峯曰雪山

登雲塔山在縣南一里旁有三十落嶺又南曰三望嶺又南曰赤巖距城凡十五里又南五里曰大坪山又南十里曰鴻福山又南十里曰大嵐山又二十里曰馬山界於甯洋

北山在縣西南五里又西十里曰吉山對峙者曰南旗山其外為天

西南來會又東一十里有南溪自東南來會合而東北流經縣城北大梅溪自東南來注之又東北六里益溪自東華山東南流來注之又東北十五里大坡水自東南注之又東北三里有歸化縣之胡坊水自縣西北嶝仙溪山來會是為貢溪又東北十五里有歸化縣之大吉溪自縣西北境合田沙溪來會又東北十五里有青溪合松洋水自東南

二都四十三都在縣東統一十八鄉

安沙市在縣西北八十里

忠山市在縣北五十里

貢川市在縣東北四十里

上坪墟在縣東四十里

清水池墟在縣東南八十里

西洋墟在縣南六十里

洪田墟在縣西南六十里

小陶墟在縣西南一百二十里

星橋墟在縣北六十里

沙溪洋墟在縣東北八十里

永安縣汛在城內轄塘二十七

臺山

八仙巖山在縣西南二十五里

香櫞嶺在縣西南六十里又西十里曰富貴山

留家山在縣西南六十里又西南五里有半嶺

東華山在縣西十二里旁為金星山又西十里曰羅家山

張家山在縣西六十五里

九峯在縣西北一里

曹巖山在縣西北一十五里又十里為坡山

天牛嶺在縣西北四十里又十五里為蓮

來注之又東北經曹原村東達於沙縣西南境之沙溪

吉溪源於連城縣之三東溪曲溪二水東北流入縣西南以上湖口出行二十里小陶壚均嶺水自東南來注之又東北十里半嶺水自東來注之又東北二十里礤溪小礤溪分左右入焉又東北十餘里熱水自西北來注之又東北三十里經吉山下達於龍溪是為燕水

南溪在縣南六

縣削鋪南三十里至桂口鋪三十里至林田鋪三十里至甯洋縣馬山鋪

桂口鋪東南三十里至東洋鋪三十里至大田縣界

縣前鋪北二十里至黃坊鋪二十里至貢川鋪二十里至張關鋪二十里至新嶺鋪二十里至沙縣荊村口鋪

一百二十六

花山隘

三岁岡在縣西北六十里又西北二十里曰羅峯又二十里曰大嶺

凌霄塔山在縣北五里又北十里曰龍鳳堂山又北十里曰仙溪山又北十里曰蘿紋山又北十五里曰忠山

栟櫚山在縣東北二十里

熊荊山在縣東北五十里

新嶺在縣東北七十里

十里源於馬山之北麓東北流二十里浮流溪水合礦山水自東南來注之折而西北十餘里林田水自西南來注之又北十里桂溪自東來注之又北行二十餘里入於燕溪

黄田嶺水在縣東南八[illegible]北流[illegible]烏[illegible]東來注[illegible]北里許豐田洋水自西來注之又北十餘里西溪自西來注之折而東北十五里普賢山水自

建甯府縣總圖

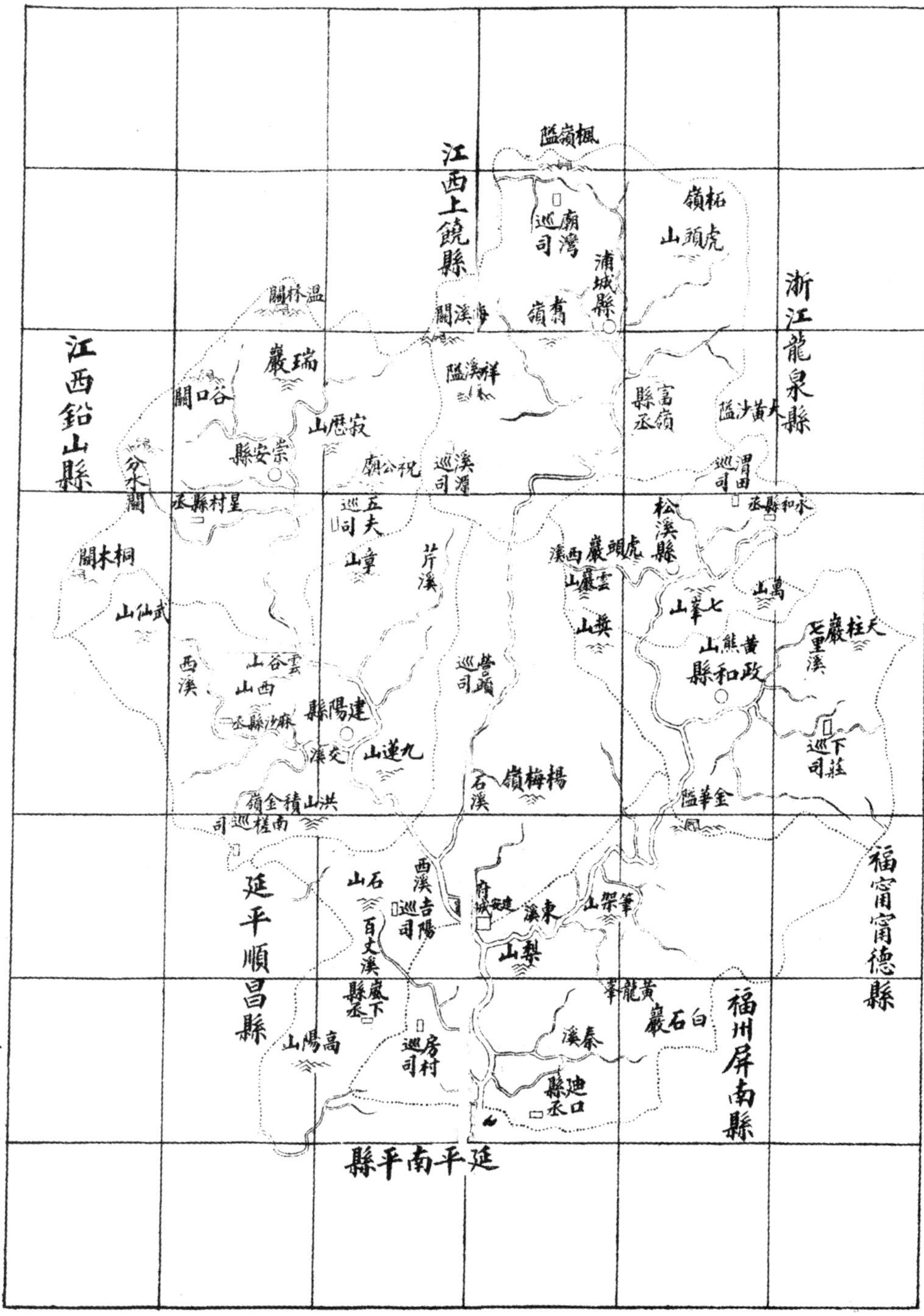

每方五十里

建甯府在省治西北五百零五里至京師五千七百五十五里漢南部都尉地吳改為建安郡領建安侯官吳興南平建平東平將樂昭武東安九縣晉隸揚州尋隸江州南朝宋齊並因之梁隸東揚州陳永定初隸閩州天嘉六年仍隸東揚州光大二年隸豐州閩州豐州皆今福州也隋開皇九年郡廢餘縣皆省惟建安縣地屬泉州即今福州唐武德四年復置建州領建安唐興建陽將樂綏城閩六縣六年析閩地置泉州建州如故七年以邵武來屬八年省建陽入建安貞觀三年省綏城入邵武永徽六年置沙縣垂拱四年復置建陽天寶元年改建州為建安郡改唐興為浦城乾元元年復為州大歷十二年割沙縣隸汀州凡五縣五代晉天福六年閩王氏升州為鎮武軍南唐改永安軍又改忠義軍增松源歸化建甯三縣凡八縣宋仍為州改松源為松溪太平興國四年割將樂隸南劍州五年割邵武置軍以歸化建甯二縣屬之端拱元年改建甯軍嗣增崇安甌甯政和三縣紹興三十二年升為府凡七縣景定元年復改建陽為嘉禾元至元二十六年改為路仍以嘉禾為建陽領縣如前明洪武元年改為府餘如舊景泰六年增置壽甯縣國朝因之雍正十二年割壽甯縣隸福甯府領縣七治建安甌甯西北建陽崇安北浦城東北政和松溪建溪有二源東源為東溪西源為西溪東溪源自浙江龍泉縣小梅南流過竹口八都二鎮會慶元縣東山水西南流經木城隘入松溪縣東北境又西南經舊縣東折而南至李屯有慶元縣新窰水自東來會又歷從西流至七峯山西有清泉溪北自亳田里南流至牛軛嶺東合直源溪來注又西南經石壁山有西溪西自甌甯縣鳳阬東流來會又西南經紅門隘入政和縣界折東南流歷西津渡有七星溪東北自銅盤山西南流合石龜溪胡

注：此頁應為一百二八，以下類推，原本誤。

屯溪茶溪諸水來會又西南經鋪前街循新廠南入建安縣境又曲曲西南流至東游塘有東游溪北自甌甯縣崙口南流來會又曲曲西流至箬溪塘北有可阬水西北流至東谷合東萇溪來注又西南經坤口坤口溪自北注之又西南經月嶺南將相里水自東注之又西南歷鍾山石龜嶺抵府治西南隅與西溪會西溪上接崇溪其東源自崇安縣東北之石臼里受岑陽齊北銅鈸寮竹諸山水西南流七十餘里抵林渡而西源亦自鉛山縣界分水嶺東流經狀元峯北麓合温林嶺觀音嶺南流之水來會又曲曲西南流經縣城東繞押衙洲而南經赤石渡有漿溪合黃龍溪水自西注之又南經梅溪渡有梅溪東北自西阬嶺來注之又南經石鼓渡有九曲溪西北自黃蓮阬來注之又東南曲行四十餘里經興田驛東入建陽縣境有陳溪自東入焉又東南至將口有芹溪東北自建忠里來注又東南經轉水灣有錦溪自雒田里來注又南經水井窠西折西南流經東山而西至雙溪口有西溪西北自毛虛潨山東南流納化龍溪莒口溪龍門溪馬伏溪諸水自西來會是為交溪又東南至倒水阬有徐屯溪自西入焉又西南曲曲行經庵溪口至黃口塘入建安縣西北界又東南至葉坊驛東有柘溪北自浦城縣柘嶺會漁梁溪新溪郭陽毛源駐嶺鐵場石陂溪諸水曲曲西南流二百二十餘里來會又東南至宜均塘東納宜均溪又東南繞北津鎮抵府治西折而西與東源會二源既合水勢愈盛又屈曲東南行經太平驛東有秦溪東自古田縣界西流合屏風山水來注又折西南行至南雅口秦溪復自涼繖山麓南分一支來注又西南經八仙塘有百丈溪自甌甯縣石山下東南流合登仙里水來會又西南至房村口房村溪自西北來注之又南經莒口峽入南平縣東北境達於延平之劍溪建甯之山源自浙之括蒼

緜亙六七百里西趨江山縣之仙霞嶺入浦城界折而南行越楓嶺獅山漁梁山橫山止於皇華山而浦城縣治負之又自漁梁西分一支歷蔡家嶺駐嶺南分一小支越西阬嶺高重嶺曳入甌甯縣界火山大米山小米山至於天寶山而止又自駐嶺分支西行沿崇安縣境岑陽山黃石山至白雲山折西南行經分水嶺大安嶺磅礴南下起為武夷山又自分水嶺分支南行歷白塔山入建陽縣界又東南為毛茶岡為雲谷山折落童遊山轉入城南之大潭山其自仙霞嶺東行者沿大竿嶺筋竹嶺滌下嶺朱岱嶺至於泉山蜿蜒而南過天空嶺盃竹嶺轉西南行折入葛藤嶺沿溪而來歷源頭程阬牛軛突起蹲獅山為松溪縣治之後障又自蹲獅山西行歷虎頭巖皆望山至甌甯之白石山南起為毛仙峯西峯山天堂山又南為天湖山落入府治為黃華山又自盃竹嶺分支東行盤旋龍泉慶元二縣轉入政和縣東境為石牛山為銅盤山為后山迤邐而下過鶴都嶺馬鼻嶺再起為黃熊山而政和縣城跨焉其自石牛山南行為天柱巖為洞宮山則又東迤而入於壽甯甯德矣東至福甯府甯德縣界二百二十里西至延平府順昌縣界一百里南至延平府南平縣界九十七里北至江西廣信府上饒縣界三百七十里東南至福州府屏南縣界一百三十五里西南至順昌縣界一百三十里東北至浙江處州府龍泉縣界二百二十五里西北至江西廣信府鉛山縣界三百四十五里東西烏里廣三百里南北烏里縱三百零七里

建安縣圖

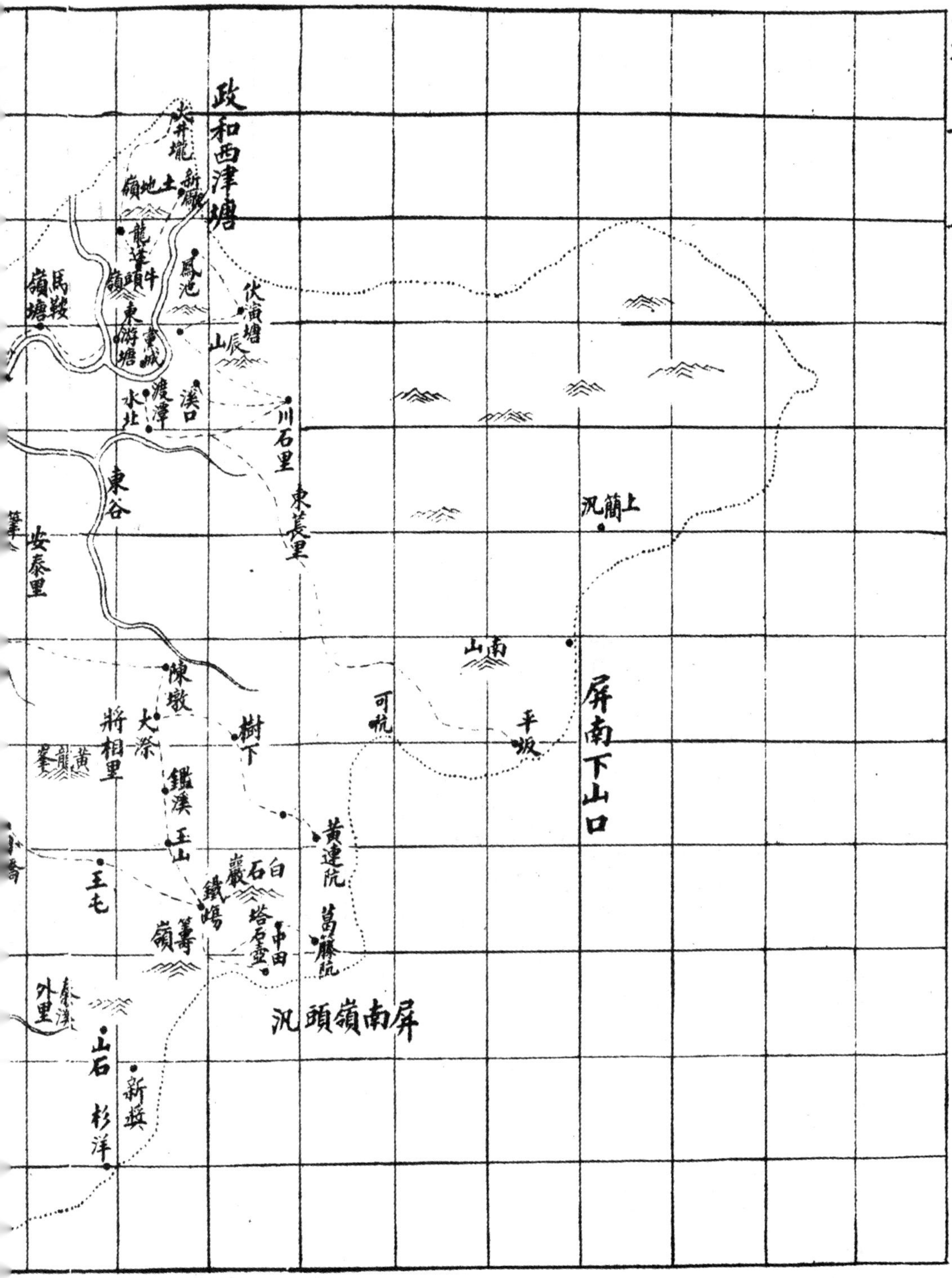
政和西津塘
屏南下山口
屏南嶺頭汛
上簡汛
南山
平坂
可杭
樹下
黄連阬
葛藤阬
白石巖
東長里
川石里
溪口
渡津
水北
東谷
安泰里
將相里
陳墩
大際
鑑溪
玉山
鐵場
王乇
山石
新坪
杉洋
馬鞍嶺塘
伏演塘
辰山
鳳池
東游塘

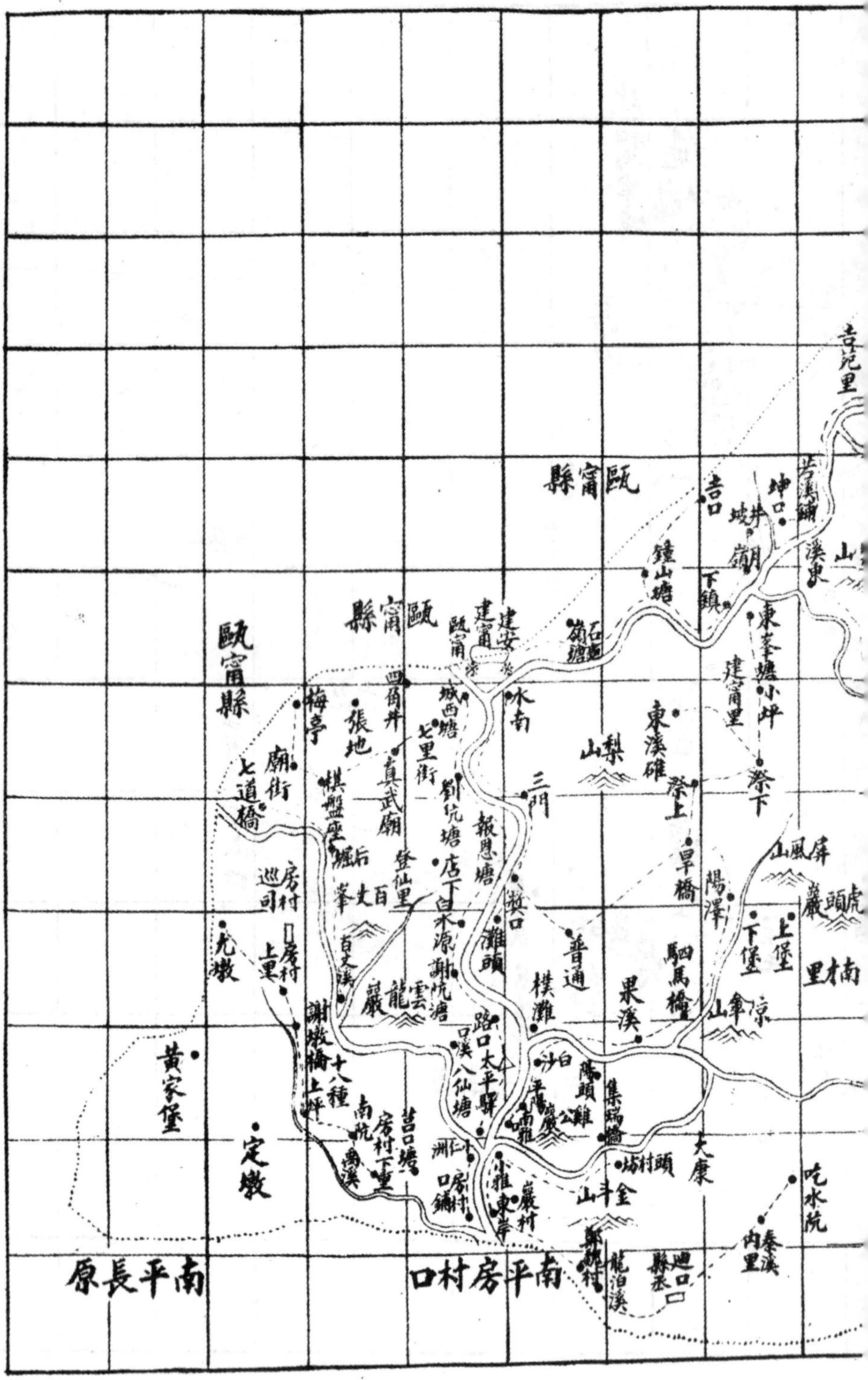
甌甯縣
甌甯縣
甌甯縣
建安
建甯
甌甯
水南
三門
東溪碓
梨山
報恩塘
店下
灘頭
普通
樸灘
果溪
集瑞橋
大康
吃水坑
金斗山
龍泊溪
縣丞
迴口
上堡
下堡
楠里
梅亭
張地
七道橋
廟街
真武廟
黃家堡
定墩
七墩
南平長原
南平房村口

每方十里

建甯府建安縣中缺

沿革

漢建安初析侯官北鄉置以年號為縣名兼轄今建陽甌甯將樂泰甯諸縣之地十年析縣之桐鄉置建平縣即今建陽

吳永安三年為建安郡治又析其地為將樂昭武綏安三縣

晉建安郡治

齊移郡治吳興

梁陳復為郡治

隋開皇九年屬泉州大業初屬閩州三年屬建安郡並今福州

唐為建州治天寶初為建安郡治乾元元

疆域

東西鳥里廣一百七十里

南北鳥里縱一百一十里

至省陸程五百零五里水程六百里

府治附郭

東至福州府屏南縣界下山口一百三十五里

西至甌甯縣界一里

南至延平府南平縣界房村口九十七里

北至甌甯縣界一里

東南至屏南縣界嶺頭汎一百里

西南至南平縣界長原八十里

天度

緯二十七度零四分

經東二度

冬至日出卯正三刻零六分一十八秒日入酉初初刻零八分四十二秒日四十一刻零二分二十四秒夜五十四刻一十二分三十六秒

夏至日出卯初初刻零八分四十二秒日入酉正三刻零六分一十八秒日五十四刻一十二分三十六秒夜四十一刻零二分二十四秒

山鎮

白鶴山在縣東二里又三里曰響山曰白土山又五里曰石龜嶺

蓮花山在縣東三十五里又東曰筆架山曰南山距縣一百二十里又東三十里曰分水嶺

象山在縣東南三里又十二里曰梨山其外為茶山

屏風山在縣東南四十五里又東為黃龍峯由黃龍峯而南曰玉山玉山迤東曰白石巖旁有葛藤嶺距縣一百五十里

水道

建溪亦名建江在府城西南閩江之上流而建甯之經流也有二源一自政和合松溪縣松溪西南流達府治東建安縣境為東溪一自建陽合崇安崇溪東南流會浦城柘溪達府治西甌甯縣境為西溪

東溪在府治東政和門外源自處州松源會松溪政和水而下由縣東北新廠入境南流二十餘里經黨城東折而西十

鄉鎮

隅二里十三村六百七十五市七

東隅南隅在城內

吉苑里縣東三十里領四十四村

順陽里縣東九十里領四十八村

建甯里縣東四十里領四十七村

安泰里縣東一百里領五十九村

東萇里縣東一百五十里領六十六村

將相里縣東南五十里領四十九村

南才里縣東南一百二十里

職官

建甯府知府一員駐城

教授一員駐城

訓導一員駐城

經歷一員駐城

知縣一員駐城

縣丞一員駐迴口

教諭一員駐城

訓導一員駐城

巡檢一員駐房村街

典史一員駐城

建甯鎮總兵一員駐城

中營遊擊一員駐城

左營守備一員駐城

中營千總一員駐城

中營把總一員駐太平

左營把總一員駐城

右營把總一員駐城

年復為州治五代閩王氏屬鎮武軍南唐屬永安軍尋屬忠義軍宋初為建州治太平興國五年為建甯軍治治平三年析西北境九里置甌寧縣惟統東南隅十三里地紹興三十二年升為建甯府治元為路治明為府治國朝因之

東北至政和縣界西津塘一百六十五里西北至甌甯縣界一里

涼繖山在縣東南五十里其東為虎頭巖又南三十里曰新樊嶺籌山在縣東南一百三十里陳山在縣南四十里又南十里曰雞公巖又南十五里曰金斗山西迤為雞公嶺真武嶺在縣西南二十里又二十里曰百丈峯百丈之南曰雲龍巖相近者曰三門山雞石山西迤曰隊羊峯天馬山在縣東北二里西出為太華山為雙髻山接於甌甯之黃華

里有東游溪北自甌甯縣崙口南流經牛頭嶺西來會又西曲流二十餘里有可阬水西北流至東谷合東莨溪來注又西南二十里坤口溪自北注之又西南七里將相里水自東注之又西南四十里經府城東南隅而西溪自府城西來會是為建溪合而東南四十餘里經太平驛東有秦溪東自古田縣界境西行經涼繖山南北合屏風山水來注折

領五十五村秦溪外里縣西南一百里領四十三村秦溪內里縣西南一百五十里領三十九村登仙里縣西南四十里領六十村房村上里縣西南九十里領七十六村房村下里縣西南七十里領四十八村洲石里縣東北一百三十里領四十一村迪口市縣東南一百二十里太平市縣西南四十里南雅市縣西南五十里房村街市縣西

建甯釐局駐城釐卡二一駐政和門一駐通仙門

山

馬鞍山在縣東北三里又二里曰雞籠山

蘇口山亦名東山在縣東北二十里相屬者為金盤山迤北為漈嶺嶺上兩山對峙俗呼雙門又北為天王嶺界於甌甯

鳳凰山在縣東北二十五里對峙者曰龍山其南曰鑾源山曰曹高山

馬鞍嶺在縣東北七十里

牛頭嶺在縣東北一百一十五里

八仙山在縣東北一百一十

西南流十餘里至南雅口泰溪復自涼繳山麓南分一支來注又西南五里有百丈溪西北自甌甯縣石山下東南流經百丈漈合登仙里水來注又西南十里房村溪自西北來注之又南經莒口峽入南平縣東北境達於延平之劍溪下於閩江入於海

南六十里

房村口市縣西南七十里

東游市縣東北九十五里

川石市縣東北一百二十里

建甯府汛在城內

東屯汛縣東四十里轄汛十三塘十

南雅汛縣西南五十里轄汛四塘六

七道橋汛縣西南六十里轄汛三塘三

縣前鋪南十里至劉阬鋪十里至報恩鋪二十里至謝阬鋪十二里至赤岸鋪二十里至八仙鋪十里至莒

里其下曰五臺山又連銅阬山左接鳳髻山蝦公山土地嶺界於政和

辰山在縣東北一百二十里下有斷軍嶺其東為金華隘山

口鋪十五里至房村口鋪抵延平府南平縣界

縣前鋪東十里至瓦口鋪十五里至橫角鋪二十里至棗林鋪十五里至井歧鋪十五里至箬溪鋪十五里至馬鞍鋪十五里至東游鋪二十里至牛頭鋪十五里至龍蓬鋪十五里至蕉阬鋪二十里至政和縣西津鋪

甌甯縣圖

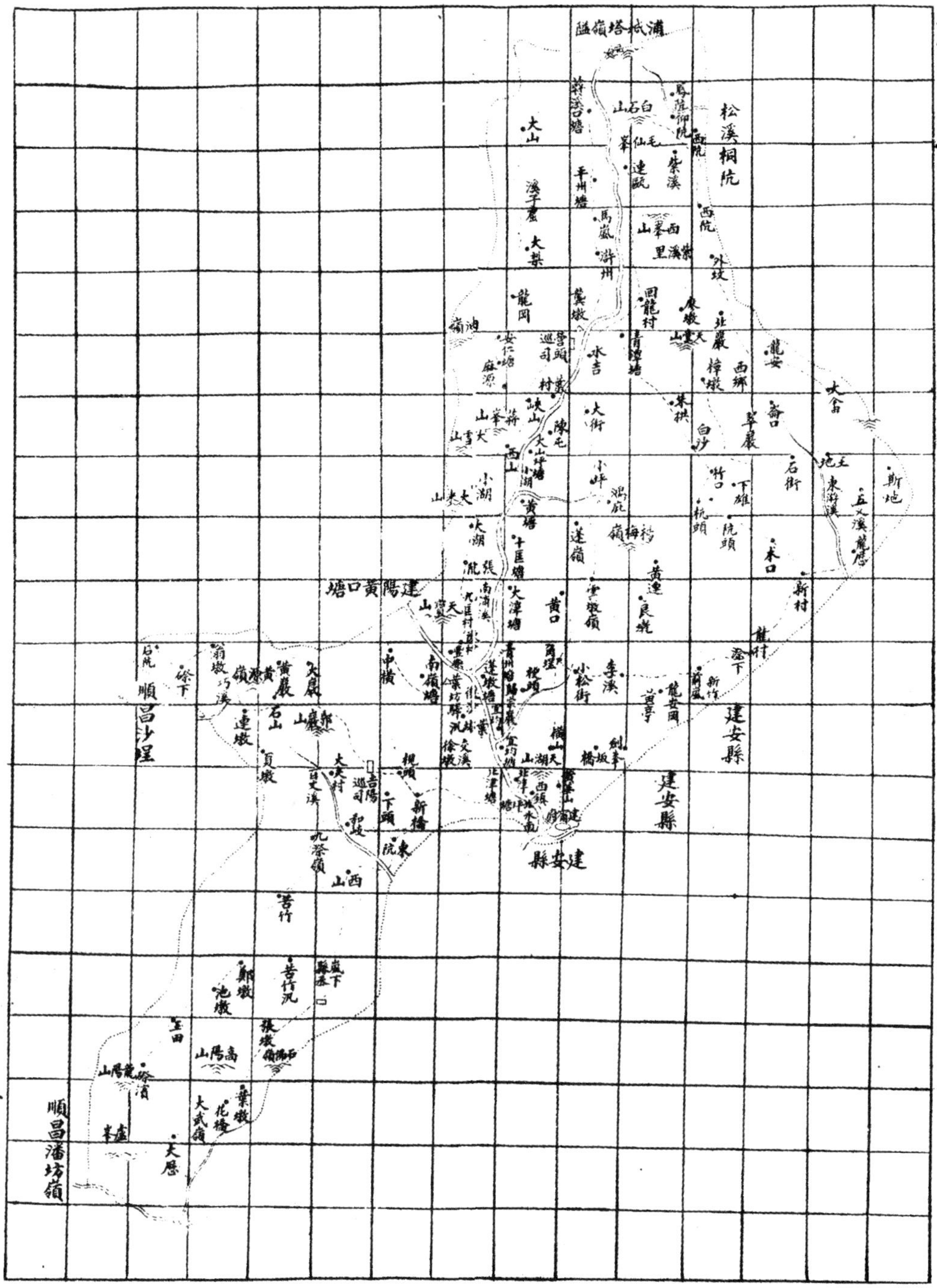

每方十里

沿革

宋治平三年分建安九里三歧併浦城建陽二縣地置熙甯三年省入建安元祐四年析建安地復置不及建陽浦城二縣之地紹興三十二年與建安縣升為府治
元為路治
明為府治
國朝因之

疆域

東西烏里廣一百三十六里
南北烏里縱一百九十二里
至省陸程五百零四里水程六百里
府治附郭
東至建安縣界一里
西至延平府順昌縣界沙堤一百里
南至建安縣界三里
北至浦城縣界塔頭隘一百八十里
東南至建安縣界一里
西南至順昌縣界潘坊嶺一百三十里
東北至松溪縣界桐阬一百

天度

緯二十七度零四分
經東二度
冬至日出卯正三刻零六分一十八秒日入酉初初刻零八分四十二秒日四十一刻零二分二十四秒夜五十四刻一十二分三十六秒
夏至日出卯初初刻零八分四十二秒日入酉正三刻零六分一十八秒日五十四刻一十二分三十六秒夜四十一刻零二分二十四秒

山鎮

黃華山在城內東北隅
鐵獅山在縣南三里其右為雲際山相屬者曰梅仙山曰昇山曰霞山
船山
西山在縣西南四十五里其西為九漈嶺
石塘山在縣西南一百二十里又西曰斗槩山曰吉陽山曰高陽山曰龍陽山由龍陽而南曰盧峯山界於順昌
石佛嶺在縣西南一百三十里又二十里曰大武嶺
華源山在縣西

水道

西溪在城西臨江門外有二源西源自建陽縣會崇安崇溪東南流由黃口塘入境又東南三十里至雙溪口而浦城柘溪自北來會溪北源柘溪亦名南浦溪自浦城縣東南流經塔嶺山東入境又東南三十里至平州塘又三十里經營頭司東水吉街西折西南流三十里有選嶺水自東來注之又南三十餘里至雙溪口與西源

鄉鎮

隅二里十二村
四百三十七
市四
西隅北隅在城內
麻溪里縣西北六十里領二十村
梅歧里縣西南一百里領二十二村
高陽里縣西南一百三十里領十四村
慈惠里縣西二十里領五十村
吉陽里縣西一百里領四十四村
豐樂里縣西北六十里領五十一村
西鄉里縣西北一百二十里

職官

知縣一員 [illegible]
縣丞一員 駐嵐下
教諭一員 駐城
訓導一員 駐城
巡檢二員 一駐營頭 一駐吉陽
典史一員 駐城
把總一員 駐水吉
稅釐分卡二 一駐通濟 [illegible]

里西北至建陽縣界黃口塘九十里

三里相近者曰天闗地軸山曰慶成山曰黑窑阬山又西五里有嶺曰牛押嶺

郭巖在縣西八十里其西為高峯山其北為大巖大巖之西曰黃巖曰石山石山之北曰黃源嶺與後阬岡相屬接建陽界

黑牛山在縣西北三十里相近者曰烏石山曰北平山曰西巖漈山曰蓮花峯旁有歸宗巖

南嶺在縣西北六十里

天寶山在縣西北八十里其

會為西溪合而東南二十里有宜均溪東北自雲墩嶺西南流合李溪來注之又東南二十餘里經府城西折而東橫山水合天湖山水自北入馬又東經臨江門外中㵻為洲繞洲分流已復合於通濟門外又東三里而東溪經梅仙山北麓來會是為建溪折西南流達於延平之劔溪下於閩江入於海

百丈溪在縣西八十里東南流三十餘里

領三十八村

禾供里縣北一百二十里領三十四村

禾吉里縣北一百四十里領二十一村

崇安里縣東北十五里領二十七村

禾義里縣東北九十里領七十五村

紫溪里縣東北一百六十里領四十一村

嵐下市縣西南九十里

葉坊街市縣西四十里

吉陽街市縣西五十五里

水吉街市縣北一百二十里

葉坊汛縣西四十里轄汎二塘十四

西曰斗峯山又北十五里曰大米山曰小米山又北十里曰大雪山曰塔嶺山曰白石人山迆東曰西山西山之北為蔣峯山蔣峯之東曰小湖峽山距縣一百零五里
油嶺在縣西北一百三十里
天湖山在縣北十里其前曰黃畲山相屬者曰靈鷲山東迆為橫山為鼓峯山為飯峯山
登高山在縣北七十里右迆為東魯峽為三峯山為庵山為般若臺

經西山北出境注於建安之東溪
巧溪在縣西一百里源自黃源嶺西流十餘里經滌下入順昌縣東北境注於順溪
東游溪在縣東北八十里源自崙口東南流三十餘里經新村入建安縣東北境注於東溪
鳳阬水在縣東北一百六十五里源自白石山東流十餘里入松溪縣西境注於西溪

上洋汎縣西南二百二十五里歸順昌營兼轄
縣前鋪西十里至城西鋪十里至郭道鋪十里至北坪鋪十里至北津鋪十里至交溪鋪十里至長汀鋪十里至後沙鋪十里至豐樂鋪十里至中橫鋪十里至建陽縣黃口鋪
縣前鋪北十里至麻源鋪二十里至仁山鋪十里至營頭鋪十里至寶立鋪十里至西甌鋪十里至滸州鋪十里至羅灘

一百三十六

山為洋峯山對峙者曰雞籠頂山曰蓬嶺山蓬嶺之南為雲墩嶺其東為楮烟嶺為楊梅嶺

仁山在縣北一百二十里又北二十里曰龍岡山又二十里曰大山

龍安岡山在縣東北二十里

翠巖山在縣東北八十里

天堂山在縣東北一百里相望者曰擎天山曰北巖山

西峯山在縣東北一百四十里又十五里曰毛仙峯又十里曰白石山又十五里曰塔嶺山

鋪十里至瀛洲鋪十里至塔嶺鋪十里至浦城縣南岸鋪

建陽縣圖

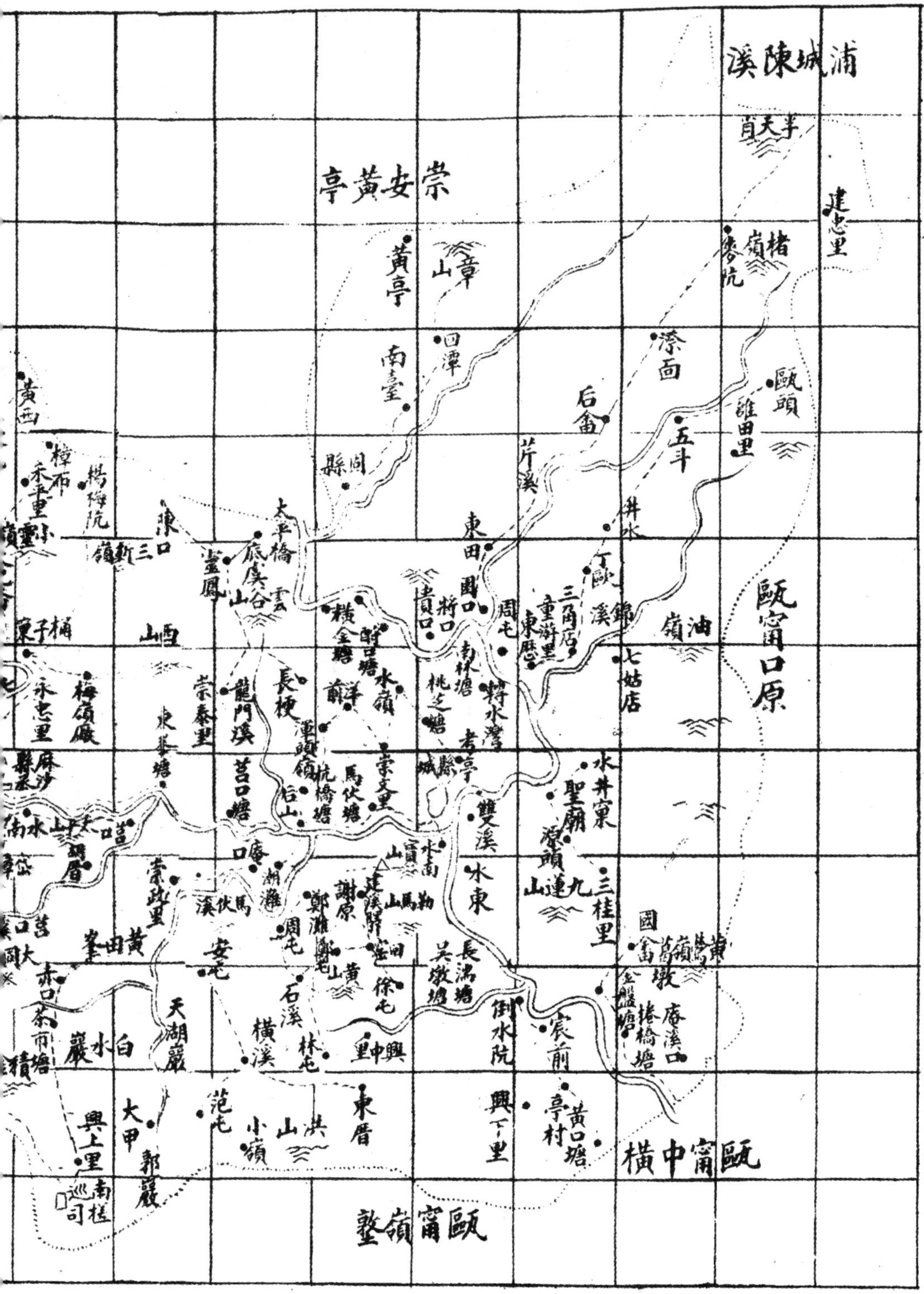

浦城陳溪
崇安黃亭
黃亭
章山
回潭
南臺
后畬
五斗
甌頭
東田
東口
三斬嶺
太平橋
甌甯口原
油嶺
七姑店
水井窠
聖廟
三桂里
長梗
龍門溪
崇泰里
崇文里
雙溪
水東
崇政里
黃田
安屯
謝原
長灘塘
徐屯
石溪
橫溪
林屯
興中里
御水阬
宸前
東厝
小嶺
洪山
興下里
黃口塘
甌甯中橫
天湖巖
白水巖
大甲
興上里
甌甯嶺墊

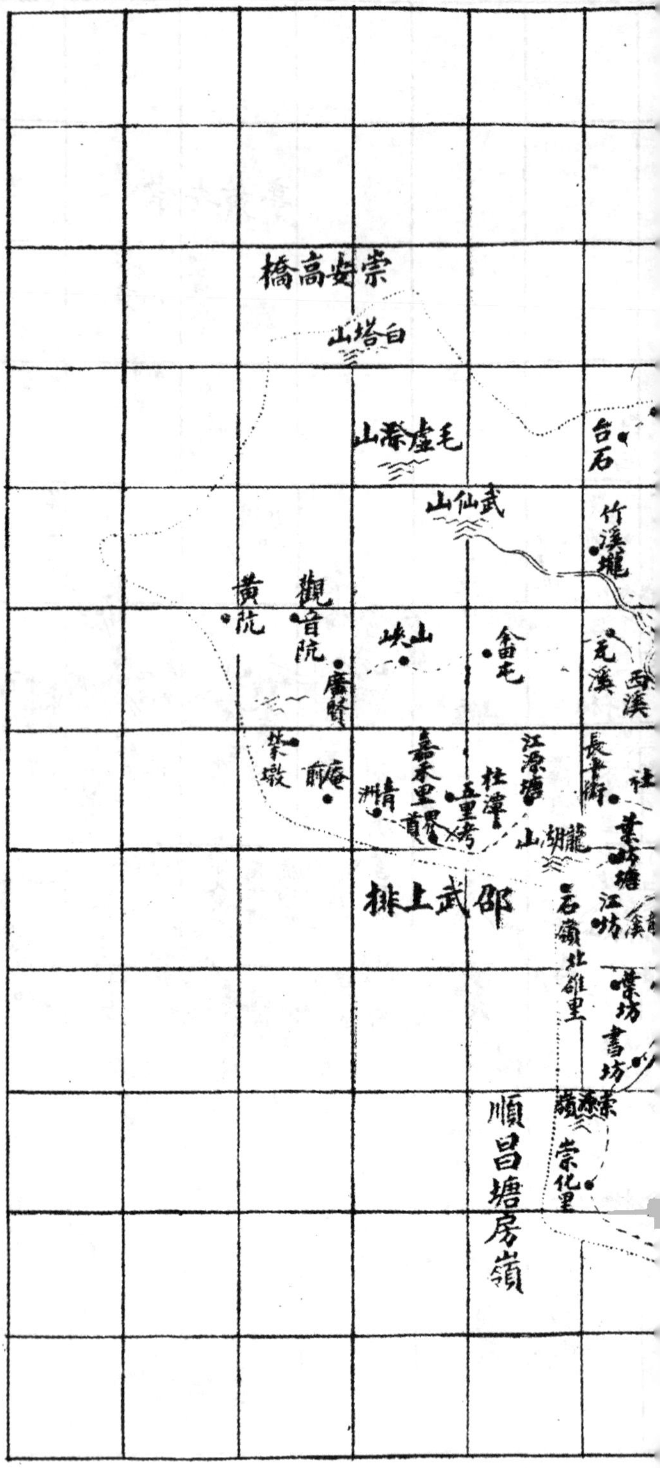

每方十里

建甯府建陽縣中缺

沿革

漢建安十年析建安之桐鄉置建平縣晉太康四年易建平為建陽因山之陽為名隋開皇九年建安郡廢省建陽入建安唐武德四年改建安為建州復置建陽升為上縣武德八年以建州屬泉州都督復省建陽嗣聖五年復置宋景定元年以縣產嘉禾改名嘉禾縣元復舊名屬本路明屬本府國朝因之

疆域

東西鳥里廣一百三十六里南北鳥里縱一百一十五里至省陸程六百三十四里水程七百三十里至府陸程一百三十里水程同縱距府鳥里五十八里橫距府鳥里四十三里斜距府鳥里七十二里二分有奇東至甌甯縣界口原三十五里西至邵武府邵武縣界上排一百里南至甌甯縣界

天度

緯二十七度二十三分經東一度四十四分冬至日出卯正三刻零七分日入酉初初刻零八分日四十一刻零一分夜五十四刻一十四分夏至日出卯初初刻零八分日入酉正三刻零七分日五十四刻一十四分夜四十一刻零一分

山鎮

大潭山在城內西隅東山在縣東十里中一峯名妙高峯相屬者曰橫山橫山之南為東觀山又東二十里曰油嶺循嶺而南曰印山曰大米山界於甌甯九蓮山在縣東南二十里又東南十里曰黃鶯嶺寶山在縣南五里又五里少東為勒馬山蓮臺山在縣南二十五里東迤為庵山西迤為小庵山曰黃山又南十里曰洪山

水道

建陽溪亦名建溪在縣東南十里源接崇安崇溪於縣北境之太平橋南流二里許有陳溪自東北浦城縣界來注又東南曲行二十里至將口有芹溪自東北來注之又東南十餘里有錦溪東北自雒田里西南流合油嶺水入馬又南十里折西南流曲行十餘里經東山而西至雙溪口而西溪自西北經建溪驛來會

鄉鎮

隅四里十八村五百一十三市六東西南北四隅在城內三桂里縣東二十里領十三村永忠里縣西四十里領二十四村北雒里縣西六十里領十七村嘉禾里縣西七十里領二十八村興中里縣南二十五里領三十七村興下里縣南三十里領二十七村崇仁德里縣北附郭領三十

職官

知縣一員駐城縣丞一員駐麻沙教諭一員駐城訓導一員駐城巡檢一員駐南雒現移駐城內典史一員駐城左營千總一員駐城稅釐分局駐城稅釐分卡駐界首

嶺墩三十五里
北至崇安縣界黃亭五十里
東南至甌寗縣界中横五十里
西南至延平府順昌縣界塘房嶺一百里
東北至浦城縣界陳溪一百里
西北至崇安縣界高橋一百四十里

其西有小嶺
玉枕山在縣西南三十里其北為翠屏山玉枕之支曰玉尺山曰獅子山旁近者曰天湖巖曰獅子巖曰浮石山
葛源仙山在縣西南五十五里西迆曰五峯山曰玉峯山又西曰大同山又西曰崇源嶺曰高仰山接於邵武之黃嶺由大同而南曰積金嶺嶺之東曰白水巖又東迆而南為郭巖界於甌寗
后山在縣西二十五里其北

西溪源自毛虛漈山東南流二十餘里竹溪瓦溪分左右入馬又曲曲東南流四十里經麻沙西葉坊東化龍溪自西注之折而東二十里至東峯塘苫口溪自西南來注之又東十五里龍門溪自北注之又東五里有大同山水合天湖巖水注入馬伏溪自西南來會又二十里經縣南至雙溪口與北來之崇溪會是為建溪亦名交溪二水既合東南流二

村
崇文里縣北十里領二十七村
三衢里縣北二十五里領三十四村
雒田里縣北三十五里領十五村
建忠里縣北五十里領三十二村
均亭里縣東南三十里領二十一村
崇政里縣西南三十里領五十一村
興上里縣西南七十里領三十五村
崇化里縣西南九十里領二十七村
童遊里縣東北二十五里領

為渾頭嶺東峯在縣西四十里對峙者為西山西山之西曰赫曦臺山曰五龍山其旁有梅嶺

太平山在縣西六十里迆西南下曰岱漳山

龍湖山在縣西九十里

水嶺在縣西北二十里又西北四十五里曰雲谷山亦名蘆峯山西迆曰三折嶺曰小靈嶺折而北為九峯山為唐石山又西北曰武仙山相近者為毛盧漈山又北為白塔

十里徐屯溪自西注之又東南十里經金盤塘折而南十里抵捲橋塘又東南五里入甌甯縣境達於建甯府治之西溪

十六村

崇泰里縣西北三十里領二十七村

禾平里縣西北一百里領五十二村

徐屯市縣南二十里

麻沙市縣西七十里

東平市縣西八十里

將口市縣北三十五里

回潭市縣北五十五里

崇雒市縣東北五十里

建陽縣汛在城內

麻沙汛縣西七十里轄汛二塘六

將口汛縣北三十五里轄汛二塘四

山距縣一百
四十里
章山在縣北七
十里其東為
籠嶺
童遊山在縣城
東北附郭旁
為鳳凰山為
狀元峯
硯山在縣東北
四十里又東
北三十里曰
百丈山其北
為楮嶺
鼓角山在縣東
北一百里相
屬者曰半天
肖界於浦城

七姑店汛縣東
北二十里轄
塘六
童遊汛縣東北
二十五里轄
塘二
縣前鋪東十五
里至白塔鋪
十里至油原
鋪十里至甌
甯縣界
縣前鋪西十里
至桃芝鋪十
里至後山鋪
十里至杭橋
鋪十里至莒
口鋪十里至
東峯鋪十里
至虞渚鋪十
里至渡頭鋪
十里至葉坊
鋪十里至江
源鋪十里至
邵武縣梅裏
鋪
縣前鋪南十里
至白槎鋪十

里至吳墩鋪十里至長湍鋪十里至黃口鋪十里至甌甯縣中橫鋪

縣前鋪北十里至轉水鋪十里至河船鋪十里至酧口鋪十里至橫金鋪十里至崇安縣黃亭鋪

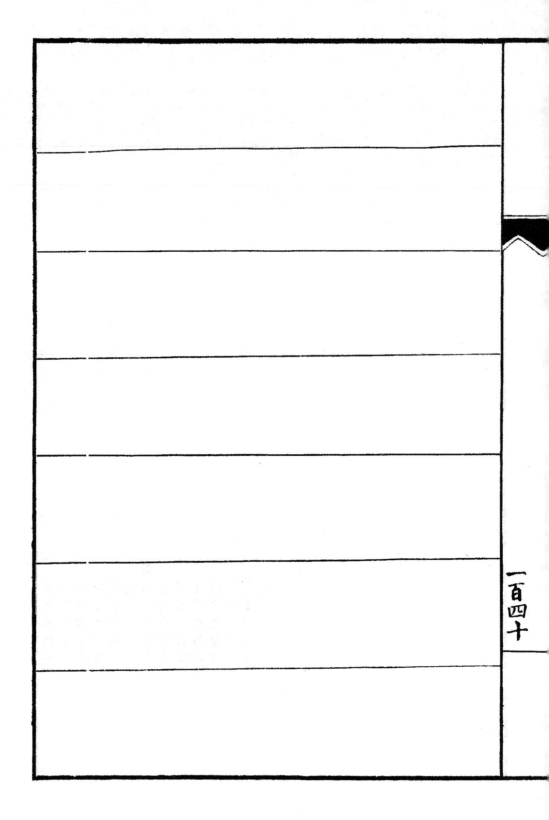

崇安縣圖

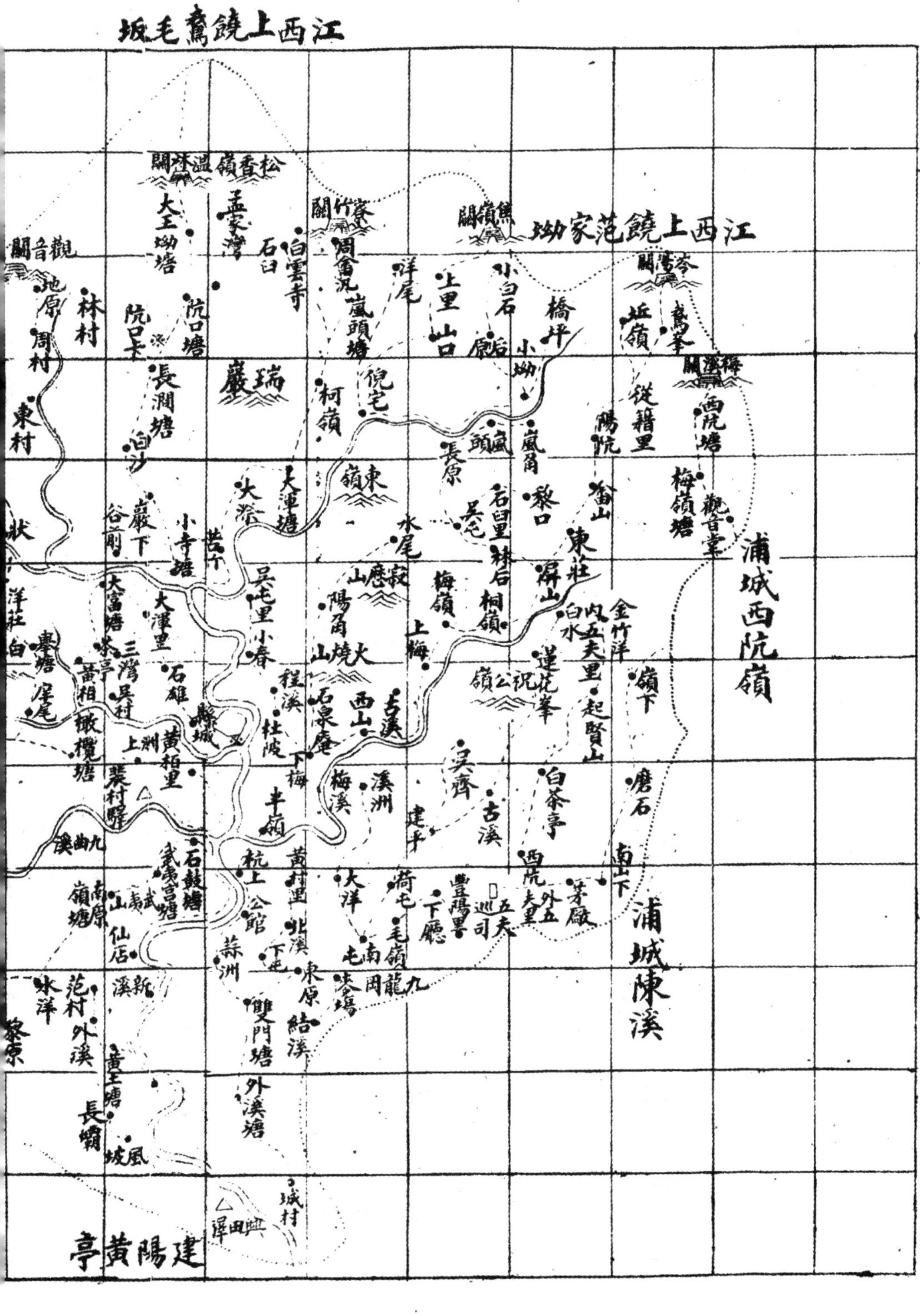
江西上饒鳶毛坂
江西上饒范家坳
松香嶺
溫林關
大王坳塘
孟家灣
白雲寺
石臼
周甯況
嵐頭塘
洋尾
上里
山口
小白石
橋坪
小坳
鳶峯
梅溪關
西阬塘
從籍里
陽阬
梅嶺塘
觀音堂
浦城西阬嶺
觀音關
林村
周村
東村
阬口塘
長潤塘
瑞巖
倪宅
柯嶺
長原
嵐頭
黎口
東嶺
大浑塘
大滸
巖下
谷前
小寺塘
水尾
東莊
屏山
梅嶺
桐嶺
陽角
大燒山
大浑里
三灣
吳村
石雄
小春
上梅
祝公嶺
蓮花峯
起賢山
金竹洋
嶺下
黃柏
橄欖塘
黃柏里
程溪
杜陂
石泉庵
西山
古溪
下梅
梅溪
溪洲
吳齊
古溪
建平
白茶亭
磨石
南山下
九曲溪
石鼓塘
杭上
公館
黃村里
北溪
大洋
荷屯
豐陽里
下廳
五夫巡司
五夫里
茅廠
浦城陳溪
南原
嶺塘
仙店
蘇洲
東原
南屯
毛嶺
九龍岡
新溪
冰洋
范村
外溪
雙門塘
結溪
黃土塘
長嶺
外溪塘
風坡
城村
興田驛
建陽黃亭

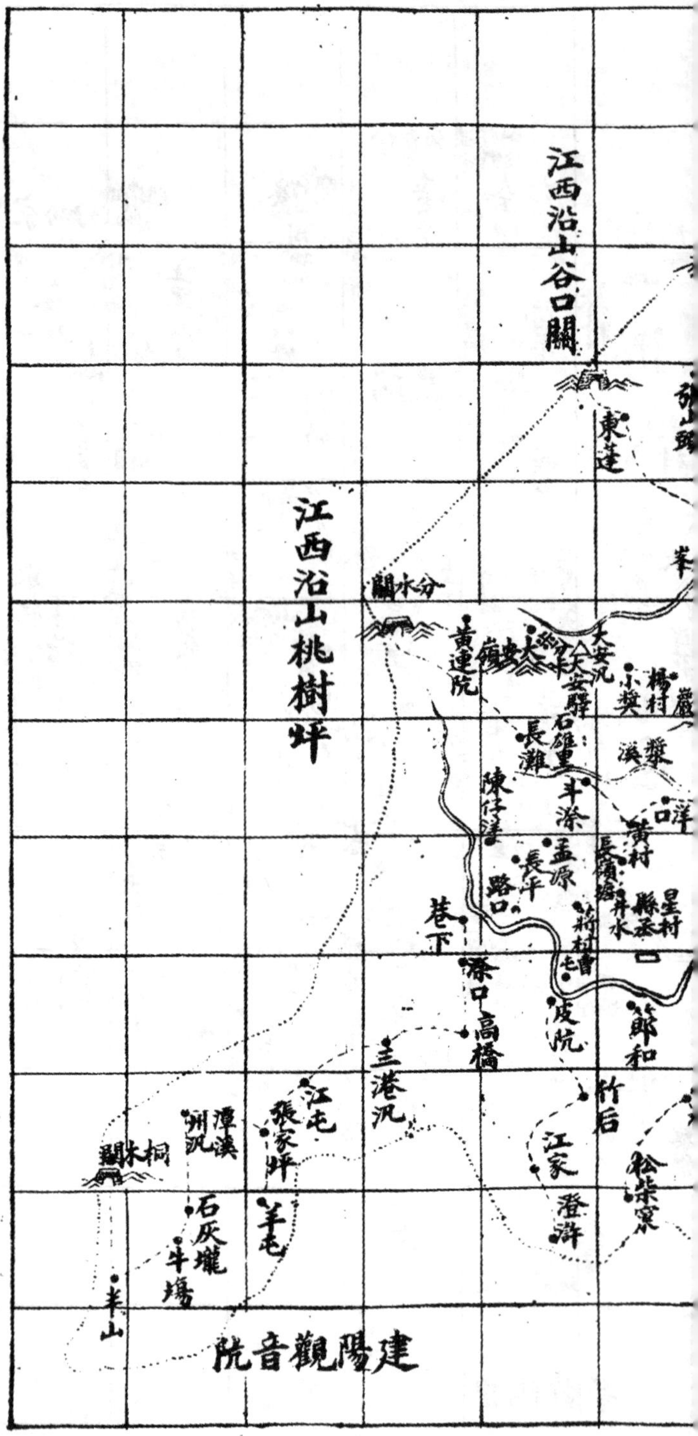

江西沿山谷口關
江西沿山桃樹坪
分水關
東蓮
黃連阬
大安汎
大安驛
長灘
孟源
長坪
路口
巷下
高橋
皮阬
竹后
江家
三港汎
張家坪
桐木關
黃村
星村
井水
建陽觀音阬

每方十里

建甯府崇安縣中缺

沿革

漢建安十年析建安之桐鄉置建平縣其時崇屬建平地

唐垂拱四年以建安西北地立溫嶺鎮置官領之即今縣地

五代晉改溫嶺鎮為崇安場

湻化五年升崇安場為縣

屬本州

元屬本路

明屬本府

國朝因之

疆域

東西廣一百二十八里

南北袤一百一十六里

至省陸程七百五十四里水程八百八十里

至府陸程二百五十里水程二百八十里

縱距府袤里一百四十里

橫距府袤里六十五里

斜距府袤里一百五十四里弱

東至浦城縣界西阬嶺七十里

西至江西鉛山縣界桃樹坪七十五里

天度

緯二十七度四十六分

經東一度三十七分

冬至日出卯正三刻零七分五十四秒日入酉初初刻零七分零六秒日四十刻一十四分一十二秒夜五十五刻零四十八秒

夏至日出卯初初刻零七分零六秒日入酉正三刻零七分五十四秒日五十五刻零零四十八秒夜四十刻一十四分一十二秒

山鎮

登高山在縣東五里右為鐵砧山左為石泉山前為官山又東五里曰西山西山東北十里曰火燒嶺由火燒嶺而東二十里為梅嶺又十里為桐嶺接於屏山又東二十里曰西阬嶺抵浦城界

祝公嶺在縣東四十里又東為蓮花山又東為起賢山又東為高重嶺循嶺而南曰鐵場山界於浦城

半嶺在縣東南

水道

崇溪在縣東南有二源其東源出縣東北石臼里受岑陽濟白銅鈸寮竹諸山水西南流二十里至嵐頭折而西二十里左納瑞巖山水大潾水又西南十餘里右受東嶺水又西南曲流二十里抵林渡與西源會西源出縣西北之分水嶺東流二十餘里經狀元峰北麓有溫林嶺水合觀音嶺水自北來注之又東十

鄉鎮

里十六圖十二村四百九十三鎮二市三

四隅里在城內領十二圖

五夫里縣東七十里領二十三村

石雄里縣西五十里領一百零三村

黃柏里縣南二十五里領三十二村

會仙里縣南五十五里領二十六村

吳屯里縣北三十里領三十八村

黃村里縣東南三十里領十三村

豐陽里縣東南

職官

知縣一員駐城

縣丞一員駐星村

教諭一員駐城

訓導一員駐城

巡檢一員駐五夫村

典史一員駐城

左營遊擊一員駐城

千總一員駐星村

把總一員駐城

稅釐分局駐南門外

稅釐分卡三一駐阬口一駐大安一駐北關

一百四二

南至建陽縣界黃亭七十里
北至江西上饒縣界鵝毛坂九十里
東南至浦城縣界陳溪七十里
西南至建陽縣界觀音阬九十里
東北至江西上饒縣界范家坳九十里
西北至江西鉛山縣界谷口關七十里

十五里又東南二十五里曰毛嶺又南為九龍岡
南山在縣東南七十里
武夷山在縣南三十五里分二十八峯四十一巖三十六石六洞二嶂二臺下臨九曲溪實閩之望山也
南源嶺在縣西南二十五里
長嶺在縣西南三十里
桐木山在縣西南一百二十里又南十里曰半山
白華山在縣西二十里又二十里曰小漿嶺大漿嶺又十里曰大安嶺又二十里

六里抵林渡與東源會合而東南曲曲行二十餘里經縣城東分繞押衙洲而南合於洲尾又南十里經赤石渡有漿溪西自陳仔洋東流合黃龍溪來注又南十里經梅溪渡有梅溪東北自西阬嶺來注之又南十里經石鼓渡有九曲溪西北自黃蓮阬東南流至曹屯循武夷山麓來注又東南十里折而西又十里經仙店東又東南曲曲行二十餘里經興田驛東

五十里領十六村
外五夫里縣東南六十里領九村
將村里縣西南四十里領二十五村
節和里縣西南五十里領十九村
周村里縣西南五十五里領十七村
長平里縣西南六十里領十三村
石臼里縣東北六十里領三十二村
從籍里縣東北七十里領十二村
大渾里縣西北二十五里領四十五村
五夫鎮縣東南七十里

曰分水嶺
狀元峯在縣西
北三十里又
北三十里曰
張山迤西二
十里曰谷口
山張山北十
里為觀音嶺
旁為白雲峯
三髻山在縣西
北八十里其
旁為金印銅
魚山又有峯
曰七賢峯
白石山在縣北
三十里相對
者為望仙巖
又二十里曰
瑞巖東有嶺
曰柯嶺
大王坳在縣北
七十里又北
十里曰溫林
關迤東為松
香嶺又東十
里曰寮竹關
距縣八十里

出境達於建
陽縣之建陽
溪

興田鎮縣南七
十里
赤石街市縣南
十五里
星村街市縣西
南四十里
石雄街市縣西
五里
崇安縣汛在城
內轄汛二塘
十三關三
星村汛縣西南
四十里轄汛
四塘二十五
關三
縣前鋪西十里
至傘街鋪十
里至舉墖鋪
十里至楊莊
鋪十里至小
漿鋪十里至
大安鋪十里
至望仙鋪十
里至分水關
鋪抵江西鉛
山縣界
縣前鋪南十
里

寂歷山在縣東北二十里旁有中峯嶺又北十里為東嶺

黎嶺在縣東北六十里迤東十里曰畬山

梅溪關山在縣東北八十里旁有洋源嶺循嶺而北十里為岑陽關下有鵝峯山鵝峯之西五里為邱嶺又西為濟白山銅鈸山又西為焦嶺關距縣八十里

至新洋鋪十里至梅溪鋪十里至石鼓鋪十里至枷獺鋪十里至風車鋪十里至興田鋪十里至建陽縣黃亭鋪

浦城縣圖

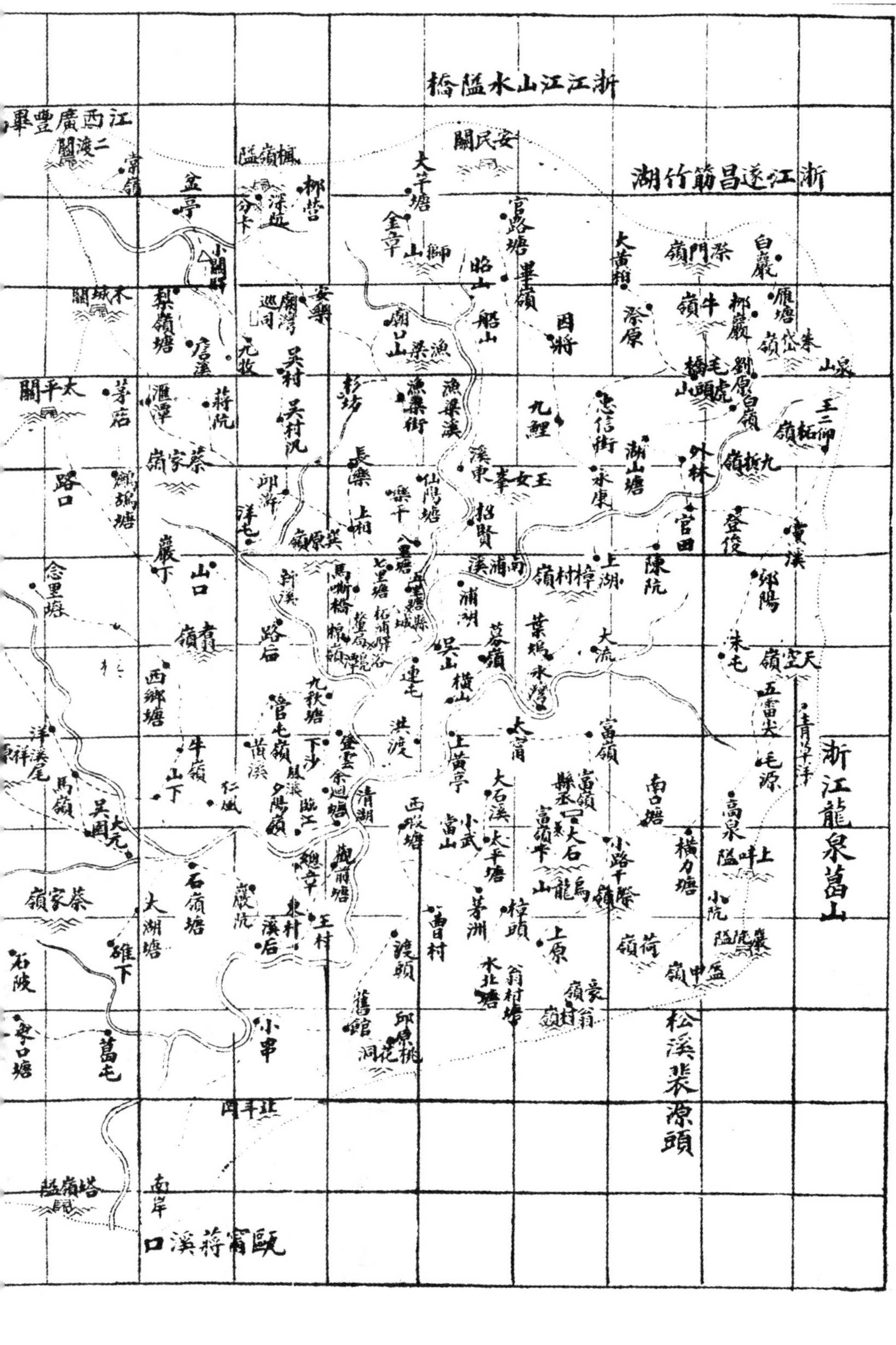
浙江遂昌筋竹湖
安民關
楓嶺隘
二渡關
木城關
太平關
漁梁街
仙陽塘
南浦溪
官田
大流
天空嶺
浙江龍泉葛山
松溪裴源頭
塔嶺隘
南岸
甌甯蒋溪口

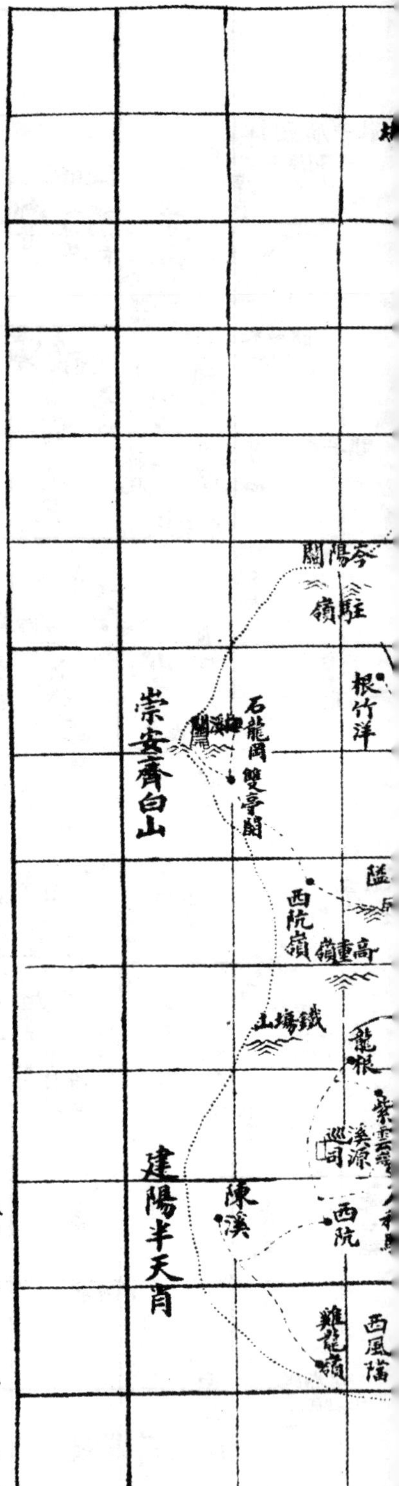

每方十里

建甯府浦城縣中缺

沿革

漢為漢興縣地屬會稽郡

吳永安三年改為吳興屬建安郡

晉宋如之

齊為郡治

梁陳復移郡治於建安縣

隋開皇九年省入建安

唐武德四年復置吳興縣尋省入建安載初元年復置改曰唐興天授二年改為武甯神龍元年復為唐興天寶元年改今名

宋屬本州

元屬本路

明屬本府

國朝因之

疆域

東西鳥里廣一百一十里

南北鳥里縱一百二十里

至省陸程七百六十五里水程九百一十里

至府陸程二百里水程二百五十里

縱距府鳥里一百八十二里

橫距府鳥里四十里

斜距府鳥里一百八十六里有奇

東至浙江龍泉縣界葛山九十里

西至崇安縣界齊白山一百里

南至甌甯縣界

天度

緯二十八度

經東二度一十三分

冬至日出卯正三刻零八分二十六秒日入酉初初刻零六分三十四秒日四十刻一十三分零八秒夜五十五刻零一分五十二秒

夏至日出卯初初刻零六分三十四秒日入酉正三刻零八分二十六秒日五十五刻零一分五十二秒夜四十刻一十三分零八秒

山鎮

皇華山在縣治北其東隅曰越王山左接金雞嶺

吳山在縣東五里又東五里為募嶺其上為新嶺又上為郊陽嶺

五雷尖在縣東六十五里又五里曰九漈山又二十里曰天堂山有嶺曰天空嶺葛藤嶺路通浙江龍泉

橫山在縣東南五里又二十五里曰富嶺又東三十里曰上叫隘由隘而南為弓阬嶺為巖阬嶺為盔甲嶺

水道

柘溪一名江村溪在縣南十里為縣之經流有二源自東北來匯於縣南者曰南浦溪自西北來匯於縣南者曰新溪

南浦溪源出縣東北九十里之柘嶺西南流十餘里左納白嶺水又西南十餘里右納陳阬水又西南三十里折西流十里匯為浦湖又西南至七里塘東有漁梁溪北自昭山合獅山水南流來會又南八里經縣

鄉鎮

里三十四村一千零八十五

市六

東隅西隅南隅北隅四里在城內

募泰泰甯高泉大石四里在縣東十五里至六十里領一百三十四村

上相長樂仁風新興永平五里在縣西十五里至九十里領一百八十四村

登雲清湖上原三里在縣南十五里至七十里領一百村

招賢忠信船山畢嶺雁塘官

職官

知縣一員駐城

縣丞一員駐富嶺街

教諭一員駐城

訓導一員駐城

巡檢二員一駐石陂一駐九牧

典史一員駐城

中營守備一員駐城

把總一員駐城

楓嶺營守備一員駐漁梁

千總一員駐漁梁

稅釐分局駐西門外

稅釐分卡三一駐深阬一駐五里塘一駐富嶺

一百四五

蔣溪口一百里

北至浙江江山縣界水臨橋九十里

東南至松溪縣界裴源頭一百里

西南至建陽縣界半天肖一百二十里

東北至浙江遂昌縣界筋竹湖一百二十里

西北至江西廣豐縣界畢嶋一百三十里

距城九十里

筆峯在縣東南二十五里又十五里曰小武當山一名金斗山對峙者曰金山銀山又五里曰九石山

高陽峯在縣東南六十里又五里曰烏龍山又十里曰大源山又南有嶺曰際嶺曰荷嶺曰豪嶺曰翁村嶺界於松溪

迴龍山在縣南三里又七里曰將軍山

桃花洞山在縣南七十里迤西十里為北斗岡其南為南斗岡

荆山在縣西南

東折西南流十里抵浴皂潭與新溪會

新溪源出縣西北五十里之蔡家嶺東南流十餘里有杉坊水自東北來注之又東南三十里至萬壽橋出口抵治西浴皂潭與南浦溪會為柘溪又西南十里水納登雲里水折東南流十里郊陽水合毛源水曲曲西南流七十餘里納大石溪來注又西南五里有駐嶺水東南流五十餘里合鐵場山水自西注之又南

田登俊七里在縣北十五里至九十里領三百零八村

孝悌里在縣東南四十五里領五十六村

靖安總章東禮人和四里在縣西南七十里至九十里領一百零二村

郊陽永康二里在縣東北三十里至七十里領六十村

樂平太平安樂通德四里在縣西北二十里至七十里領一百四十一村

富嶺市縣東南三十里

石陂市縣西南

一百四五

十五里又十里曰株林山又五里曰西陽山其嶺為西陽嶺又十里曰石嶺又十里曰大湖嶺又西十里為蔡家嶺又西南十里曰紫雲巖巖相近者曰大同山又十里曰嵩山又二十里曰塔嶺西迤為西風擋雞籠項界於甌甯

管屯嶺在縣西南二十里又二十里曰牛嶺又二十里曰馬嶺又二十里曰官嶺又二十里曰高重嶺南接後峭嶺鐵場

二十里至王村又曲曲西南流三十餘里有石陂溪合大湖嶺水自西北注之又南流二十餘里經塔嶺監東出境入甌甯縣北界達於建甯之西溪

七十里

九牧市縣西北六十里

仙陽市縣北三十里

忠信市縣東北五十里

登俊市縣東北六十里

浦城縣汛在城內

石陂汛縣西南七十里轄塘二十八

仙陽汛縣北三十里轄塘十

漁梁汛縣北四十五里轄汛二塘十三關二

縣前鋪南十里至十里鋪十里至余迴鋪十里至臨江鋪十里至石嶺鋪十里至大湖鋪十里

山狐啼嶺與崇安分界

西巖山在城西五里

棉嶺在縣西十里又二十里曰翥嶺又五十里曰洋源嶺又西曰西阬嶺北接雙亭關石龍岡梅溪嶺與崇安分界

楓嶺在縣西北九十里相連者為大竿嶺北去為小竿嶺為仙霞嶺

九折嶺在縣東北八十里又十里曰柘嶺又十里曰泉山界於龍泉

至蔡家鋪十里至張家鋪十里至象口鋪十里至高岸鋪抵甌甯縣界

縣前鋪北十里至七里鋪二十里至太平鋪十里至長樂鋪十里至杉坊鋪十里至九牧鋪十里至廟灣鋪十里至楓嶺鋪十里至浙江江山縣界

縣前鋪東南十里至九湫鋪十里至湫竹鋪十里至黃源鋪十里至太平鋪十里至渡頭鋪十里至樟頭鋪十里至蔡墩鋪十里至蓬

尾鋪十里至翁村鋪二十里至松溪縣劉源鋪

松溪縣圖

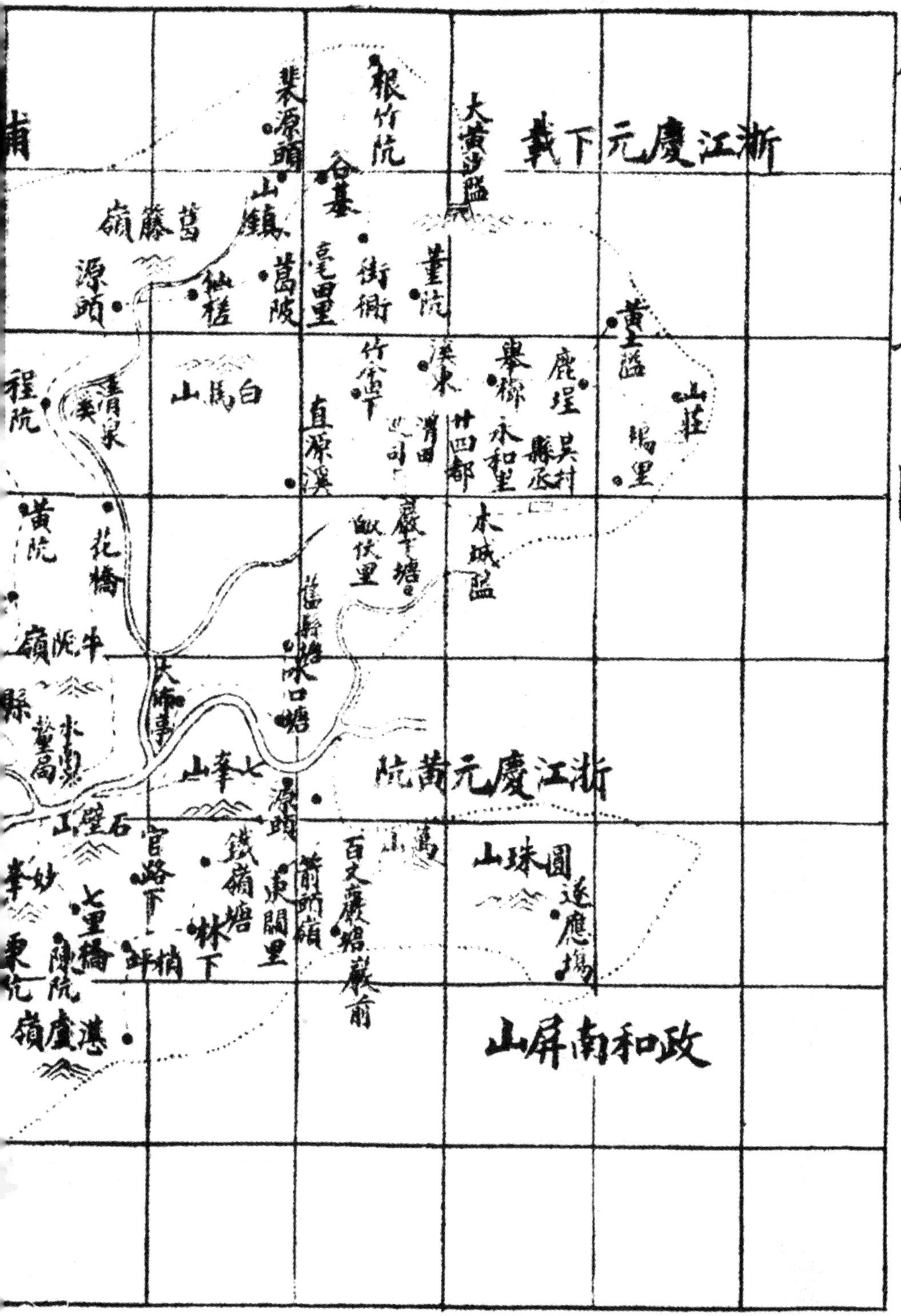

城翁村嶺
雲峯山
劉原塘
永甯里
浦城南岸
桐村
路下橋
載下
中村
下田
黃阬
龍背塘
大布
北阬
皆望山
九蓮橋
龍津巖
祖巖
東梅
寺前
黃沙阬
鳳嶺頭
虎巖
青山
雲巖山
泉水嶺
西溪
甌甯屬阬
錦田
上甫山
大溪尾塘
際下塘
梅口
回龍口
底溪
甌甯龍安
政和口紅門隘

每方十里

建甯府松溪縣簡缺

沿革

晉為東平縣地宋永初間省入建安
後晉天福六年王延政立東平鄉為松源鎮屬建州
南唐保大九年升松源鎮為松源縣治在今皈伏里舊縣塘
宋開寶八年改今名治遂遷於今所至道二年析建安之杉溪興唐並浦城之上元三里益之
一屬本府
元屬本路
明屬本府
國朝因之

疆域

東西烏里廣九十四里南北烏里縱六十七里
至省陸程六百六十五里水程七百七十五里
至府陸程一百六十里水程一百七十五里
縱距府烏里一百零六里
橫距府烏里六十里
斜距府烏里一百二十一里八分有奇
東至浙江慶元縣界黃阬三十五里
西至甌甯縣界鳳阬四十五里

天度

緯二十七度三十七分
經東二度二十分
冬至日出卯正三刻零七分三十三秒日入酉初初刻零七分二十七秒日四十刻一十四分五十四秒夜五十五刻零零零六秒
夏至日出卯初初刻零七分二十七秒日入酉正三刻零七分三十三秒日五十四刻零零零六秒夜四十刻一十四分五十四秒

山鎮

王謟山在縣東二十里又東十里曰百丈巖曰中峯山曰禪巖山曰石場山
七峯山在縣東南十五里左接大姥嶺右連花蕋峯花蕋之南為鐵嶺距縣城二十里
萬山在縣東南四十里東迆為圓珠山圓珠之東為東山東山自趾至巔皆巖石舊產銀鑛又東而南為南屏山界於政和
石壁山在縣南五里其前為

水道

松溪出浙之處州府有二源一源自龍泉縣小梅之南南流過竹口八都二鎮一源自慶元縣東山温澳西北流經竹溪八西至八都鎮與龍泉流合又西由縣東北木城隘入境又西十餘里經舊縣東折而南十里至李屯有慶元縣新窰水自東來會又屈從西流十餘里有清泉溪東北自毫田里南流經牛軛嶺東合直源溪來

鄉鎮

隅四里七村二百零一市三
東西南北四隅在城內
皈伏里縣東三十里領三十村
東關里縣東南三十里領三十村
杉溪里縣西南二十里領二十村
永甯里縣東北四十里領二十七村
永和里縣東北五十里領三十村
毫田里縣東北六十里領十六村
慶元里縣西北四十里領四十八村

職官

知縣一員（駐城）
縣丞一員（駐英村）
教諭一員（駐城）
訓導一員（駐城）
巡檢一員（駐渭田）
典史一員（駐城）
右營守備一員（駐城）
把總一員（駐城）
松政釐局（駐水南）

南至政和縣界紅門隘二十五里
北至浦城縣界翁村六十里
東南至政和縣界南屏山五十五里
西南至甌甯縣界龍安四十五里
東北至浙江慶元縣界下載六十五里
西北至浦城縣界南岸七十五里

妙峯山又南十里曰湛盧山綿亘東關杉溪二里及政和縣界下有嶺曰寨嶺
南峯山在縣西南十五里又南十里曰紅門隘山隘南為政和縣
上前山在縣西南四十里
虎頭巖在縣西十里又西十里曰泉水嶺又西十里曰雲巖山折北行十里曰沓望山又北為大崙山東迤十里為青山
風嶺在縣西北十五里又西北十里曰龍津巖其西曰祖巖祖巖北

注又西南十餘里抵石壁山下有西溪西自甌甯縣鳳阬東流納皆望山水合入杉溪來會又西南十餘里納花溪水又西南十餘里經紅門隘出境入政和縣界達於府治之東溪

水南市縣南七里
渭田市縣東北四十里
吳村市縣東北五十里
松溪縣汛在城內
花橋塘汛縣北二十里轄塘五
渭田塘汛縣東北四十里轄塘五隘三
縣前鋪西十里至杉溪鋪十里至南阬鋪十里至柯家鋪十里至官橋鋪十里至政和縣護田鋪
縣前鋪北二十里至車口鋪二十里至劉源鋪二十里至浦城縣翁

十里曰大布嶺

蹲獅山在縣北十里東迆為牛軛嶺又北曰麒麟山又北至浦城界境曰翁村嶺其西附近曰雲峯山東迆為葛藤嶺為盛甲嶺距縣六十里

木城嶺隘在縣東北四十里又東北二十里曰鸞峯山西下有黃土隘

大黃沙嶺在縣東北六十五里其東曰丹霞山

村鋪

縣前鋪東十里至水口鋪十里至巖下鋪十里至浙江慶元縣界

縣前鋪南二十里至寨嶺鋪十里至政和縣釜鍪鋪

政和縣圖

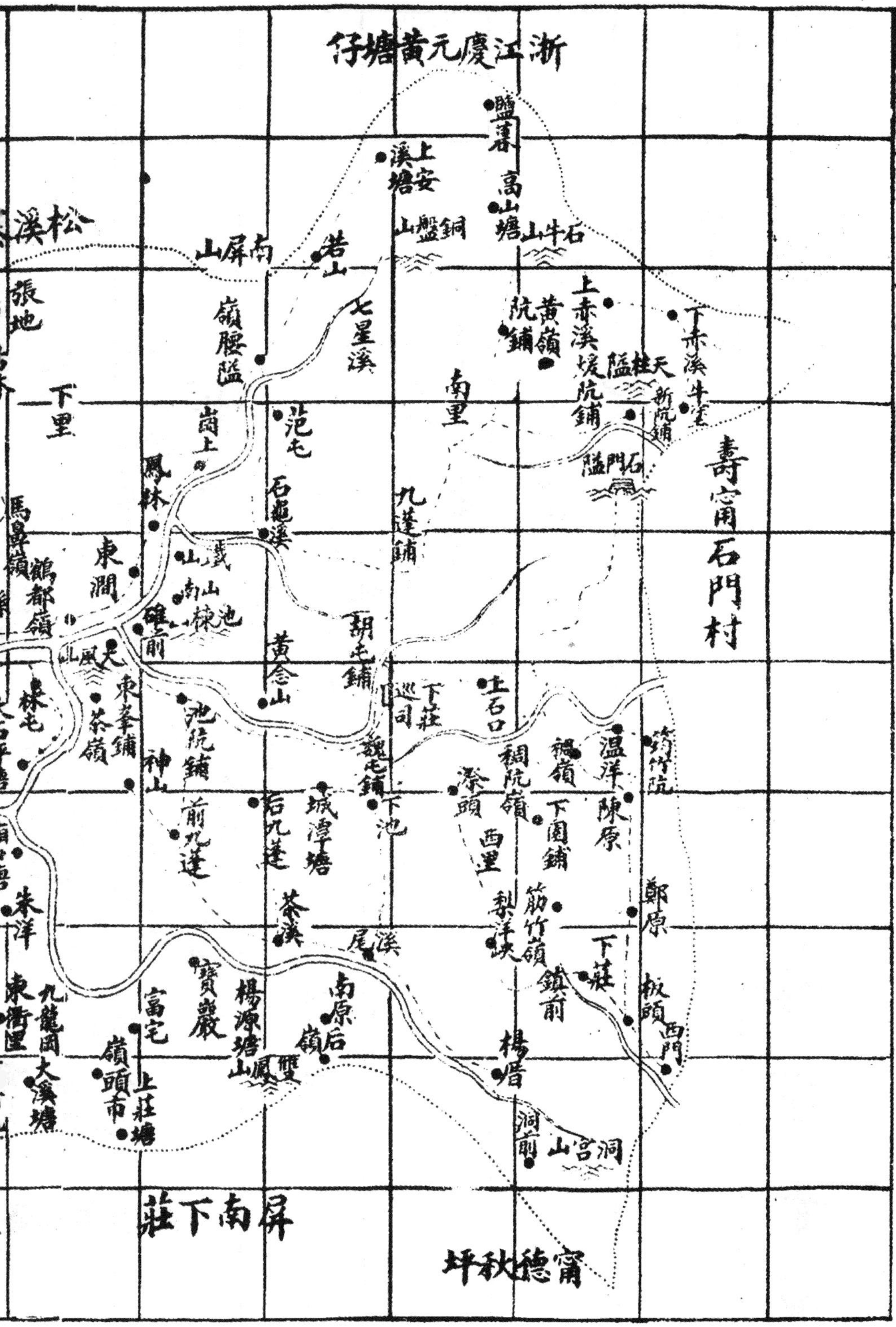
浙江慶元黃塘仔
松溪
南屏山
上安溪塘
銅盤山
石牛山
高山塘
七星溪
黃嶺
上赤溪
下赤溪
天柱隘
石門隘
南里
下里
九蓬鋪
東澗
鶴都嶺
黃念山
胡屯鋪
上石口
溫洋
陳原
城潭塘
茶溪
尾溪
寶巖
楊源塘
南原
嶺后
富宅
嶺頭市
上莊塘
九龍岡
大溪塘
洞宮山
洞前
鄭原
壽甯石門村
屏南下莊
甯德秋坪

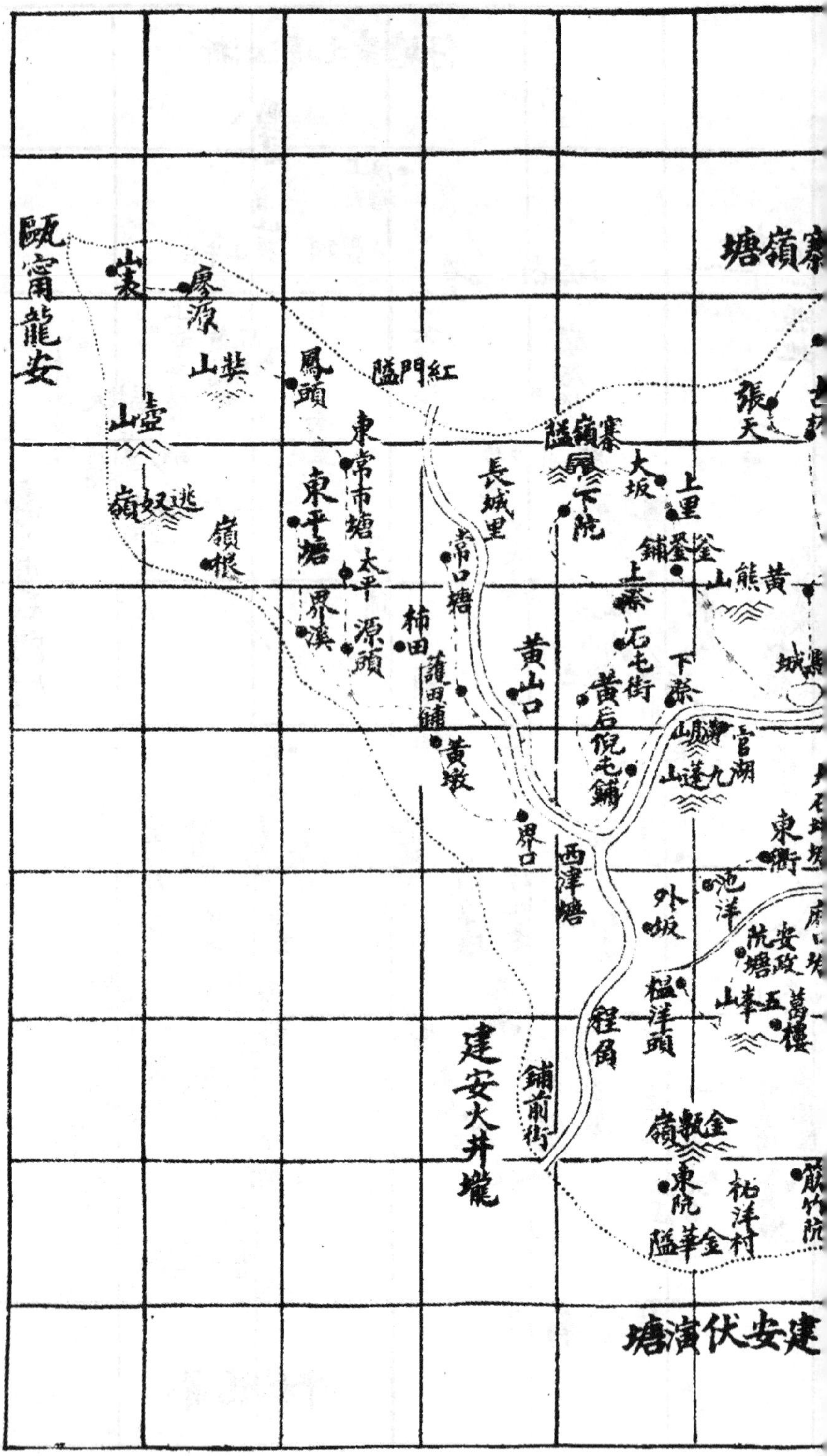

每方十里

建甯府政和縣簡缺

沿革

五代閩爲甯德縣地後晉天福六年王延政析置關隸鎮宋咸平三年升爲關隸縣析建安之東平高宅長城東衢感化五里益之移治於感化里東岸口黃熊山麓即今治也政和五年改今名屬建甯府元屬本路明屬本府國朝因之

疆域

東西鳥里廣二百三十二里南北鳥里縱一百零八里至省陸程六百四十五里水程七百五十五里至府陸程一百四十里水程一百五十五里縱距府鳥里七十里橫距府鳥里七十七里斜距府鳥里一百零四里有奇東至福甯府壽甯縣界石門村九十里西至建安縣界火井壠四十

天度

緯二十七度二十六分經東二度二十五分冬至日出卯正三刻零七分零八秒日入酉初初刻零七分五十二秒日四十一刻零零四十四秒夜五十四刻一十四分一十六秒夏至日出卯初初刻零七分五十二秒日入酉正三刻零七分零八秒日五十四刻一十四分一十六秒夜四十一刻零零四十四秒

山鎮

東峰山在縣東十里又十里曰黃念山又東二十里曰稠嶺大風山在縣東南十五里其南爲茶嶺又東南十里曰神山梨洋峽在縣東南七十里東有嶺曰筋竹嶺雙鳳山在縣東南九十里相望者曰芝山迤東十里曰后嶺又東三十里曰洞宮山下有西門嶺右有翠屏峯其南爲東寶臺峯西寶

水道

松溪在縣西三十里源自松溪縣西南流會諸溪入縣西北境又南流十里至常口折東南流三十里至西津渡有七星溪會石龜溪胡屯溪茶溪諸水自東來會又東南十里經馬面山西折西南流三十里繞鋪前街出境入建安縣界達於東溪七星溪在縣南里許溪有七石狀若北斗因名源自縣東北境銅盤

鄉鎮

隅四里八村一百四十七市四東西南北四隅在城內善政西里在縣東南五十里領四十六村東衢里在縣西南四十里領三十一里善政南里在縣東北五十五里領二十九村長城里在縣西北三十里領九村高宅里在縣西北五十里領八村東平里在縣西北六十里領七村

職官

知縣一員駐城
巡檢一員駐魏屯
典史一員駐城
教諭一員駐城
訓導一員駐城
右營千總一員駐城
稅釐分卡駐縣城南門

里
南至福州府屏南縣界下村一百里
北至松溪縣界寨嶺塘二十五里
東南至福甯府甯德縣界秋坪一百里
西南至建安縣界伏演塘四十五里
東北至浙江慶元縣界黃塘仔七十里
西北至甌甯縣界龍安七十五里

臺峯
黃華山在縣南附郭前為文筆山又南三十里曰五峯山五峯之東曰九龍岡又西迤十里曰金磚嶺循嶺而南十里曰金華隘界於建安
滿月山在縣西南十五里其南有九蓬山最高者為龍馬峯
桐嶺在縣西二十里又十里曰澍峯山
佛字山在城西北五里又五里曰釜鍪嶺又十五里曰寨嶺下有隘通於松溪
南禪山在縣西北六十里又

山下西南流三十里至鐵山口石龜溪自東注之又西南十里至東峯塘胡屯溪自石門隘西南流來注折西行六里至大風山下有茶溪東南自洞宮山西北流七十里至廂口合榅洋頭水來注又西經縣南納官湖水又西南三十餘里至西津塘注於松溪下達建安
新阬水在縣東北六十五里源自天柱山之南東流十餘里經石門隘北注於壽甯縣之松洋

感化上里在縣北十五里領十村
感化下里在縣北二十里領七村
魏屯市縣東三十里
嶺頭市縣南八十里
石屯街市縣西三十里
東常市縣西北五十里
政和縣汛在城內
魏屯汛縣東三十里轄塘七
東常市汛縣西北五十里轄塘五
縣前鋪西二十里至桐嶺鋪八里至倪屯鋪十里至西津鋪二十里至建安縣焦阬鋪

十里曰斐山旁近者為白鶴巖為白狗巖為壺山壺山之前曰逃奴嶺

黃熊山亦名文旂山在城内北隅又北去城五里為金字山東有馬鼻嶺鶴都嶺又北十五里曰黃梅嶺

鐵山在縣東北二十里又東十里曰池楝山其南為籌阬山池楝山北五里曰榛山又北二十里曰銅盤山銅盤迆西為后山為長嶺迆東曰高山曰石牛山接慶元界

溪

梨洋峽水在縣東南七十里源自筋竹嶺東南流二十餘里出境入寗德縣西北界之樓坪塘注於南門溪

稠阬水在縣西南三十里源自稠嶺西麓曲曲東流三十里經筋竹阬入壽寗縣西南境注於松洋溪

西津鋪北十里至護田鋪十里至松溪縣官橋鋪

縣前鋪東十里至東峯鋪十里至池阬鋪十里至魏屯鋪十里至九篷鋪十五里至黃嶺阬鋪十五里至綏溪鋪十五里至新阬口鋪十里至福寗府壽寗縣南溪鋪

魏屯鋪南十里至稠阬鋪十里至下園鋪十里至鎮前鋪二十里至深渡阬鋪二十里至寗德縣界

縣前鋪北十里至釜鐙鋪十

黄嶺在縣東北四十五里又東二十五里曰天柱巖山又東下曰石門隘

五里至松溪縣寨嶺鋪

一百五十三

邵武府縣總圖

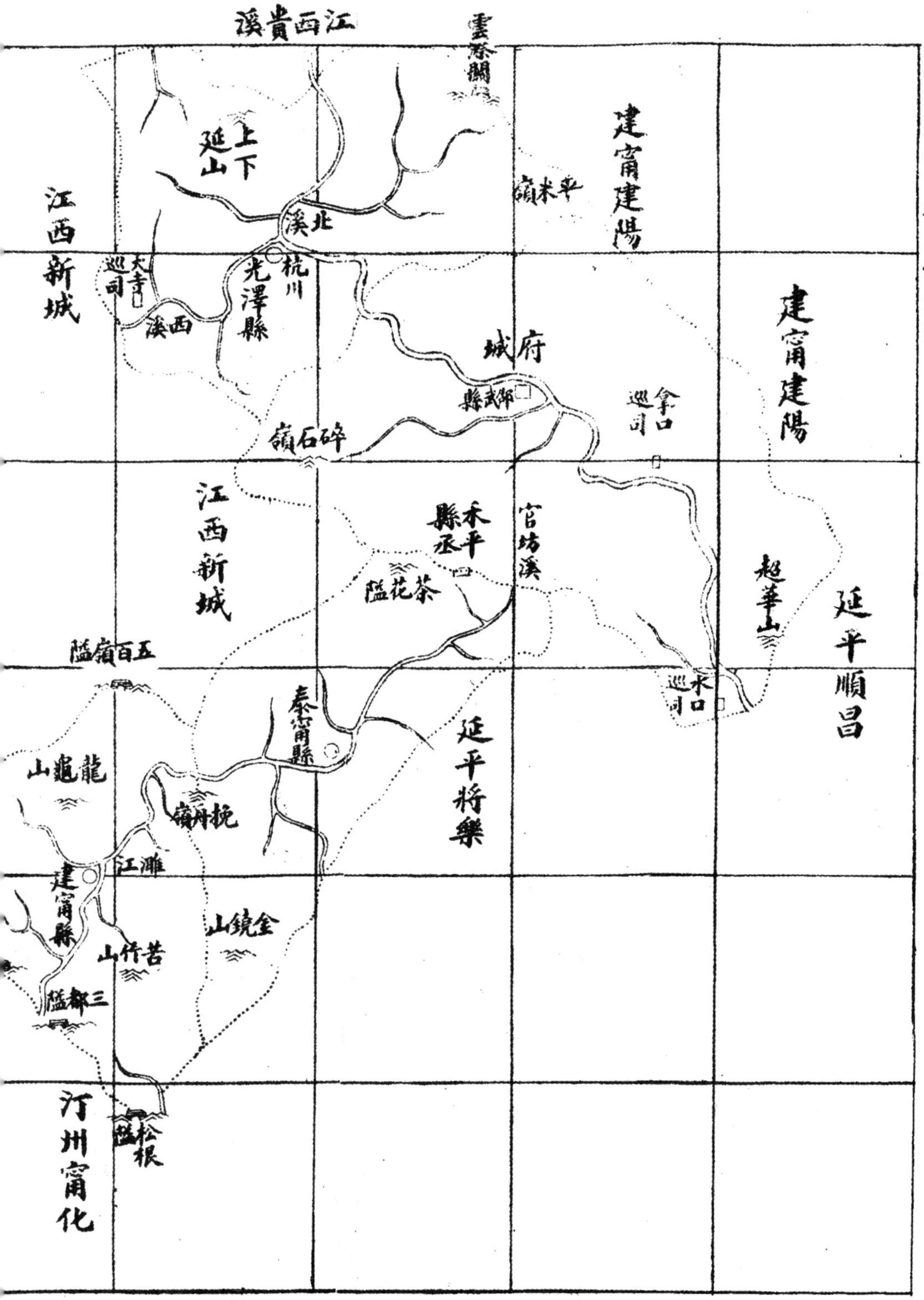
江西貴溪
雲際關
建寧建陽
平米嶺
上下延山
江西新城
北溪
大寺巡司
杭川
光澤縣
西溪
府城
邵武縣
碎石嶺
拿口巡司
建寧建陽
江西新城
禾平縣丞
官坊溪
茶花隘
超華山
延平順昌
五百嶺隘
水口巡司
泰寧縣
龍龜山
延平將樂
挽舟嶺
建寧縣
江灘
金鐃山
苦竹山
三都隘
松根隘
汀州寧化

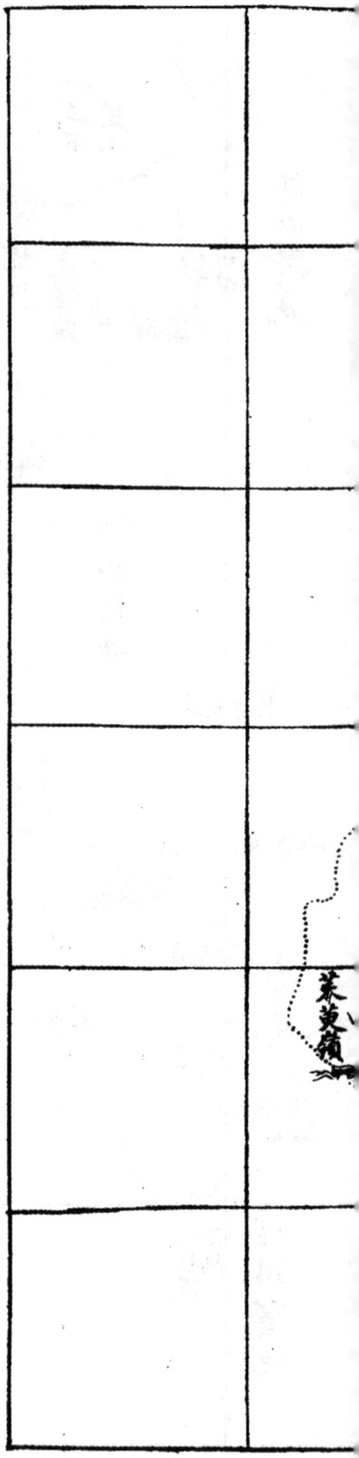

每方五十里

邵武府在省治西北六百七十里至

京師五千七百五十七里晉屬建安郡地宋齊梁陳因之隋屬撫州地唐屬建州地五代如之宋太平興國五年以建州邵武縣建為軍領縣四曰邵武曰光澤曰泰甯曰建甯元至元十三年升為路明洪武元年改為府領縣均如前

國朝因之治邵武西南泰甯建甯西北光澤邵武之水分南北二支延平西溪之上游即閩江之西北源也其北支於光澤縣東北境馬鈴隘上接江西鉛山界境之水為北溪西南流至舉賢塘有黃阬水北自觀音尖來注又西南至牛鼻灣有阬口水東自盤肩嶺而西來注之又屈從西流至小寺州有冷水阬水北自江西貴溪界境西南流來注之又折西南流經崇仁市西南有峰坳水自西來注之又西南經縣治東北隅有西溪西南自江西新城縣馬嶺東流經仙人隘入境合小禾山溪陳溪經城北來會是為交溪亦名杭川折東南流經通津塘入邵武縣西北境又東南經金剛橋鎮龍橋過府治北至石岐山下有碎石嶺水東北流合古山水雙溪水來注又東南經步雲橋有銅青溪自西南來注之又東南至石壁折而南流經赤岸又轉而東至下洒口又曲曲南流至大塲口有桃溪自東北來注之又折東南流經水口司北出境經順昌縣富屯驛達於富屯溪其南支於建甯縣西南境三鄉隘上接甯化縣之甯溪東北流至羅塘有雲蓋山水合白雲峰水自西北來注之又東北至水口橋有金鏡山水自東南來注之又東北經縣城東有朝天嶺水自西北來注之是為濉江又東北至鄧家坳李家山水自東入焉又東至官家地有馮家漈水自東南來注又東北曲曲流經袁莊出境入泰甯縣界又東經挽舟嶺有蛾眉峰水自北來注之又東至梅口而大溪上接邵武之官坊溪合潭子隘水朱口溪杉溪黃溪西流

來會折而南流至依口塘有龍安溪自南來注之又折東南流經余坊尾良淺坊出境入將樂縣界竹洲都達於金溪邵武之山源於江西建昌之天柱峰歷石溝大洋縣亙而南凡百餘里接入建甯縣北起為朝天嶺西行為青山為捲嶺折而南經白雲山楓門嶺趨至縣西之鳳山而止又自朝天嶺東行歷邱家隘雙門山裡嶺隘沿入泰甯之天臺山七寶峰南分一小支踰蛾眉峰獅子山大洋峰接入縣北之小阬障勢漸就平度入城內復起鑪峰山為泰甯縣治之主山其正支又自七寶峰東行循大杉嶺茶花嶺軒昂頓伏而起邵武之殊山分為二支一自殊山東行踰道峰山為天臺山下銀洋嶺起為七臺山折入將樂縣境一自殊山西北行過愁思嶺金蓮峰至碎石嶺轉東北行歷毛宿白壺樵嵐山積善山而東至城西突起金鰲山而府治倚之又自碎石嶺西北行出黃土關歷新城縣東境轉入光澤縣之六都起象牙峰折東北行為浮溪山為九龍山為千竹山至於縣南頓伏入城起望高山度牛了嶺踰城北而止於席帽山其溪東之山綿亙三十里聳為烏君山經石牛鼻分支東南行抵邵武之大乾山磅礴東趨歷望州嶺下鼓子隘沿至巖嶺則又為建陽甌甯諸山所自來也東至建甯府建陽縣界九十五里西至江西新城縣界一百一十五里南至延平府將樂縣界一百一十里北至江西貴溪縣界一百五十里東南至延平府順昌縣界九十五里西南至汀州府甯化縣界三百四十里東北至建甯府建陽縣界五十五里西北至江西新城縣界一百六十里東西烏里廣二百二十里南北烏里縱二百六十里

邵武縣圖

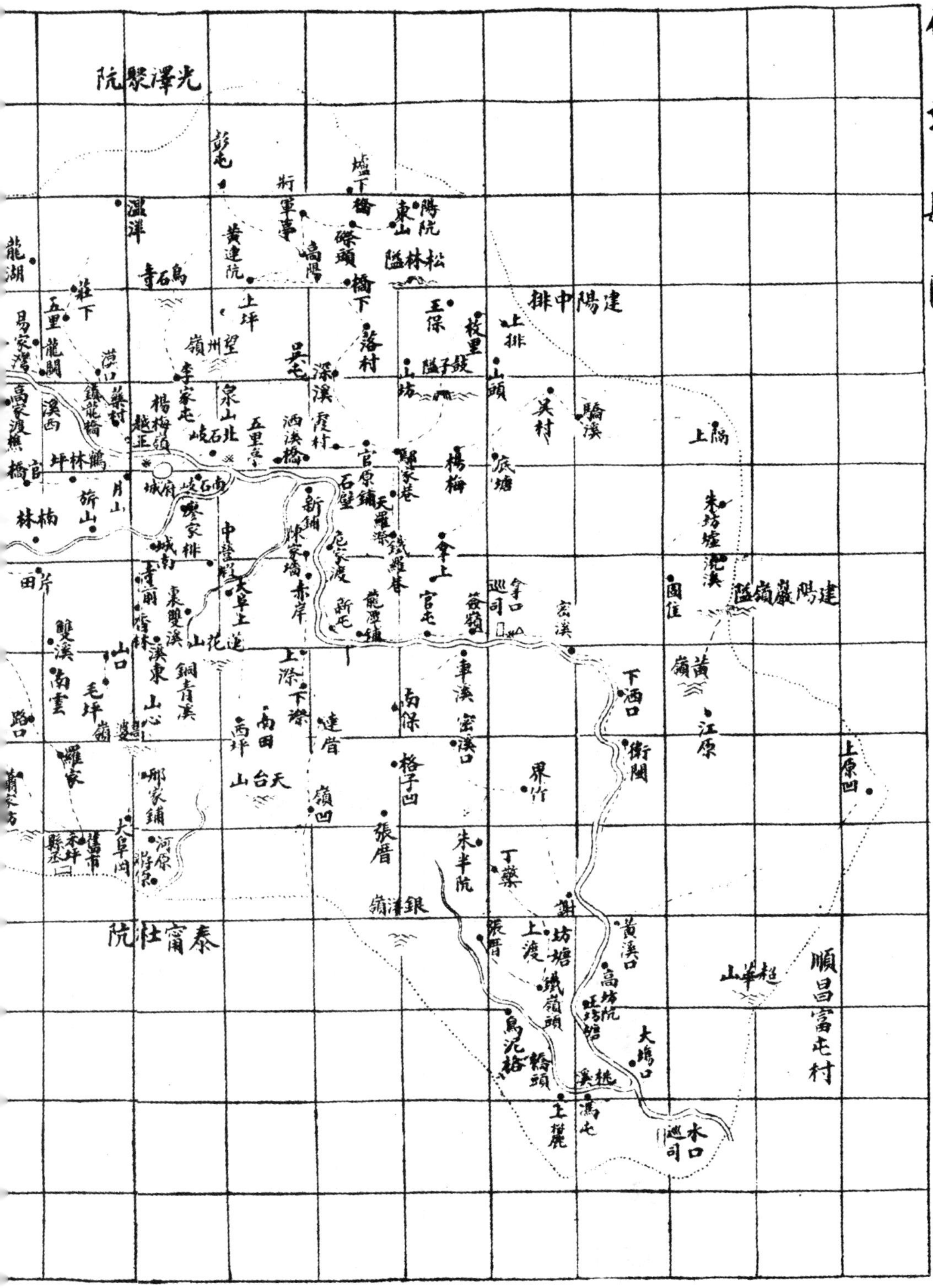

光澤黎院
泰甯杜院
建陽中排
建陽巖嶺隘
順昌富屯村
松林隘
東山
隘子嶺
望州嶺
烏石寺
黃連院
上坪
落村
深溪
楊梅
洒溪橋
官原鋪
石壁
天羅漈
鐵羅巷
新鋪
赤岸
危家渡
新屯
龍灣鋪
拿上
官屯
黃溪
水口巡司
大埠岡
河原
游家鋪
天台山
格子凹
張厝
銀漈嶺
朱半院
丁藥
上渡
坊塘
鐵嶺頭
烏泥格
高坊院
大埠口
黃溪口
上麗
衛閩
江原
上原凹
下酒口
界竹
超華山
朱坊墟
國侍
上隔
吳村
騎溪
底塘
車溪
連背

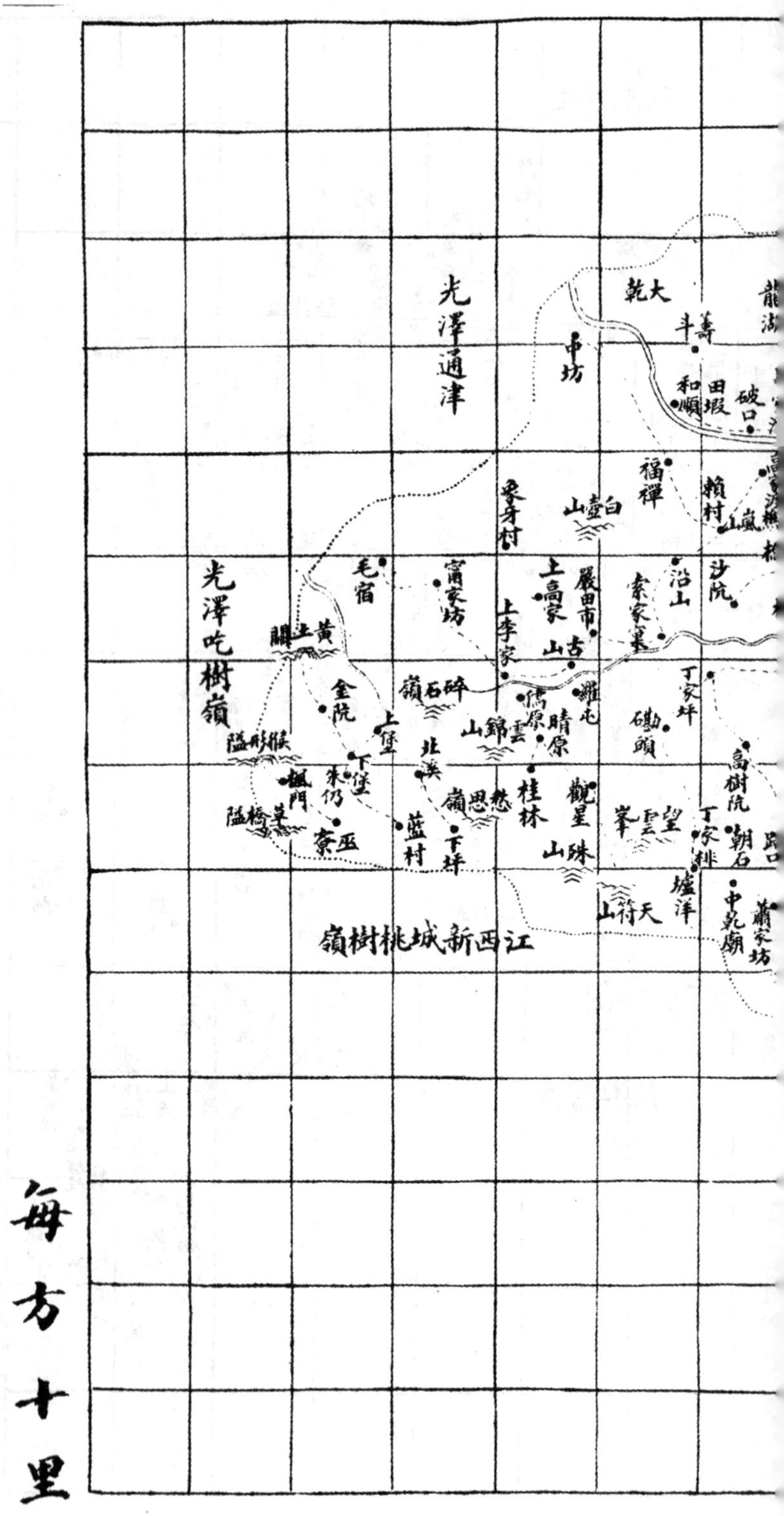
光澤通津
光澤吒樹嶺
江西新城桃樹嶺
大乾
毛宿
富家坊
白壺山
福禪
賴村
沿山
沙阬
黄土
碎石嶺
金阬
上堡
下堡
北溪
雲錦山
晴原
桂林
愁思嶺
蓝村
下坪
觀星
山跡
望雲峯
天符山
爐洋
朝石
中乳廟
蕭家坊
每方十里

將軍灣虎頭山曲入為漳浦六鼇港口又西經古雷頭曲入西北為雲霄漳江口又循銅山而西抵懸鐘南為詔安港口其南隔海為南灣接入廣東界境閩江有三源西北源曰富屯溪自邵武光澤縣東北上承江西鉛山縣水西南流經縣城北折而東南經邵武府治北又東南經順昌縣西有將樂縣金溪上承泰甯建甯諸水自西注之又東南經延平府治西南境有西南源之沙溪會永安連城甯化清流諸水來會折而東經延平府治東有北源之建溪會浦城松溪政和崇安建陽諸水來會三源既合水勢大盛又東南經尤溪縣東北境有尤溪縣湖頭溪承大田縣梓溪自西南注之又東南納古田縣水又東南納閩清縣水又東南經福州府治西南境夾繞螺洲而下有永福之大樟溪合德化水自西南來注之又東達於馬江分繞瑯琦島入海閩江南二百四十里為興化之木蘭溪源自永春州石湖山水東流經仙遊縣南又東經興化府治南達三江口會涵頭港迎仙港入海又南一百九十里為泉州之晉江其西源藍溪自漳平縣古格嶺東南流經安溪縣西會白葉山西來之水又東經縣南至南安縣美林山麓南分一支循大盈司西達安海港入海其正支東至雙溪口有西北源桃林溪自永春東南流來會又東南經南安縣南又東南經泉州府南達於蚶江會東北之雒陽江入海又西南二百六十里為漳州之九龍江其西北源九鵬溪自甯洋縣梨子嶺東南流經公館嶺會大田連城二水又南至鹽塘而西源雁石溪西南自龍巖來會又東南經漳平縣西南又東南經長泰縣西漳州府治東會長泰南靖諸水又東南夾繞許茂烏礁而下分繞海澄縣治南北達海門港入海又西南三百五十里為汀州之鄞江自甯化縣亂蘿山西南流經府治東又南經三洲驛藍屋驛至九洲關有連水自連城縣西南流來

會又南經上杭縣東又東南經峯市司東有永定縣溪自東南流來會又南入廣東大埔縣境達於神泉河閩江北一百里爲連江縣之鼇江自古田縣蘇洋溪東南流經羅源縣西境又東南經縣治南折而東達東岱江入海又北一百三十里爲甯德之外渺溪自壽甯縣松洋溪東南流入境西合政和縣水又東南經周墩縣丞南又東南至莒洲會屏南縣東南來之水又東南達金垂港入海又北一百五十里爲福安縣之長溪源自浙江景甯縣東南流經壽甯縣繞入福安至大倉塘以次會壽甯之蟠溪託溪尤溪平溪諸水又東南經白石司東達黃崎江入海又北三百七十里爲福鼎縣之桐山溪自金尖山東南流經縣治東又東南會董江白水江達沙埕港入海閩省之山分三大支一自浙之括蒼山西趨江山縣之仙霞嶺入建甯府浦城縣界越楓嶺獅山漁梁山西沿崇安爲岑陽山白雲山武夷山分支南下散布於甌甯建陽兩縣之間其自仙霞嶺東行者沿大竿嶺筋竹嶺而南過盈竹嶺落入松溪縣之蹲獅山虎頭巖建甯府治之黃華山又自盈竹嶺東行盤旋浙之龍泉慶元二縣東分一支趨入福鼎縣北境爲疊石山折西南行沿入霞浦之龜洋山分支劈絡盤繞福鼎福安二縣其盈竹嶺東行之正支自政和縣石牛山天柱巖南下接入建安辰山分爲二支一趨古田之石馬山蜿蜒而南歷侯官之太湖山九峯山蓮花山折而東行起爲鼓山沿江而北蔽繞連江外境一趨屏南之東峯山沿倪家山三臺山而南接入甯德羅源連江三縣夾趨至海起爲北茭三十六曲飛鸞諸山與福甯傍海諸山聯翔東拱此自浙入閩之一支也一自江西建昌之天柱峯南趨邵武府之建甯縣北境起爲朝天嶺東行歷邛家隘雙門山沿入泰甯之天臺山七寶峯循大杉嶺茶花嶺而至邵武之銖山接入碎石嶺爲邵武光

雲山
金鼇山在縣西南附郭其北為馬鞍嶺南為旗山西為壽山
碎石嶺在縣西南七十五里踰嶺而西為潮魚山潮魚之東為潭山又東十里為雲錦山又北十里為雙臺山
殊山在縣西南九十五里循山而東為小殊山為天符山折而北為望雲峯西下為愁思嶺
熙春山在縣西附郭
樵嵐山在縣西二十里相近

溪又十里經三仙灘納大竹溪折而東又三十餘里經馬耳灘納拿口上下溪又東十里納窑溪又東轉而南五里經蒲巢灘驕溪合下洒溪入馬又南五里經板孔灘納外石溪衞閩溪又南二十餘里納謝坊溪黃溪又南二十里有桃溪合七臺寶山諸水自西北來注之又東南一十五里經水口司北出境經順昌縣富屯驛達於富屯溪

南七十里轄塘八
水口汛在縣東南八十五里轄塘九
橋頭汛在縣東南一百零五里
禾坪汛在縣南六十里
界首汛在縣北六十四里轄塘一十四
朱坊墟汛在縣東八十里
縣前鋪東十里至銅青鋪十里至新埠鋪二十里至新屯鋪十五里至官墩鋪十五里至挐口鋪二十里至洒口鋪十五里至黃溪鋪十五里至黃

者有積善山又西十里為沿山

白壺山在縣西四十里迤西為象牙山南下為古山

廣山在縣西北三十五里

獅子崖在縣西北四十五里

天馬山在縣西北六十里又西為大乾山

北平山在縣北隔溪又北十五里為望舟嶺麻姑山金山在其西旱山在其東下為卯頭山又北五里為玉龍峯又北十里為元峯又北為雲際山距縣城六十里

泉山在縣東北

官坊溪發源於縣東南四十里之官尖峯西南流二十餘里經游原出境注於泰甯縣龍湖溪

碎石嶺西一水在縣西北八十里西北流二十餘里經黃土關東出境注於光澤縣之西溪

坊鋪二十里至順昌縣富屯鋪

縣前鋪西北二里至頒春鋪八里至藥村鋪十里至漠口鋪十里至龍門鋪十里至破石鋪十里至大乾鋪十里至光澤縣通津鋪

縣前鋪南十里至城南鋪十里至香林鋪十里至山口鋪十里至山心鋪十里至邢家鋪十里至河源鋪十里至泰甯縣游原鋪

縣前鋪北十里至王堂鋪十里至洒溪鋪十里至官源鋪十里至林

一十里
將軍亭嶺在縣東北四十里又東迤十里爲東山

墩鋪十里至梅裡鋪五里抵建陽縣界首中排

光澤縣圖

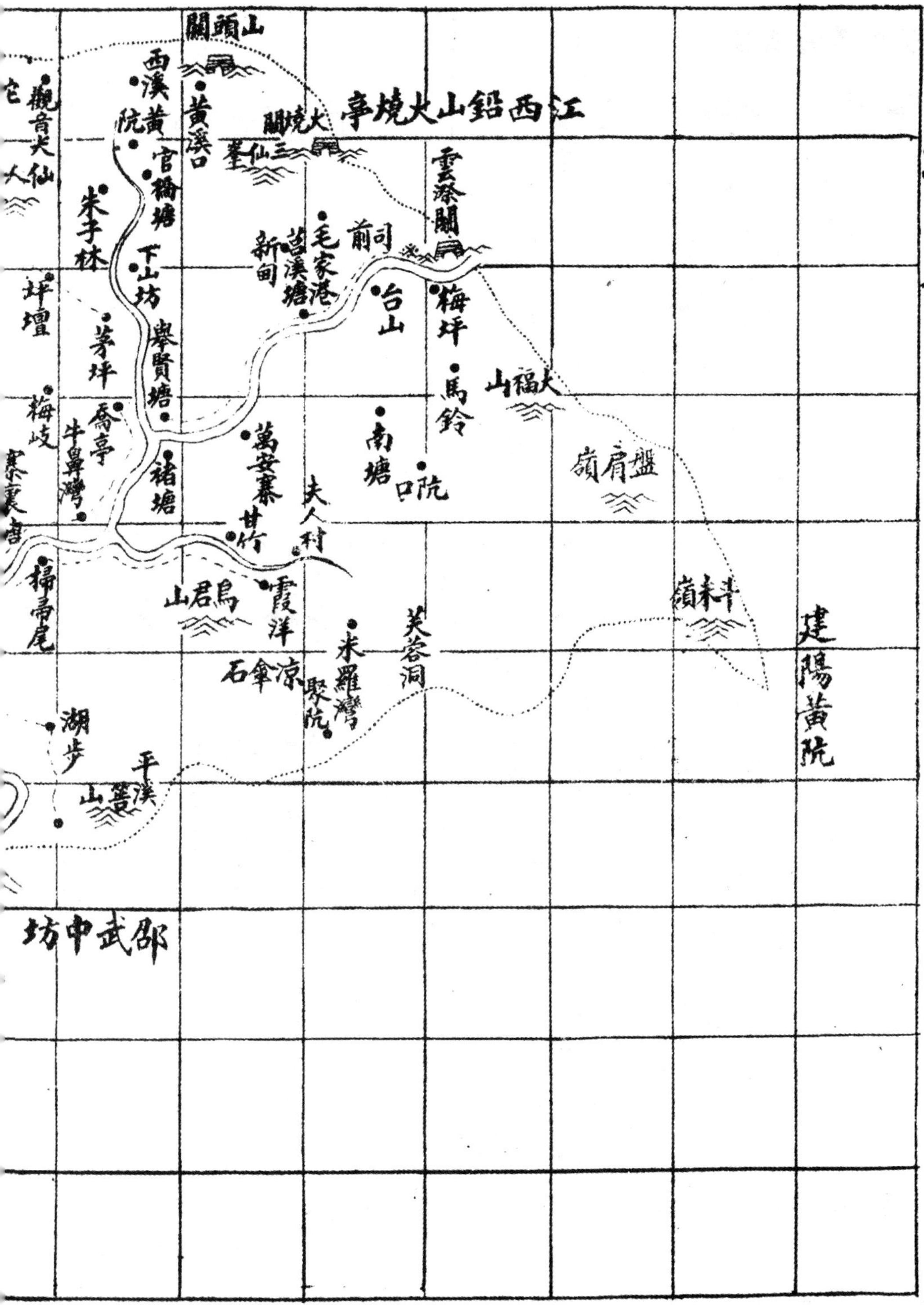
山頭關
江西鉛山火燒亭
大燒關
三仙峯
雲際關
黃溪口
官橋塘
觀音尖
朱子林
下山坊
司前
毛家港
台山
梅坪
大福山
馬鈴
南塘
坑口
盤肩嶺
茅坪
舉賢塘
坪壇
梅岐
喬亭
牛鼻灣
褚塘
萬安寨
甘竹
夫人村
烏君山
霞洋
涼傘石
米羅灣
聚坑
芙蓉洞
建陽黃坑
掃帚尾
湖步
平溪
邵武中坊

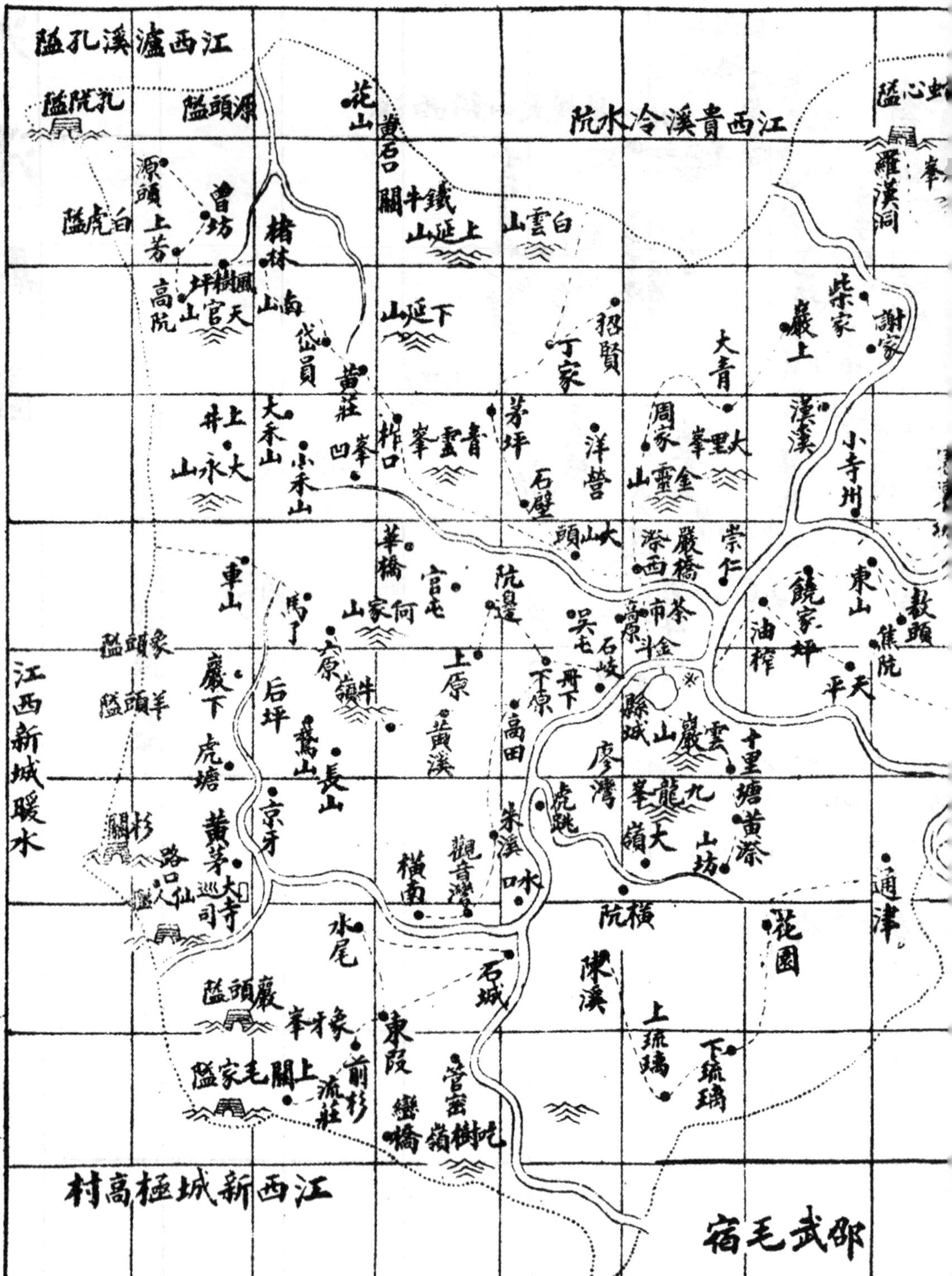
江西瀘溪孔隘
孔阬隘
源頭隘
江西貴溪冷水阬
白虎隘
白雲山
上延山
下延山
羅漢洞
象頭隘
羊頭隘
江西新城暖水
杉關
大寺巡司
縣城
巖頭隘
上關毛家隘
江西新城極高村
邵武毛宿

每方十里

邵武府光澤縣中缺

沿革

唐為洋甯鎮
五代周改為財
演鎮並屬邵
武隸建安郡
宋太平興國六
年析置光澤
縣屬邵武軍
元屬本路
明屬本府
國朝因之

疆域

東西烏里廣一
百二十八里
南北烏里縱九
十四里
至省陸程七百
五十里水程
七百八十里
至府陸程八十
里水程同
縱距府烏里三
十七里
横距府烏里五
十六里
斜距府烏里六
十七里有奇
東至建甯府建
陽縣界黃阬
九十里
西至江西新城
縣界暖水七
十里
南至邵武縣界
毛宿四十五
里
北至江西貴溪

天度

緯二十七度三
十二分
經東四十五分
冬至日出卯正
三刻零七分
二十二秒日
入酉初初刻
零七分三十
八秒日四十
一刻零零一
十六秒夜五
十四刻一十
四分四十四
秒
夏至日出卯初
初刻零七分
三十八秒日
入酉正三刻
零七分二十
二秒日五十
四刻一十四
分四十四秒
夜四十一刻
零零一十六
秒

山鎮

羅嘉山在縣東
三里又三里
為廻龍山
東山在縣東二
十里下為饒
家坪相近者
有丁家山麻
姑山
烏君山在縣東
三十里相接
為烏石嶺山
後為凉繖石
山前為寶蓋
峯又前為香
爐峯稍北為
筶山箕山欽
山
斗米嶺在縣東
九十里
九龍山在縣東
南五里下為
青山為金鼇
峯
黃磜山在縣東
南二十里

水道

西溪亦名鹿溪
在縣西南四
十里源自江
西新城縣界
馬嶺山東行
經仙人隘南
入縣境東北
流十里至羅
家渡納象牙
山水又東北
十里經大寺
寨司西南有
小禾山水合
耽溪水羊頭
隘水杉關水
自北來注之
又東二十六
里至水口北
納朱溪水兩
陳溪自邵武
之碎石嶺西
北流來會又
折北流十里
至虎跳有大
嶺水自東來

鄉鎮

坊八里十村七
百六十三市
九
福民坊在城內
善利坊界東城
內外
惠濟坊界西城
內外
鎮嶺坊在東城
外
洪濟坊順化坊
武陵坊澄清
坊在西城外
衛霄里在縣西
共七十四村
崇仁里在縣北
共一百一十
八村
永甯里在東南
共二十八村
歸仁里在縣西
南共七十一
村
延福里在縣西
南共六十三

職官

知縣一員駐
教諭一員駐
訓導一員駐
巡檢一員駐寺
典史一員駐
左營千總一駐城
稅釐分局二山關杉關一駐

縣界冷水阬四十五里

東南至鄧武縣界中坊二十五里

西南至江西新城縣界極高村八十五里

東北至江西鉛山縣界火燒亭一百二十里

西北至江西瀘溪縣界孔阬一百里

望高山在城內南隅又距城南三里為雲巖山又二里為千竹峯

旗山在縣西南五里

白雲峯亦名仙嵊在縣西南二十里又十里為浮溪山

象牙峯在縣西南六十里迤西為吃樹嶺為管密山又西毛家嶺嶺北七里為巖嶺又北五里仙人隘

月山在縣西二里前為良嘉山

黃源嶺在縣西十五里

何家山在縣西二十里循山而南五里為

注之又十里至冊下納馬了山何家山上原下原諸水又東北十里至縣西經西橋分一小支流入城內為九曲溪其大流則逕城北逸牛洲而東有雲巖水會城內九曲水由東門外小橋來注又東過東橋抵烏洲與北溪會

北溪在縣東北一百二十里源自江西鉛山縣境西南流經馬鈴隘北雲際關南入縣境又西南十里至司前左納馬鈴

永福里在縣西北共七十林村

招德里在縣西北共八十一村

安福里在縣西北共八十一村

招賢里在縣東北共八十三村

永德里在縣東北共九十四村

丁字街市在城內

前街市鎮嶺街市在東城外

杭街市茶街市在西城外

水口市在縣西南四十里

曾家村市在縣西南六十里

止馬街市在縣西南六十里

牛嶺又四里為長山迤西為鵝山
豪居峯在縣西七十里又北三里曰杉嶺又北五里曰羊頭隘又北五里曰象頭隘
大嶺頭在縣西北二十五里
馬了山在縣西北四十里西下為東山前為大永山
青雲峯在縣西北四十里迤西五里為峯坳又西為小禾山大禾山陳家山又西而北為天官山為南山距縣城七十五里

隘水大棋山水又西南十里至梅坪納廷燎水又二十里至岦溪塘右納火燒關水又二十里至舉賢塘有黃阬屈滕嶺大銀塲白牛峯株子嶺諸水自北來注之又十里至牛鼻灣有阬口水東自盤肩嶺合广阬圭阬芙蓉洞水自東來注之又西二十五里至小寺州有冷水阬水北自江西貴溪界境合羅漢洞水大青水併入漢

一百六一

四

崇仁市在縣北一十五里
光澤縣汛在城內轄塘十五隘六關一
新甸汛在縣東北九十里轄塘十三隘三
鋪東十里至直準鋪十里至通津鋪十里至邵武縣大乾鋪
縣前鋪西十里至石岐鋪十里至高田鋪十里至黃溪鋪十里至長山鋪十里至官山鋪十里至止馬鋪十里至杉關鋪十五里至江西新城縣界

上延山在縣西北六十五里東為白雲峯迤西而南為下延山又北為鐵牛關又北為花山距縣城九十里九墩山在縣北附郭又北曰席帽山曰交崎山金靈山在縣北一十五里又北少東五里曰大里峯仙人峯在縣東北五十里又北十里為觀尖三仙峯在縣東北一百一十里又南而東十五里曰雲際山曰台山又南而東十里為鴨母嶺為大福山又

溪而南來注之又西南一十五里至崇仁市西南有峯坳水合青雲峯渠溪諸水自西來注之又五里抵縣治東與西溪會是為交溪亦名杭川合而東南至十里塘納黃滁山坊花園諸水又東南二十里過通津塘入邵武縣西北境達於大溪大禾山水在縣西北六十里自葉家村北流合黃莊水又北流十餘里經太平橋出鐵牛關有高阬水合源頭村水自西

南而東十里爲盤肩嶺

來注又北出黃石口達花山界入於江西瀘溪

一百六三

建甯縣圖

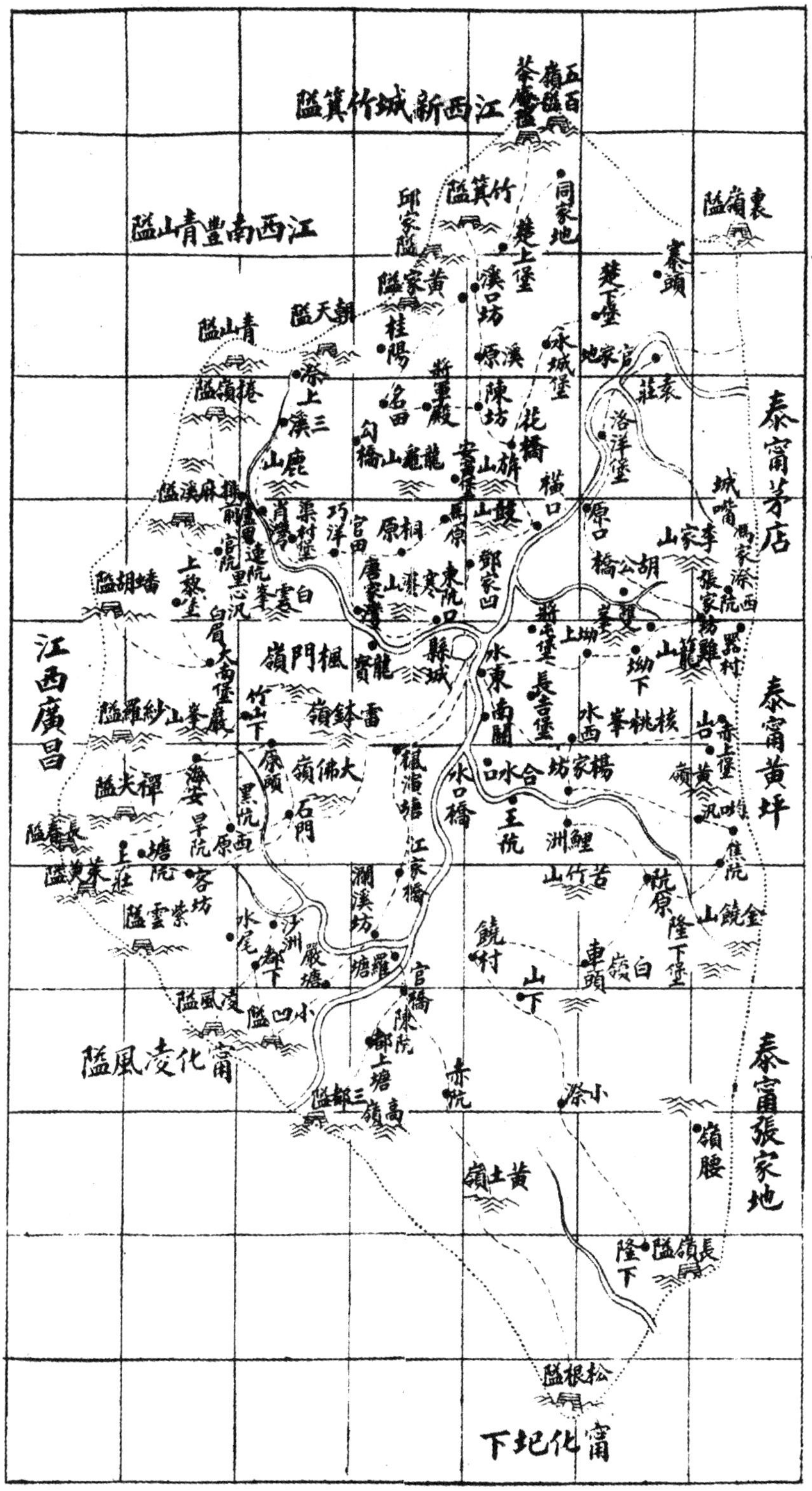
江西新城竹箕隘
江西南豐青山隘
竹箕隘
同家地
東嶺隘
寨頭
楚上堡
楚下堡
黃家隘
溪口坊
朝天隘
青山隘
桂陽
溪原
永城堡
袁莊
三溪
名田
陳坊
花橋
洛洋堡
鹿山
龍龜山
旗山
泰甯茅店
城嘴
巧洋
桐原
原口
李家山
上黎堡
胡公橋
蟠胡隘
江西廣昌
楓門嶺
縣城
長吉堡
雷鉢嶺
紗羅隘
大佛嶺
核桃峯
泰甯黃坪
楊家坊
合水口
水口橋
海安
石門
王坑
鯉洲
若竹山
金鐃山
紫雲隘
銚村
車頭
隆下堡
淩風隘
甯化淩風隘
赤坑
泰甯張家地
嶺腰
黃土嶺
長嶺隘
隆下
松根隘
甯化圯下
三都隘

每方十里

邵武府建甯縣中缺

沿革

晉隆安三年析將樂縣地置為綏城縣屬建安郡

隋開皇九年省入建安縣十二年割入邵武縣屬撫州

唐武德四年析邵武縣地置隸建州貞觀三年省入邵武縣乾元二年分故綏城地為黃連歸化二鎮今地即黃連鎮也乾符五年改為義甯軍治永安

五代南唐罷為永安鎮又改為永安場

宋建隆二年南

疆域

東西鳥里廣六十三里

南北鳥里縱一百零七里

至省陸程七百五十里水程同

至府陸程二百一十里水程二百四十里

縱距府鳥里一百一十里

橫距府鳥里一百零四里

斜距府鳥里一百五十一里有奇

東至泰甯縣界黃坪四十里

西至江西廣昌縣界禪夫隘六十里

南至汀州府甯化縣界圯下

天度

緯二十六度四十七分

經東三分

冬至日出卯正三刻零五分四十秒日入酉初初刻零九分二十秒晝四十一刻零三分四十秒夜五十四刻一十一分二十秒

夏至日出卯初初刻零九分二十秒日入酉正三刻零五分四十秒晝五十四刻一十一分二十秒夜四十一刻零三分四十秒

山鎮

東山在縣東里許又東曰開山又曰屏山曰雙峯山其北曰西山曰平山又北為器村峯其南有雞籠峯又東曰李家山

核桃峯在縣東南十五里

黃嶺在縣東南二十五里

苦竹山在縣東南三十里其南為車嶺為白嶺為金鐃山又南二十里為長嶺

青山在縣南附郭

高嶺在縣南五十里西迤為三都嶺

水道

灘江在縣南門外源自甯化縣之甯溪東北流經三都隘西入縣境東北流十五里至羅塘有雲蓋山水合白雲峯水自西北來注之又東北二十餘里至水口橋有金鐃山水合黃嶺水自東南來注之又十餘里至治東有朝天嶺水合黃溪大南溪自北來注之是為灘江繞治而東十里至鄭家坳納安寅保水而李

鄉鎮

隅四鄉四保三十八村一百五十四市四

在城保在城廂內外統東西南北四隅

東鄉統黃舟開山洛陽楚下永城楚上武調七保共二十六村

西鄉統富田大南上查里心銀阬排前新城客坊里源上黎十保共三十四村

南鄉統長吉將屯鏡村都下赤下隆下都上赤上隆安際安汪家十一保共六十二村

職官

知縣一員駐城

教諭一員駐城

訓導一員駐城

典史一員駐城

右營都司一員駐城

把總二員一駐城一駐均口

一百六十五

唐升為縣屬
建州開寶八
年平南唐縣
屬仍舊
元屬本路
明屬本府
國朝因之

八十五里
北至江西新城
縣界竹箕隘
五十里
東南至本郡泰
甯縣界張家
地六十里
西南至汀州甯
化縣界凌風
隘六十里
東北至泰甯縣
界茅店六十
里
西北至江西南
豐縣界青山
隘六十里

黃土嶺在縣南
五十七里
鳳山在縣西南
三里又西為
大佛嶺
寶山在縣西南
二十五里又
南為小坳山
雲蓋山在縣西
南二十八里
其西有五龍
山其北有金
龍山又西南
十里曰紫雲
峯
雷鉢嶺在縣西
五里又西曰
竹山曰巖峯
山曰沙羅峯
距縣城五十
餘里
鳳門峯在縣西
一十五里
白雲嶺在縣西
北三十里又
西曰蟠湖嶺
馬鞍山在縣西
北三十五里

家山水亦自
東經湖公橋
來注又東北
五里至橫口
納永城保水
又東北十五
里有馬家滁
水自東南來
注之又北五
里折而東入
泰甯縣西境
達於東溪
黃土嶺水在縣
東南五十里
東南流二十
里經長嶺隘
西松根隘東
入歸化縣西
北界注於楓
溪

北鄉統安寅賓
溪周平安仁
黃溪藍田安
吉淨安癸羊
九保共三十
二村
水東街市在東
門外
水南街市在南
門外
溪口街市在北
門外
均口街市在縣
東南五十里
建甯縣汛在縣
城內
均口汛在縣東
南五十里
巧洋汛在縣西
北二十里
縣前鋪東十里
至分水鋪十
里至源口鋪
十里至袁莊
鋪十里至泰
甯縣挽舟鋪
縣前鋪南十里
至楓演鋪十

其西為白鹿山

朝天嶺亦名百丈嶺在縣西北六十里

寒婆嶺在縣北附郭又十餘里曰靈應峯又五里曰瑞高峯並峙者為龍圭山又北十里為何家山又十里為浮沙嶂又北為雙門山迤西為黃家山距縣城五十里

鼓山在縣東北十餘里又東北為旂山迤東為橫口山

金斗峯在縣東北五十里相近者有茶嶺

里至官橋鋪十里至都統鋪十五里至綏來鋪抵甯化縣界

一百六六

泰甯縣圖

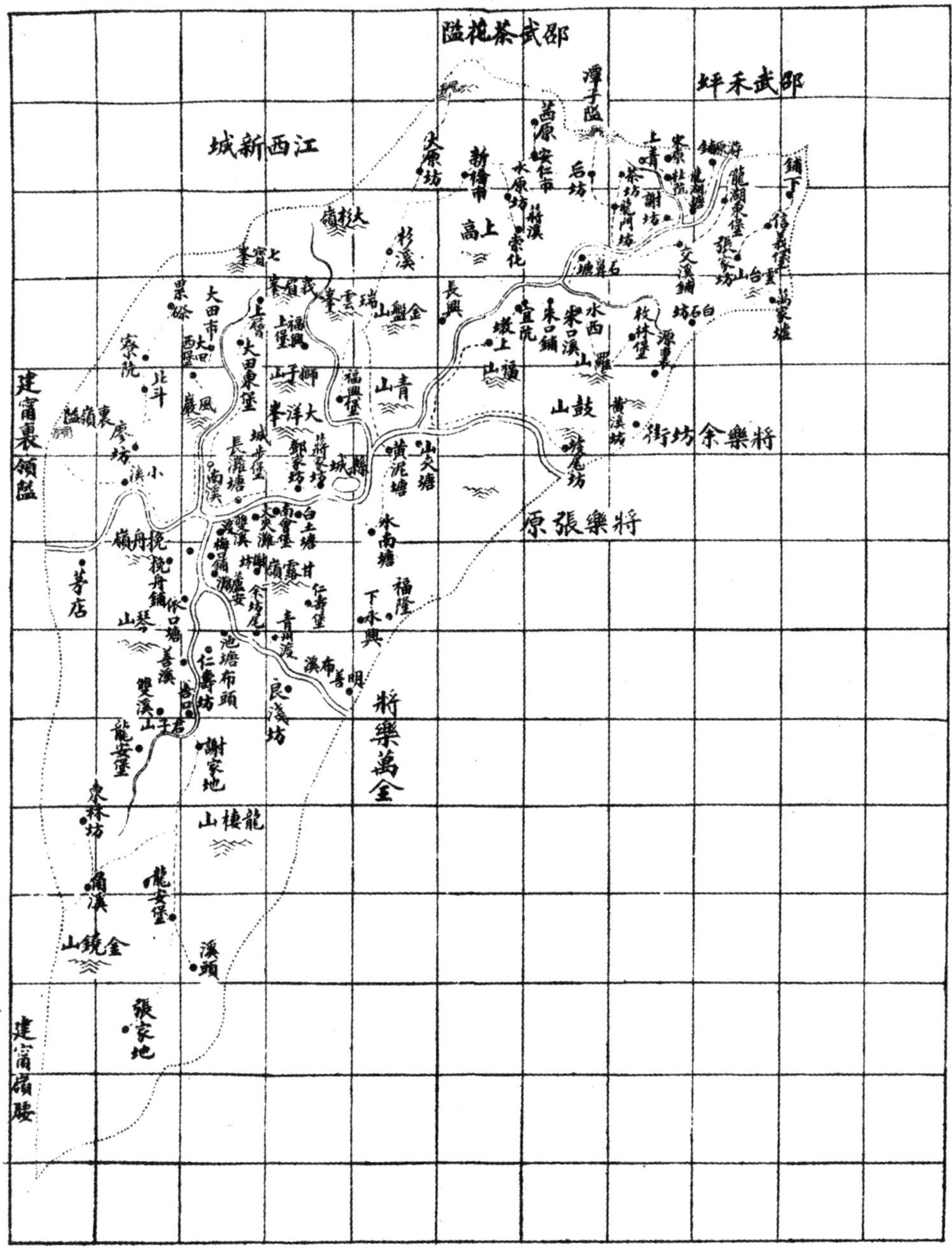

每方十里

邵武府泰甯縣簡缺

沿革

唐為歸化鎮本古金城場屬將樂地
五代南唐保大三年改歸化場中興元年改為縣屬建州
宋開寶八年平南唐縣屬如故太平興國五年割屬本軍元祐元年改今名
元屬本路
明屬本府
國朝因之

疆域

東西鳥里廣九十里南北鳥里縱一百二十四里至省陸程六百八十里水程七百一十里至府陸程一百三十里水程不通舟楫縱距府鳥里八十里橫距府鳥里四十二里斜距府鳥里九十里強東至將樂縣界余坊街二十五里西至建甯縣界裏嶺隘五十里南至將樂縣界萬全五十五里

天度

緯二十六度五十六分經東四十度零九分冬至日出卯正三刻零六分五秒日入酉初初刻零八分五十五秒晝四十一刻零二分五十秒夜五十四刻一十二分一十秒夏至日出卯初初刻零八分五十五秒日入酉正三刻零六分零五秒晝五十四刻十二分一十秒夜四十一刻零二分五十秒

山鎮

御屏山在縣東三里其北為犀帽山又東二十五里為鼓山為鑼山為福山為應山寶臺山在縣東南二十里登高山在縣南附郭又南為鳳凰山又南十里為印山旁為籐嶺寶閣峯在縣南二十里又南十五里曰登雲山又十里曰松山其東為鼓樓山又南十里曰清涼山鳳山在其西中華山在其北甘露嶺在縣西

水道

大溪在縣東亦名東溪源自邵武之官坊溪西南流入縣東北境經游原鋪納龍湖東西溪水又西南十里至安濟橋納交溪水而潭子隘水亦自西來注之又西南二十里至黃公橋枚林溪合朱口溪自東來注之又西南二十餘里至山夾鋪長興溪上清溪將溪山夾溪先後入馬又西南十五里秪治東有杉溪自北逕朝京橋

鄉鎮

隅四里五保三十二村一百三十九市三墟五在城里在城內統東西南北四隅清泰里在縣東統八保曰將溪上下保曰龍湖東西保曰梅林保曰交溪保曰朱口保曰信義保共四十一村大田里在縣西統八保曰依口保曰梅口保曰弋口保曰城步保曰瑞溪上下保曰大田東西保共四十二村

職官

知縣一員駐城
教諭一員駐城
訓導一員駐城
典史一員駐城
右營千總一員駐城

一百六八

北至邵武縣界茶花隘七十五里
東南至將樂縣界張原二十五里
西南至建甯縣界嶺腰一百里
東北至邵武縣界禾坪七十五里
西北至江西新城五十里

南二十里
雲蓋山在縣西南四十里又十五里有猫兒山其東有三崖嶺又十里為牛嶺山其南為石鼓山又十里曰石仙山金雞嶂在其南羅洋嶂在其西
龍樓山在縣西南五十里
筆筍石在縣西南七十里又西南十五里曰金鏡山為建甯泰甯二縣界山其北二十里為寶峯山其西南十里為君子峯
爐峯山在城內西隅又西五里曰回龍嶺

東神橋來注之而黃溪亦自將樂縣馬嶺西流迎恩橋來會匯為何潭是謂城東三澗乃折而西納水南堡水又西逕杉津橋納大洋峯水又西三十里至梅口鋪峩眉峯水合大田東西堡水自北來注之而建甯縣灘江亦東北流入縣西境經雙溪口來會折而南十餘里有龍安溪合善溪仁壽溪依口溪自南來注之又東南三十餘里為布溪遂出境

樂城里在縣南統九保曰福隆保曰水南保曰永興上下保曰南會保曰關善上下保曰仁壽保曰龍安保共一十八村
高平里在縣北統七保曰福山保曰長興保曰崇化保曰上高保曰福興上下保曰安仁保共三十八村
大田市縣西北五十里
新橋市縣北五十里
安仁市縣北七十五里
善溪墟縣西南五十里
雙溪墟縣西南六十里

又西十五里曰巖頂山又八里曰南會山下有鳳棲嶺

蘭臺山在縣西三十里其北曰虎頭山少西為挽舟嶺又南為江家嶺三門嶺又南為琴山為蒙坪為雙坪

大洋峯在縣西北二十五里其東為小阬嶂其北為獅子山

德安山在縣西北十里又十里曰青簾山又北曰大坳山又西北十里為金龍山其西為廖嶺東為金雞山峩眉峯又西

入將樂縣西北界之竹洲都達於金溪

一百六九

朱口墟縣東北三十里

黃家墟縣東北六十里

上清墟縣東北六十里

縣城汛在城內轄塘十一

縣前鋪南二里至水南鋪又東北十五里至山夾鋪十五里至朱口鋪十里至石鼻鋪十里至交溪鋪十里至龍湖鋪十里至游源鋪十里至邵武縣何原鋪

水南鋪西十里至白土鋪十里至長灘鋪十里至梅口鋪十里至挽舟鋪十里至建甯縣袁莊

北十里為七寶峯又西為天臺山

鍾石山在縣北十五里東下為青山又北十里為金盤山又五里為瑞雲峯又北八里有赤石巖又北十里為雞籠嶂為著山龍門寨在其西又北七里為大杉嶺迤東十里為茶花嶺

旗山在縣東北一里

淘金峯在縣東北二十里東迤曰楊家山曰半嶺又東北十里曰東又東北十餘里曰李家嶂又東為珠山

鋪

一

爲雲臺山距
縣城六十里

一百七十

一百七十

汀州府縣總圖

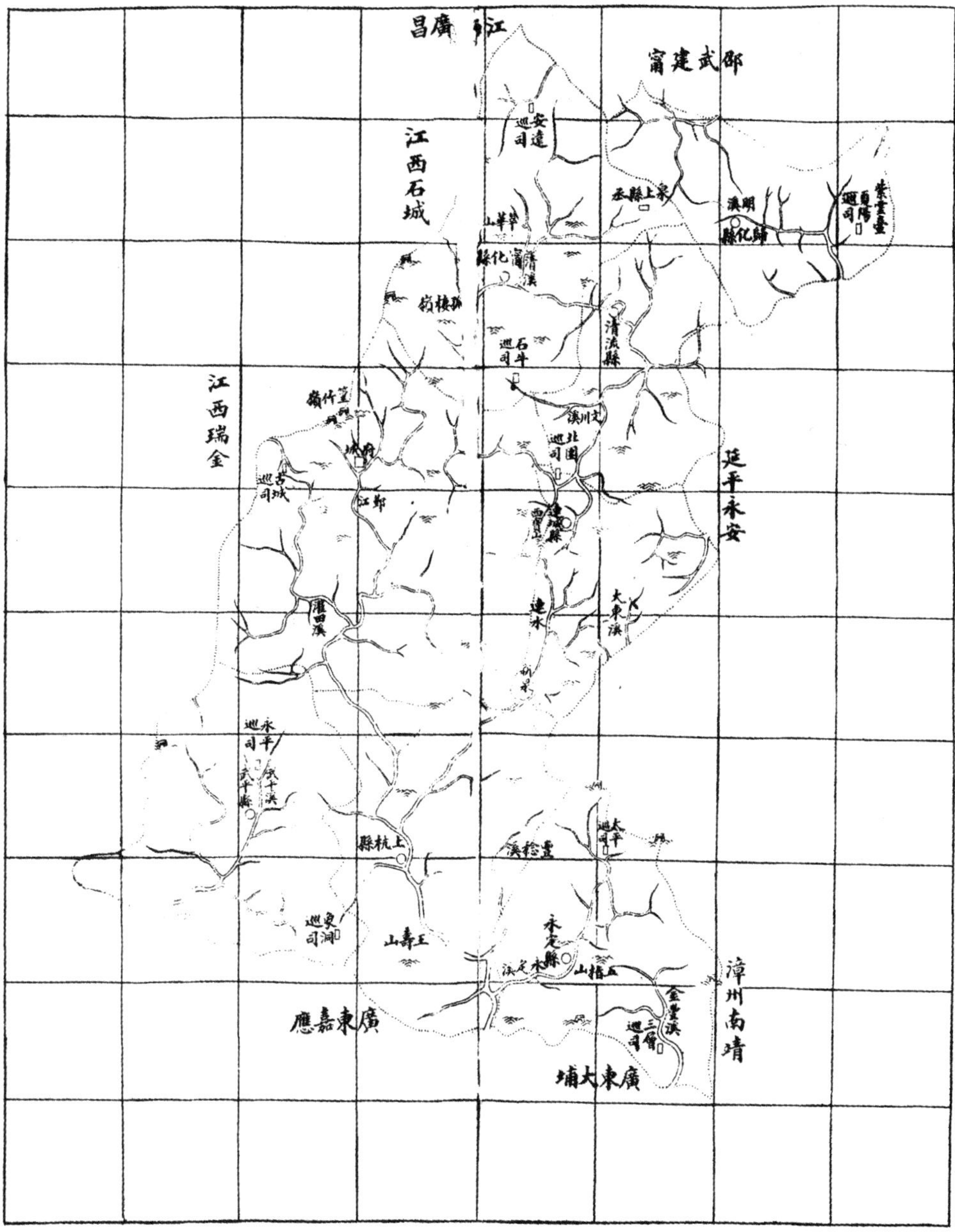
江西廣昌
邵武建寧
江西石城
江西瑞金
延平永安
漳州南靖
廣東嘉應
廣東大埔
清流縣
上杭縣
永定縣
武平縣
歸化縣
連城縣

每方十里

汀州府在省治西南九百七十五里至
京師五千二百二十六里晉為晉安郡新羅縣地宋廢新羅尋復故陳隸閩州隋改閩州為豐州尋改泉州唐開元十三年改為福州皆隸焉二十四年開福撫二州山峒置汀州領長汀黃連龍巖三縣天寶元年更名臨汀郡改黃連為寧化乾元元年復為汀州大歷十二年析龍巖屬漳州以建州之沙縣來屬五代為閩王氏地晉開運二年入於南唐明年割沙縣歸劍州宋淳化五年增上杭武平二縣元符元年增清流縣紹興三年增蓮城縣並舊長汀寧化凡六縣元至元十五年升為路領縣如舊明改路為府成化六年增歸化十四年增永定
國朝因之共領縣八治長汀東連城東南上杭永定西南武平東北寧化清流歸化水分東南二派南派為鄞江源自寧化縣亂蘿山西南流入長汀縣境折東南經龍門峽將軍山水天井山水及諸小水分左右先後來注又折西南繞太息嶺至南田鋪有小湘溪自龜嶺西來注之折而西至十里鋪天華山水合翠峰山水自西北來注之又西南經府治東北隅篁竹嶺水自西北來注之又西南繞府治南溜崠山水自西北來注之又南經太子廟東納陳坊水又南經當阬東納策田水又東南至河田汎北納鍾家阬水又南少西至三洲驛有黃風溪合諸小水自東來注之又曲曲西南流至水口有濯田溪合諸小水自西來會又西南至簣簹鄉有羊角溪自東來注之又西南至店下有小瀾溪合石子嶺水自武平縣西境東流來注折東南流入上杭縣界經藍屋驛東有金山溪自東來注之又南經紫金山西麓九華溪自西北來注之又西南至水鋪塘有檀溪西北自武平縣中堡東南流來注之折東南流至九洲關有連水東北自連城縣朗村隘西南流合豐頭溪新泉溪朋口溪及諸小水曲行一百七十餘

里來會又東南繞縣城南有瀨溪西南自武平縣涼傘崠東北流來注之又東南至黄泥壠納蜈蚣嶺水又東南至樟樹潭有豐稔溪東北自永定縣茫蕩洋山豐稔山合上杭大丰壩水西南流來會又南少西至河頭城有白水磜水自西南來注之又東南經峰市東有永定溪東北自永定縣北界太平山西南流合諸小水來會又南出境入廣東大埔縣界達於神泉河鄞江而外南派則有武平溪金豐溪武平溪自武平縣東北境永平寨西南流至蕩平亭納當風嶺水又南經縣城東歷藍塘至鐮子渡有漁溪下黄溪黄沙溪先後自東來注又西南經朱阬西會墨石傾諸水又南經車子峰南麓有巖前水西北流合諸水來注又西南經河口出境入廣東鎮遠縣境達於大溪金豐溪在永定縣東南源自巖背山南流合岐嶺新村嶺諸水經三層司東出境注於廣東大埔縣之大河東派為清溪源自甯化縣北境之三都嶺南流至水茜曾畬水自東來注之又屈從南流至武昌彭高水自東北來注之又西南至梅林溪口有罕阬水合橡林水自東北來注之又西南至曹家鋪有苦竹嶺水南流合寶山水來注之又西南經南山東有猻楼嶺水合陳家阬覺溪諸水自西來會折東南經東山渡有官家坊水自西南來注之又東南三十餘里入清流縣境至大基頭北納一小水又東至峽路亭馬跡山水自東北來注之又東少南有安樂水西南自甯化縣新村里來注又東南繞縣城北經分水坳至嵩口坪有嵩溪東北自五通坳合諸小水來注又東南至羅口有文川溪西南自連城縣北境東北流合官坊溪李坊溪來會又東經大嶺入永安界北會夢溪芹溪二水達於燕溪歸化縣水均東南流入永安界惟明溪為大次之為胡坊溪大吉溪而西北界之埔溪東入將樂縣境經順昌下南平而與永安之燕溪會流者也汀郡之山

源自江西石城縣之分水嶺緜亙南趨歷火星崠桃源崠右出篁竹嶺落入長汀縣境東南行為金盆山為卧龍山入於府治又自篁竹嶺西出一支沿溜崠而南為半天崠折循貢水西行歷朱紫崠觀音崠大泉嶺迤東南行至三摺寨山左分一支為當風嶺為交椅山南下為武平縣治又自三摺寨而南沿黃龍山天馬山踱大漈嶺而東復起為筆架山展旗山障上杭縣之西其自篁竹嶺北行越天華山東分一支度太息嶺過峽歷平原山至龜嶺逶迤而東由虎忙山牛尾岃沿入西寶山過張坊逾棋子嶺至馬阬山轉而南下起蟠龍山為連城縣之主山又自西寶山東行而席湖隔而紅門坳突峙為金雞山將軍山迆邐而南循上杭龍巖界境至分水嶺沿入永定縣之黎袍山東迤為徐山嶂又南旋為三峰山為五石山為龍岡山遂歷縣治復行崛起為掛榜山又東南行為白雲山為三層嶺趨入饒平縣境此汀郡南幹之正支也又自篁竹嶺越天井山接亂蘿山循羅家嶂站頭嶺塹頭嶺而北東迤為木奇峰折落寶山南行四十里起為翠華山其分支入於甯化城內者為登高山又自木奇峰東北行度黃柏崠牛頭山歷松根嶺過峽東趨紗帽頂山折而南沿泉上里蓮花掌東迤為五頂嶂又東為鼓角山為銀瓶山度歸化縣治而北為蛾眉山又北為龍西山則趨入泰甯縣界矣其自亂蘿山東北接鳳凰山下狐棲嶺蛇蜒而東度木馬崠踰楊梅徑循馬屋坪而北至於龍山後龍山而清流縣治面焉此汀郡北幹之正支也東至延平府永安縣界二百四十里西至江西贛州府瑞金縣界六十里南至廣東潮州府大埔縣界二百一十里北至江西建昌府廣昌縣界一百七十里東南至漳州府南靖縣界四百里西南至廣東嘉應州界三百四十里東北至邵武府建甯縣界三百五十里西北至江西贛州石城縣界二

一百七三

百里東西烏里廣三百五十五界南北烏里縱四百三十里

長汀縣圖

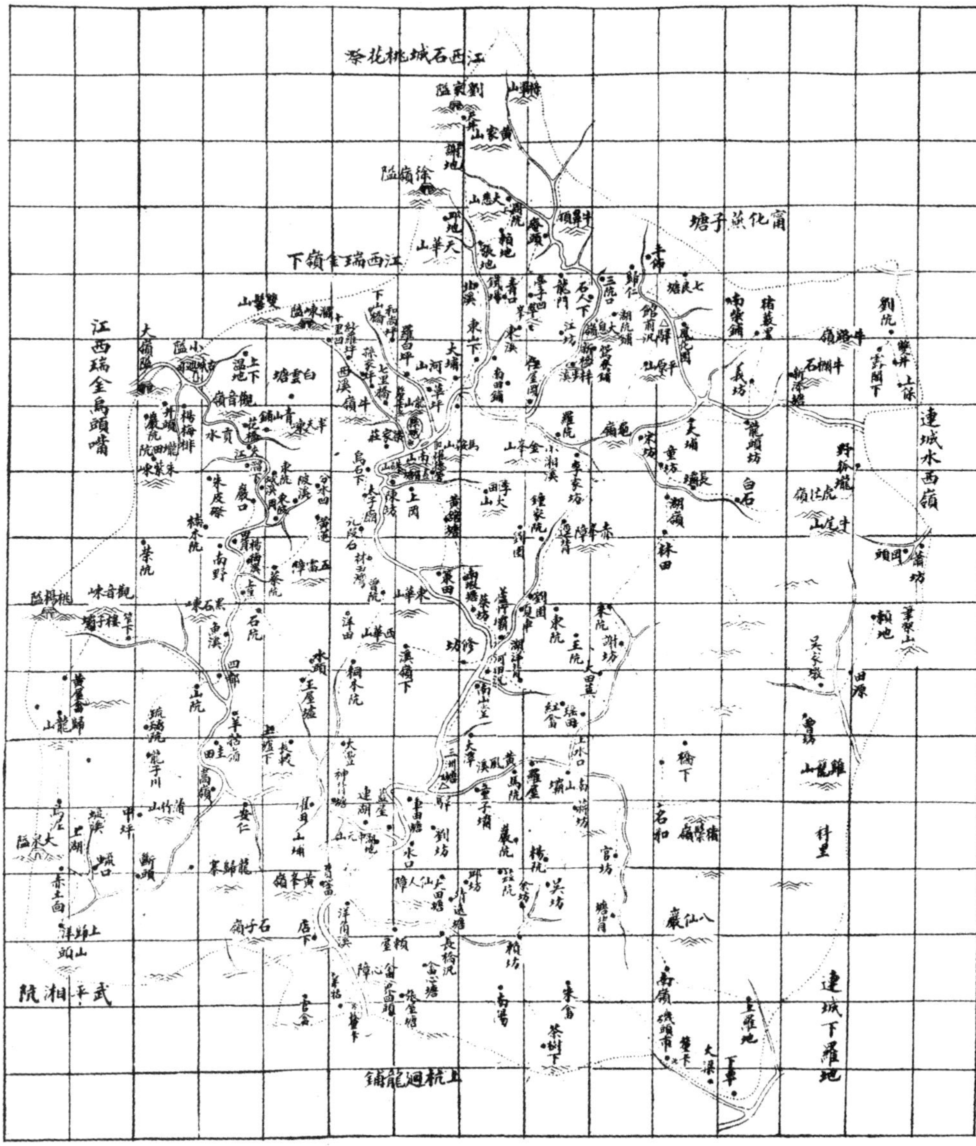

每方十里

汀州府長汀縣中缺

沿革

皆為新羅地屬晉安郡宋永初間廢唐開元二十二年於新羅故城置長汀縣為汀州治後遷東坊口大歷四年遷白石鄉宋改白石鄉為衣錦鄉州治仍舊元為路治明為府治國朝因之

疆域

東西烏里廣一百四十里南北烏里縱一百六十三里至省陸程九百七十五里水呈不通府治附郭東至連城縣界水西嶺一百三十里西至江西瑞金縣界烏頭嘴六十里南至上杭縣廻龍鋪一百四十里北至江西石城縣界桃花磜七十里東南至連城縣界下羅地一百三十里西南至武平縣界相阬一百

天度

緯二十五度四十七分經東二分冬至日出卯正三刻零三分二十八秒日入酉初初刻一十一分三十二秒晝四十一刻零八分零四秒夜五十四刻零六分五十六秒夏至日出卯初初刻一十一分三十二秒日入酉正三刻零三分二十八秒晝五十四刻零六分五十六秒夜四十一刻零八分零四秒

山鎮

臥龍山在城內府治後東為龍首山又東跨城為烏石峯馬鞍山在縣東五里其旁有東莊嶺少南為佛嶺又五里為蓮花山又五里為金峯山龜嶺在縣東五十里又四十里為虎忙山又十里為牛尾岃又十里為石岡山戒領嶺在縣東南三里又二十七里為雙峯山又十里為流源嶺又十里為赤峯嶂

水道

鄞江亦名正溪在縣東南源自甯化之亂蘿山西南流入縣境又西南四里將軍山水自北來注之又南五里天井山水自西北來注之又曲曲東南流二十里穿龍門峽東受二小水西受三小水繞而西南十餘里東受梓步溪水又西南十里東受小湘溪水折而西十里有天華山水合天井山西出之水東南流三十餘里會翠

鄉鎮

隅四廂二里九坊十三村三百九十八市四墟三東南西北四隅在城內左廂在縣北附郭起至四十里止右廂在縣西北附郭起至六十里止共一十三坊四保里在縣東鵝髻崠四十里起至一百三十里止共四十四村青巖里在縣東羅阬四十里起一百三十里止共二十二村成上里在縣西南長嶺二十

職官

汀州府知府一員駐城
同知一員駐城
教授一員駐城
訓導一員駐城
經歷一員駐城
知縣一員駐城
教諭一員駐城
訓導一員駐城
巡檢一員駐古城寨
典史一員駐城
汀州鎮總兵一員駐城
中營遊擊一員駐城
守備一員駐城
把總一員駐城
左營守備一員駐城
把總一員駐城
右營守備一員駐城
千總一員駐城
汀州釐局駐城
稅釐分卡四駐一

五十里
東北至甯化縣界燕子塘七十里
西北至瑞金縣界嶺下四十里

驢子嶺在縣東南六十五里又三十五里為豬鬃嶺又東十里為雞籠山
八仙巖在縣東南一百十里其旁為南嶺
南山在縣南一里又東一里為拜相山
圓珠山在縣南三里又南二里曰寶珠峯又南十里曰白葉嶺又五里為分水嶺又十里為東華山又五十里曰靈蛇山相近者為仙人峰
牛闘頭嶺在縣西南十五里又西五里為分水坳又五

峯山水來注又西南十里篁竹嶺水自西北來注之又繞城東南而西經車子有溜嗽水自西北來注之又南曲流十餘里東受陳坊水又南十餘里納冪田水又東南二十里有鍾家阬水合劉園水自東北來注之又南少西東納河田大潭二水凡二十餘里經三洲驛西有黃風溪東會謝坊豬鬃嶺八仙巖諸水西流來注又西六里折而南十里至水

五里起九十里止共六十村
古貴里在縣南太子廟十里起二十五里止共五十四村
宣成里在縣南戴坊六十五里起一百三十里止共五十八村
宣河里在縣南南山壩七十里起一百四十里止共六十六村
青泰里在縣東南冪田三十里起四十里止共二十二村
平原里在縣東南河埔九十五里起一百三十里止共

車子一驛羊站一驛窯上一驛磯頭

一百七五

十里為羊牯嶺又二十里為蒲竹山東下為高嶺

西華山在縣西南五十里又五十里為黃峯嶺

觀音崠在縣西南八十里南下二十里為歸龍山

西峯山在縣西二里又五里為展旂山又八里為牛嶺相接者為白頭嶺其南為半天崠又西五里為青山又西十里為觀音嶺又三十里為大嶺隘自大嶺而南二十里為朱紫崠

溜崠在縣西北

口有濯田溪合諸小水自西來會又西南曲行十餘里有洋角溪自東來注之又西南行一十里有武平縣小瀾溪東北流合石子嶺水入境來會又東南經羊牯東畬心障西出境達於上杭縣之大溪

濯田溪自朱紫崠東流十餘里為城溪折而南至東陂岡東納陂溪水又南曲流至上焦東納楊梅溪水為魚溪又南至羊牯嶺排場隘水合墨石

二十八村

歸陽里在縣東北新橋三十里起七十里止共四十四村

水東街市河邊市在東門外

磯頭市在縣東南一百四十里

店頭市在南門外

歸仁墟在縣東七十里

三洲墟在縣南六十五里

王屋墟在縣西南六十五里

府汛在府城內轄塘十一

河田汛在縣南四十里轄塘六

古城汛在縣西五十里轄塘四

四十里又逈北十里為篁竹嶺

金盆山在縣北三里又二十七里為天華山又少東十里為大悲山又三十里為上下天井山東逈為黃家山由黃家山而北為將軍山其旁為黃土嶺又東為亂羅山界於甯化

翠峯山在縣東北四十里東逈十里為太息嶺又北五里為石人阬嶺

峽水自西入馬又南至蒿嶺有臘溪合赤土面上歸洋水自西南來注之折而東至安仁黃峯嶺水自南來注之又東至濯田桐木阬水合土爐下水自北來注之泉流始大可通舟楫又東南流納二小水至水口注於鄞溪

虎忙嶺水在縣東一百里西流三十餘里經龜嶺東折東流十餘里有雲霄山水南流經舘前驛合風花園水來注又東三里猪藪里

舘前汎在縣東北七十里轄塘八

縣前鋪東十里至百步鋪十里至南田鋪十里至新榆鋪十里至篤鶩鋪十里至大息鋪十里至湖阬鋪十里至歸仁鋪十里至七良鋪十里至甯化縣張地鋪

歸仁鋪東南二十里至南柴鋪三十五里至新添鋪

縣前鋪南十里至畫眉鋪十里至黃舘鋪十里至南塅鋪十里至河田鋪十里至大潭鋪十里至三洲鋪十

一百七十六

水自東北來注之又東十餘里北納牛路嶺水又東南流十餘里出境注於連城縣文川溪

牛尾岃水在縣東一百一十里東流十餘里合蕭坊水折而北出境注於連城縣文川溪

牛尾岃南出之水二十餘里至田源納吳家墩水又東南十餘里入連城縣界注於朋口溪

八仙巖水在縣東南一百一十里東南流經上羅出境注於連城縣新泉溪

里至車田鋪十里至水口鋪十里至大田鋪十里至長橋鋪十里至畲心鋪十里至張屋鋪十里至上杭縣廻龍鋪

縣前鋪西十里至牛嶺鋪十里至白雲鋪十里至青山鋪十里至觀音鋪十里至隘嶺鋪十里至江西瑞金縣焦坊鋪

磯頭水在縣東南一百三十里東南流出境注於上杭縣建水

貢水在縣西二十里源自半天崠之南西北流曲曲二十餘里至古城司南溜崠水自東北來注之又西北三里壠田坑水自南來注之又西北經大嶺隘北出境入江西瑞金縣達於貢江

寧化縣圖

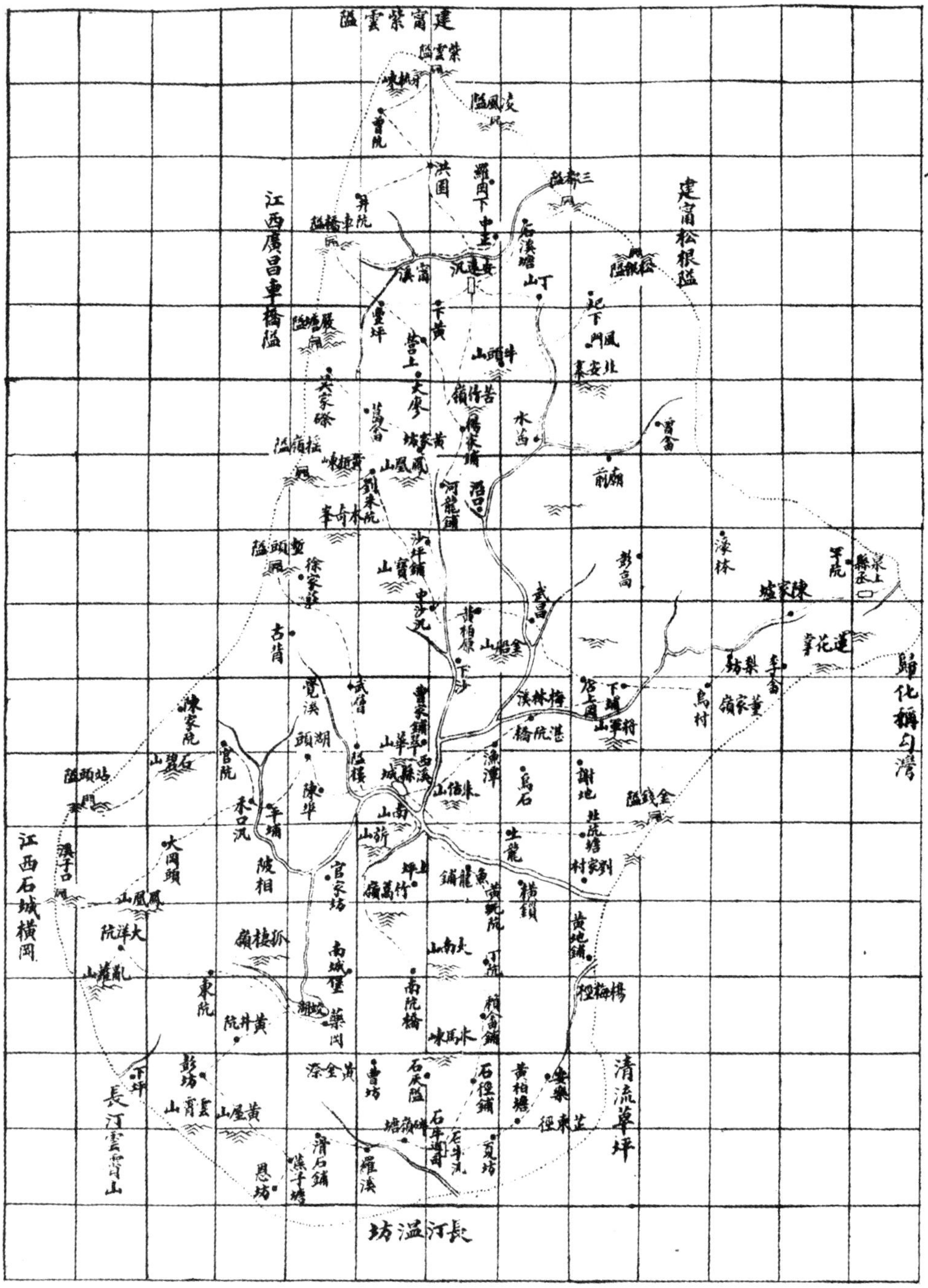

每方十里

汀州府甯化縣簡缺

沿革

晉為綏城地
唐乾封二年析置黃連鎮界福撫二州間開元十三年升鎮為縣二十二年開山峒置汀州因屬焉天寶元年易今名
後唐同光三年遷縣治於鎮西之竹篠窩即今治也
宋屬本州
元屬本路
明屬本府
國朝因之

疆域

東西鳥里廣一百二十里
南北鳥里縱一百五十八里
至省陸程九百八十五里水程一千零六十里
至府陸程一百七十里水程不通
縱距府鳥里七十八里
橫距府鳥里六十里
斜距府鳥里九十八里有奇
東至歸化縣界稱勾灣四十里
西至江西石城縣界橫崗七十里
南至長汀縣界温坊一百零

天度

緯二十六度一十一分
經東一十九分
冬至日出卯正三刻零四分二十秒日入酉初初刻一十分四十秒晝四十一刻零六分二十秒夜五十四刻零八分四十秒
夏至日出卯初初刻一十分四十秒日入酉正三刻零四分二十秒晝五十四刻零八分四十秒夜四十一刻零六分二十秒

山鎮

登高山鼇山在城內
珠佑山在縣東二里又三里曰墨瓦山其支為天寶峯又東為烏石砦又東為三層砦為九龍砦為人和砦砦北為將軍山又東曰董家嶺曰蓮花掌曰鐵石山距縣一百三十里
石螺山在縣東南十里其外曰紫華山又南十五里為大南山由大南而南二十里曰木馬崠又南五里為石灰砦

水道

西溪在縣西南源自狐棲嶺東南流十餘里至藥岡匯為蛟湖折而北二十里有陳家阬水合一小水自西北來注之又東北十餘里有覺溪西北自塹頭來注之折而東經縣城南與東溪會
東溪源自建甯縣界境之三都嶺南流三十餘里至水茜有曾畬水自東來注之又南少西十餘里西納沿口水又東南二十里彭高

鄉鎮

里十二坊六村二百三十市一墟五
在城里在城廂內外統永福仁和興賢文星上進下進六坊
興善里在附城四隅十五里共四十村
新村里在縣東南六十里共二十六村
會同里在縣南一百里共二十一村
龍上上里在縣西南六十里共二十一村
龍上下里在縣西四十里共一十六村
龍下里在縣西北五十里共

職官

知縣一員駐城
縣丞一員駐泉上里
教諭一員駐城
訓導一員駐城
巡檢二員一駐安遠一駐石牛
典史一員駐城
左營千總一員駐城

五里

北至邵武府建寧縣紫雲隘界一百三十里

東南至清流縣界草坪一百里

西南至長汀縣界雲霄山七十里

東北至建寧縣界松根隘一百里

西北至江西廣昌縣界車橋隘一百二十里

五靈山在縣南近郭相近者為曹家山為旂山崠為金山

南山在縣南十五里又南五里為竹篙嶺又十里為羅漢嶺又南四十里為獅子嶺又有黃栢嶺路通清流

狐樓嶺在縣西南三十五里西迤為鳳凰隘由隘而南為亂羅山距縣六十里

黃屋山在縣西南六十五里其西為雲霄山接界長汀

西山在縣西近郭旁有城隍嶺又西十里為五雲山又

水自東北來注之又南稍西一十里至梅林溪口有泉上里水東自罕阬西流合濠林水來注又西南十里有苦竹嶺水南流八十餘里合寶山水來注又西南十餘里經縣治東山渡南里許與西溪會是為大溪合而東南有官家坊水自西南來注之始通舟楫又東南三十餘里經劉家村出境注於清流縣之清溪

安樂水在縣東新村里東北

二十一村

永豐里在縣北五十里共二十一村

招德里在縣北一百里共一十八村

招賢里在縣東北九十里共二十一村

泉下里在縣東九十五里共一十三村

泉上里在縣東一百里共一十二村

縣市在城內

陳家墟縣東八十里

烏村墟縣東一百里

嶺下墟縣西南三十五里

坪上墟縣西南四十五里

中沙墟縣北三十里

西三十里曰羅家嶂
石碧山在縣西五十里迤西為南田坳為站頭嶺距縣六十里
西華山在縣西北近郭左出為三仙峯右出為香爐峯又五里為獅子峯其下有雙髻峯迤邐而北凡四十里曰塹頭嶺嶺東為木奇峯又北為窑嶺嶺東為黃栢崠又北為嚴塘嶺又北車橋嶺距縣一百二十里
翠華山在縣北二里
寶山在縣北四十里旁有筆山筆架山右

流二十餘里經楊梅嶺繞黃池塘出境注於清流縣之清溪
羅溪在縣南會同里源出本里之黃金磜東南流經羅溪鋪碑嶺塘出境注於清流縣之清溪
鳳凰隘水在縣西南龍上上里西南流出境注於上杭縣之鄞江
甯溪在縣西之龍上下里源自石城縣界境之窑嶺北流二十餘里納車橋嶺水折而東五里納井坑水又東十餘里經安遠司折東北流二十里

甯化縣汛在城內
禾口汛縣西三十五里
石牛汛縣南八十里
望高汛縣北五十五里
安遠汛縣北九十五里
縣前鋪東二十里至北坑鋪二十里至清流縣墩水鋪
縣前鋪南十五里至魚龍鋪十五里至黃源鋪二十里至瀨畲鋪十五里至石徑鋪十五里至石牛鋪十里至碑嶺鋪十里至羅溪鋪十里至滑石鋪十里至張地鋪十里至長汀縣七良

一百八十

出為陶峯山又北十里為鳳凰山又北十里為翠峯

牛頭山在縣北八十五里

紫雲山在縣北一百三十里東下為淩風嶺西迤為牙梳崠

金船山在縣東北二十五里又十五里曰寶螺山其南有無濟峰其北有仙人峯旁有寶明峯又東北曰城門嶂又東北曰威胆山又東北曰羅坪山龍鬚山距縣一百里

繞三都隘北出境注於建甯縣之濉江

鋪

石牛鋪東南十里至夏坊鋪十里至黃栢鋪十里至安樂鋪十里至楊梅鋪十里至至黃土鋪十里至清流縣吳家鋪

縣前鋪北三十里至下沙鋪二十里至河坪鋪三十里至楊家鋪二十里至安遠鋪十五里至石溪鋪二十五里至建甯縣綏來鋪

一百八十

清流縣圖

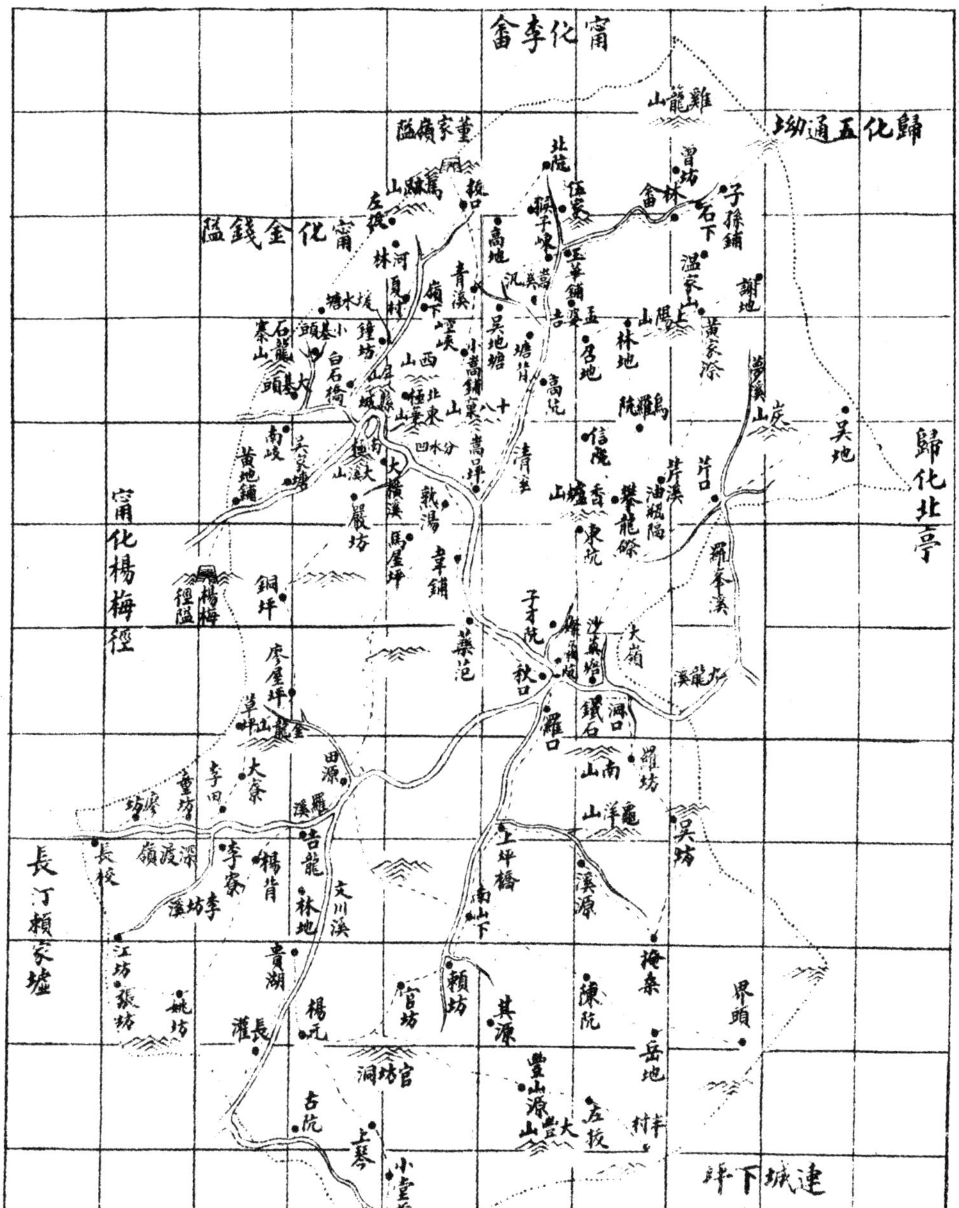

每方十里

汀州府清流縣簡缺

沿革

唐為長汀甯化
二縣地
宋元符元年析
甯化縣東清
流驛置清流
縣紹定間廢
元復置屬本路
明屬本府
國朝因之

疆域

東西鳥里廣八
十八里
南北鳥里縱一
百二十里
至省陸程九百
三十五里水
程九百六十
里
至府陸程二百
里水程不通
縱距府鳥里六
十里
橫距府鳥里百
零六里
斜距府鳥里一
百二十一里
五分有奇
東至歸化縣界
北亨一百里
西至甯化縣界
楊梅徑二十
里
南至連城縣界
李家坪一百
零五里

天度

緯二十六度零
六分
經東三十三分
冬至日出卯正
三刻零四分
零九秒日入
酉初初刻一
十分五十一
秒晝四十一
刻零六分四
十二秒夜五
十四刻零八
分一十八秒
夏至日出卯初
初刻一十分
五十一秒日
入酉正三刻
零四分零九
秒晝五十四
刻零八分一
十八秒夜四
十一刻零六
分四十二秒

山鎮

後龍山在縣城
南隅自龍山
分支入城又
北有小峯為
赤山環縣治
之左
東華山在縣東
三里迤東四
里為筆山相
近曰馬家山
鵠髻山有嶺
曰長空嶺高
風嶺又東為
崆峽嶺為向
陽嶺
十八寨山在縣
東二十里又
東二十里曰
香爐山又東
三十里曰炭
山
銅鑼山在縣東
南四里又東
南為塔山有
嶺曰百步嶺

水道

清溪亦名正溪
在縣西北源
自縣西境上
承甯化太溪
東流八里許
小基頭水合
大基頭水自
北來注又東
七里馬跡山
水合河林夏
村水自東北
來注之又東
南二里有安
樂水西南自
甯化縣新村
里東北流經
楊梅徑來注
又東繞城西
北折而南曲
行十餘里至
分水坳納嚴
坊水又東南
十里有嵩溪
東北自五通
坳西南流合

鄉鎮

里七圖五十六
市二墟三
坊郭里在縣城
及縣西縣北
二鄉統圖九
倉盈里在縣東
南統圖十一
四保里在縣西
南統圖六
永得里在縣東
北統圖十
北團里在縣南
統圖六
夢溪里在縣東
統圖十
羅村里在縣東
南統圖四
十字街市在縣
城內
長校市縣西南
八十五里
吳地墟縣東八
十五里
嵩口墟縣東南
三十里

職官

知縣一員 駐城
教諭一員 駐城
訓導一員 駐城
典史一員 駐城
左營遊擊一員 駐城
把總一員 駐城

北至甯化縣界李畬四十里
東南至連城縣界下坪一百二十五里
西南至長汀縣界賴家墟一百零五里
東北至歸化縣界五通坳七十五里
西北至甯化縣界金錢隘三十里

去縣十五里
斗笠山在縣東南三十五里與蓮花山案卓山相屬東連為南山為龜洋山為貴人山為盈山為五雷峯山為虎牙山為鐵石隘為大嶺距縣一百里
豐山在縣東南一百二十里相屬者曰馬山
龍山在縣南附郭旁為橫溪嶺去城五里南一峯高聳為南極山
靈峯巖在縣南二十五里
拜相山在縣西南四里
金龍山在縣西

北坑水青溪水來注又東南二十里子才坑水自東北來注之又東南四里至羅口有文川溪西南自連城縣東北流合羅溪李坊溪官坊溪來會又東五里至鐵石磯納油瓶窩水又東四里納洞口水又東經六龍至大嶺入永安縣界至安砂有夢溪北自謝地南流合芹溪嵐山水來會始出九龍達於永安縣之燕溪
文川溪在縣南一百零五里

嵩溪墟縣東北三十里
清流縣縣汎在城內
嵩溪汎在縣東北三十里
縣前鋪東十里至雷公鋪十里至小嵩鋪十里至吳地鋪十里至嵩溪鋪十里至玉華鋪十里至太平鋪十里至子孫鋪十里至歸化縣永安鋪
縣前鋪西南十里至吳家鋪十里至甯化縣黃土鋪
縣前鋪西北十里至暖水鋪十五里至甯化縣北坑鋪

南四十里
楓隔山在縣西南五十里又二十里曰深渡嶺
西靈山在縣城西下臨溪水溪西為方山又西為漁滄隔山為崆頭嶺為金錢嶺距縣二十五里
北極山在縣西北一里
屏山亦名紗帽山在縣北附郭又北二十里曰石龍山又北二十里曰馬跡山東迤為董家山
牛嶺在縣東北四里又東北為高地嶺為浮竹嶺為分水嶺距縣二十里

上承連城縣清溪東北流入境有連城縣楮嶺水合漈頭水西北流來注東北行四十餘里有羅溪西自寧化縣黃金磜東流合李坊溪來會又東北五里金龍山水合廖屋坪水自西北入焉又東北曲行二十餘里有官坊溪南自官坊洞北流合賴坊水溪源水來注又東北二里至羅口與清溪會達於永安縣之燕溪

玉華洞在縣東北五十里東迤為旂山為象形山為溫家山相近者有上洋山又東北曰雞籠山曰五通坳距縣七十五里

歸化縣圖

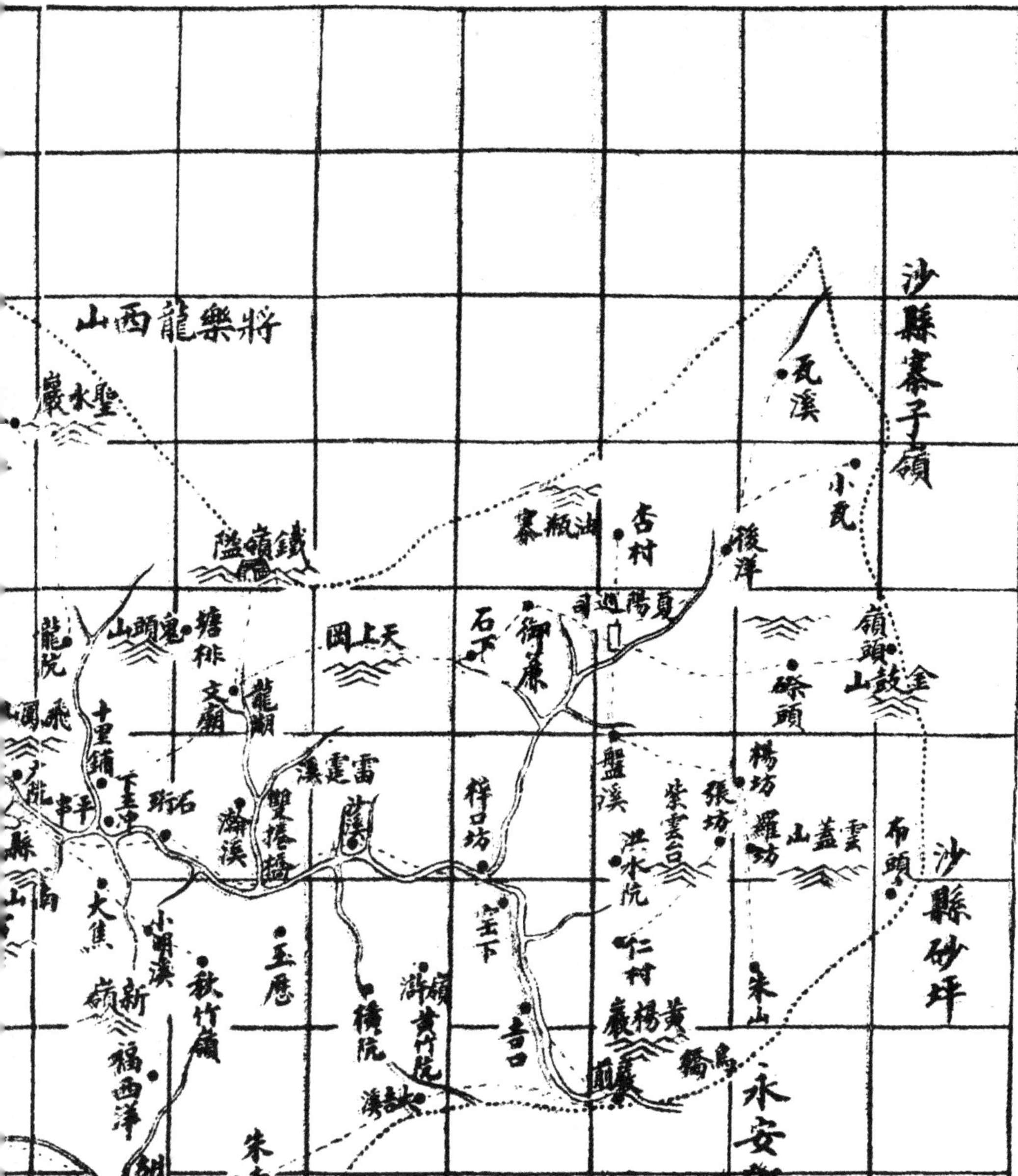
將樂龍西山
聖水巖
鐵嶺隘
湖瓶寨
杏村
瓦溪
沙縣寨子嶺
小瓦
後洋
夏陽道司
天上岡
鬼頭山
塘排
石下
御康
嶺頭
金鼓山
碎頭
文廟
龍湖
十里鋪
雷霆溪
盤溪
楊坊
張坊
紫雲台
羅坊
雲蓋山
梓口坊
布頭
沙縣沙坪
洪水院
仁村
朱山
玉歷
秋竹嶺
大焦
小湖溪
新嶺
福西洋
橫院
黃竹院
黃楊巖
吉口
永安鄧院
朱南院
湖坊
蓮花山隘
永安羅

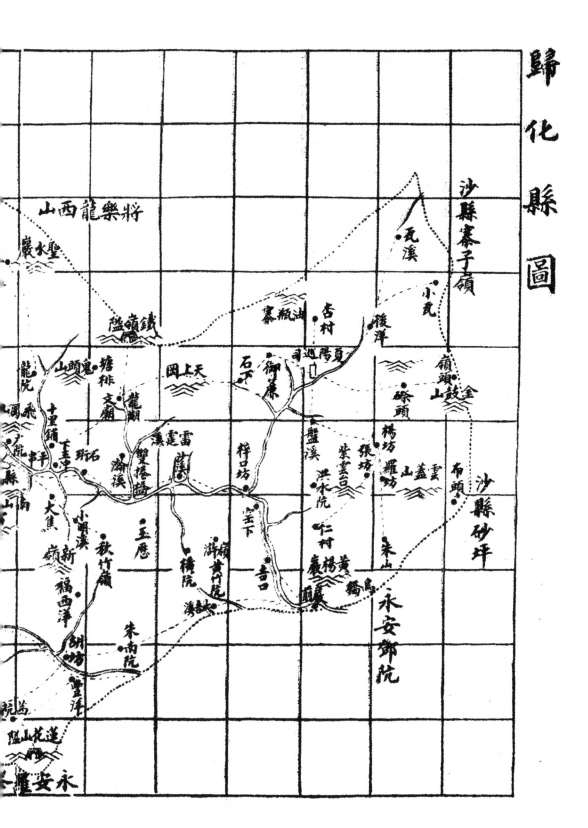

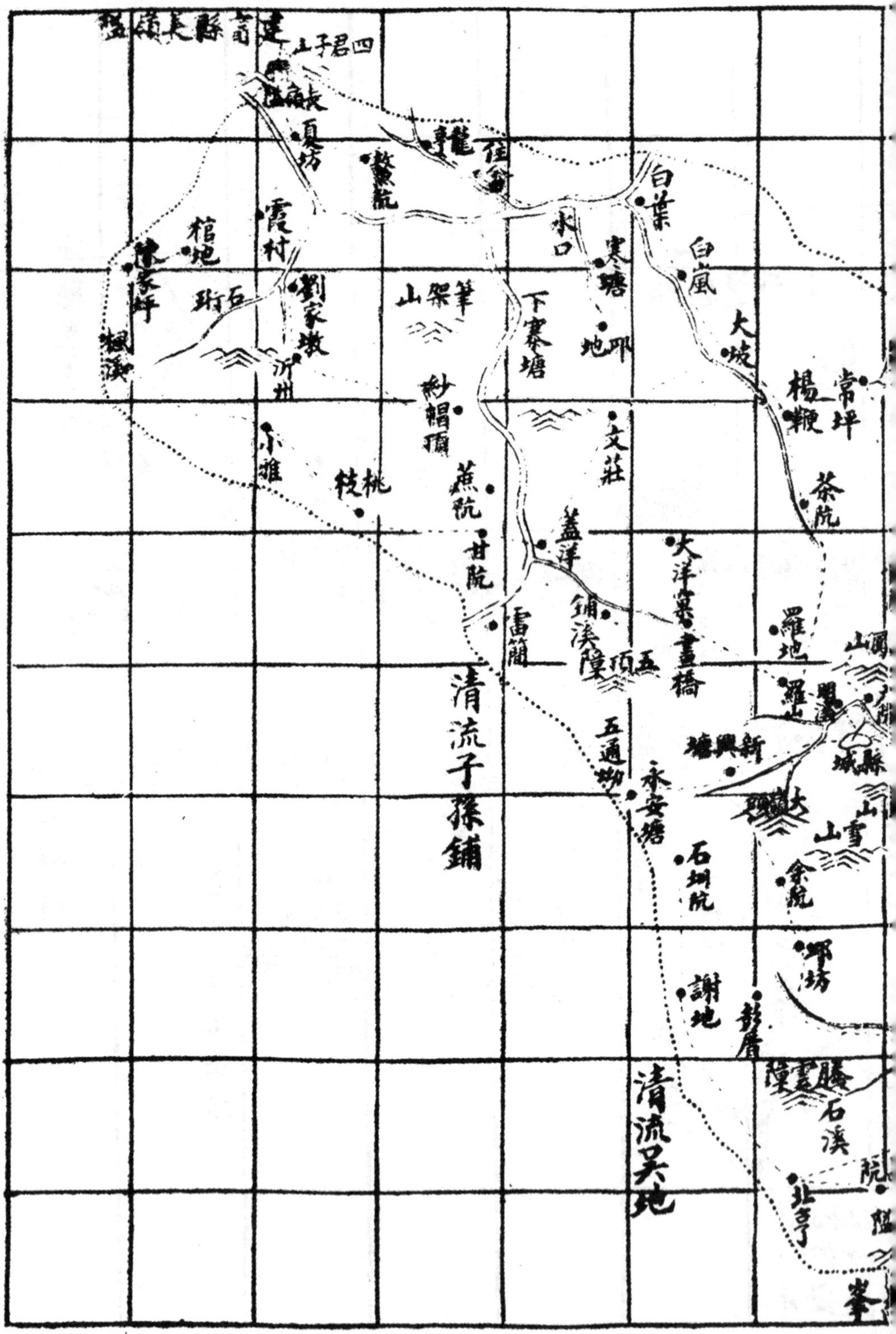
建甯縣長嶺隘
四君子山
夏坊
白葉
白嵐
水口
寒塘
霞村
棺地
劉家墩
筆架山
下寨塘
大坡
楓溪
沂州
紗帽嶺
楊鞭
常坪
文莊
小雒
桃枝
蕉阬
茶阬
蓋洋
甘阬
大洋
雷簡
鋪溪
五通坳
新興墟
永安塘
石圳阬
余阬
謝地
彭厝
石溪
清流子孫鋪
清流吴地

每方十里

汀州府歸化縣簡欵

沿革

宋為清流縣明溪鎮地 明成化六年析將樂沙縣清流寗化地益之置今縣屬本府 國朝因之

疆域

東西烏里廣一百三十六里
南北烏里縱九十六里
至省陸程七百三十五里水程自東南界境之巖前通舟至省七百八十五里
至府陸程二百九十里水程不通
縱距府烏里九十五里
橫距府烏里一百六十四里
斜距府烏一百九十里強
東至延平府沙縣界沙坪一百一十里
西至清流縣界子孫鋪二十五里

天度

緯二十六度一十七分
經東五十一分
冬至日出卯正三刻零四分三十四秒日入酉初初刻一十分二十六秒晝四十一刻零五分五十二秒夜五十四刻零九分零八秒
夏至日出卯初初刻一十分二十六秒日入酉正三刻零四分三十四秒晝五十四刻零九分零八秒夜四十一刻零五分五十二秒

山鎮

南山在縣治東其麓曰象山距城四里又自南山而下曰獅山旁有屏風山龜山又二里為文筆山又東一里為祈山為雲臺山又東十二里曰桂山曰五馬山又東為鶴還山又東五十五里曰紫雲臺山下有侍郎巖又北為雲蓋山為金鼓山為鳳誥山距城百里
新嶺在縣東南十五里又十五里曰秋竹嶺
黃楊巖在縣東

水道

明溪一名沙洋溪在縣北發源西境之五通坳東北流十五里大嶺水自南注之又東北十里環城北而黃溪南自南山北流穿城來注又折東南十里許雪山東麓之水自南來注之又東二里隘門水合龍流水自北來注之又東四里有石珩溪南自新嶺來注又東十里有小明溪自南來注之又東八里經雙捲橋有澌溪北自

鄉鎮

隅四里七村三百三十三市一墟五
東西南北四隅在城內
歸上里在縣東十里至一百里共二十八村
歸下里在縣東二十里至八十里共二十五里
柳陽里在縣西十里至六十里共三十二村
歸上里在縣南十里至六十里共三十六村
興善里在縣北十里至四十里共一十五村

職官

知縣一員駐城
教諭一員駐城
訓導一員駐城
巡檢一員駐城
典史一員駐城
中營把總一員駐城

南至延平府永安縣界羅峯八十五里

北至延平府将樂縣界龍西山四十里

東南至永安縣界鄧阬九十五里

西南至清流縣界吳地七十五里

東北至沙縣界寨子嶺九十五里

西北至邵武府建甯縣界長嶺隘一百里

南八十里又東十里曰朱山

樓臺鼓角山亦名雪山在縣南十五里其麓為印誥山又南為大頭山旁有大嶺

騰雲嶂在縣南四十五里相近者為白雲山又南少東曰蓮花山界於永安縣

五通坳在縣西南二十五里

北斗巖在縣西五里又十五里為五雷峯仁壽峯又五里為響石山又十里曰五項嶂

掛榜山一名三臺山在縣西北三里又西

鐵嶺南流合雷霆溪來注又東十里為沙溪北受二小水南受一小水又東二十里至梓口坊有夏陽溪北自夏陽頭西南流合御簾水盤溪石下水來注始通舟楫折東南流十里紫雲臺水自東來注之又東南二十餘里經巖前繞永安縣北境入沙縣界達於沙溪

胡坊溪在縣南二十五里源自郛坊東南流二十里有石溪西南自劍門嶺來注

椰陽里在縣北十里至七十里共二十二村

歸下里在縣東南十里至七十里共四十四村

興善里在縣東北十里至七十里共三十一村

沙陽里在縣東北七十里至一百里共二十四村

歸上里在縣西南五里至四十里共二十三村

椰陽里在縣西北二十里至七十里共二十八村

下覺里在縣西北七十里至一百里共二

北三十五里曰牛山又西三十里曰紗帽頂山由紗帽山而北為筆架山為鄧家山又西北為夏坊臨其旁為鄭家嶺距城一百里

蛾眉山在縣治北其旁為羅山又北四十里為常坪峽又北為龍西山

飛鳳山在縣東北五里又十里為鬼頭山又十五里為天上岡其北為鐵嶺相近者有岑峯了峯

之又東南五里福西洋水自東北來注之又東南十餘里經朱南阬出境注於永安縣大溪

大吉溪在縣東南七十里源自黃沙阬東流十餘里出境注於永安縣大溪

鋪溪在縣西北二十里源自羅地西北流二十餘里至蓋洋有甯化縣泉上里水東北流入境來注又西北三十里有建甯縣水西北自黃土嶺東南流經長嶺臨至霞村合楓溪劉家敫

十六村

巖前市在縣東南八十里

明溪墟在縣東濟川橋

沙溪墟在縣東四十里

吉口墟在縣東南六十里

常坪墟在縣北四十里

夏陽墟在縣東北八十里

歸化縣汛在城內轄塘四

縣前鋪東十里至興善鋪十里至龍湖鋪十里至鐵嶺鋪十里至將樂縣坵場鋪

縣前鋪西十里至新興鋪十里至永安鋪十里至清流縣子孫鋪

水来會折而東四里有鼇阬水合四君子山水自西北来注之又東五里邱地水自南来注之又東五里荼阬水自東南来注之又東北經白葉出境注於將樂縣金溪

丸溪在縣東北九十里源自小丸東北流十里許出境注於沙縣茂溪

連城縣圖

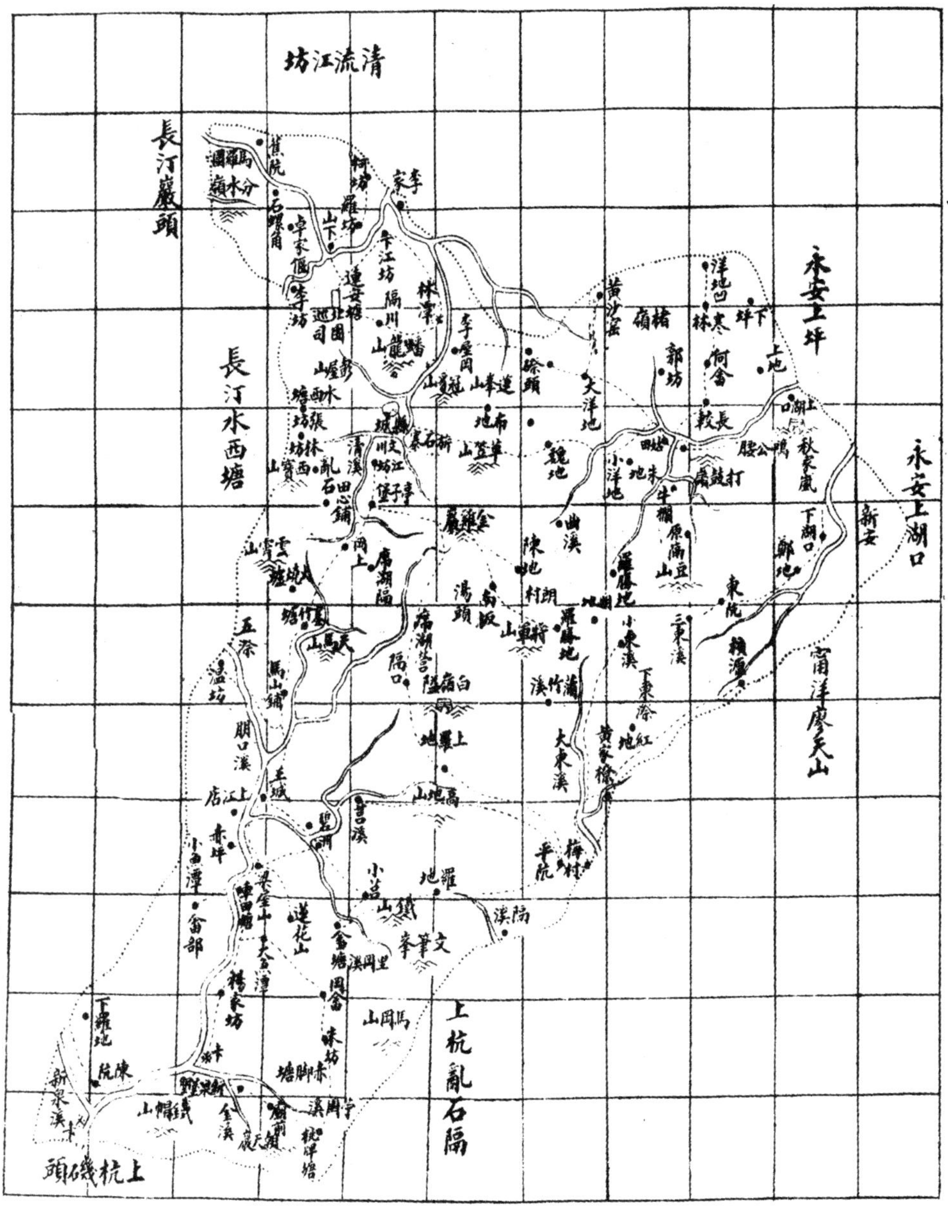

每方十里

汀州府連城縣簡缺

沿革

唐為長汀縣南北團地　宋元符時置蓮城堡紹興三年改堡為縣析長汀古田鄉六團里益之屬本州　元屬本路　明洪武十七年改蓮城為連城屬本府　國朝因之

疆域

東西烏里廣一百零四里　南北烏里縱一百零五里　至省陸程一千零七十五里水程一千一百里　至府陸程一百四十里水程不通　縱距府烏里二十六里　橫距府烏里九十里　斜距府烏里九十三里六分有奇　東至延平府永安縣界上湖口一百一十里　西至長汀縣界水西嶺一十五里

天度

緯二十五度四十分　經東二十七分　冬至日出卯正三刻零三分一十二秒日入酉初初刻一十一分四十八秒晝四十一刻零八分三十六秒夜五十四刻零六分二十四秒　夏至日出卯初初刻一十一分四十八秒日入酉正三刻零三分一十二秒晝五十四刻零六分二十四秒夜四十一刻零八分三十六秒

山鎮

蓮花山亦名冠豸山在縣東五里其旁曰金櫃山又東十五里曰草笠山其北為馬鞍寨山又東四十里曰筆架山迤北為姑田山其旁為打鼓嶺又東迤為秋家嵐山為貓兒嶺為均嶺界於永安　紅門坳在縣東南二十五里又東五里為金雞山又東為旂山旂山之南為石榴寨轉而東為將軍山　白嶺在縣東南五十里又東

水道

文川溪亦名清溪在縣治南附郭源自西南長汀界境五潊東北流二十里經晝錦橋金雞山水自東來注之折而北十餘里歷姚坊橋抵文川橋張坊水自西來注之繞縣南而東草笠山水合旂石寨水自東南來注之又北繞縣城東歷彭坊橋還珠橋李坊水自西北來注之又東北十餘里抵麻潭折西北流十里有楮嶺水東

鄉鎮

里六坊五鄉一百三十一市一墟五　在城里在城內及縣西十五里統五坊八鄉　南順里在縣南四十里共十九鄉　北安里在縣北六十里共二十四鄉　河源里在縣南八十里共一十六鄉　姑田里在縣東九十里共四十二鄉　表席里在縣東南一百里共一十二鄉　縣市在縣南正街　朗村墟在縣東

職官

知縣一員駐城
教諭一員駐城
訓導一員駐城
巡檢一員駐北團寨
典史一員駐城
右營把總一員駐城
稅釐分局駐新泉

南至上杭縣界亂石隔一百里

北至清流縣界江坊四十五里

東南至永春州甯洋縣界廖天山一百三十里

西南至上杭縣界磯頭一百二十里

東北至永安縣界上坪九十里

西北至長汀縣界巖頭五十五里

南為金山金山之南為環山由環山西西為鐵山又南為文筆峯

銀屏山在縣南近郭又南三十五里曰天馬山又南距城九十里曰赤脚嶺

西寶山在縣西南十五里又十里曰雲霄山又南二十五里曰三將軍山曰梁屋山曰高貴人山曰劉地山曰涼傘山曰雲山旁有垂珠嶺界於上杭

彭屋山在縣西五里相近有赤嶺山講書山雙峯山又

自大洋地合滁頭水西北流繞清流縣境來注又西北五里有長汀虎忙嶺水自縣西北巖頭入境東南流經北圍司北合長汀牛尾岃東流之水曲行二十餘里來會折東北流出境注於清流縣之清溪

豐頭溪在縣南三十里源自朗村隘西南流四十餘里有岡上水合席湖隔水自北來注又西南十里有朋口溪西北接長汀縣牛尾岃南出之水

五十里

姑田墟在縣東七十里

紅門墟在縣東南二十五里

朋口墟在縣南六十里

北團墟在縣北二十里

連城縣汛在城內鎋塘一十三

縣前鋪南二十里至田心鋪二十里至馬山鋪三十里至陽城鋪二十五里至車田鋪二十五里至新泉鋪五里至上杭縣界泥子鋪

縣前鋪北二十里至連安鋪二十里至分水鋪二十五里至長汀縣

一百八八

西曰羅婆山有嶺曰水西嶺

馬阬山在縣西北十二里又西北二十八里有嶺為分水嶺

後龍山在縣北附郭又北五里曰高崠山曰小張阬山又十五里曰堆禾山又北曰蕭阬山又北為奇石峯接於清流

賴山洞在縣東北三十五里

豬嶺在縣東北六十里又二十里為洋地坳

來會又西南十里有苢溪東自高地山北麓西流合隔口溪里岡溪來注又西南三十里有苎園溪東南自赤嶺脚西北流合苙溪來注又西南十餘里有新泉溪北接長汀八仙巖水來會又西南出境注於上杭縣之大溪

曲溪在縣東南三十里源自筆架山之西東北流二十餘里郭坊水自北來注之又東二里羅勝地水合丘山水打鼓嶺水自南注之

新添鋪

又東北二十里至永安縣之上湖口而賴源溪西南自廖天山北合三東溪東北流四十餘里來會遂下小陶達於燕溪

大東溪在縣東南九十里源自下東漈西南流二十里合黃家檫水折東南流入龍巖州界而隔溪亦自羅地東南流出境與大東溪會注於溪口溪

上杭縣圖

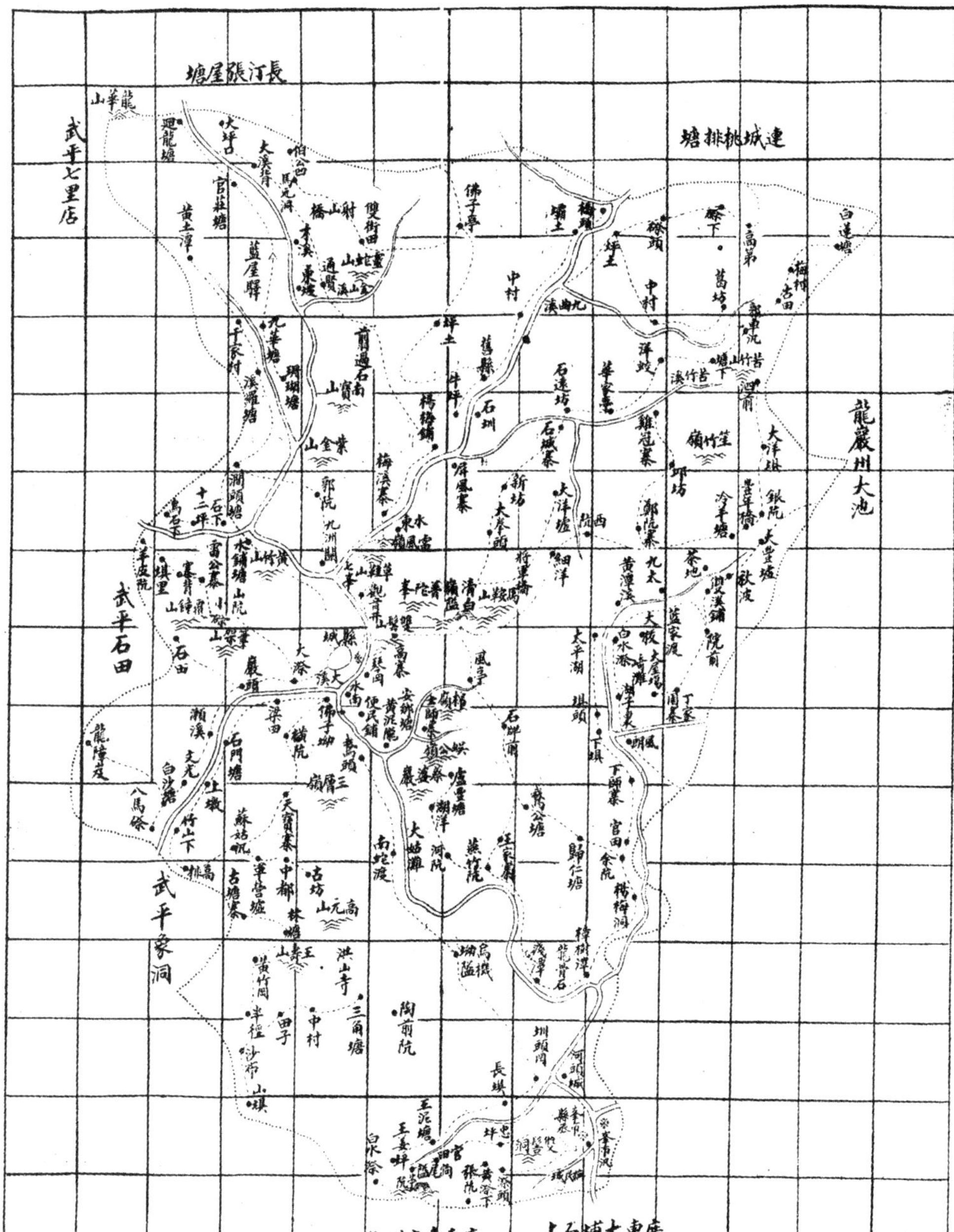

每方十里

汀州府上杭縣中缺

沿革

晉新羅縣地
唐為龍巖地大歷四年析置上杭場
周顯德元年南唐徙秋梓保
宋升為上杭縣割長汀南境隸焉至道二年徙白沙咸平二年徙語口市天聖五年徙鍾寮場乾道三年徙郭坊即今治也屬本州
元屬本路
明屬本府
國朝因之

疆域

東西烏里廣一百一十里
南北烏里縱一百四十里
至省陸程一千二百二十五里水程不通
至府陸程二百四十里水程同
縱距府烏里一百五十七里
橫距府烏里一十二里
斜距府烏里一百五十七里四分有奇
東至龍巖州界大池一百里
西至武平縣界石田二十五里
南至廣東嘉應州界松口一百里

天度

緯二十五度五十九分
經西一十三分
冬至日出卯正三刻零三分五十四秒日入酉初初刻一十一分零六秒晝四十一刻零七分一十二秒夜五十四刻零七分四十八秒
夏至日出卯初初刻一十一分零六秒日入酉正三刻零三分五十四秒晝五十四刻零七分四十八秒夜四十一刻零七分一十二秒

山鎮

雙髻山在縣東五里又十里曰高寨嶺又五里曰冷洋山其北為清白嶺由嶺而東曰馬鞍山
雲龍嶺在縣東三十里又東二十里曰燈籠嶺又東十里曰石門
棉嶺在縣東南二十里南通曰蜈蚣嶺曰蔡婆巖由蔡婆巖而東十里曰石碑嶺
鷲公嶺在縣東南四十里
橫琴山亦名琴岡在縣南溪前稍西曰挂袍山又南十里曰揷笏峯

水道

大溪亦名龍陂溪在縣南附郭有二源一自長汀來為汀水一自連城來為連水
汀水在縣西北八十里自長汀縣東南流入縣西北境二十里至藍屋驛納射溪水又東南十里金山溪自東北來注之又南十餘里九華溪自西北來注之又西南十餘里有檀溪西北自武平縣中堡東流入境來會折而東南十餘里至九州關而連

鄉鎮

里八圖四十市二墟四
在城里在縣城四隅內外統圖十三
勝運里在縣東統圖十
溪南里在縣西南統圖一
來蘇里在縣南統圖四
古田里在縣東北統圖五
平安里在縣北統圖二
太平里在縣東北統圖一
白沙里在縣東北統圖四
縣市在縣城內
搢攤市縣南九十里
大洋墟縣東北四十里
白沙墟縣東北

職官

知縣一員駐城
縣丞一員駐峯市
教諭一員駐城
訓導一員駐城
典史一員駐城
右營遊擊一員駐城
把總一員駐城
稅釐分局一駐城一駐峯市
稅釐分卡一駐東關一駐水亭

北至長汀縣界張屋鋪一百里

東南至廣東大埔縣界石上一百三十里

西南至武平縣界象洞六十里

東北至建城縣界桃排塘一百三十里

西北至武平縣界七里店一百里

又五里曰三層嶺又二十五里曰高憲山又南為五壽山由五壽而東為古塘山為黃竹岡又南為師姑嶺為南蛇嶺曰狗闘山距縣城九十里

竹山在縣西南四十五里

龍嶂炭在縣西南五十里

展旂山在縣西五里又十里曰筆架山旁有大漈嶺迤西少北為覆鍾山距縣二十五里

黃竹山在縣西北十五里迤西為雷公寨山

圓通山在縣西

水自東北來會

運水在縣東北一百里西南流入縣東北境行五里有磯頭水自長汀縣東南來注之又西南十五里有九曲溪東北自古田里來注又西南二十餘里至屏風寨有苦竹溪東北自白沙里西流合西阬水來注又西南二十餘里與汀水會是為大溪東南流八里許折而西南經縣治東南至水南有瀨溪西南自武平縣象洞之涼

五十里

大豐墟縣東北八十五里

軍營墟縣西北三十五里

上杭縣汛在城內

郭車汛在縣東北八十里轄塘六

峯市汛在縣東南一百二十里轄塘十三

縣前鋪東南十里至便民鋪十里至安鄉鋪十里至盧豐鋪十里至鷟嶺鋪十里至歸仁鋪十里至永定縣接敎鋪

縣前鋪西北二十里至水浦鋪十里至潤頭鋪十里至武平縣悦洋

北六十里又四十里曰龍華山界於長汀武平二縣
七峯山亦名七星山在縣北一十里又北為草鞋山為當風嶺
紫金山在縣北四十里又北十里曰南寶山相近者有羅括嶺茅菇峯又北二十里曰靈蛇山又北曰石鍾巖距城八十五里
普陀峯在縣東北十五里又五里曰覆羅山其陰有墟背嶺
大坪山在縣東北五十里旁近者曰仙巒

傘崠東北流七十餘里來會又折東南二十里至黃泥壠有安鄉水合蜈蚣嶺水自東北來注之又東南曲曲流七十餘里抵樟樹潭有大洋壩水東北自分水嶺西南流六十餘里經永定縣界合豐稔溪諸源來會又折西南十餘里有白沙磜水自西南來注之又折東南一十里經峰市東永定溪自東北來會又東南五里滃頭水自西來注之又南五

鋪
澗頭鋪北十里至珊瑚鋪十里至九華鋪十里至藍屋鋪十里至官莊鋪十里至回龍鋪十里至長汀縣張屋鋪
珊瑚鋪西十里至武平縣檀嶺鋪西北十里至武平縣大灣鋪
縣前鋪東北三十里至梅溪鋪四十里至牛坪鋪三十里至連城縣新泉鋪
縣前鋪西十五里至大磜鋪十五里至巖頭鋪十五里至武平縣黃柏鋪

山有嶺曰相見嶺

竹嶺在縣東北八十里迤北十里曰苦竹山由苦竹而東爲吊鐘巖東北曰亂石隔山距縣一百二十五里

笙

里出境入廣東大埔縣界達於神泉河

一百九二

武平縣圖

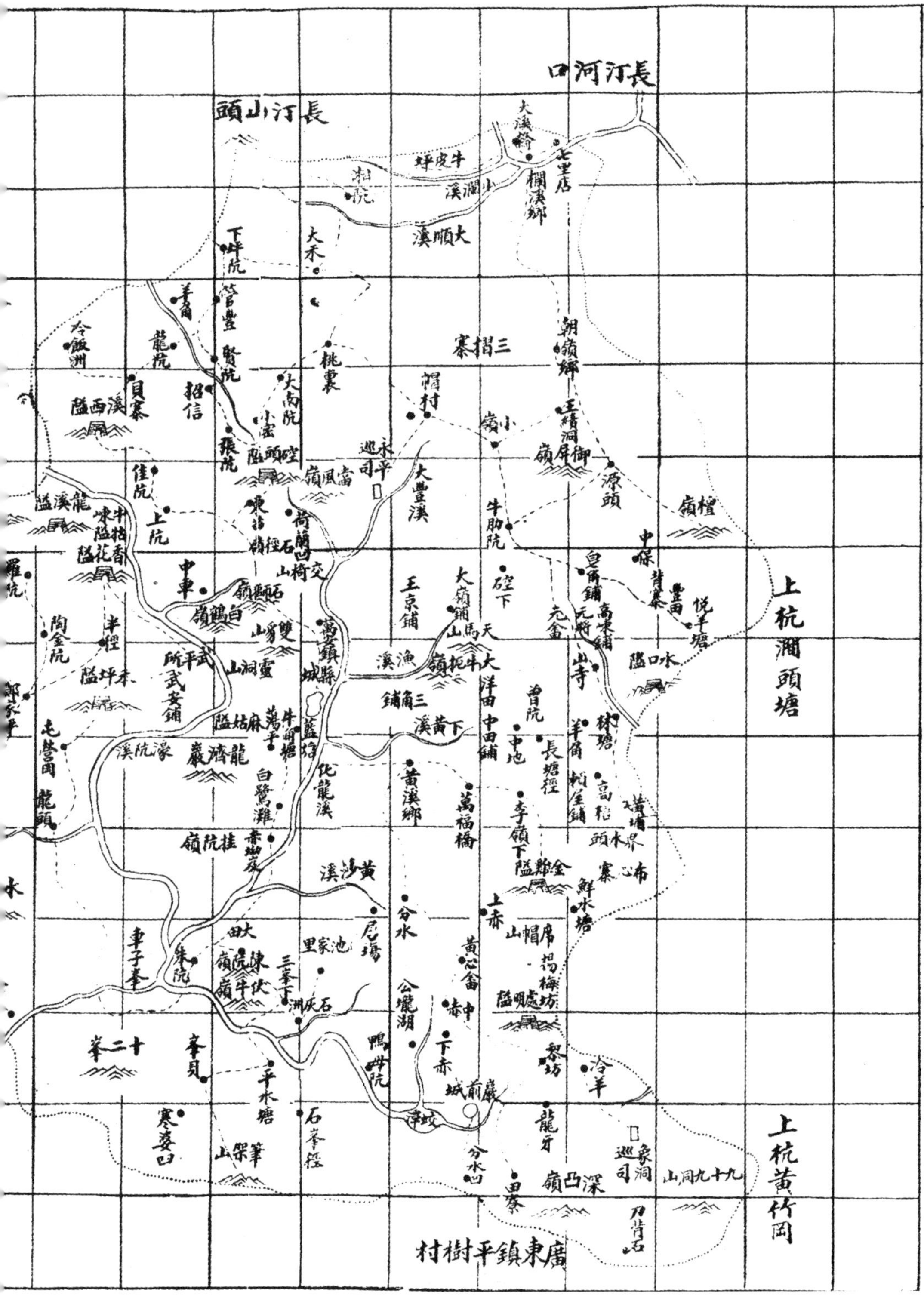

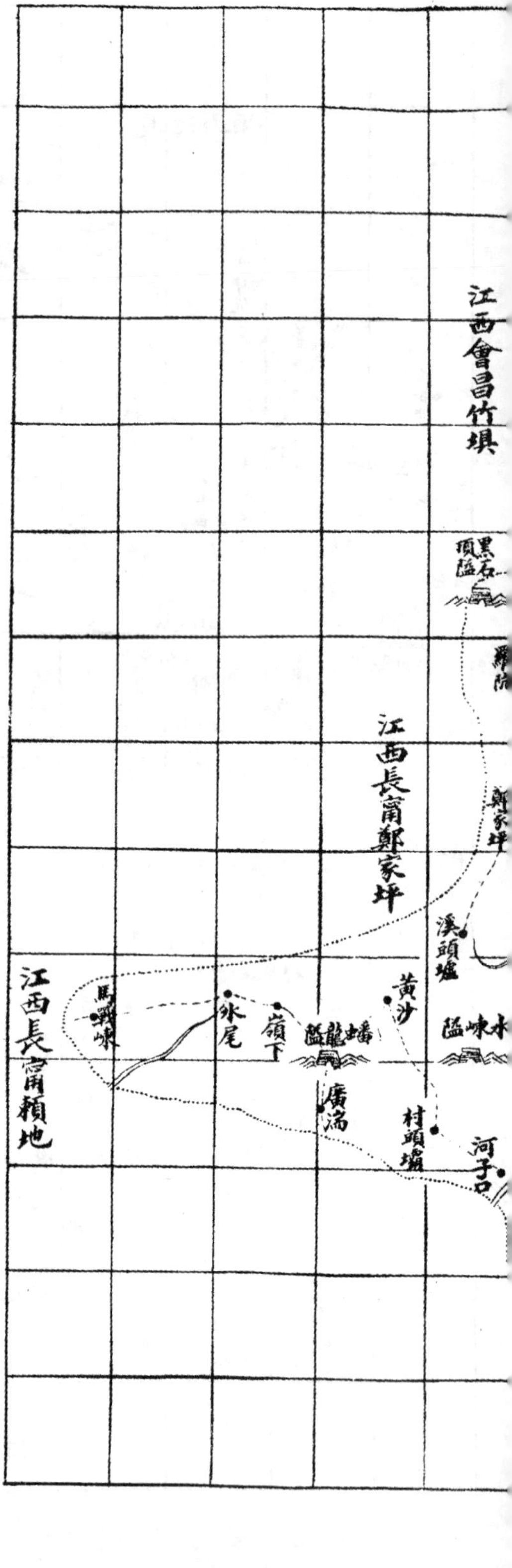

每方十里

汀州府武平縣簡缺

沿革

晉為新羅地
唐為武平鎮隸
長汀
五代閩併南安
鎮改為武平
場南唐割歸
沙縣屬劍州
宋升為縣析長
汀西南境益
之屬汀州
元屬本路
明屬本府
國朝因之

疆域

東西烏里廣一
百二十八里縱
南北烏里縱一
百二十五里
至省陸程一千
二百九十五
里水程不通
至府陸程二百
六十里水程
不通
縱距府烏里一
百四十里
橫距府烏里四
十六里
斜距府烏里一
百四十七里
有奇
東至上杭縣界
潤頭塘五十
里
西至江西長甯
縣界鄭家坪
五十里
南至廣東鎮平
縣界樹村九

天度

緯二十五度零
四分
經東五分
冬至日出卯正
三刻零一分
五十四秒日
入酉初初刻
一十三分零
六秒晝四十
一刻一十一
分一十二秒
夜五十四刻
零三分四十
八秒
夏至日出卯初
初刻一十三
分零六秒日
入酉正三刻
零一分五十
四秒晝五十
四刻零三分
四十八秒夜
四十一刻一
十一分一十
二秒

山鎮

水口隘山在縣
東四十五里
李嶺在縣東南
三十里又東
南十里曰金
雞隘東迤為
布心寨
席帽山在縣東
南四十里又
十里曰處明
隘又南三十
里曰深坳嶺
又東二十里
曰象洞山
藍塘岡在縣南
附郭
筠竹嶺在縣南
四十里又南
曰懸繩隘曰
陳阬嶺曰伏
牛嶺曰筆架
山距縣城八
十里界於鎮
平
觀音嶺在縣西

水道

武平溪在縣西
南六十里東
北源出自永
平寨東之大
豐溪西南流
二十里有當
峯嶺水自西
北來注之又
南二十里有
漁溪東自梁
山西來注之
又南經縣城
東有靈洞山
水由西門入
出東門來注
又南五里有
下黃溪東北
自天馬山來
注為化龍溪
又西南二十
餘里有黃沙
溪自東注之
又西南二十
里經朱阬西
與西北源會

鄉鎮

里九坊七鄉一
百二十六市
一墟四
在城里在城內
共七坊
高泰里在縣東
共一十五鄉
豐順平里在縣
西南共一十
五鄉
信順圖里在縣
西北共一十
二鄉
大湘亭里在縣
北共二十一
鄉
歸郡里在縣東
北共十四鄉
盈塘里在縣東
南共十四鄉
邛留東里在縣
西共二十鄉
巖前里在縣南
共十五鄉
縣市在縣城內

職官

知縣一員駐城
教諭一員駐城
訓導一員駐城
巡檢二員一駐象洞一駐永平寨
典史一員駐城
石營把總一員駐城

一百九十四

十至

北至長汀縣界山頭一百三十五里

東南至上杭縣界黃竹岡一百二十五里

西南至江西長寗縣界賴地一百四十五里

東北至長汀縣界河口一百二十里

西北至江西會昌縣界竹嶺一百一十五里

南二十一里又二里為龍濟巖又南十里為掛阮嶂東迤為赤坳岌

車子峯縣西南七十里下臨溪水溪東對峙者為十二峯

水峽峯在縣西南七十里又西十里曰蟠龍隘又西二十里曰馬戰峽

靈洞山在縣西十二里相近者曰麻姑嶺

屯營岡在縣西五十里

雙髻山在縣西北十里旁屬者為石御嶺

白鶴嶺

香花隘嶺在縣

西北源出自江西會昌縣界境之墨石頃東南流十餘里經羊牯峽北折而南十五里有石徑嶺水自東注之又東南十餘里繞武平所城東折西南流二十餘里有溪頭水自西來注之又折東南曲曲流二十餘里與化龍溪會合而西南五里有巖前水西北流經蛟潭納公壠湖石灰洲二水曲流七十餘里來注又西南二十餘里經河口出境歷廣東

巖前墟縣東南八十里

象洞墟縣東南一百里

溪頭墟縣西南七十里

武平所墟縣西二十里

永平墟縣北三十五里

武平縣汛在城內

巖前汛在縣東南八十里

武平所汛在縣西二十里

縣前鋪東十里至黃麖鋪十里至大嶺鋪十里至袁畬鋪十里至高峽鋪十里至皂角鋪十里至檀嶺鋪十里至上杭縣珊瑚鋪

縣前鋪東南十

一百九四

西北四十里又十里曰牛牯崠西迤為墨石頂界於會昌

交椅山在縣北十里又五里曰鵝頭山北有石徑嶺又北十五里曰當峯嶺又北五里為永平寨又北五十里曰大順嶺

牛軛嶺在縣東北十五里又北為天馬山由天馬而東曰渫野山又北二十里曰御屏山其旁有小嶺又北為王績洞由洞西迤為黃龍山又北為三猖寨其東為朝嶺距縣

鎮平平遠達於大溪

中保水在縣東三十五里自御屏山東南流出境注於上杭縣大溪

象洞水在縣東南一百里源自象洞山東北流出境注於上杭大溪

馬戰崠水在縣西南一百四十里源自水尾西南流出境入江西長甯縣界

張阬水在縣西北四十里源自小密西北流納賢阬龍阬二水行二十餘里出境入江西會昌縣界

大順溪在縣北

里至三角鋪十里至忠田鋪十里至瀨屋鋪十里至黃柏鋪十五里至上杭縣巖頭鋪

縣前鋪西二十里至武安鋪五十里至廣東平遠縣界

縣前鋪東北十里至悅洋鋪十里至上杭縣濶頭鋪

悅洋鋪東十里至大灣鋪十里至上杭縣珊瑚鋪

八十里
大嶺在縣東北二十里又東北四十里曰禮嶺

八十里上承下坪阬水東流四十里至桐溪鄉有小闌溪北自牛皮坪東流合長汀石子嶺水東會又東北經七里店出境注於長汀正溪

一百九五

永定縣圖

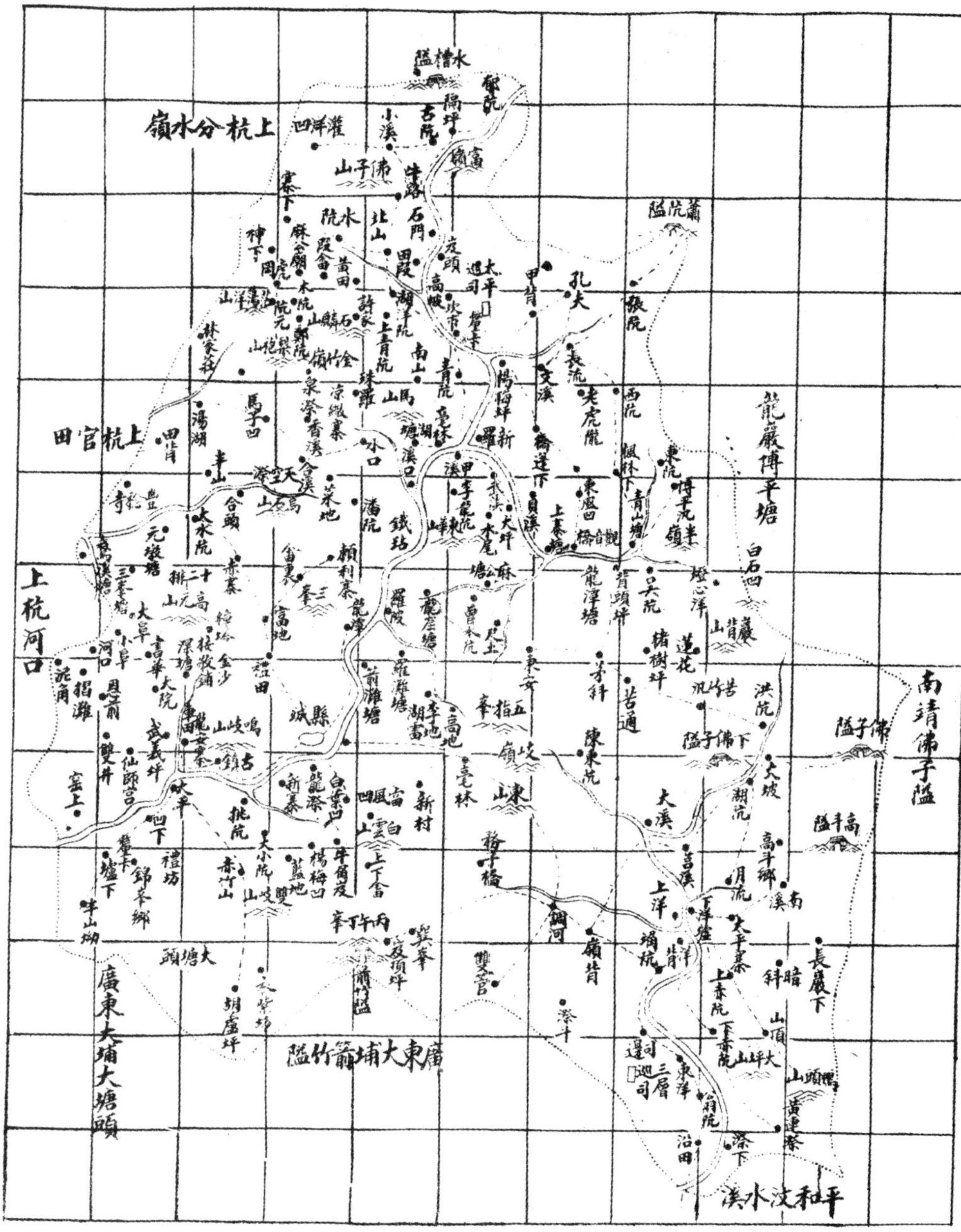

每方十里

汀州府永定縣中缺

沿革

宋為上杭縣地明成化十四年析上杭勝運溪南金豐太平豐田等地置今縣屬本州

國朝因之

疆域

東西鳥里廣一百零二里南北鳥里縱一百二十二里

至省陸程一千零五十五里水程不通

至府陸程三百六十里水程四百里

縱距府鳥里二百零二里

橫距府鳥里八十二里

斜距府鳥里二百十八里強

東至漳州府南靖縣界佛子隘一百里

西至上杭縣界河口五十里

南至廣東大埔縣界箭竹隘三十五里

北至上杭縣界

天度

緯二十五度四十六分

經東二十四分

冬至日出卯正三刻零三分二十五秒日入酉初初刻一十一分三十五秒晝四十一刻零八分一十一秒夜五十四刻零六分五十秒

夏至日出卯初初刻一十一分三十五秒日入酉正三刻零三分二十五秒晝五十四刻零六分五十秒夜四十一刻零八分一十秒

山鎮

平水坳在縣東十五里右出為龍門山又東三十里曰五指峯南下為岐嶺為東山由五指峯而東為大雷崠又東三十里為下佛子隘又東二十里為佛子隘自隘而南為高斗隘為圖嶺又南為伯公坳又南為鴨頭山為大坪山為黃連漈山界於平和

白葉坳在縣東南八里其左為當風坳又南為白雲山為牛角崗自

水道

永定溪在縣東源自龍巖州西北界文筆山水西南流合太平山水經富嶺北入縣北境又西南三十里有分水嶺水自西北合虎岡山水來注折東南十餘里經坎市南有文溪東北自寒袍崠來注之又西南十里至新羅有武溪東自半嶺西流至青山塘納西抗水至撫溪塘納龍嶺東安二水折西北流二十餘里來會又西南

鄉鎮

坊四里五圖九鄉三百三十八市五墟二

城內分四坊曰明清曰蕭政曰儒林曰迎恩

金豐里在縣東南統四圖共四十四鄉

溪南里在縣西南統五圖共一百零三鄉

勝運里在縣西統二圖共二十三鄉

太平里在縣北統四圖共五十一鄉

豐田里在縣東北統四圖共一百十七鄉

墟下壩市在縣西南四十里

仙師宮市在縣

職官

知縣一員駐城

教諭一員駐城

訓導一員駐城

巡檢二員一駐三層嶺一駐太平

典史一員駐城

中營千總一員駐城

稅釐分局二一駐坎市一駐墟市

稅釐分卡二一駐湖雷一駐墟坑

分水嶺一百一十五里

東南至漳州府平和縣界汝水溪塘七十五里

西南至大埔縣界大塘頭五十里

東北至龍巖州界博平城八十五里

西北至上杭縣界官田六十五里

白雲山而下為巽峯又東為三層嶺

掛榜山在縣南又南二十里曰桃院嶂又五里曰丙午丁峯其西為雙岐山又南少西七里為松柏嶂為雞子崠距城三十五里

眠象山在縣西南一十里其支為詰軸山為赤竹山又西南為滿山紅山其下為半山坳距縣五十五里

鳴岐山在縣西四里其陰為饅頭山又西北十五里高元山高元之北為十二排

十里至溪口有涼繖寨水自西來注又西南二十里有湖雷水東自大雷崠合五指峯曾水坑水來注之又西南曲行三十餘里經縣東南而西至古鎮有當風坳水自東來注之又西十里分水坳水自北來注之又西南二十餘里經滿山紅西出境達於上杭縣大溪

金豐溪在縣東南五十里源自巖背山南流二十里西納下佛子隘水折西南流

西三十里

搯灘市在縣西四十里

豐稔寺市在縣西北五十里豐稔墟同

坎市在縣東北七十里坎頭墟同

永定縣汛在城內轄塘七

苦竹汛在縣東七十五里轄塘四

博平汛在縣東北九十五里轄塘三

縣前鋪西北三十里至接敎鋪十里至上杭縣歸仁鋪

縣前鋪東十里至箭灘鋪十里至羅溪鋪十里至湖雷鋪十里至龍嶺鋪十里至

山

龍岡山亦名卧龍山在縣治北城跨其上又北一里為五石山又二十里曰三峯山又北曰徐山峰山其右為烏石山左為賴利寨寨後分支東下為陰巖陽巖為鐵砧崠下有新村嶺又北二十里為天空漈山又北為馬子坳其外為梨袍山曰茫蕩洋山茫蕩之支為虎岡山下為金竹嶺東迤為石麟山又北佛子山筆架山西迤為分水嶺界

經大陂納高斗水又西南十餘里納莒溪水而岐嶺水亦自西北來注折東南十里有南溪自東來注又五里有新村嶺水經武子橋東南流合洋背水來注折西南十里至司邊轉而東南二十餘里經三層嶺東出境入廣東大埔縣界經漳溪村達於大河

豐稔溪在縣西北五十里源自茫蕩洋山西南流三十里入上杭縣東境風朗村有大豐壩水

撫溪鋪三十里至龍巖州界博平城

於上杭
富嶺在縣北一百一十里左下為蕭阬隘石下為水漕隘
東華山在縣東北五十里其東十里曰馬山其北二十里曰南山曰許家山
蓮花山在縣東北八十里又東為巖背山巖背之北為白石坳界於龍巖

自上杭縣東北來注之又南十餘里繞入永定本境有合溪香溪自東來注之又南十里經鶩溪塘納徐山嶂嶺背二水仍入上杭縣境又南十里轉入本境至河口納大小阜水逆繞泥角出境達於上杭大溪

福甯府縣總圖

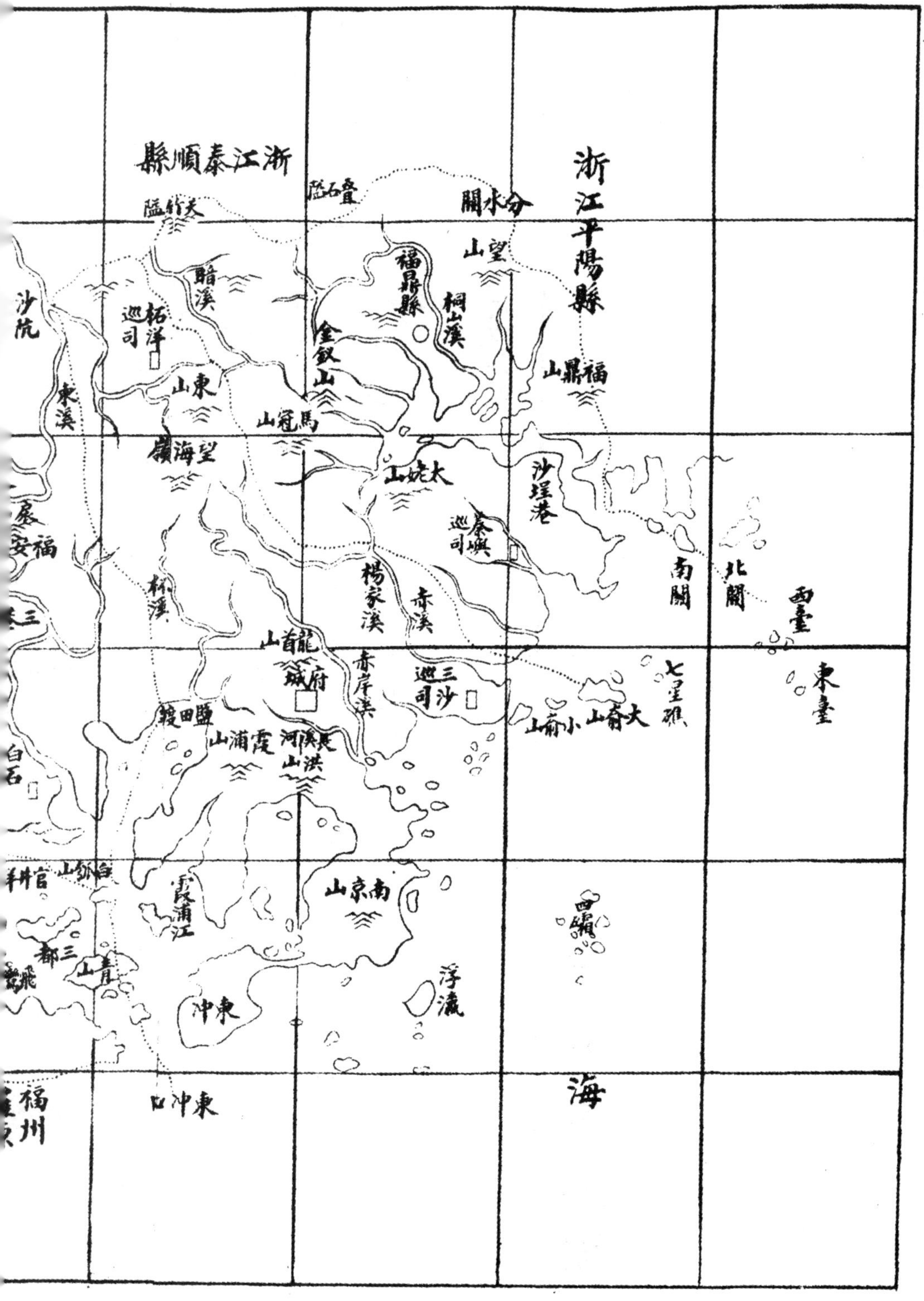

浙江泰順縣
大竹隘
疊石隘
分水關
浙江平陽縣
望山
福鼎縣
桐山溪
福鼎山
暗溪
柘洋
巡司
沙坑
金釵山
東山
東溪
馬冠山
望海嶺
太姥山
沙埕巷
秦嶼
巡司
福安
楊家溪
赤溪
南關
北關
西臺
東臺
龍首山
府城
赤岸溪
三沙
巡司
七星礁
大嵛山
小嵛山
鹽田
霞浦山
長溪河
洪山
白石
南京山
霞浦江
三都
青山
東冲
浮瀛
東冲口
福州
海

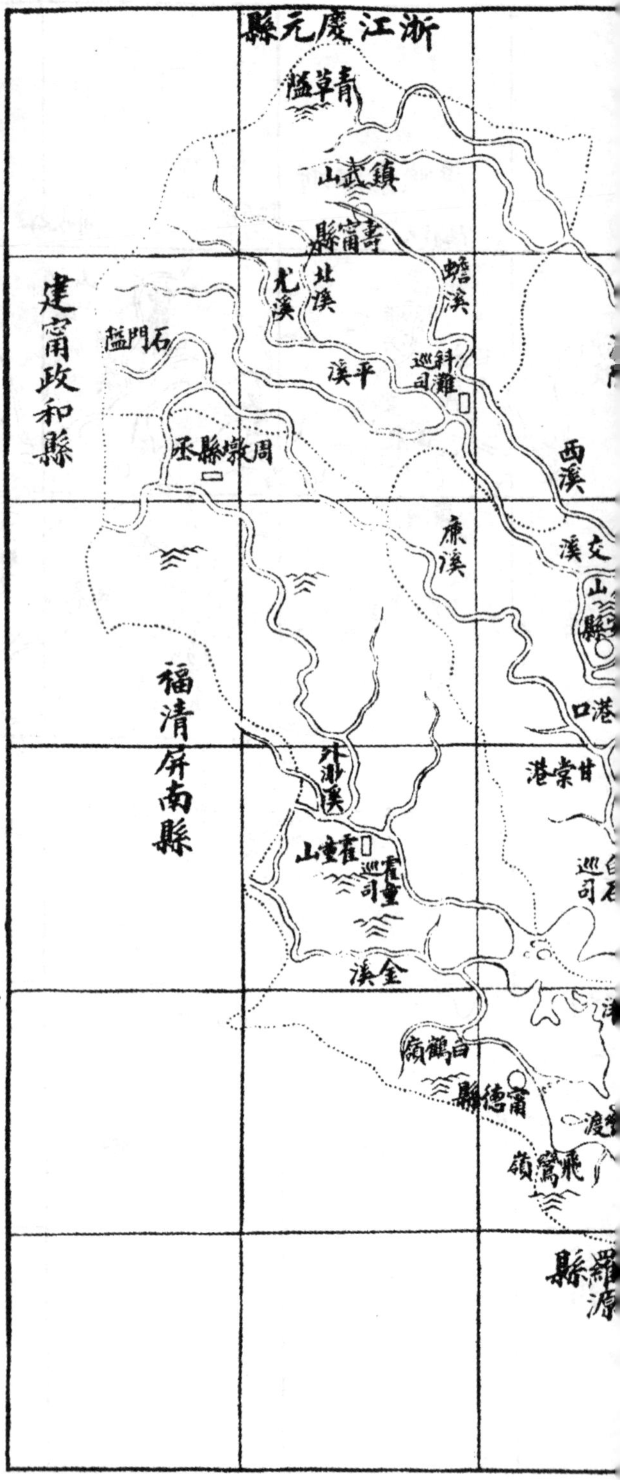
浙江慶元縣
青草隘
鎮武山
壽甯縣
北溪
尤溪
蟾溪
石門隘
平溪
斜灘巡司
建甯政和縣
周墩縣丞
西溪
康溪
交溪
港口
甘棠港
外渺溪
福清屏南縣
霍童山
霍童巡司
金溪
白鶴嶺
甯德縣
飛鸞嶺

每方五十里

福甯府在省治東北五百四十五里至
京師七千二百里晉為晉安郡溫麻縣地隋開皇九年省入原豐縣唐長安四年割晉溫麻北鄉置縣復舊名天寶元年更名長溪屬長樂郡乾元元年改長樂郡為福州屬如故五代唐長興四年閩王氏析置甯德縣宋淳祐五年析置福安縣均屬福州元至元二十三年升縣為州改名福甯屬福州路領甯德福安二縣明洪武元年降州為縣屬福州成化九年復升為州直隸福建布政使司領縣如舊
國朝因之雍正十二年升為府割建甯府壽甯縣隸之又增置附郭縣曰霞浦乾隆四年復析霞浦置福鼎縣共領縣五治霞浦西南甯德西福安西北壽甯東北福鼎福甯之水距府東北十里為赤岸溪源自望海嶺東南流一百三十餘里至松山港又自港而南有長溪河西自白巖山東流經府城南歷百茶村來注入海又東北六十里為楊家溪源自大龜洋合玉山水東南流一百五十餘里經烏岐港入海又東北三十里為硤門溪源自烏頭東南流三十里合濮陽溪經峽門入海又東北三十里為王柄溪源自昭蒼嶺東南流四十餘里經蓁嶼司南會秋溪入海又東北一百二十里為桐山溪源自金尖山東流經小章有茭洋溪金釵溪分南北來注折東北流至雙溪口有車頭山水自北來注又折東南流經縣城東會龍山溪為桐山溪又東南循岐頭山經上下嶼為關盤港諸小水分衆西以次來注下接潮水瀦如湖澤又東南經灣腰北沙埕山南為沙埕港又東南循南鎮山入海距府北一百二十里為暗溪源自查洋東北流經管洋合蛇洋西來之水折西北流歷圓潭東受堵樓水又西北經西洋村出境入浙江泰順縣界距府西四十里為杯溪源自上萬東南流至路口有九

龍阬水自東北來注折而南歷官嶺合七寶洋水經鹽田港入海又西九十里為交溪源自浙江景甯縣東南流經青草隘入壽甯縣北境為后溪折而東至楊梅洲繞入泰順縣界折東南流經霜降橋入境又東南經王家地村南入泰順縣界繞入福安北境有西溪西北自青田隘東南流七十餘里來會又循界境東南行至沙阬有富溪東自霞浦青嵐面西北流合諸小水來注折西南流至大倉塘有蟾溪西北自壽甯縣大蜀嶺東南流來會又南經西洋仔折而西至湖塘坂有平溪西北自甯德縣交溪口上接尤溪托溪東南流二百二十餘里來會是為交溪又東南經合掌塘有大梅溪北自三溪村會諸小水南流折而西北來注又折西南流至三江口有廉溪北自壽甯泗州橋東南流一百七十餘里合諸小水來會合而南經蘇江西受薛坂水又東南流經白石司東南達黄崎江出白馬門入海又西七十里為外渺溪源自壽甯縣松洋溪上接政和縣稠阬水東流入境屈從東北流經深壑折而南歷泗洲橋西南流入甯德縣界又南經墩頭有政和水西自梨洋峽東北流來注又曲曲東南流經何姑橋有馬阬水自東北注之又東南經青巖有顯聖溪西北自顯聖巖下東南流會屏南東流之雙溪水來注為外渺溪又東南至邑坂有赤溪自東北注之又東南歷銅鏡達金垂為金垂港又東出雲淡門而南經東墻東會金溪循三都嶼至飛鸞江而北溪亦接鍾洋溪經三嶼而東同達東冲口入海福甯諸山源自浙之括蒼西南行歷雲和慶元至温奥山東分一支沿至景甯之黄陽嶺又東南經泰順至福鼎縣北境起為疊石山又自疊石東行為車頭山為分水關折東南行沿五臺山福鼎山沙埕山至海而止其中支則自疊石西南行沿金尖山管洋山接入霞浦縣界之龜洋山又南為望海嶺觀音嶺飛來峰以至於

龍首山環府治而東入海又自龜洋山分支西行歷横隴黄柏入福安縣境西南行為仙嶺為詹洋山度入龍山止於福安縣治其自管洋山分支東北行沿金釵山大山浮椰洋山折入福鼎城西為龍山而縣治倚馬又自景甯黄陽嶺分支西南行循壽甯縣界青草隘青田隘南下為巖山折而西歷大熟山西山至壽甯城西為天馬山掖入城内為真武山又東南循溪而下至福安縣之甲峰頂沿至交溪而止又自慶元縣温奥山分支南行歷政和屏南古田至黄居嶺折東南行經羅源縣北之界首嶺折入白鶴峰而甯德縣治負之又東南為勒馬山為飛鸞嶺相屬至海而止與東冲山對峙則又為閩郡之門户也東至海一百五十里西至福州府屏南縣界二百里南至海一百八十五里北至浙江温州府泰順縣界一百七十里東南至海一百五十里西南至福州府羅源縣界一百六十里東北至浙江温州府平陽縣界二百里西北至浙江處州府慶元縣界二百九十里東西鳥里廣三百二十四里南北鳥里縱二百零三里

二百一

霞浦縣圖

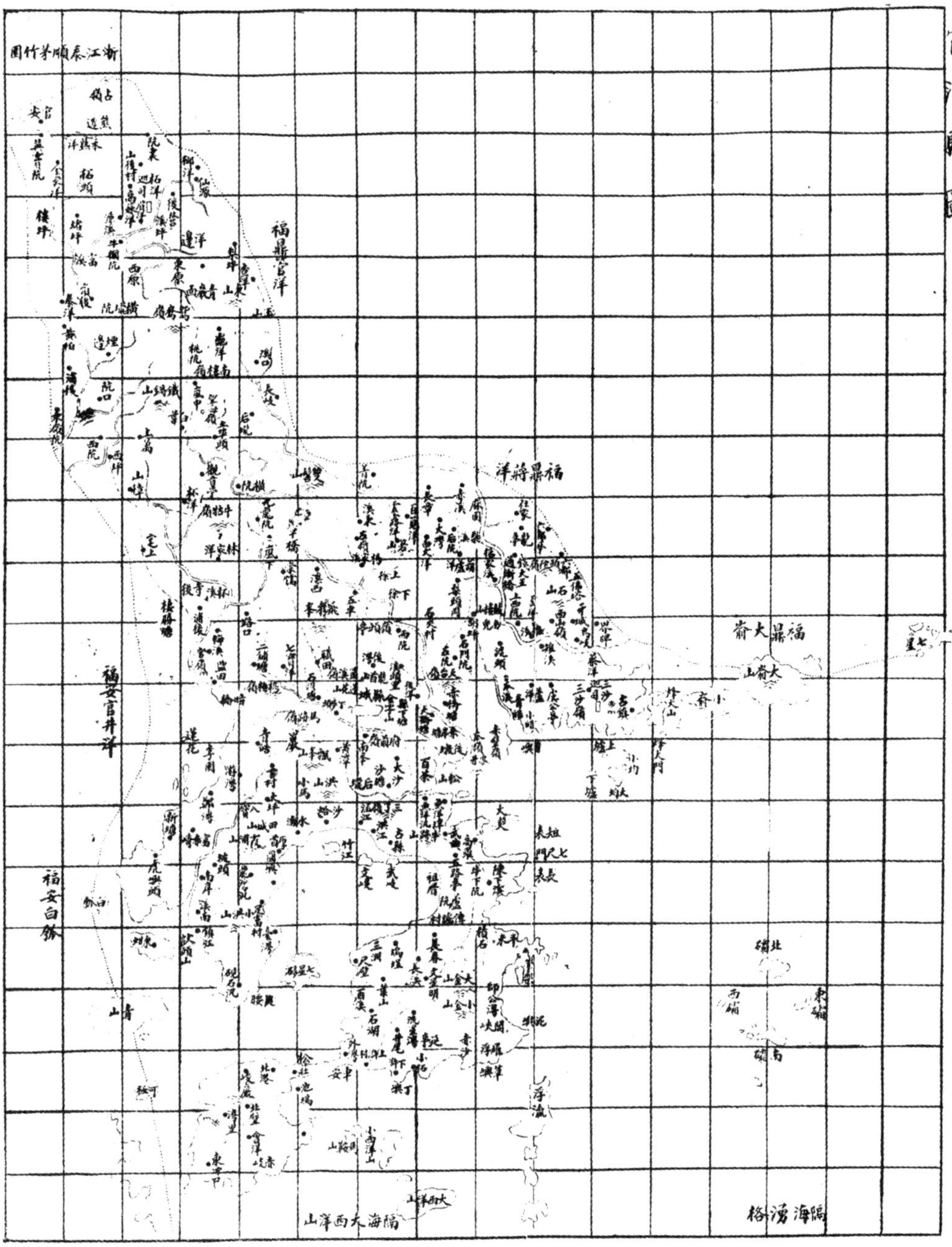

每方十里

福甯府霞浦縣要缺

沿革

唐長安四年割晋温麻舊縣北四鄉置長溪縣屬長樂郡卽今縣地五代及宋因之元至二十三年升為州改名福甯屬福州路明洪武二年降為縣屬福州成化九年復舊國朝初仍明舊雍正十二年升福甯州為府增置附郭縣霞浦為府治

疆域

東西鳥里廣一百三十里南北鳥里縱一百九十二里至省陸程五百四十五里水程五百二十里府治附郭東至福鼎縣界大崳山一百一十里西至福安縣界官井洋六十里南至隔海大西洋山界一百八十五里北至福鼎縣界管洋一百四十里東南至隔海湧格界一百五十里

天度

緯二十六度五十四分經東三度四十一分冬至日出卯正三刻零五分五十六秒日入酉初初刻零九分零四秒晝四十一刻零三分零八秒夜五十四刻一十一分五十二秒夏至日出卯初初刻零九分零四秒日入酉正三刻零五分五十六秒晝五十四刻一十一分五十二秒夜四十一刻零三分零八秒

山鎮

獅山在城東五里迤北曰金字山瓜嶺在城東二十里又東十里曰赤壁嶺又二十里曰三沙嶺又五里曰古鎮山與古鎮隔海對峙者曰烽火山又東水程十餘里曰小崳山又十里餘為大崳山自古鎮南隔海四里曰大均山小均山曰上蘆山下蘆山華峯在城東十里迤南斷而復起者曰松山

水道

海在縣東南西三向其潮汐入境凡七派一自烏岐港入上接楊家溪一自小礌入上接瓜溪一自松山入上接赤岸溪一自百茶村入上接長溪河一自魚洋埕入上接后壠溪一自猷頭山入上接霞浦溪一自鹽田港入上接杯溪楊家溪在城東北七十里源出大龜洋東南流八里有玉山水會福鼎界境管洋

鄉鎮

社四郊三里十村三百四十六市八東社南社西社北社在城內東郊南郊西郊在縣城附郭擢秀里縣東五里至東北八十里止領七十二村柘洋下里縣西北四十里至八十里止領五十六村柘洋上里縣西北九十里至一百六十五里止領六十二村萬安里縣西北十里至三十里止領十一村

職官

福甯府知府一員駐城教授一員駐城訓導一員駐城司獄一員駐城知縣一員駐城訓導一員駐城巡檢二員一駐柘洋一駐三沙典史一員駐城福甯鎮總兵一員駐城中營遊擊一員駐城守備一員駐城千總一員駐東沖把總二員一駐城一駐大金左營遊擊一員駐三沙守備一員駐三沙十總一員駐古鎮把總二員一駐三沙一駐斗米

西南至福安縣界白岙山八十里
東北至福鼎縣界蔣洋一百一十里
西北至浙江處州府泰順縣界毛竹園一百八十里

馬鞍山在城東南十里迤南曰南峯山又南曰府前嶺亦名黃沙嶺
魚洋埕在城東南三十里
羅浮山在城東南五十里
南金山在城南七十五里折而東六里曰中峯山曰保老山又東隔海三里曰筆架山又自大金山南行八里曰小金山
浮瀛山在東南海中又南里餘曰馬刺又十餘里曰魁山又西南水程二十餘里曰大西洋山大西洋之西北有小西洋馬鞍山馬嶼

山水自北來注之又東南四十里繞福鼎縣界青龍山下有菁阬水東來注又曲流三十餘里為赤溪有烏杯溪北自福鼎縣境樟柏洋合溢溪五蒲嶺溪西南流來注之又南流二十餘里為梨溪東受蔣洋龍亭諸水又東南十餘里為楊家溪西受雲露洋東出之水又東南十餘里至渡頭折東流二十餘里為雉溪達烏岐港入海
赤岸溪在城東十里源出望

溫麻里縣西十里至四十里止領四十村
安民里縣南三十里至六十里止領三十三村
新北里縣西南四十里至七十里止領十一村
新南里縣西南五十里至六十里止領二十三村
連海里縣西南六十五里至七十里止領十六村
招賢里縣南八十里至一百二十里止領二十二村
縣下塘市縣東五里
橋頭市縣東六里
三沙市縣東六

桐山營把總一員駐牙城
閩安右營把總一員駐巡羅湖
海關總口駐東沖
海關分口駐三沙
海關哨口一駐塔眡衙一駐監田
福甯釐局駐城
海防局駐東中
土藥局駐三沙

大排諸島峙列海中

洪山在城南四十五里東迤為三了嶺為鼓樓山又南隔水相望者有文岐山武岐山又自洪山西南十餘里曰霞浦山四城山又西曰松嶠嶺

小洪山在城西南七十五里

峻巖在城西南一百六十里又折西北行隔水二十餘里曰青山嶼曰河極山

猷頭山在城西南九十五里又隔海十餘里曰東柑嶼又迤西十里曰白瓠山與

海嶺東南流曲曲八十餘里經五車東受雲露洋西出之水又東南二十餘里至溪頭里有倒流溪北自天台嶺來注又南流十餘里有三澗水北自龍首山南流入北水關出南水關而東合東關外濠之水來注又東南十餘里經赤岸橋歷后墩松山入海

長溪河一名歐公河在城西南五里源出白巖楊梅嶺七寶洋諸山東南流五十餘里經百茶

十里

鹽田市縣西四十五里

厚首市縣西南五十里

柘洋上城市縣西北一百一十里

溪坪市縣西北一百十五里

古城市縣西北一百二十里

福甯府汛在城內轄汛十一塘一

大金汛在縣東南八十里轄汛六

東冲汛在縣西南一百七十五里轄汛三塘七

牙城市在縣東北六十五里轄汛三

三沙水汛在縣東六十里

福安甯德接界

飄峯山在城西南三十餘里其西為馬跡嶺北為白巖山

楊楳嶺在城西二十里

蓮花山在城西北三里又三里曰罡溪嶺嶺東曰龍泉山

牛牯嶺在城北四十里又二十里曰池家嶺又迤西北二十餘里曰阬口嶺與福安接界

望海山在城西北七十餘里迤西四里曰鐵鍋山北十餘里曰南樓嶺

村入海與福安之長溪異

杯溪在城西北三十餘里源出上萬南流二十餘里北受牛牯嶺水又東南二十里至路口有九龍阬水南流滙職田水自東來注又折西南流二十里經官嶺有七寶洋水自東來注又南達官井洋經鹽田港入海

霞浦江在城西南四十里源出霞浦山下西南流三十餘里經畝頭山西麓出口為霞浦江又南接硯江入

古鎮水汛在縣東六十五里

斗米水汛在縣東南八十五里

羅湖水汛一名羅浮縣南一百二十里兼轄東冲汛

縣前鋪東二十里至爪嶺鋪二十里至小皓鋪二十里至三沙口鋪

縣前鋪東北十里至金臺鋪十里至倒流鋪十里至官田鋪二十里至湖坪鋪二十里至楊家溪鋪十里至錢大王鋪十里至龍亭鋪二十里至福鼎縣蔣洋鋪

龍亭鋪東十里

東山在城西北一百里又北十里曰仙池崗西曰任公巖東曰查洋嶺

占嶺在城西北一百五十里與浙江泰順縣接界

龍首山在城北附郭為縣主山又北五里曰西阬嶺又二十里曰左嶺又十餘里曰雙髻山自左嶺而東五里曰箬山曰虞溪洞

天臺嶺在城東北二十里又十里曰石門阬又十里曰湖坪頂稍東曰鼓樓墩又東北十里曰犂頭崗又二

海

西坪溪在城西北七十里源出葛蒲洋西南流二十餘里入福安縣界注於大梅溪

阬口溪在城西北八十五里源出桃阬西南流二十餘里至阬口有黄隴阬西南流合黄栢水來注又西南十里入福安縣界注於大梅溪

富溪在城西北一百二十里源自青嵐西北流盤廻二十餘里出東西原村東受洋邊水又西北十餘里有梨坪水經栢

至三佛塔鋪三十里至蓁嶼烽火營

縣前鋪西十里至石壩鋪十里至二鋪鋪十里至暗橋鋪十里至鹽田鋪三十五里至福安縣小賻鋪

縣前鋪南二十里至小沙鋪十里至斜亭鋪

縣前鋪西北十里至罡溪鋪二十里至九家鋪二十里至福安縣柳溪塘

二百五

十里曰龍亭山迤東曰頭陀嶺與福鼎接界

洋上下堡適溪坪而西南流來注合而西十餘里經牛欄阬南受嶺後水又西北流三十餘里歷樓坪金家洋官安入福安縣界沙阬注於東溪

福鼎縣圖

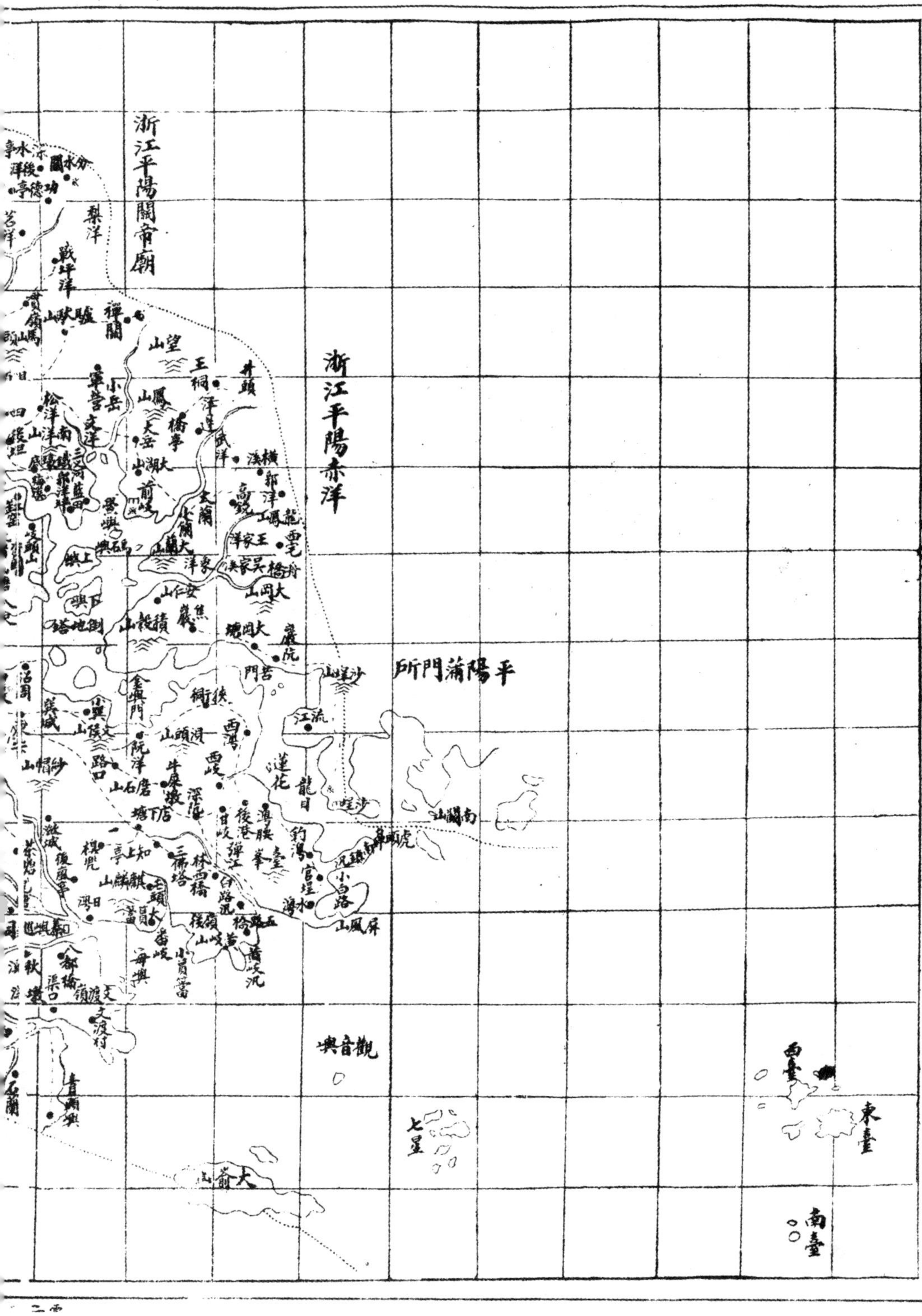
浙江平陽關帝廟
浙江平陽赤洋
平陽蒲門所
觀音澳
七星
西臺
東臺
南臺
大嵛山
南關山
屏風山
小白露
流江
沙埕
龍日
蓮花
大岡山
分水關
梨洋
戰坪洋
望山
王桐洋
井頭
横溪
店下
牛欄岡
安仁山
大嵛山

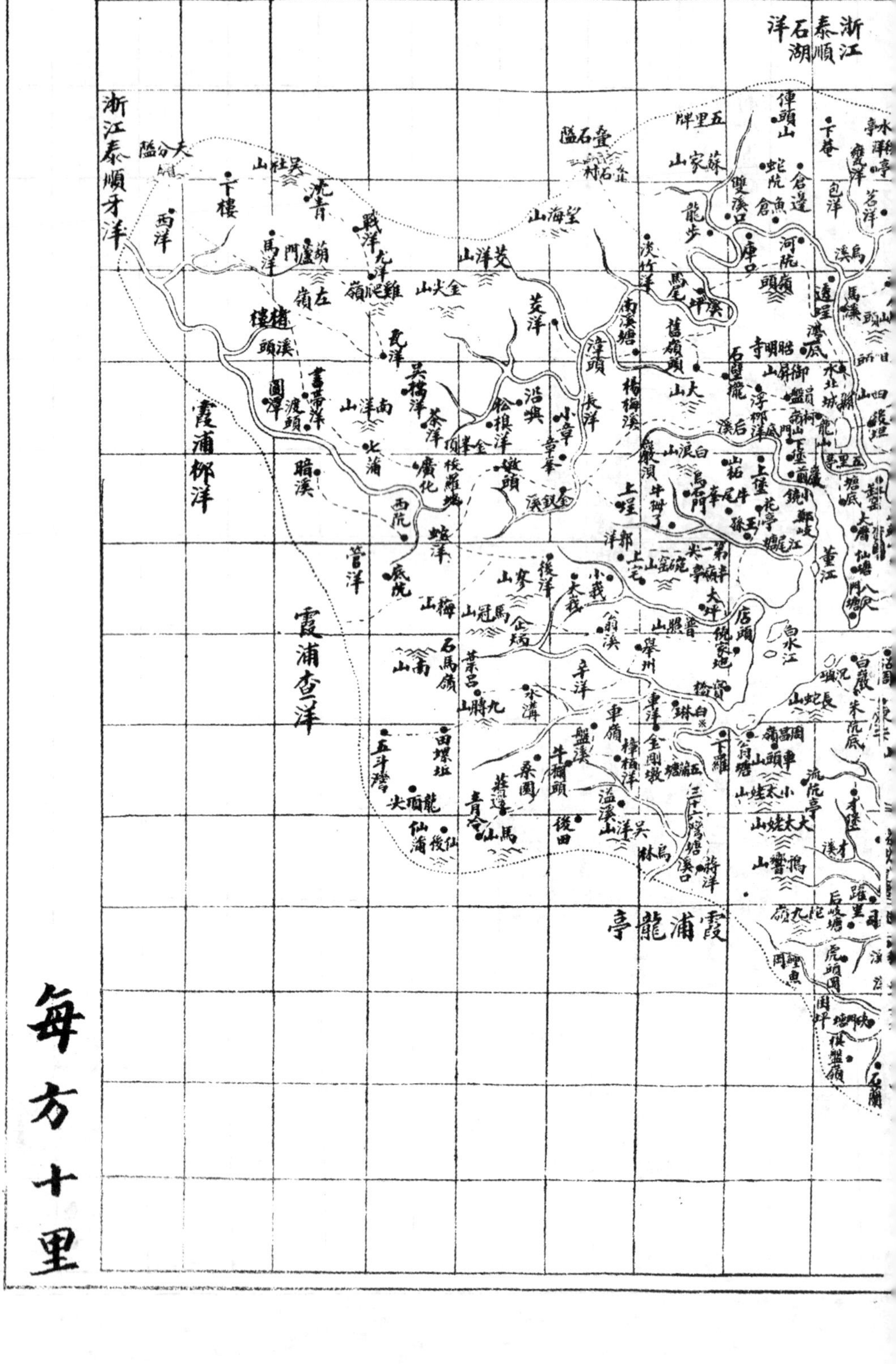
浙江泰順石湖洋
霞浦查洋
霞浦龍亭
每方十里

福甯府福鼎縣中缺

沿革

唐為長溪縣地屬長樂郡元為福甯州地屬福州明洪武二年屬福州成化九年改屬本州國朝為霞浦縣地乾隆四年析霞浦勸儒鄉之望海育仁遙香連江四里置今縣屬本府

疆域

東西鳥里廣一百八十一里南北鳥里縱一百二十九里至省陸程七百五十里水程七百里至府陸程二百一十里水程三百一十里縱距府鳥里八十四里橫距府鳥里二十八里斜距府鳥里八十八里五分有奇東至浙江溫州府平陽縣界赤洋五十里西至霞浦縣界榔洋一百里南至霞浦縣界龍亭一百一十里

天度

緯二十七度二十八分經東三度五十三分冬至日出卯正三刻零七分一十三秒日入酉初初刻零七分四十七秒晝四十一刻零零三十四秒夜五十四刻一十四分二十六秒夏至日出卯初初刻零七分四十七秒日入酉正三刻零七分一十三秒晝五十四刻一十四分二十六秒夜四十一刻零零三十四

山鎮

南洋山在城東五里又東五里曰謝豹山折而北曰西山曰蛇山曰古驛山其南曰後胆山曰蘆灣山曰大嵐頭山曰百勝山曰南垅山鳳山在城東三十里折而南十餘里曰大湘[illegible]五里曰前岐山又南下臨港口有小嶼二東曰烏石嶼西曰鱟嶼大關山在城東南四十里又東二十餘里迤入平陽界內有山曰福

二百七

水道

海在縣東南界其潮汐入境凡七派一自南鎮山東麓入口為沙埕港上通桐山溪一自福安塘入境上通彈江一自斗南入境上接清溪一自大篔簹入境上接西充溪一自九曲港入境上接王柄溪一自章崎入境上接秋溪一自硤門入境上接硤門溪桐山溪在縣南五里源自金尖山東流八里有二小水分南北入焉

鄉鎮

坊一都二十社二十七村三百三十九市八安平安樂囊金文昌育賢臨薰蓮池回春永甯九社在城內三元甯泰中興桑園四社在南門外太平安樂永勝隆安長泰新興新福新安新街新平新全西洋隆西隆慶十四社在北門外在坊里在縣城附郭領二十村一都縣東南八里起領十九村

職官

知縣一員駐城
教諭一員駐城
訓導一員駐城
巡檢一員駐城
典史一員駐城
桐山營遊擊一員駐城
守備一員駐城
千總一員駐沙埕
把總一員駐城
烽火營參將一員駐秦嶼
守備一員駐秦嶼
千總一員駐南關
把總二員一駐峽門一駐南關
海關分口一駐沙埕一駐前岐
海關哨口駐秦嶼
土藥釐局駐城
稅釐分卡駐前岐
茶稅分局駐白琳
茶稅分卡駐分水關

北至浙江處州府泰順縣界石湖洋五十里

東南至陽海東臺嶼界一百七十里

西南至霞浦縣界查洋七十里

東北至浙江平陽縣界關帝廟四十五里

西北至浙江泰順縣界牙洋五十里

鼎山

上下嶼在城東南二十餘里港中又西南有嶼曰倒地塔亦名鐵塲山

沙埕山在城東南九十里迤南蜿蜒而下曰嶺頭又南三里許曰虎頭鼻與浙江蒲門交界又東水程十餘里曰南關山係閩浙海洋分界處

澒頭山在城東南九十里又東南三里曰西岐山又十里曰灣腰山又六里曰釣灣山又八里曰南鎮山又迤南五里曰

又東南十餘里有金釵溪合墩頭蛇洋二水自南來注折北流十里有茭洋溪西北自茭洋山來注又東北五里有南溪自東南來注又屈曲東北流四十餘里至雙溪口有泰順縣界水北自車頭山南流三十餘里合蘇家山水來注折而東十餘里有透埕溪自北來注之又折東南流五里為烏溪有貫嶺溪東北自分水關西南流合苕洋水來注又折

二都縣東南三十里起領十五村

三都縣東南四十里起領二十村

四都縣東南五十里起領十四村

五都縣東南七十里起領十三村

六都縣東南五十里起領十七村

七都縣南九十里起領二村

八都縣南八十里起領八村

九都縣南七十里起領十六村

十都縣南一百里起領十八村

十一都縣南一百一十里起

唐石山又折西北十里曰羅口山又四里曰文俣山又北五里曰昌灣山山北麓曰富巖曰獅巖曰疊石深阬山在城東南九十里又十里曰臺峯山又隔海十餘里曰屏風山又東南八里曰黃岐山太姥山在城南八十里迤東北行十里曰昭蒼嶺又東三里曰長蛇山又東北五里曰巽城山又五里曰白巖山轉而東南曰占盾山曰貴巖山又二里曰美人

而南二十餘里經縣東至矼磘山下有龍山溪東南流經縣西來會為夾城溪即桐山溪也又東南二十餘里經郭洋坪夾上下嶼倒地塔而下為關盤港有三叉河鳳山溪前岐溪大小瀾溪以次自東來注有巖前溪王孫溪店頭溪百步溪白琳溪自西注入董江達白水江東流來會水勢寬廣形如湖澤又東南二十餘里經全嶼門折而東十餘里度

領十九村十二都縣西南七十里起領十五村十三都縣西七十里起領十五村十四都縣西南三十五里起領十八村十五都縣南二十七里起領二十七村十六都縣南十五里起領十四村十七都縣西七十里起領十七村十八都縣北一十里起領二十五村十九都縣南七里起領十一村二十都縣東四十里起領十

峯又四里曰陀九嶺曰太眉山曰錦雞山曰南峯山曰凌霄山曰盤龍山曰鯉魚岡西迤五里曰五峯山曰五蒲嶺又十里曰金剛墩曰葛藤嶺又迤北五里曰小太姥又北四里曰車頭山

大坪山在城西南四十里又西十里曰大小峩又西十餘里曰寥山又西曰馬冠山

吳洋山在城西南七十里迤西五里曰馬山又八里曰青龍山折西

狹衖又東南十里經苦門折而南十餘里繞蓮花與而南又東南二十餘里經鶴鷀嶼循南鎮山北麓入海

管洋溪在縣西六十里源自霞浦縣界查洋東流十里許南受東山南山二水折東北流十里東受蛇洋水又折西北流十餘里為暗溪又西北十餘里東受堵樓村水又西北十餘里東受吳社山左嶺二水又西北十餘里經西洋村入漸

六村

前岐市縣東南三十二里

店下市縣東南六十五里

沙埕市縣東南九十里

黃岐市縣東南一百零五里

店頭市縣南三十里

白琳市縣南五十里

瀲城市縣南八十五里

蓁嶼市縣南一百二十里

福鼎縣汛在城內轄汛四塘二

沙埕汛縣東南九十里轄汛三

天竺汛縣西北九十里歸霞浦牙城汛兼轄

北七里曰九膊山又五里曰龍頂尖又五里曰南山曰石馬嶺

龍山在城西五里其南曰鳳岡又三里曰蓮花崗又三里曰大岡山曰金字山山之西曰獅子巖自巖而東曰上菴山曰斗笠山曰旗杆岡旁有印嶼

金釵山在城西五十里又十里稍南曰上雲尖又三里曰東山曰碧峯曰後塔山

左嶺在城西北九十里又四里曰葫蘆門又十里曰吳

江泰順縣界

樟柏洋溪在縣西南七十里源自盧屯東南流五里西受溢溪水又東南十餘里北受五蒲溪水折西南流五里經烏杯入霞浦縣界注於楊家溪

王柄溪在縣南九十里源自昭昌嶺北麓東流十餘里西受流抗亭水折東南流二十餘里經瀲城達九曲港有底才溪西北自才堡東南流會外才溪躍鯉溪蔗溪來注又東南經蓁嶼司東有秋溪

蓁嶼水汎縣南一百二十里

峽門水汎縣一百四十里

南關水汎縣東南一百二十里

縣前鋪西南十里至巖前鋪十里至王孫鋪三十里至白琳鋪二十里至五蒲鋪二十里至蔣洋鋪二十里至霞浦縣龍亭鋪

白琳鋪東二十五里至翁潭鋪十里至昭昌鋪十里至顧洋鋪十五里至瀲城鋪十里至蓁嶼巡檢衙門

縣前鋪北十里至水北鋪三

社山又迤西二十餘里曰天竹隘接浙江泰順縣界

鼇峯山在城西北十里又十餘里曰河阬嶺

疊石山在城西北四十五里迤東二十里曰蘇家山又十餘里曰車頭山

御屏山在城北五里其南爲白虎巖其東爲紫荆山

馬頭山在城北二十里又北五里曰貫嶺又五里曰茗洋山又北稍東十里曰分水關與浙江平陽關帝廟接界又自貫

東流經章崎來注同入於海

硤門溪在縣南一百四十里源自霞浦烏頭東流二十里經硤門塘南受一小水折東北流五里有濮洋溪西北自蔣洋東南流合牛皮灘文洋官溪諸水來會又東南出硤門入海

十里至分水關鋪過關抵浙江平陽縣界

嶺而東十里曰駱馱山又五里曰箕疇崗接平陽五岱山

二百十

二百十

福安縣圖

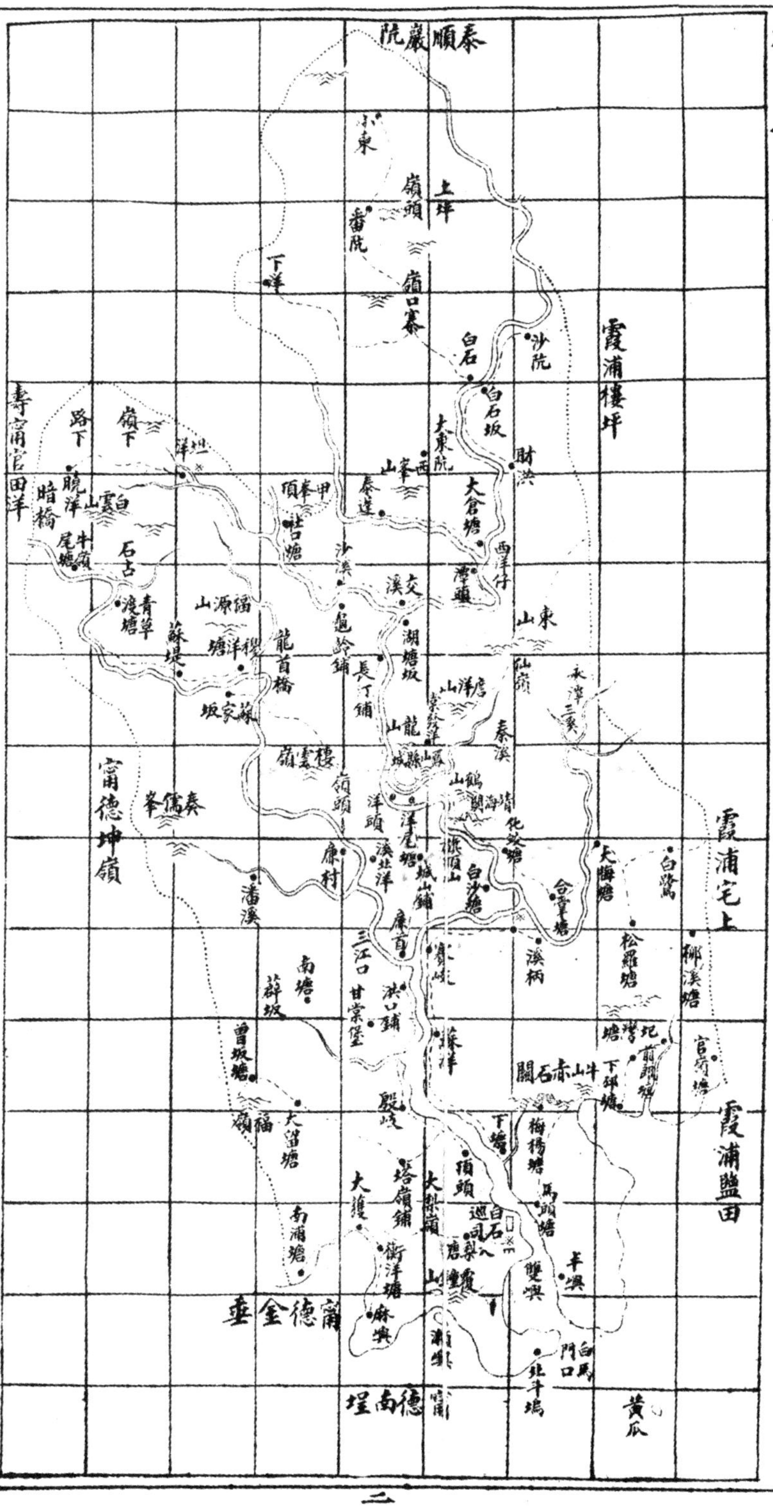

每方十里

二

福甯府福安縣中缺

沿革

唐為長溪縣地宋淳祐五年析置今縣隸福州元至元二十三年隸本州明洪武二年隸福州成化九年改隸本州國朝因之雍正十二年升福甯州為府仍屬焉

疆域

東西鳥里廣九十三里南北鳥里縱一百八十里至省陸程三百七十里水程五百一十里至府陸程一百三十里水程一百五十里至鹽田又由陸四十里至府治縱距府鳥里二十九里橫距府鳥里七十里斜距府鳥里七十五里七分有奇東至霞浦縣界宅上六十五里西至甯德縣界坤嶺四十五

天度

緯二十七度零五分經東三度一十九分冬至日出卯正三刻零六分二十一秒日入酉初初刻零八分三十九秒晝四十一刻零二分一十八秒夜五十四刻一十二分四十二秒夏至日出卯初初刻零八分三十九秒日入酉正三刻零六分二十一秒晝五十四刻一十二分四十二秒夜四十一刻零二分一十

山鎮

銅冠山在城內北隅下為康山又南為重金山銅冠之東為鳳頂山為龍山銅冠之西為鳳尾山又西為龜湖山鶴山在縣東近郭折而南曰三台山相連者曰五馬峯轉而東曰石人岡山迤北為廖洋山又東北十里為仙嶺又東北十里為車嶺又東北十里為蒲洋嶺馬項山在縣東南十里又十里曰白鶴嶺一枝花山在縣

水道

海在縣東南境出南門二十七里至重臺為白沙港與海水相接又東南九十里抵白馬門為入海之口未出口為內江出口為官井洋又東南過白鈲山則落入大洋矣大溪亦名長溪在縣南三里源自壽甯縣北之后溪上接浙江景甯縣水東流入泰順界會諸小水東南流循縣北界境而來又東南二十里經上坪東納霞浦

鄉鎮

境八里九村三百零二市五賓賢東門城南金山中華玉斗錦屏上杭八境在城內界東里在縣東北一里崇發洋起至四十五里東嶺阮止領三十五村界西里在縣北十里長汀起至一百二十五里小東止領五十三村平溪里在縣西北三十里龜齡起至七十一里路下止領二十九村欽德里在縣西北十二里銅巖起至六十

職官

知縣一員駐城
教諭一員駐城
訓導一員駐城
巡檢一員駐白石
典史一員駐城
右營守備一員駐城
把總二員一駐城一駐白石
海關分口駐白石
稅釐分局駐白石
茶稅分局駐坦洋
土藥分卡駐溪柄

里

南至甯德縣界南埕一百三十里

北至浙江泰順縣界巖坑一百三十里

東南至霞浦縣界鹽田一百四十八里

西南至甯德縣界金垂一百十五里

東北至霞浦縣界樓坪七十五里

西北至壽甯縣界官田洋七十六里

八秒

東南四十里又十里曰松羅山轉而南曰尖山曰御史臺山曰罩簾山

周大山在縣東南八十里迤南為旂山為勒馬山為員山為小山為玉女峯為道者嶺為梅洋嶺皆以次屬馬

天柱峯在縣東南一百二十里迤東有嶺曰飛霞嶺曰官嶺界於霞浦

天馬山在縣南五里對峙者有旗項山夾立水口少西曰流水阬山相近有松源

富溪水為交溪緣泰順壽甯福安諸水相交而得名也折西南曲曲流歷圯盤沙阬至大倉塘凡六十里有蟾溪西北自壽甯縣大熟嶺東南流二百餘里來會是為東溪又東南五里經西洋仔折西流十二里至湖塘坂有平溪西北自甯德縣交溪口上接尤溪托溪東南流經社口合本境之白雲山嶺下二小水為西溪又東南流三十里與東溪會為

八里暗橋止領四十六村

西興里在縣西三十里板橋起至五十里橫溪止領三十二村

仁風里在縣東南二十里化蛟塘起至六十里梛溪塘止領三十三村

沿江里在縣南十里高家渡起至七十一里林塗止領三十四村

泰溪里在縣西南七十里國澤起至一百二十里南浦止領二十二村

泰東里在縣東南一百零一里灣塢起至

二百十二

洞金雞嶺獅峯在縣南四十里相近有九曲嶺紫藤峯又南沿江而下曰五花峯其南為玉屏山東迤為牛山
馬鞍山在縣南八十里相屬者為文筆峯亦謂之文武峯又南為雙巖嶺其西為塔嶺又南曰大梨嶺小梨嶺由嶺而南曰覆鍾山又南沿江而東曰白馬門山又南入海有覆釜山有白鉢山為羅甯霞福四縣之界
城山在縣西南

交溪緣東西二溪相交而得名也合而南流三十里抵縣西棲雲潭有秦溪東北自仙嶺西南流經縣南來注大溪又南五里折而東凡六里經縣治南又折東南流三十里有大梅溪上接永濘溪東納霞浦縣西潭阬口二水西南流來會又折西南流十五里至廉首有廉溪西北自政和縣稠嶺東南流經壽甯甯德自暗橋入境合石占水穆溪潘溪來

一百四十八里官嶺塘止領十八村
溪柄市縣東南四十里
賽岐市縣東南四十二里
甘棠市縣南六十里
洋頭市縣西一里
穆洋市縣西三十里
福安縣汛在城內轄塘十一
白石汛縣東南一百二十里轄塘十一
縣前鋪西北二十里至長汀鋪二十里至龜齡鋪二十里至壽甯縣武曲鋪
縣前鋪南一百二十里至白石鋪東四十

二百十三

二十里有嶺曰廉嶺相近者曰湖山曰蛾眉山

福嶺在縣西南六十五里又南十里為閩川嶺

雙髻山在縣西一里又西為萬壽山又西五里為棲雲嶺又西十里曰仙境山又西十里曰奏儒峯

葉仙山在縣西北三十里相望者曰福源山其下為穆洋又西北三十里曰上地山其西為牛嶺析而北十里曰白雲山又北五里曰寳生巖

會為三江口又南二十里為蘇江有薛坂水自西注之又東南三十里東納赤石關水又東南十里經六嶼為印江又東南二十里經馬頭塘西白石司東南出雙嶼為黃崎江又東南十餘里經白馬門達官井洋入於海

里至小䑋鋪三十五里至霞浦縣鹽田鋪

白石鋪西二十五里至衡洋鋪四十里至甯德縣興前鋪

筊笨山在縣北附郭旁有興龍山又北五里曰巖湖嶂

鐵仙嶂在縣北四十里又北十五里為蒲家山

更漏巖在縣北六十里又北曰昆侖山上有天池亦名天池山相望者為菖蒲山

東山在縣東北五十里其旁稍亞者曰小東山

寧德縣圖

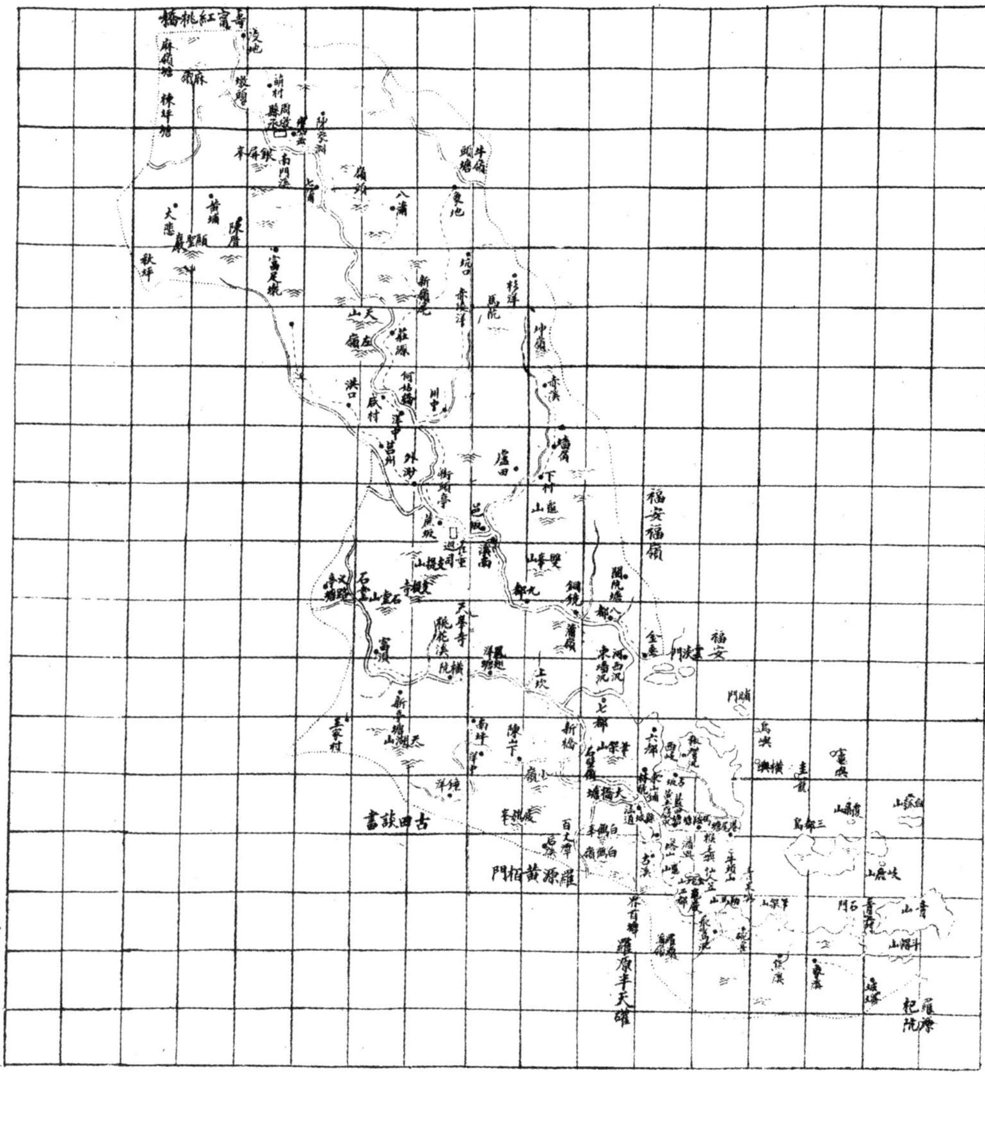

每方十里

沿革

唐天寶元年為長溪古田二縣地開成間析置感德塲五代唐長興四年閩升塲為縣易今名屬長樂府宋屬福州元改屬福甯州明洪武二年屬福州成化九年改隸福甯州國朝因之雍正十二年福甯升為府仍屬焉

疆域

東西鳥里廣一百四十二里南北鳥里縱一百六十九里至省陸程二百一十里水程二百四十里至府陸程二百三十里水程一百二十里至鹽田又陸行四十里至府治縱距府鳥里五十四里横距府鳥里八十八里斜距府鳥里一百零三里二分有奇東至大海白鉌山九十里西至福州府古田縣界談書

天度

緯二十六度三十九分經東三度一十四分冬至日出卯正三刻零五分二十二秒日入酉初初刻零九分三十八秒晝四十一刻零四分一十六秒夜五十四刻一十分四十四秒夏至日出卯初初刻零九分三十八秒日入酉正三刻零五分二十二秒晝五十四刻一十分四十四秒夜四十一刻零

山鎮

碧山在縣東附郭又東循海而行曰塔山曰酒嶼曰猴毛嶼曰牛頭山由塔山而南曰龜山東迤曰金甌山曰仙人笠山又東曰青果嶼又東三十里曰三都島循島而東其南曰岐鹿山又東曰白鉌山距縣九十里勒馬山在縣東南二十里又迤東十里曰筆架山由勒馬山而南曰飛鸞嶺接於羅源

水道

海在縣東南其海潮入境有三道一自晡村港西行經雲淡門抵金垂港入境上通外渺溪一自金垂港南西抵東墻入境上通北溪一自飛鸞江而上經猴毛嶼酒嶼仙人笠嶼西抵東湖入境上通藍田溪接於北溪南門溪在縣北周墩堡南源自壽甯縣之松洋溪南流經凌地入境又南二十里有政和水西

鄉鎮

都二十五境十三村二百八十三市六一都在縣城內外轄城內十境城外三境八村二都縣南二十里轄二十三村三都縣東三十里轄五村四都縣北十里轄十五村五都縣東北二十五里轄二十四村六都縣東北三十里轄十八村七都縣東北四十里轄六村八都縣北六十五里轄十六

職官

知縣一員駐城
縣丞一員駐周墩
教諭一員駐城
訓導一員駐城
巡檢一員駐霍童
典史一員駐城
右營遊擊一員駐城
千總一員駐城
羅源營把總一員駐飛鸞
海關分口駐東關外一駐二都
海關哨口一駐八都
海關總卡駐飛鸞埠
茶稅分卡駐城

八十五里
南至福州府羅源縣界半天碓二十五里
北至福安縣福嶺塘八十里
東南至羅源縣界杞杭一百里
西南至羅源縣界黃柏門四十五里
東北至福安縣界霊溪門五十五里
西北至壽甯縣界紅桃橋二百五十里

四分一十六抄

梅溪山在縣東南二十里又東曰楊溪山曰金臺山曰五城澚山曰五馬峯距縣六十里
三帽山在縣東南七十里其北島為青山距縣八十里
白鶴山在縣西南里許南連飛鸞嶺北接蓮花峯有嶺曰白鶴嶺嶺之南曰南山漈又南曰玉女峯其北行而與玉女對峙者曰金仙山在縣北附郭
界首嶺在縣西南二十里
石碑山在縣西五十里又西曰寶青山曰

自梨洋峽繞東北流經樓坪塘而東來注之折東南流十五里經周墩堡南為南門溪又東南十五里有七蒲溪自西注之又東南十五里東納八蒲水又東南曲曲流循新嶺歷莊原咸村凡四十五里至何姑橋有馬阬水自東北來注之又東南十五里經青巖有顯聖溪東南流循屏南縣界歷七十餘里至苫洲西會屏南之雙溪東流來會為外渺溪又東南二十

村
九都縣北九十里轄十村
十都縣北八十里轄十村
十一都縣西北九十里轄十三村
十二都縣西北九十里轄五村
十三都縣西北一百一十里轄九村
十四都縣西北一百二十里轄十六村
十五都縣西北一百六十里轄九村
十六都縣西北一百九十里轄十一村
十七都縣西北二百三十里轄十五村
十八都縣西北二百一十里

棋盤山曰午日巖曰雪重峯　辰旂山在縣西六十里下有金鐘湖湖外爲鐘洋　筆架山在縣西北十五里西迤爲石鐘山爲石壁嶺嶺左爲蓋竹洋山嶺右爲麒麟寨山　陳山在縣西北三十五里　蒲嶺在縣西北五十里　雙峯山在縣西北七十里又北十里曰龜山　霍童山在縣西北九十里周迴九十九峯惟大童峯爲最高迤西爲

里有赤溪北自坤嶺西南流來注之又東南曲行三十里至銅鏡北納一小水又東八里北納閩阬水又東南爲金垂港凡十里經雲淡門由晡村港入海　北溪在縣北二里源自屏南縣東之龍漈溪東南流經被包山麓入界折南流十餘里經石堂山西有黛溪西南自屏南縣九曲嶺東北流來會又東南二十餘里南納一小水又東十里北納桃花溪

轄九村　十九都縣西北一百二十五里轄六村　二十都縣西北一百二十里轄六村　二十一都縣西一百二十里轄五村　二十二都縣西五十里轄十六村　二十三都縣西六十里轄十四村　二十四都縣西七十里轄七村　二十五都縣西六十五里轄七村　飛鸞市縣東南三十里　七都街市縣東北四十里　八都街市縣北

支提山由支提而南為天峯山

天湖山一名華表峯在縣西北一百一十里

石堂山在縣西北一百二十里相望者曰雙柱峯曰紗帽山曰葛仙峯曰雲梯峯與屏南分界

左一嶺在縣西北一百三十五里又北十里為天

新一嶺在縣西北一百六十里下有龍跡巖

仙嶺山在縣西北一百九十里其北曰獅子山由仙嶺西南行五里曰銀屏峯又

水為金溪又東二十餘里上炊溪水自北入馬又折東南流八里許岐分一支東北流十餘里經東墻歷張灣入海其一支仍由東南流十二里至石壁嶺折西南流五里有鍾洋溪南自展旂峯西麓東流繞洋中北陳山南而西來注之又南五里折東流二十里經西大橋有楊溪南自羅源寶勝山東北流經百丈潭來注又東南繞縣北經東大橋為藍

六十五里

石堂市縣西北九十五里

霍童市縣西北一百里

川牛市縣西北一百三十里

咸村市縣西北一百三十五里

甯德縣汛在城內

張灣汛縣東北三十三里轄塘七

東墻寨汛縣北五十里轄塘六

河西寨汛縣北五十五里轄塘五

周墩寨汛縣西北一百一十里轄塘十三

飛鸞汛縣東南三十里轄塘三

西南二十里曰顯聖巖山旁有高樓嶺

麻嶺山在縣西北二百三十五里

東山在縣北二十里

天王嶺在縣東北五里又東迤為薦峯山

田溪又東南循縣而東為東湖西納古溪水又東南循塔山龜山凡二十里至勒馬山下南納蒲嶺水為飛鸞江又東二十里過筆架山納焦溪水又東歷石門青嶼門入於海

縣前鋪南十里至白鶴鋪十里里至界首鋪十里至羅源縣疊石鋪

縣前鋪北二十里至東山鋪三十里至東墻鋪十里至興前鋪三十里至福安縣衙洋鋪

興前鋪東北二十里至銅鏡鋪二十里至閩阬鋪二十里至福安縣曾坂鋪

壽甯縣圖

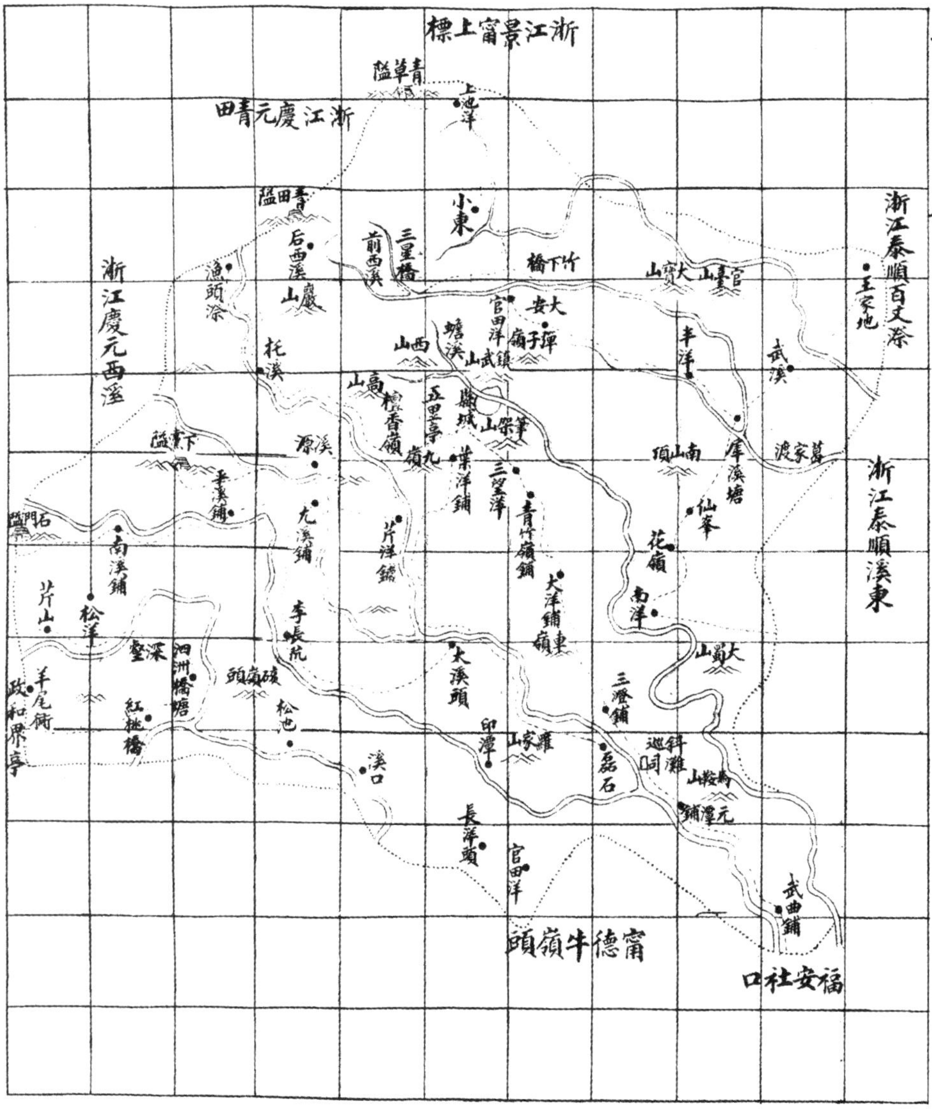
浙江景甯上標
青草隘
上池洋
浙江慶元青田
青田隘
小東
三望橋
前西溪
后西溪
巖山
漁頭漈
竹下橋
大寶山
官臺山
浙江泰順百丈漈
王家地
大安
官田洋
武溪
西山
武鎮
丰洋
托溪
高山
縣城
筆架山
五里亭
九嶺
檀香嶺
浙江慶元西溪
下黨隘
源溪
葉洋鋪
南山項
犀溪塘
葛家渡
浙江泰順東溪
石門隘
平溪鋪
南溪鋪
芹洋鋪
青竹嶺鋪
仙峯
花嶺
大洋鋪
東嶺
南洋
松洋
芹山
李長坑
深壑
泗洲橋塘
大溪頭
三磴鋪
政和界亭
羊尾鋪
紅桃橋
松池
印潭
磊石
斜灘巡司
馬鞍山
溪口
元潭鋪
長洋頭
武曲鋪
甯德牛嶺頭
福安社口

每方十里

福甯府壽甯縣簡鈔

沿革

宋淳祐五年為政和福安二縣地明景泰六年析置縣治於楊梅村名為壽甯屬建甯府國朝因之雍正十二年升福甯為府以其地近割隸焉

疆域

東西烏里廣一百零三里南北烏里縱九十五里至省陸程三百七十五里水程四百八十里至府陸程二百八十里水程三百一十里至鹽田又陸行四十里至府治縱距府烏里一百十八里橫距府烏里一百零八里斜距府烏里一百六十里弱東至浙江處州府泰順縣界溪東九十里西至浙江處州府慶元縣界

天度

緯二十七度三十二分經東三度零三分冬至日出卯正三刻零七分二十二秒日入酉初初刻零七分三十八秒晝四十一刻零零一十六秒夜五十四刻一十四分四十四秒夏至日出卯初初刻零七分三十八秒日入酉正三刻零七分二十二秒晝五十四刻一十四分四十四秒夜四十一刻零零一十六

山鎮

真武山在城內北隅西迤為半月山叢珠山在縣東二里其南為筆架山又東曰象山曰香爐山稍北為彈子嶺又東距城七里曰溪頭嶺又東十三里曰南山其南為黃客嶺又東十里曰天池山又東十里曰駐蹕山旁有鐵場嶺仙峯山在縣東南二十里又南五里為花嶺又南十五里折而東為大蜀山馬鞍山在縣東

水道

蟾溪在縣西北二十里源自大熟嶺東南流十餘里有茗溪自高山東來注之又東南五里經後段橋折東流五里經西水關入城出東水關經筆架山南又東南十里為深渡又東南十里經李老橋折而南十里經南洋塘西又屈從東流十里至大蜀村折西南流十里又折而東凡八里抵院洋又曲曲東南流循縣界而下歷湖

鄉鎮

境七鄉八村一百零三東街聚奎登科攀桂狀元子來蟾溪七境在城內東鄉自縣東五里彈子嶺起至萬家渡七十三里止共一十三村西鄉自縣西五里後段橋起至石門村九十里止共一十四村南鄉自縣南五里五里亭起至官田洋一百里止共一十三村北鄉自縣北大安十五里起至青草隘六十五里止共

職官

知縣一員（駐城）
教諭一員（駐城）
巡檢一員（駐斜灘）
典史一員（駐城）
右營千總一員（駐城）

西溪九十五里南至甯德縣牛嶺頭界一百一十里北至浙江處州府景甯縣上標界八十五里東南至福安縣界社口八十五里西南至政和縣界界亭一百三十五里東北至浙江泰順縣界百丈漈八十五里西北至浙江慶元縣界青田五十里

杪

南五十里翠屏山在縣南二里又南八里曰青竹嶺又南十里曰仙蹤山曰攀仙山又南五里曰東嶺金鼓山在縣南六十里下有大同嶺又南十里曰羅家山又南十里曰牧童山旁為庚嶺又十里曰八仙山其環合者曰孫長山曰白巖仙山又南為官田嶺黃奇嶺界於甯德縣小托山在縣西南十里折而西為高山亦名大障山又西南十里曰

塘坂入福安縣界注於交溪托溪在縣西四十里源自浙江之慶元橫嶺南流入界又東南十五里為托溪又東南十五里經九嶺為九嶺溪又東南十五里抵風谷合有尤溪西北自浙江慶元之西溪東南流經中阬橋歷六十餘里來會又東南三十餘里經斜灘抵交溪口有平溪上接南溪西自政和縣天柱山南東流經石門隘歷九十餘里

一十一村東南鄉自縣東南深渡橋十里起至俞阬八十里止共一十六村西南鄉自縣西南小托村十里起至羊尾衕一百三十五里止共二十六村東北鄉自縣東北竹下橋二十五里起至楊梅洲五十里止共三村西北鄉自縣西北李峯前十里起至漁頭漈七十五里止共十六村壽甯縣汛在城內轄塘二十一縣前鋪南十里至橋頭鋪十

二百二十

九嶺曰烏石嶺又十里曰尤溪嶺曰石井嶺

芹山在縣西南一百十五里

天馬山在縣西一里北迤為鳳山

檀香嶺在縣西三十里

碁盤山在縣西五十里

西山在縣西北十里又西北十里曰華蓋山曰大熟嶺迤東為小東嶺又西北十里曰榧子尖山迤而北曰佛漈山又西北十里曰巖山旁有黃沆嶺

立茂山在縣北

來會合而東南三十里經俞阬出境入福安縣界注於交溪

松洋溪在縣西南一百一十里源自政和縣稠阬東流經芹山南入境東流十餘里至松洋折東北行十里又東過深壑折南流十餘里經泗洲橋分而為二一西南流十里經紅桃橋入寧德縣界注於外渺溪一東南流二十餘里至溪口又折西南流經瀨兜西歷寧德縣北境

里至大洋鋪十里至半嶺鋪十里至斜灘鋪十里至黿潭鋪十里至大韓鋪十里至武曲鋪二十里至福安縣龜齡鋪

縣前鋪西南十五里至葉洋鋪十五里至芹洋鋪十五里至尤溪鋪十五里至坪溪鋪二十里至南溪鋪四十里至政和縣墺溪鋪

南溪鋪南四十里至泗洲鋪四十里至寧德縣周墩鋪

二十里下有立茂嶺又北五里曰古鼎山迤而東爲東山

太寶山在縣東北四十里又東十里爲官臺山

入福安縣界注於廉溪

西溪在縣北二十五里源自縣西北境青田隘南流爲前西溪又東南十餘里有后西溪自北注之又東流三十餘里東納官臺山水析東南流至下西塘有官田洋水自西來注之又東十餘里爲葛家渡溪又東入泰順縣界會后溪水南流注於福安縣之交溪

后溪在縣北六十里源自浙江景甯縣界東南流經青草隘入境又東十餘里經

上地洋爲上地溪折東南流十五里西納小東水又東十里至官田折北流八里至楊梅洲繞入泰順縣界經霜降橋折東南流旋入本境又東南流三十餘里爲百步溪西納武溪水又東南十餘里入泰順縣界南流會西溪水注於福安交溪

永春州縣總圖

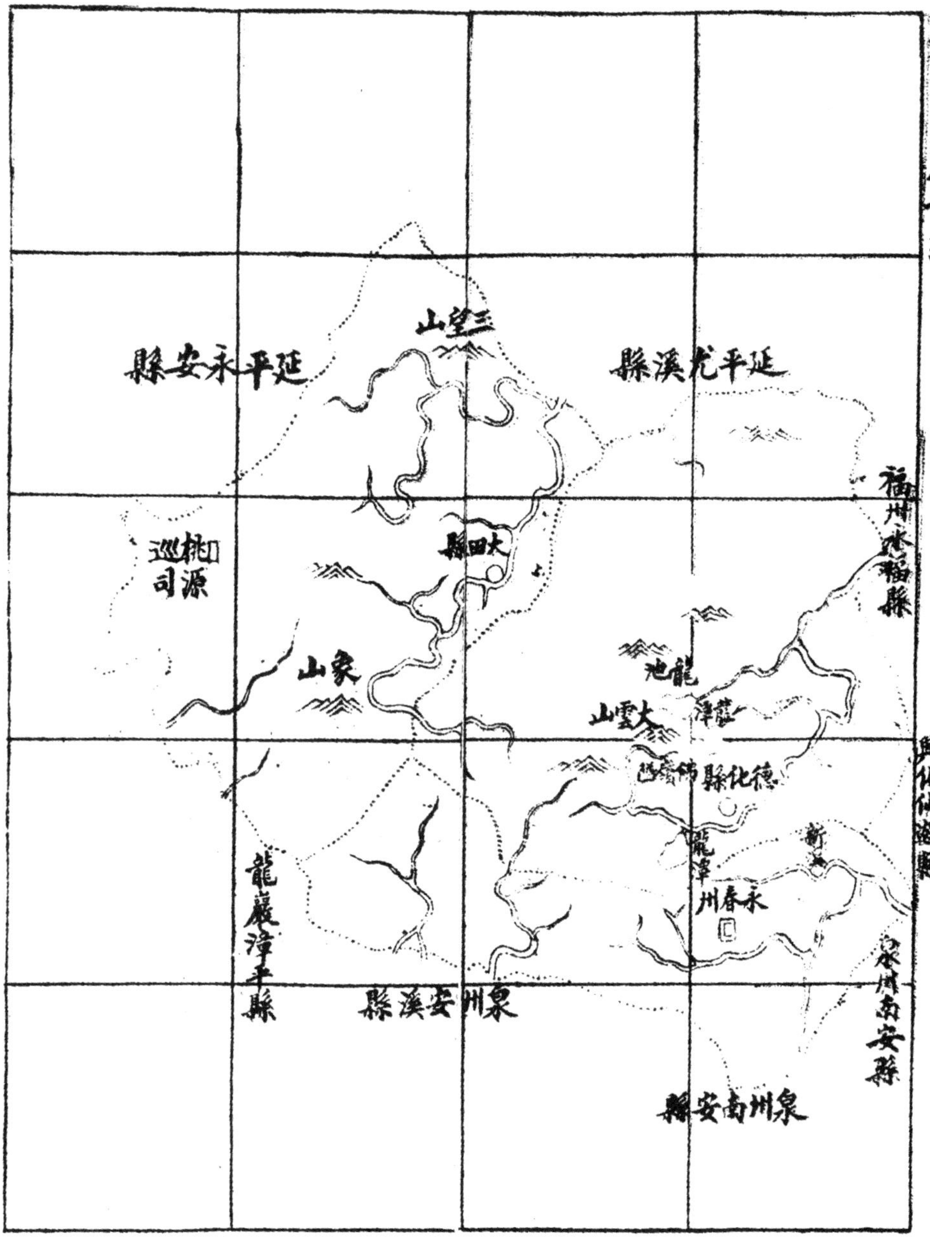

每方五十里

永春州在省治西南四百一十里至

京師七千一百四十里晉為晉安郡地宋為晉平郡地齊仍為晉安郡地梁為南安郡地隋為建安郡地唐以永春隸泉州以德化大田隸長樂郡五代梁唐晉因之惟晉以長樂郡改名東都斯少異耳漢周為南唐所據永春德化隸清源軍大田隸劍州宋改清源軍為泉州劍州為南劍州元改州為路明改泉州路為泉州府南劍路為延平府永春德化大田均依南唐分隸焉

國朝仍舊雍正十二年升永春為州直隸福建布政使司割泉州府德化延平府大田二縣屬之治永春西大田北德化水東北流者為湰溪梓溪東南流者為桃溪湰溪發源德化縣西北之戴雲山南流三十里經花橋黃洋溪自西來注之又東二十餘里會龍潭諸水經縣治南折東北曲行四十餘里碧潭自東注之上雲溪自西注之又東北十餘里經岱山西折西北二十餘里盧溪自西來注之又東北二十餘里入永福縣北境達於大樟溪梓溪發源德化縣之尤中里西流二十餘里入大田縣西南境西北行受林炳阬水龍背嶺水十餘里至小阬折東北行二十里有虎臭山水合太素山水自西北注之又東北三十餘里至京口上華水自西來注之又東北四十餘里至湶頭有英果溪自太寶山南合鐵山水屈曲東北行六十餘里至大江坂渡頭溪合諸小水自西來注之合而東曲行四十餘里至湶頭與梓溪會又北入尤溪縣西南境達於湖頭溪桃溪發源州治雪山之陽繞陳巖山為陳巖溪東流十五里至馬跳錦溪自東北注之又東南二十餘里經社山下冷水阬水合劇嶺水自西北來注之又東曲行四十里至店上有新溪自天馬山東流二十餘里經八阬北湖洋堡南分而為二其東流則由白雲鄉出境達於仙遊縣之南溪其南流則合東慶溪來

會合而東南十里許至西滙出境入南安縣西北之水江村達於金溪永春之
山源於大田大田之山自永安界首天馬山迤邐而東為虎鼻崎為雙髻山為
鳳山入於縣治迤東則為獅山象山簪纓山迤西則為白石巖蓮花崎犀峰四
出層疊環拖復沿縣治而南突起為大仙峰接入德化循礦山而南為大陽小
陽折而東至戴雲山迢遞而南贊起為龍潯山而德化縣治倚馬又自縣南頓
伏復起為雙魚山沿入州境之天馬山蜿蜒而東州治因之又南折而西入泉
州境為安溪縣諸山所祖其自戴雲山東北而行者則又為尤溪以南大江以
西諸山所發脉也東至興化府仙遊縣界五十里西至龍巖州漳平縣界一百
八十里南至泉州府南安縣界四十五里北至延平府尤溪縣界一百四十里
東南至南安縣界三十里西南至泉州府安溪縣界五十里東北至福州府永
福縣界一百四十里西北至延平府永安縣界二百二十里東西烏里廣一百
八十五里南北烏里縱一百八十八里

永春州圖

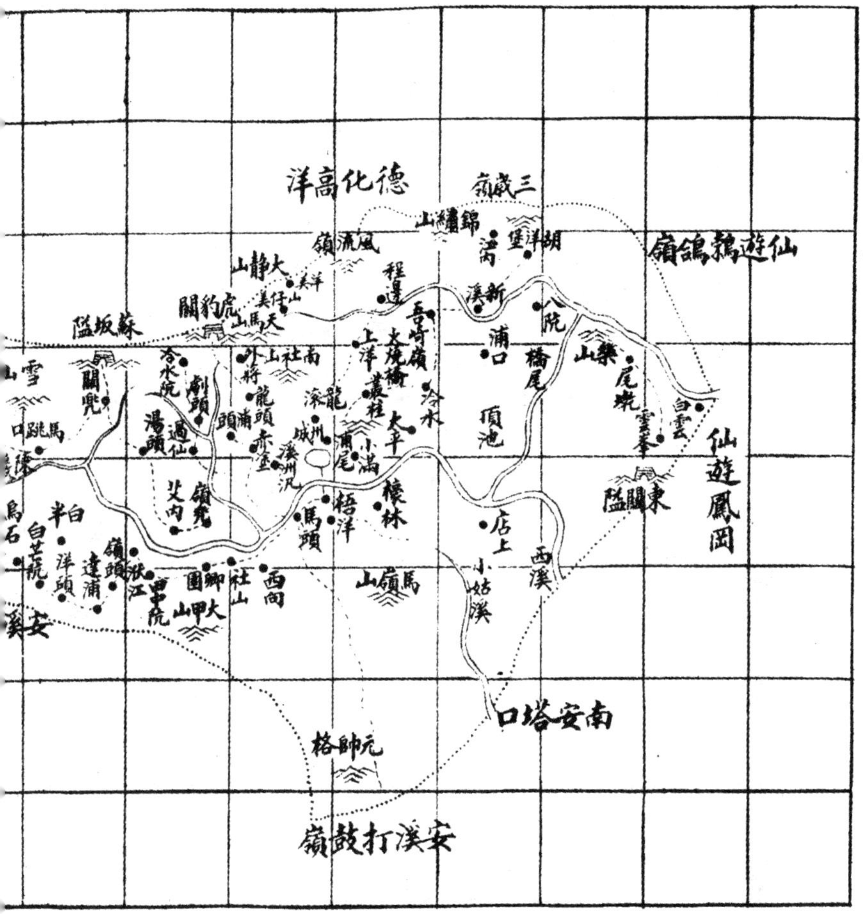

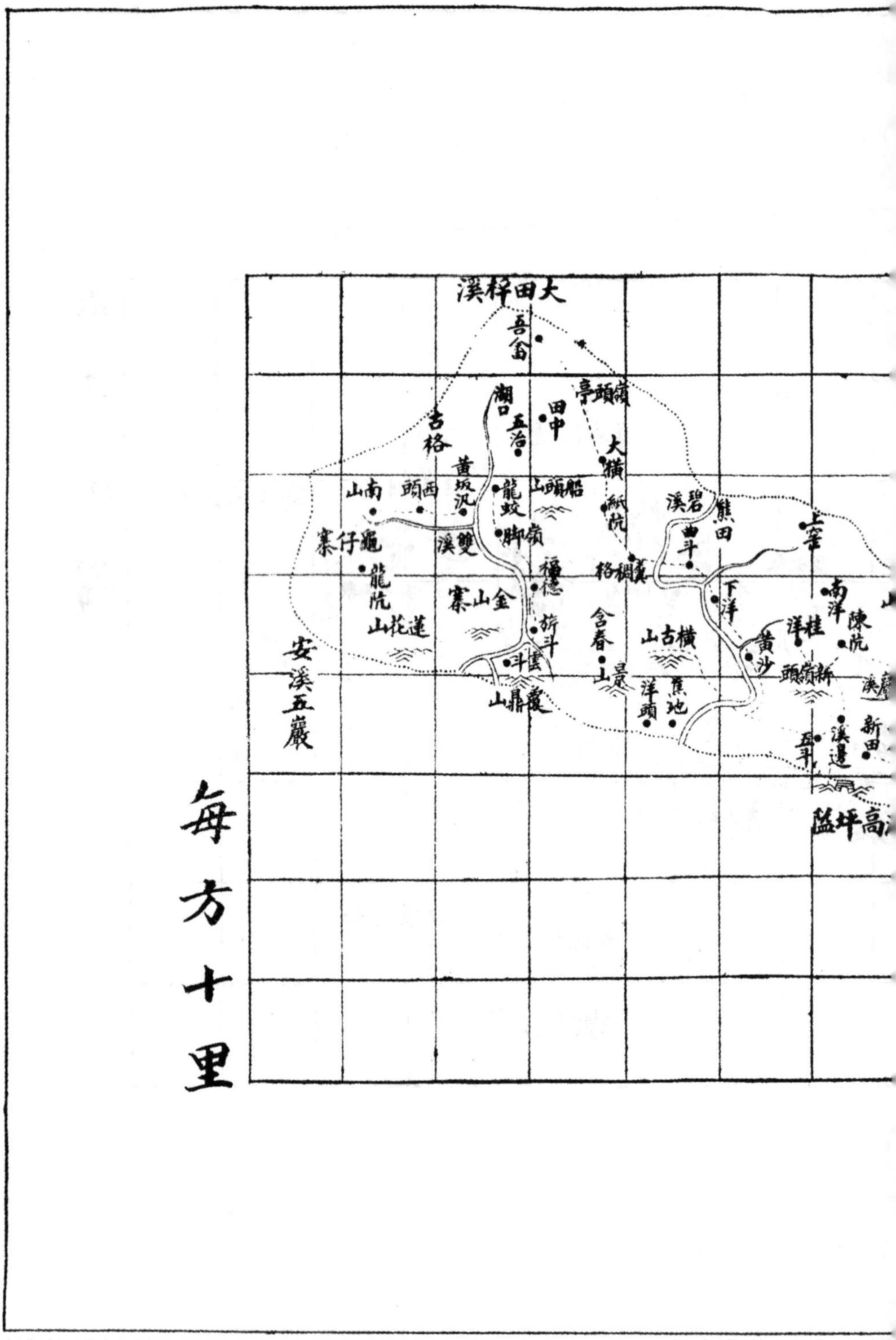
大田梓溪
安溪五巖
每方十里

永春州中缺

沿革

唐長慶二年析南安縣西界置桃源場

五代唐長興四年置桃源縣

晉天福初閩改為永春縣屬泉州

宋屬泉州

元屬泉州路

明屬泉州府

國朝因之雍正十二年升永春縣為直隸州以德化大田二縣屬焉

疆域

東西烏里廣一百三十二里南北烏里縱六十七里至省陸程四百一十里水程流小不能通船

本州

東至興化府仙遊縣界鳳岡五十里

西至泉州府安溪縣界五巖一百四十里

南至泉州府安溪縣界打鼓嶺四十里

北至德化縣界高洋二十里

東南至泉州府南安縣界塔口三十五里

西南至泉州府安溪縣界高

天度

緯二十五度一十八分

經東一度五十九分

冬至日出卯正三刻零二分二十四秒日入酉初初刻一十二分三十六秒晝四十一刻一十分一十二秒夜五十四刻零四分四十八秒

夏至日出卯初初刻一十二分三十六秒日入酉正三刻零二分二十四秒晝五十四刻零四分四十八秒夜四十一刻一十分一十

山鎮

臥龍山在州東五里其左曰雙魚山相望者為妙峯山上有妙峯巖為東關山為東山為萬歲山為水口山

樂山在州東四十里迤南為雲峯山其南麓即東關隘也

馬嶺山在州東南二十餘里左為石竹山長安山西為西向山南為南山

應龍山在州南三里又南為龍山其北麓為獅山左為象山右為虎尾山又南曰

水道

桃溪發源州西北六十里雪山之陽經橫路村繞陳巖山為陳巖溪屈曲東流十五里至馬跳錦溪自北來注之又東南十里受諸小水過東平山為湫江又東十餘里經社山北冷水坑合劇嶺水自西北來注之又東稍北十餘里至州南為州前溪歷雲龍橋虎尾潭轉東北行十五里為灣溪又東南十里有新溪自天馬山麓東

鄉鎮

都十五鄉五里十七市五

集慶鄉在州南轄里三曰安平在十二都曰迎福在十三都曰和風在二十四五都

里仁鄉在州南轄里三曰招集在八都曰安仁在九十都曰始安在十一都

宣和鄉在州西南轄里四曰民蘇在三都曰善化在三四都曰福德在五六都曰昇平在七都

民康鄉在州北轄里三曰鳴琴在二十都

職官

知州一員駐城

州同一員駐城

學正一員駐城

訓導一員駐城

吏目一員駐城

遊擊一員駐城

千總一員駐黃坂

把總一員駐城

永春州釐局駐城

二百二十六

洋濫五十里
東北至興化府仙遊縣界鵓鴿嶺六十里
西北至大田縣界梓溪一百里

二杪

馬洋山曰筆架山曰石鼓山曰花石山曰烏石山
社山在州西南十三里又南十里為大甲山迤西為舟山小天馬山達理山其北則為東平山為東易山
康山在州西四里其左為金峯山又分支為梅峯
魁星山在州西一十八里古桃林場在馬相近者有涵林山南峯山石竹山
馬跳風山在州西二十五里又西為陳巖迤南為新嶺
横古山在州西

流二十餘里經八坑北湖洋堡南分而為二其東流則繞樂山經白雲出境入於仙遊之南溪其南流則合東渡溪來會合而東五里折南流至西涵出境入南安縣西北界之水江村達於全溪
熊田溪發源德化縣西南之狗頭山東南流入州西北境折而西為碧溪又南行七八里轉而東上窑水自東北注之又東南一十里南洋水自東來注之又東

曰常安在二十一二都曰慕仁在二十三都
善政鄉在州東北轄里四曰昭善在十四都曰和平在十五都曰桃源在十七八都曰清白在十九都
州前市在城內
赤崎劇市在城西七里
豐岑頭市在城西南一十里
石鼓市在城西一十五里
阜埔市在城南二十五里
上場堡汎在州西南一十五里
黃坂汎在州西北九十五里轄塘二

七十里又西為景山為霞鼎山為金山為蓮花山劇嶺在州西北一十二里又北為懸鐘山大峯山復西而北為靈山其旁為桃溪山東為瓊山又北曰泰山曰雪山船頭山在州西北八十里迤南為鳳山為文章山南山在州西北一百二十五里大鵬山在州北三里其支為雲龍山旁為觀音山稍西為大羽山折而北為南社山嵩田山又

南一十里至黃沙折而西曲曲十餘里至焦地出境入安溪縣西北界注吳坂渡為藍溪洞口溪發源州西北之吾畬嶺南行二十里南山水自西來注之又東南二十餘里繞金山而西至雲斗岐分為二出境入安溪縣之西北界注吳坂渡為藍溪

古格汛在州西北一百零五里轄塘五湖洋汛在州東北四十里州前鋪南十五里至長安鋪二十里至南安縣塔口鋪州前鋪北十里至冷水鋪十里至軍兜鋪十里至錦斗鋪十里至龜洋鋪十里至南洋鋪十里至德化縣界

北曰天馬山高鎮山曰大静山曰雲林山

風流嶺在州東北二十里又東十里為吾崎嶺迤北為錦繡山

三歲嶺在州東北四十里

鵓鴿嶺在州東北六十里

德化縣圖

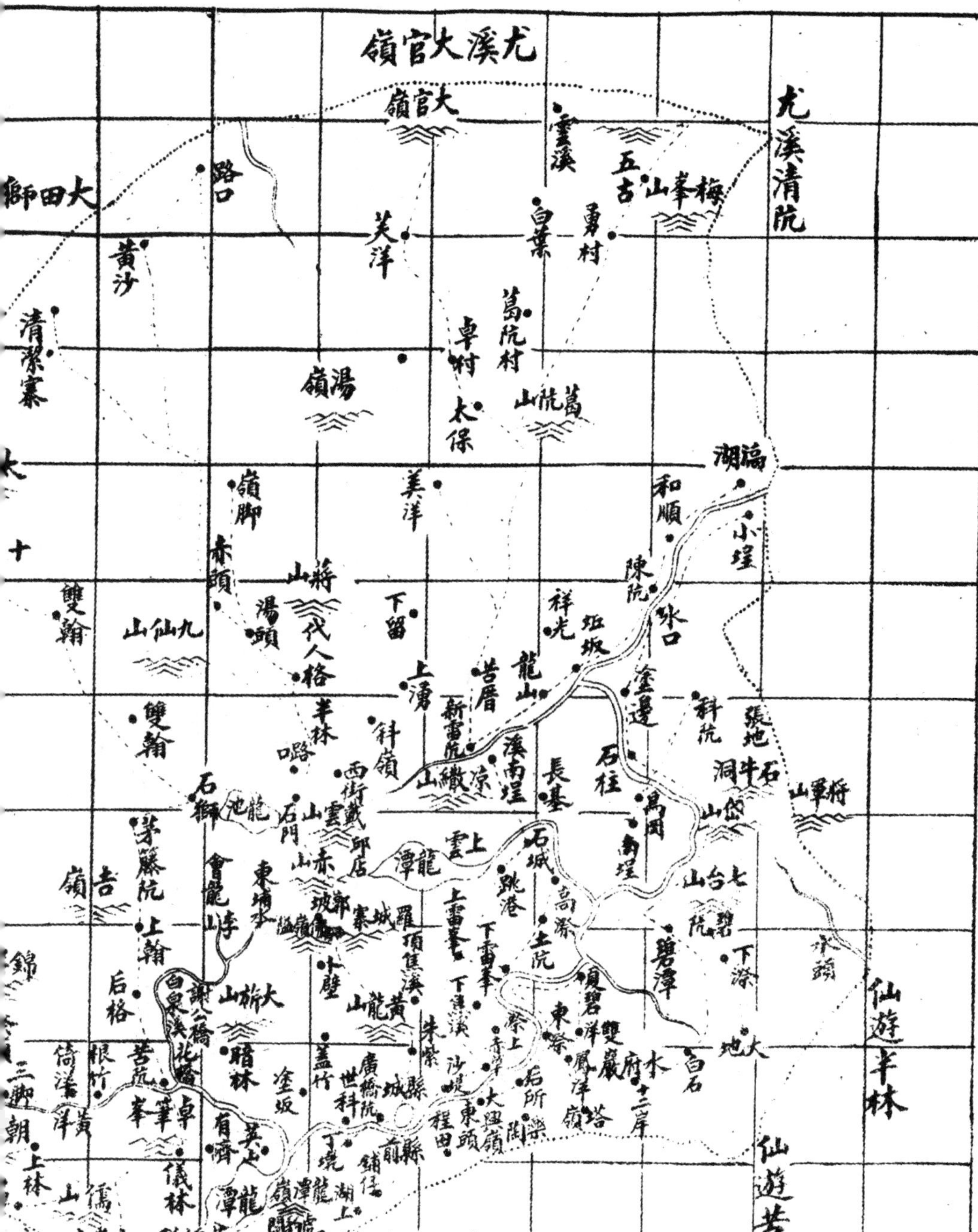

尤溪大官嶺
大官嶺
雲溪
五古
梅峯山
尤溪清沆
白葉
勇村
芙洋
黃沙
清潔寨
大田鄉
路口
葛坑村
卓村
湯嶺
葛坑山
太保
美洋
和順
小埕
嶺脚
赤頭
將山
湯頭
陳坑
九仙山
雙翰
下留
祥光
上湧
苦厝
龍山
新雷坑
塗邊
斜坑
張地
長基
石柱
雙翰
石獅
龍池
凉織山
吉嶺
茅藤坑
七台山
碧潭
下溶
仙遊半林
仙遊苦竹山
永春羊廣嶺
大峯山
上林

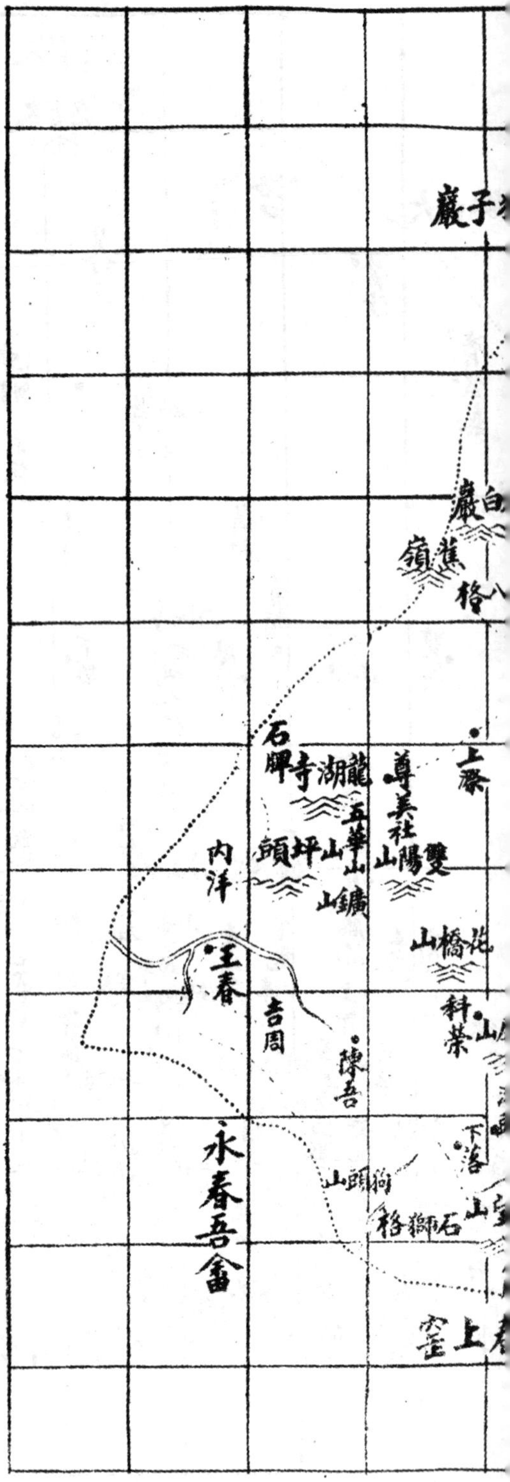

每方十里

永春州德化縣簡欵

沿革

漢侯官延平二縣地
唐開元二十二年置尤溪縣屬福州永泰二年析侯官尤溪各一鄉置永泰縣貞元中析永泰之歸義鄉置歸德場
五代唐長興四年閩王延鈞升歸德場為德化縣屬長樂府即今福州漢乾祐元年割尤溪之常平進城二鄉益之改隸泉州清源軍
宋屬泉州
元屬泉州路
明屬泉州府
國朝因之雍正

疆域

東西烏里廣一百一十二里
南北烏里縱一百零四里
至省陸程三百七十里水程流小不能通
至州陸程四十里水程不通
正縱距州烏里二十里
東至興化府仙遊縣界半林五十五里
西至本州界吾畬八十里
南至本州界羊廣嶺一十五里
北至延平府尤溪縣界大官嶺北一百二十里
東南至興化府仙遊縣界苦

天度

緯二十五度二十五分
經東一度五十九分
冬至日出卯正三刻零二分三十九秒日入酉初初刻一十二分二十秒半晝四十一刻零九分四十一秒夜五十四刻零五分一十九秒
夏至日出卯初初刻一十二分二十秒半日入酉正三刻零二分三十九秒半晝五十四刻零五分一十九秒夜四十一刻零九分四

山鎮

妙峯山在縣東附郭旁有白牛石鼓山
龍門山在縣東三十里又東曰水府山曰靈山旁近者曰石獅山
薜蘿峯在縣東南三里
大興嶺在縣東南七里又南為天馬山迤西為雙桂山
雙魚山在縣南門外又南為鳳翥山羅城山相近者有金城山大峯山洋廣嶺以次遞沿界於永春距城一十五里
登高山在縣西南五里

水道

滻溪在縣南源出縣西北戴雲山南流經東埔合李山水折而西過謝公橋為白泉溪又南十餘里經花橋黃洋溪自西來注之又東經石山為石山溪經蘇津橋為蘇溪經會政橋為塗坂溪龍潭水自西南來注之又東受蓋竹郭坂卯店諸小水經魁龍橋為西門溪轉而東流為縣前溪即滻溪也又經鳴鳳橋雲龍橋至城東南

鄉鎮

里八社三十九市六
在坊里轄社八曰高鄉曰瑶市曰英山曰良泰曰蔡徑曰石傑曰茅岐曰上林在縣城東南西附近處
新化里轄社五曰科榮曰后格曰李山曰上翰曰尊美在縣西北
清泰里轄社六曰峯魁曰南埕曰蕭坑曰卯坂曰登雲曰不老在縣東北
梅中里轄社五曰葛坑曰梅峯曰橫溪曰龍潯曰䣎湖

職官

知縣一員駐城
典史一員駐城
教諭一員駐城
訓導一員駐城
千總一員駐城
把總一員駐洋內

十二年升永春縣為直隸州改隸焉

竹山四十五里

西南至本州界上窑五十五里

東北至延平府尤溪縣界青阬一百四十里

西北至大田縣界獅子巖一百里

十一杪

龍潭嶺在縣西南一十五里其南為大劇山又南為大劇嶺嶺上有虎豹關界於永春迤西為回頭格

大峯山縣西南二十七里其北為儒山又西二十餘里為石獅格

英山在縣西一十五里

卓筆峯在縣西三十里

朝望山在縣西五十里又西為石獅格又西而北為豹頭山

石山在縣西北一十九里其北為大旂山

佛嶺在縣西北三十里

隔南受雙桂山天馬山水為丁溪又東北十五里至東淤石受蕉溪龍門山諸水又屈從東北行至夏塘碧潭水自東注之又東北至石獅渡有龍潭水合上雲溪自西來注之又東北十餘里經岱山西受南埕水折西北行二十餘里有盧溪合諸小水自西南來注之又東北二十餘里歷和順鄉出境入永福縣界達於大樟溪

小尤溪在縣西北八十里源

在縣東北

梅上里轄社六曰下湧曰曹鈑曰桂陽曰田地曰湯頭曰湯嶺在縣北

東西里轄社一曰東西在縣北

湯泉里轄社四曰小銘曰大安曰桂林曰豐厚在縣北少西

尤中里轄社四曰寶豐曰坪溪曰路口曰山坪在縣西北

上市下市在城內

南關市在南關外

東關市在東關外

西關市在西關

戴雲山在縣西北四十里西爲大戴雲東爲小戴雲其南曰祥雲山稍西曰赤山李山其北爲大仙崎山桂陽山鍾山漸山仁齊山蔣山迤而西曰香林山曰獅子山銀瓶山其旁有湯嶺距縣城八十里

吾嶺山在縣西北四十五里

錦屏山在縣西北五十五里

花橋山在縣西北七十里又北爲雙陽山五華山迤西十餘里爲山坪頭其北爲石脚格其南

出小尤中里西流經陳吾鄉繞王春右受一小水合而西行十餘里入大田縣界注於梓溪

錦屏山水在縣西北五十五里西南行二十餘里經元帥格入永春州界注於熊田溪

湯嶺水在縣西北八十里西北行二十里經路口村入尤溪縣界注於湖頭溪

石牛洞水在縣東北四十里東南行歷水頭鄉入仙遊縣境注於大目溪

外

赤水格市在縣西北四十一里

德化縣汛在城內轄塘八

內洋汛在縣西北六十五里轄塘五

縣前鋪南十里至高洋鋪十里至永春州劇頭鋪

縣前鋪北十五里至蓋竹仔鋪二十五里至赤水格鋪十五里至獅崎鋪二十里至大田縣十八格鋪

二百三十

為雪山

九仙山在縣西北九十里相近者有雞髻寨山蘿幕山貴仙山濟山岱山

龍潯山在縣北隅其西為大洋山北為繡屏山又北分而對峙者為黃龍大龍二山又北為騰巖角山為科縈山其左為心慈嶺又北曰屏風山涼繖山曰梅峯山左為三層階山右為清從山南為唐帽山凡距城一百二十里入永福界

七臺山在縣東北三十二里

二百三十

又北二里爲岱山又北七里爲石牛洞山

龍山在縣東北五十里

葛阮山在縣東北八十五里

梅峯山在縣東北一百一十五里

大田縣圖

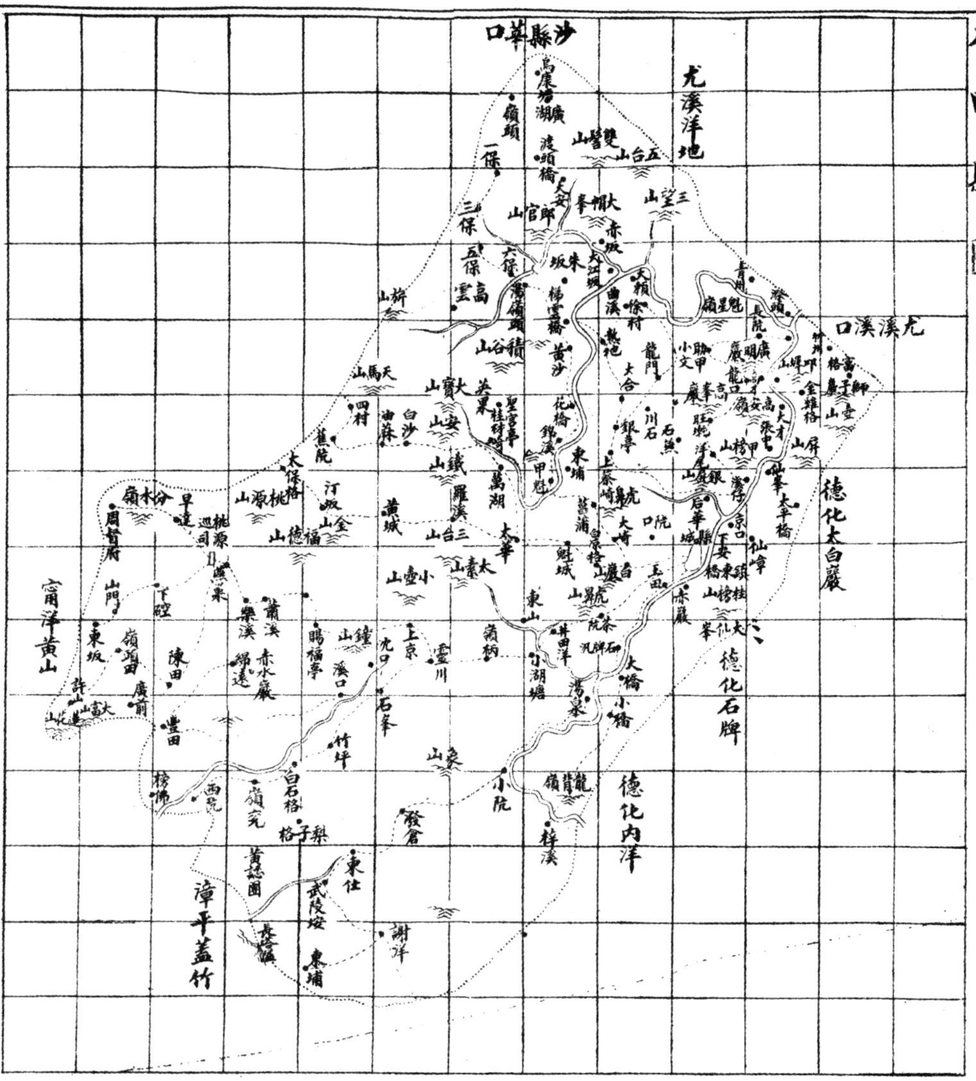

每方十里

永春州大田縣簡鈌

沿革

晉延平縣山峒地
唐開元二十二年置尤溪縣屬福州
五代時南唐以其地置鎮後改屬劔州
明嘉靖十六年以尤溪縣之大田置縣治析永安漳平德化三縣地益之因名大田屬延平
國朝因之雍正十二年升永春縣為直隸州改隸焉

疆域

東西鳥里廣一百一十三里
南北鳥里縱一百二十八里
至省陸程六百一十里水程七百里
至州陸程一百一十里水程不通
縱距州鳥里七十六里
橫距州鳥里五十二里
斜距州鳥里九十二里有奇
東至德化縣界太白巖二十二里
西至龍巖州甯洋縣界黃山一百零五里
南至德化縣界內洋二十里
北至延平府尤

天度

緯二十五度四十分
經東一度四十一分
冬至日出卯正三刻零三分一十二秒日入酉初初刻一十一分四十八秒日四十一刻零八分三十六秒夜五十四刻零六分二十四秒
夏至日出卯初初刻一十一分四十八秒日入酉正三刻零三分一十二秒日五十四刻零六分二十四秒夜四十一刻零八分三十

山鎮

掛榜山在縣東五里迤北為仙嶂
赤巖在縣南附郭
大仙峯在縣南一十八里左近有馬鼻山蝦山龜山螺山
龍背嶺在縣西南四十里
象山在縣西南四十五里
石峯山在縣西南五十五里又南十里為白石格又十里為棃子格
大富山在縣西南一百一十里迤西五里為蓮花山其北為許山
白巖山在縣西

水道

縣前溪在縣南二里上接德化縣西境之小尤溪西流入縣西南境經林炳阬受龍背嶺水為梓溪又西北曲流十里許受黃認圍之小坑水折而東北十餘里為湯泉溪又北五里虎鼻山水合太素山水自西北注之又東北曲曲二十餘里經縣治南匯為塔兜潭又東北一十里過鎮東橋至京口上華水自西來注之又東北行

鄉鎮

鄉二里四圖一都十六社十
進城鄉大田里轄都五曰三十都曰三十一都曰三十二都曰三十三都在縣東南
豐城鄉萬足里轄都七曰三十五都曰三十六都曰三十七都曰三十八都曰三十九都曰四十都曰四十四都在縣北
豐城鄉遷田里轄都四曰四十五都曰四十六都曰四十七都曰四十八都在縣東北

職官

知縣一員駐城
教諭一員駐城
訓導一員駐城
巡檢一員駐桃源
典史一員駐城
把總一員駐城

溪縣界洋地七十里
東南至德化縣界石牌一十八里
西南至龍巖州漳平縣界蓋竹一百二十里
東北至延平府尤溪縣界溪口五十里
西北至延平府沙縣界華口八十五里

六杪

一十里又西為虎鼻山為東山距城三十里
太素山在縣西四十里其西為三台山迤南五里為小壺山又南十里為鍾山
金山在縣西六十五里又西十里為福德山其北為桃源山
分水嶺在縣西一百十五里
鐵山在縣西北四十里又北五里為安山又北七里為太寶山迤西為天馬山迤東為積谷山又北為湯嶺為陳平嶺距城七十里

屈曲四十餘里至溁頭有英果溪自太寶山東南流合鐵山水繞甲魁折而北至東埔為錦溪又北三十餘里至大江坂為曲溪亦名鷗溪有渡頭溪合三十九都四十五都朱坂溪諸水自西南來注之又東曲曲流四十餘里來會自北出境達於尤溪縣之湖頭溪
沈口溪在縣西南六十里發源靈川之西受白石格西坑諸小水西南流四十餘

豐城鄉聚賓里轄社十曰桃源曰武村曰均溪曰太莊曰長山曰城達曰上館曰浮田曰西碇曰高墘在縣西北
黃認圖無轄在縣西南
溪仔坂汛在縣東北一十里
高才汛在縣東北二十五里
大仙峰汛在縣南一十五里
石牌汛在縣西南二十里
縣前鋪南十五里至仙峰鋪十五里至十八格鋪二十里至德化縣石獅崎鋪

高雲山在縣西北八十里
郎官巖在縣西北八十五里迆東為大帽山又北為雙髻山
鳳山在縣北隅城跨其上又北三里為雙髻山又北隔溪對峙者為銀屏山亦名文筆山
高峰巖在縣北三十里
三望山在縣北六十里迆西為五臺山
仙峰在縣東北一十二里其東麓旁出者為焦嶺又北為屏山為壺山為獅子巖為金雞格為邱塀山距城

里至榜佛歷甯洋縣界入漳平縣境注於九鵬溪
武陵坡水在縣西南七十餘里經浮竹隘南長塔隘北入漳平縣界注於南溪

福里之下折溪亦自西南來注又東南入漳州府龍溪縣北境達於九龍江龍巖之山源於永安界境之馬家山逶迤南下由駱駝崎歷蓋竹洋百種畲過鼓樓隔至謝由崎折而東特起金鳳山下落平洋是為甯洋縣治再由縣南隱而復起為麒麟山為天柱山沿虎符嶺而東折入漳平之第一峯西循九仙山黛煙山而南為石鼓山仙帽山佛子山而漳平縣治扆焉又自甯洋天柱山西歷殺狐嶺迷雲嶺鄒家山以至於廖天山南分一支為天宮山九侯山北岩山黃巖山入州治北又南歷奇邁山而東過顏山尖峯山朝天嶺入南靖縣界則又為漳州諸山所自來也東至泉州府安溪縣界二百一十里西至汀州府上杭縣界五十里南至漳州府南靖縣界九十里北至延平府永安縣界二百里東南至漳州府龍溪縣界二百二十里西南至汀州府永定縣界四十里東北至永春州界二百里西北至汀州府連城縣界一百里東西鳥里廣二百零二里南北鳥里縱一百九十一里

龍巖州圖

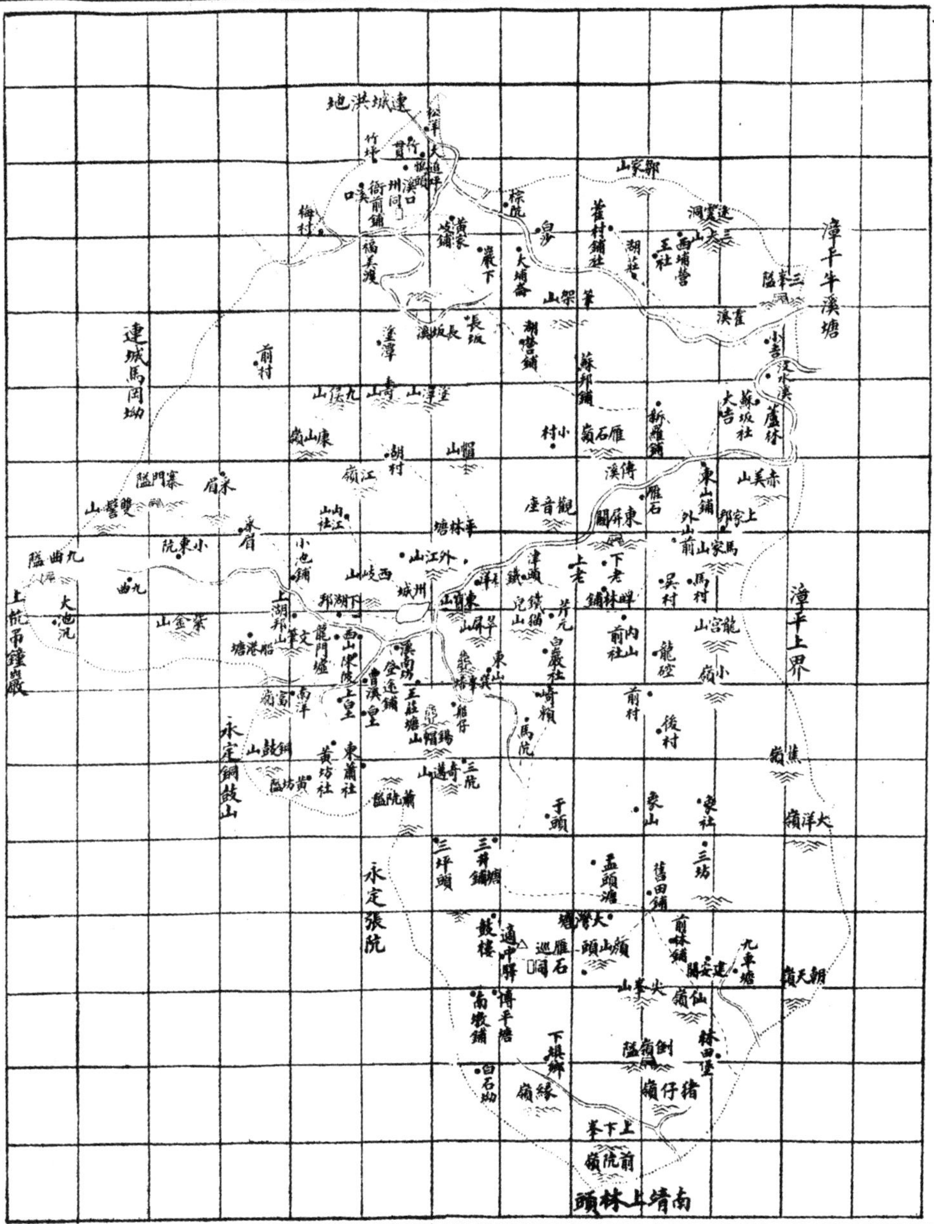

每方十里

龍巖直隸州中欽

沿革	晉新羅縣苦草鎮地唐開元二十四年置縣屬汀州天寶元年改今名大歷十二年改屬漳州五代閩屬漳州晉開運二年南唐改漳州為南州縣仍屬宋太平興國三年改南州為漳州尋析縣地置上杭武平二縣元至治中析縣南地增置南勝縣即今南靖屬漳州路明改路為府屬如故
疆域	東西鳥里廣一百一十六里南北鳥里一百四十五里至省陸程九百二十里水程一千一百四十里本州東至漳平縣界上界六十里西至汀州府上杭縣界吊鐘巖五十五里南至汀州府永定縣界張阮四十里北至汀州府連城界洪地一百四十里東南至漳州府南靖縣界上林頭九十里西南至永定縣
天度	緯二十五度零九分經東三十九分冬至日出卯正三刻零二分零五秒日入酉初初刻一十二分五十五秒日四十一刻一十分五十秒夜五十四刻零四分一十秒夏至日出卯初初刻一十二分五十五秒日入酉正三刻零二分零五秒日五十四刻零四分一十秒夜四十一刻一十分五十秒
山鎮	黃巖山在城內北隅迤西為大對山文山又迤而南為清高山其右為梅亭山龍巖在州城東上為翠屏山右為東寶山左為涼繖山距城五里鐵貓兒山在州東十五里又十五里為曝林嶺龍宮山在州東四十里其北為馬家山又北為赤美山循龍宮山而東南曰小嶺曰蕉嶺曰大洋嶺均以次屬焉
水道	龍川在州治南州之經流而漳江之西源也發源州西之九曲嶺東流經大池村北納石鐘巖水又東南經船港塘北納小池水歷龍門虎嶺羅橋而至治南凡五十三里匯為石鼓潭有陳陂溪合曹溪自西南來注之又東八里有馬阮社水自東南來注之又東北三十餘里經觀音座山納傅溪水又東北十里經雁
鄉鎮	里五坊六社二十二市六墟十在坊里在城內外統六坊四社曰州前曰所內曰武安曰平在曰西坊曰溪南曰東山社曰西山社曰陳陂社曰平林社龍門里在州西南統六社曰下湖邦曰上湖邦曰小池曰大池曰內江山曰外江山表政里在州西北統五社曰適中曰馬阮曰東蕭曰白
職官	直隸州知州一員駐城 州同一員駐溪口 學正一員駐城 訓導一員駐城 巡檢一員駐適中驛 吏目一員駐城 遊擊一員駐城 千總一員駐城

國朝雍正十二年升龍巖縣為州直隸本省領縣

界銅鼓山三十里東北至漳平縣界牛溪塘九十五里西北至連城縣界馬岡坳五十里

將山在州東五十里又東十里曰蘇邦貴山
東山在州東南附郭又東南十餘里曰龍華山又三十里曰賴家山
上方山在州東南六十里又南十里有嶺曰石羅嶺曰博平嶺曰緣嶺曰上下峯曰仙阬嶺循上方山而東十里曰頗山又東五里曰尖峯山迤南為仙嶺為倒嶺為緒仔嶺距州城八十里
登高山在州城南又南二十里曰奇邁山東為錫帽山

石嶺為雁石溪又東北流七里為杭溪又東北十餘里至蘆林折而北曲行二十餘里抵丁坂入漳平縣西境注於漳平上溪
霍溪在州東北七十里源自連城縣大東溪東南流經梅村北入境又東南七里許連城縣之陽溪自西來注之又東十餘里經福美渡紙溪口州同治南有大埔崙水自東南來注之又東北十餘里至大道坪有連城縣之小東溪東南流

巖曰西山
鄗惠里在州東統二社曰雁石曰山前
萬安里在州東北統五社曰鐵石洋曰蘇坂曰福村曰溪口曰黃坊
州前市武安市所內市在城內
西坊市州西二里
龍津市州南二里
平在市州東三里
雁石墟州東六十里
龍門墟州西一十里
小池墟州西三十里
大池墟州西五十里
溪口墟州北一百二十里

銅鼓山在州西南三十里北為富嶺迤東為黃坊嶺

虎嶺在州西少南二里曰烏石山曰蓮花山又距城五里曰西山六里曰水源山七里曰龍泉巖十里曰文筆山又二十里曰紫金山亦名龍靈山又西曰龍門嶺曰牛軛嶺又西十里少北為黃公山為赤巖山又十里曰雙髻山迤南為九曲嶺距城凡五十里

西岐山在州西北五里又十五里為江嶺

入境出甯洋縣逕水口村來注折東南流五里有甯洋縣東溪自東北來注之又東南經白沙汛舊村社西埔營三峯隘凡七十里入漳平縣西境為萬安溪

九車塘水在縣東南九十里南流二十里經林田堡入南靖縣西北境注於東溪

博平嶺東水在縣東南七十五里東南流二十餘里經豬仔嶺南有一小水自東來注之又東南十里許入南靖縣西北

松洋墟州北一百四十里

上坪墟州東南六十里

曹溪墟州西南五里

白土墟州西南十五里

白沙墟州東北八十里

龍巖州汛在城內

雁石汛在州東南六十里轄塘五

大池汛在州西五十里轄汛一塘四

林田汛在州東南八十里轄汛一塘六

溪口汛在州北一百二十里轄汛一塘一

州前鋪東十里至鐵石鋪十里至皡林鋪

又十里為康山嶺迤西十里為砦門嶺

北砦山在城北附郭又七里為芙蓉嶂亦名雞籠山又北為外山

壽山在州北四十里左為九侯山又北三十里為雞籠山

寥天山在州北一百四十里

帽山在州東北二十餘里迤東十里為觀音座山外為傳溪山又東為雁石嶺為天宮山

筆架山在州東北五十里

三峯嶺在州東北一百里又北為迷雲嶺

境注於西溪

十里至東山鋪十里至新爐鋪十里至蘇邦鋪十里至湖營鋪十里至黃家岐鋪十里至溪口街前鋪

東山鋪東十里至小吉鋪十里至萑村鋪三十里至漳平縣勇姑嶺鋪

州前鋪南十里至登逺鋪十里至崎嶺鋪十里至馬院鋪十里至三井鋪十里至藍田鋪十里至前林鋪十里至南靖縣林田鋪

前林鋪西十里至鼓樓鋪十里至南墩鋪

［光緒］福建沿海圖説

（清）朱正元 撰

光緒二十八年（一九〇二年）四月上海聚珍版

〔光緒〕《福建沿海圖說》提要

〔光緒〕《福建沿海圖說》（附海島表），爲朱正元所撰，存世爲清光緒二十八年（一九〇二年）四月上海聚珍版，今在廈門大學圖書館、福建師範大學圖書館、中研院傅斯年圖書館均有收藏。本次擇福建師範大學圖書館藏本進行整理。

朱正元，清時人，生平履歷不詳。數據顯示，其先後撰有《福建沿海圖說》《江蘇沿海圖說》《浙江沿海圖說》等。本書對福建沿海地區特别是對大小島嶼的漁船、漁港、漁民户數等情況都有較具體的記述，如書中記述清末廈門港有三十艘大商船、兩百艘中型商船，都是木帆船，還有一千多艘小木帆船。

福建沿海圖說

附海島表

光緒壬寅四月
上海聚珍板印

福建沿海圖說 凡例詳浙江圖說

臣朱正元恭撰

長門（北岸曰長門，南岸曰金牌門，蓋一口二名也。外即五虎口。○館頭附）

衝要 極衝

鈐轄 屬福州府連江縣福寧鎮標連羅營管轄（水路歸閩安協左右兩營輪管，每半年爲一班）

里距 上距閩安水陸路均二十餘里，距馬尾四十餘里，距南臺八十里，距崖石水路三十餘里，距梅花五十里（由外洋止三十餘里）。北距連江縣治陸路二十里，距東沖口水路一百五十里，距沙埕港口二百八十餘里。東南距海壇竹嶼門（內即平潭廳治）水路一百五十里，距廈門五百五十里。

水道 長門寬一里，深十餘拓，口內外深四五拓至五六拓不等，惟芭蕉尾東南有淺沙一道與該島相連潮退僅深一拓餘故輪船之來自滬粵者必須在南北竿塘白犬等島寄泊候潮而進五虎門川石與尉斗間爲五虎門深淺與此畧等爲民船往北之捷徑◯烏猪港水道紆折然遇颶風寄泊民船較口內尤穩

潮汐　朔望日潮漲於十點二刻十分鐘大潮高一丈八尺小潮高八九尺

沙礁　近芭蕉尾有淺沙一道橫亘船路礮臺前有龍骨頭礁亦名破笱

島嶼　近口有熨斗川石壺江南龜北龜諸島口外有白犬東犬有燈塔詳海島表南北竿塘諸島

城鎮　西面七里沿江有館頭鎮市肆極盛五虎司巡檢駐焉長門止小店數家未能成市

形勢　長門與金牌隔岸相望寬僅里許爲省會之外戶兩岸因山爲

臺足資截擊惟南面梅花江雖深不及拓然此間大潮高至一丈八九尺有事時亦防乘越北面雖可由連江口內之東岱等處登岸越館頭嶺襲長門礮臺後路然近口處潮退立涸形勢較梅花江略鬆

船隻　長門船隻寥寥無幾西面館頭鎮中號商船十三號小艇一百三十號小漁船三十餘號

礮臺　長門礮臺光緒三年建（係道光時舊基）十年爲法船所毀十一年重修置二十一生的克虜卜後膛礮一尊又十七生的六尊勇一百名電光山礮臺十六年建置二十八生的克虜卜後膛礮二尊又十二生的一尊八十磅彈阿姆司脫郎後膛礮二尊勇一百二十名七娘灣置一百二十磅彈英國老礮一尊勇十名（歸電光山礮臺兼管）射馬礮臺十一年建（係道光時舊基）十三年重修置二十一生的克虜卜後膛礮一尊又十七生的一尊三百七十磅彈法華士前膛礮一尊勇四十名划鰍山

礮臺十年建（係道光時舊基）二十年重修置二十四生的克虜卜後膛礮一尊八十磅彈阿姆司脫郎後膛礮二尊二十六年八月又添置十五生的克虜卜後膛礮二尊勇五十八名划鰍港礮臺十年建十三年重修置一百二十磅彈阿姆司脫郎前膛礮五尊二十一生的克虜卜後膛礮一尊勇六十二名金牌門暗礮臺九年建工猶未竣十年爲法船所毀十一年重修復添建明臺一所置一百五十磅彈回德准前膛礮一尊七十磅彈英國後膛舊礮二尊又四十磅彈一尊克虜卜後膛車礮三尊勇七十名獺石礮臺十年建置一百十磅彈阿姆司脫郎前膛礮一尊又八十磅彈二尊克虜卜後膛車礮三尊勇三十名金牌後面烟臺山頂近亦建築礮臺測量時尚未竣工口外壺江島礮臺同治間建熨斗島礮臺（在天后宮前〇後面有小山曰福斗）光緒十一年建地勢均孤先後裁撤

勇營　光緒十年辦防共十營一駐划鰍山項一駐划鰍山北面小山項一駐長門礮臺後面一駐雷光山礮臺後面一駐雷光山北面山麓一駐館頭後面下塘寨一駐館頭嶺一駐金牌礮臺西面山麓一駐金牌後面煙臺山又內河水師一營分紮沿江一帶馬尾一役於全局大有關係故自長門至馬尾一帶均補叙十年之事

光緒二十一年辦防共四營一駐划鰍山麓一駐雷光山後面一駐金牌西面山麓一駐桃源嶺

綠營　額設千把總一員兵十二名

異名　館頭或作琯頭划鰍或作划洲琅崎或作琅琦即嘉登里壺江或作浮江破箐或名鰵骨頭礁荻蘆俗作粗蘆川石又名芭蕉南龜北龜或名雙龜烏猪港或名划鰍港又名荻蘆港俗呼粗蘆港

雜識　道光二十一年英兵船頻窺長門福州戒嚴明年江甯立五口

通商之約福州與焉遂闢南臺一帶爲租界○光緒十年法船於和
戰未決之先由長門溯江而上礮臺不能阻於是乎有馬江之役

閩安

衝要　極衝

鈐轄　屬福州府閩縣福甯鎮標閩安水師協右營管轄

里距　西南距馬尾水陸路均二十餘里距南臺五十餘里東北距長門二十餘里東距崖石水路二十餘里距梅花三十餘里

水道　閩安水道寬一里餘兩岸深六七拓中間深十餘拓自此上至羅星塔下至長門深四五拓至六七拓不等惟洋嶼前稍淺潮退止深三拓左右而寬則倍之南面梅花江潮退深不及拓然此間大潮高至一丈七八尺雖非輪路有事時亦防乘越〇閩安以上時有漩流勢頗勁急

潮汐　朔望日潮漲於十一點鐘大潮高一丈七尺小潮高七尺

沙礁　近處並無淺沙惟圓山東面有鶴礁

島嶼　西南近岸有圓山閩安右營設汛於此舊時礮臺基也○是島在內江故不入表

城鎮　閩安城依山臨水地勢頗佳惟居民大半世隸營籍別無恒業閭閻遂日益蕭條東門外略有小市

形勢　自外海入閩江者有二道長門爲正路梅花江爲間道至閩安則兩水道復合爲一是爲閩江第二重門戶今於南北兩岸依山爲臺可以兼顧兩路形勢最爲扼要

船隻　大商船六七號小艇百餘號

礮臺　北岸暗礮臺係舊設光緒十年爲法船所毀十二年重修置八十磅彈阿姆司脫郎後膛礮一尊一百二十磅彈阿姆司脫郎前膛礮二尊十二生的克虜卜後膛礮二尊二十年復於東面添建一所置二十一生的克虜卜後膛礮一尊銅鐵土礮共十五尊南岸暗礮臺同時爲法船所毀十二年重修二十一年改暗爲明置十二生的

克虜卜後膛礮三尊八十磅彈阿姆司脫郎後膛礮一尊復於西面
添建一所置一百二十磅彈阿姆司脫郎前膛礮一尊土礮十四尊
滬嶼暗礮臺十年亦被毀十一年重修置一百二十磅彈阿姆司脫
郎前膛礮三尊二十年復於西面添建一所置七十磅彈回德准前
膛礮四尊土礮十三尊三臺共配勇一百五十名閩安城東門外土
礮臺一所置土礮八尊歸綠營兼管
田螺灣礮臺十年亦爲法船所毀地勢太低不扼要衝未議建復圓
山舊礮臺兀峙中流勢嫌太孤僅置土礮亦不配兵
勇營　光緒十年南岸礮臺一營滬嶼二營北岸礮臺二營田螺灣二
營
光緒二十一年南北岸各二營滬嶼一營
綠營　額設副將一員都司二員守備二員千總四員把總六員外委

八員兵裁存五百五十九名船九號

異名 圓山即古鎭亦名舊鎭閩安或名新鎭蓋對舊鎭言也

雜識 舊制閩安營屬海壇鎭光緒十四年海壇改設副將閩安遂改屬福寧鎭海壇副將亦同隸焉◯閩江自閩安以上兩山夾束綿亘十餘里水道畧窄南岸沿江並無樵徑北岸雖通行人亦甚崎嶇形勢最爲險峻◯田螺灣隔岸崖際裂石有若伸腿狀者世稱金剛腿亦曰仙人脚

馬尾

衝要　極衝

鈐轄　屬福州府閩縣督標水師營管轄

里距　西北距南臺水陸路均三十餘里東北距洋嶼水路十餘里距閩安水陸路均二十餘里距長門四十餘里均自船政局起計

水道　羅星塔與海關間水道寬二里半北岸甚淺南岸深五六拓至七八拓不等爲兵商輪船極穩錨地自海關以上既過羅星塔西南之淺處約深二三拓亦可至船政局前水深五六拓處停泊馬尾以上淺沙節阻小輪進出亦須候潮

潮汐　朔望日潮漲於十一點三刻五分鐘大潮高一丈七尺小潮高七八尺

沙礁　馬尾對岸一片淺沙潮退均露水面小馬礁以南亦有淺沙遠

鋪船路因之更紆馬尾以上淺沙尤多或隱或見變遷不常下游惟洋嶼前沙灘頗寬舟行須傍北岸過此均係深水近馬尾有大馬礁上有紅色木桿近羅星塔有小馬礁上有紅色燈架

島嶼　馬尾東面有羅星塔其東北面與之相連者曰青洲有村二民居頗盛東北面洋嶼前有大嶼小嶼兩嶼均有孤樹最易識別○是島在內江故不入表

城鎮　船政局之西有中岐鎮市肆頗盛羅星塔對岸營前港口有營前鎮亦一小市縣丞駐焉又離羅星塔東北十餘里南岸有洋嶼城駐水師旗兵一營再向東北有閩安司城

形勢　馬尾據閩江之上游自外海至省者水陸必道於此平時中外兵商輪船均在羅星塔前停泊南有烏龍江分支民船亦能四達小輪可至螺洲數十年來於此經營船政所費尤鉅實爲近城扼要之區

船隻　大商船六七號小艇百餘號

礮臺　上坡護廠礮臺光緒十年建是年開工十四年告成鑒於十年之失也置十二生的回德准前膛礮三尊中坡礮臺十一年建置十二生的法華司後膛礮二尊下坡礮臺十二年建置八生的克虜卜車礮五尊平時不配兵初建時上坡置二十一生的克虜卜後膛礮一尊一百二十磅彈阿姆司脫郎後膛礮二尊中坡置二十一生的克虜卜後膛礮一尊又十二生的二尊下坡置二十四生的克虜卜後膛礮一尊八十磅彈阿姆司脫郎後膛礮二尊嗣以地勢近內遂將各礮移置下游各臺見存之礮壯觀瞻而已

勇營　光緒二十一年辦防兵力單薄僅駐二營十年法防共五營一駐船政後面山上即見駐威字營處一駐後學堂後面一駐藥庫旁餘二營駐船政署前

綠營、馬尾無綠營由羅星塔汛兼管

異名　羅星山頂有塔因名羅星塔今則通稱羅星塔不復知有羅星山之名矣

雜識　馬江之役法船先月餘由長門進次羅星塔待欵（先後凡七艘三小四大餘船泊口外南北竿塘以爲援應）我軍揚武永保飛雲建勝福勝濟安振威福星琛航伏波十船爲之防我船據上游法船扼下游距甚近繼以不饜所求乘潮退流勁時不宣而攻（法船泊下游我船泊上游潮退則船首均內向法船首正對我船之尾故傷夷更甚）我軍揚武永保飛雲建勝福勝濟安振威福星琛航九船皆戰沒惟伏波帶傷駛避鼓山麓淺灘獲免（琛航事後亦經設法撈起）泊羅星塔一帶營船被毀尤衆死事者凡七百三十餘人此光緒十年七月初三日事也詰朝復合擊船廠多所毀傷初五日登羅星塔掠八生的克虜卜車礮三尊始順流而下凡所經處猶賈餘勇分日攻田螺灣（初五日）閩安（初六七兩日）長門金牌門（初八日）各礮臺毀夷殆盡◯船政局同治五年閩浙總督左宗棠奏設在馬尾山西麓規模宏廠特簡重臣以督理之近以經費支絀每事裁減即由督臣兼管不復簡專使矣◯羅星塔

鋼甲船隝又曰新船隝近亦以欵絀停工○馬尾山東麓甲申埋骨於此其旁爲昭忠祠祀死事諸人○羅星塔一島孤懸江中羅星塔東北與之相連者曰青洲居民頗盛或通名羅星塔今從俗有木橋以通行人近年沙淤潮退不通舟楫

崖石（俗作广石广讀若礙又作广然於字書無考）〇

衝要　次衝

鈐轄　屬福州府長樂縣陸路提標長福營管轄（水路屬閩安協左營）

里距　東距梅花水陸路均十餘里西距閩安南岸礮臺水路二十里北距長門水路三十餘里

水道　此間水道寬三里深三四拓亦有淺至一二拓者馬礁與礮臺間深五拓餘自此以西不甚懸殊惟此段水道中深而兩端（謂梅花及滬嶼兩處）俱淺潮退約均在一拓左右故非大船常行之路

潮汐　朔望日潮漲於十點二刻十分鐘大潮高一丈七八尺

沙礁　崖石礮臺前有馬礁潮漲則隱（上有紅黑色木桿）東面淺沙極多潮退均露水面其最大者俗名沙汶（未知取義）西面鴈汶各沙均已成洲並有漁舍

島嶼　西面澤里港口有獺嶼離岸數尺上有小松是島在內江故不入表

城鎮　西南三里有潭頭鎮係一小市

形勢　梅花一帶形勢遼闊至此則稍有收束敵或避實擊虛長門金牌布置尙爲周密惟此尙堪遏禦不能恃外有淺沙防守視爲可緩

船隻　大小商船各十餘號西面附近小港內約百號

礮臺　崖石礮臺光緒十二年建置二十一生的克虜卜後膛礮兩尊此兩礮聞將移置金牌門烟臺山新建礮臺又十七生的十二生的各一尊土礮三尊龍山礮臺同時建置英國銅鐵舊礮五尊兩臺共勇八十名

勇營　光緒二十一年辦防碼頭一營牛山麓一營內分一哨駐牛山頂

綠營　崖石無綠營歸潭頭汛兼管

梅花江

衝要　次衝

鈐轄　屬福州府長樂縣陸路提標長福營管轄水路屬閩安協左營

里距　西距崖石礮臺水陸路均十餘里距閩安水路三十餘里西北距長門由內港水路五十里由外海止三十餘里

水道　梅花與琅崎隔岸相望中有極大淺沙俗名沙汶未知取義遂分水道爲二二水道間深二三拓至三四拓不等口外則深不及拓雖此間大潮高至一丈七八尺平時不敢冒險試行

潮汐　朔望日潮漲於十點半鐘大潮高一丈七八尺最大時高至一丈八九尺

沙礁　水道間有大沙潮退則露口外一片淺沙大率止深一拓左右

島嶼　江中有白猴嶼是島在內江故不入表

城鎮　梅花城歲久已頹市肆亦漸衰落

形勢　梅花與琅崎隔海對峙爲由外海入閩江之間道中漲大沙遂分水道爲二敵如乘潮而進輪路亦不必逼近梅花惟崖石旣建臺置戍亦防由此偷登抄襲崖石後路

船隻　小商船二十餘號漁船數十號

礮臺　舊有土礮臺已廢

勇營　光緒二十一年辦防將軍山南麓一營附近各廟內一營

綠營　額設千把總一員兵四名

異名　梅花江又曰梅江西圖名南水道而以閩江口爲北水道

雜識　梅花附近一帶均係沙山平地亦沙多土少雖種山芋生意極形蕭索

連江（東岱附）

衝要　次衝

鈐轄　屬福州府連江縣福甯鎮標連羅營管轄東岱以外屬閩安水師協左營

里距　南距長門陸路二十餘里水路較紆東距東岱二十里均自縣治起計

水道　連江城南門外深一拓叉四分拓之三自此以下深四五尺至十餘尺不等亦有淺至二三尺者近口處一片淺灘潮退盡涸

潮汐　朔望日潮漲於十一點鐘大潮高一丈餘

沙礁　連江水道既淺且逐節均有淤沙近口處尤甚叉南門外西面一片淺沙水道遂改向南行〇近東岱有江心洲芳草頗茂

島嶼　口外有目嶼月嶼擔嶼

城鎮　南門內大街列肆尚盛北門內極荒涼城東二十里有東岱所城亦稱繁庶巡檢駐焉

形勢　連江在閩江之北自縣城至館頭不過十餘里議者防其在東岱等處偷登越館頭嶺而南抄長門各礮臺後路或沿連江而西由湯嶺直犯省垣建臺置戍亦具有深謀惟此江雖寬而淺近口處即小船亦須乘潮出入防務似較梅花江稍鬆

船隻　中號商船六號小商船十餘號漁船二百號

礮臺　東岱有土礮臺已圮

勇營　光緒十年辦防東岱兩營（一駐北門外山上一駐東三里許山上）二十一年東岱（東三里許山上）及隔岸松塢村各一營

綠營　額設遊擊一員千總一員把總一員外委四員兵裁存一百六十九名〇東岱由連羅營派駐把總一員兵十名

異名　連江或名鰲江近東岱又名東岱江今俗統稱連江館頭嶺或名連江嶺大抵連江人則稱館頭嶺館頭人則稱連江嶺易地則相反也

雜識　曾有小輪乘潮一至東岱然隨潮進出不能久留○東岱有洋房三所一爲教堂一爲醫院一爲教士所設女塾皆在象鼻山麓○東岱以上五六里北岸多小山居民疊石爲階級形而平其頂逐層皆種山芋遠望絕似礮臺

北茭 黃岐　定海　小埕附

衝要 又次衝

鈐轄 屬福州府羅源縣福甯鎮標連羅營管轄水路屬閩安協右營安左營黃岐定海小埕屬閩

里距 西北距可門港口水路二十五里距東冲四十餘里西南距長門九十餘里均自北茭角起計

水道 水道深十餘拓至二十餘拓不等惟近北茭角横流力猛帆船過此持舵宜慎過嶼與北茭間可泊中小輪定海外無障避風浪頗大黃岐小埕兩澳泊民船尚穩若遇颶風宜移泊小埕西面之布袋澳可障四面風力水道雖淺底係軟泥

潮汐 朔望日潮漲於十點鐘大潮高一丈七尺

沙礁 北茭角北面有牛礁觀音礁南面有二貴礁內即茭南村黃岐定海

前礁石尤多

島嶼　附近有過嶼仰月東洛西洛洋嶼諸島黃歧前有東古嶼定海前有提嶼四嶼青嶼軟簾諸島

城鎮　北茭角山頂有舊城久圮民居多在北面山麓（外即過嶼）並有小市黃岐定海小埕亦各有頹城四處市面畧同

形勢　北茭在連江口北面一山角纖長如指挺入海中頹城在其端形勢最爲孤突黃岐定海小埕亦皆濱海小市無關要害

船隻　北茭小商船十餘號大漁船十餘號小漁船數十號黃岐定海小埕船隻與北茭畧等惟無大漁船

綠營　北茭黃岐定海各由閩安營設千把總一員兵十名（小埕歸定海汛兼管）

東冲 可門附

衝要 極衝

鈐轄 屬福甯府霞浦縣福甯鎮標中營管轄水路口外屬閩安協右營口內屬福甯中營與隔岸連羅營以江心爲界

里距 南距長門水路一百五十里距海壇西面竹嶼門二百五十里西南距厦門六百八十里北距沙埕港口二百里內距三都三十餘里

水道 東冲口水道寬七八里深二十餘拓至三四十拓不等從前大輪至三都率由岐嶁島東面俗名大門而行近查西面小門水道與大門不甚懸殊探至二十餘拓尚未及底遂改由小門出入以取徑捷

潮汐 朔望日潮漲於十點一刻鐘大潮高一丈六七尺

沙礁 東冲口水道中間有河極礁潮漲即隱

島嶼　口外有西洋小西洋芙蓉尼姑馬薊魁山東洛西洛芷洛諸島口内有三都(另列爲欵)岐嶬青山斗姆雷冬諸島

城鎮　東冲並無城垣民皆依山而居亦有市肆地方尚爲繁盛

形勢　東冲口窄而内寬水道極深無論何等船隻隨處可以停泊口門東冲古路兩鼻(山角俗名山鼻)隔岸相望又得虎尾山爲犄角而岐嶬一島兀峙中流尤有當關之勢若分建礮臺足爲全江關鍵實爲海軍至大至穩之港今三都通商外人入室矣遑計戶牖姑存迂論請俟異日◯其南十餘里爲可門港經營海軍亦頗相宜惟局勢較小

船隻　東冲小艇數號附近各村商船八號漁船五六十號口内各港澳約共多至千號

礮臺　舊礮臺一所置土礮六尊由綠營兼管深藏街心不能用武南面山嘴(俗名和尚頭)礮臺基地勢尚佳久圮

勇營　光緒二十一年辦防東南面土名城門頭一營

綠營　額設千把總一員兵十名

雜識　東冲口數年前屢經疆臣派員察勘形勢以便酌建礮臺而事卒不果○英人於上年測量口內水道凡半年而始畢事○可門亦時有日本及各國兵輪進港窺察形勢間或打靶

三都

衝要　極衝

鈐轄　屬福甯府甯德縣福甯鎭標右營管轄

里距　外距東冲口水路三十五里西距甯德縣治二十里西南距飛鸞江口二十里東北距白馬門三十五里均自南面新設馬頭起計

水道　三都島南面深六七拓至十餘拓不等西面深三四拓東面深四五拓至十餘拓不等北面最淺止深一二拓三盤礁西面深六七拓處爲外國兵輪常泊之所尋常商輪即泊馬頭前

潮汐　朔望日潮漲於十點半鐘大潮高一丈餘

沙礁　近馬頭東南有白礁潮退則見東面有三盤礁德國兵輪及閩省靖海巡輪均曾誤觸幸未大損該礁潮退尚沒水下五尺見置黑色浮筒

島嶼　附近有靑山長天白匏橄欖諸島

城鎮　三都自通商以來設關建署地方浸盛始有小市

形勢　三都島在東冲口內其地東西長不過十餘里南北闊不過五六里居民半耕半漁合計之不過數百戶無一廛之市百金之家惟南通羅源西通甯德北通福安東北通霞浦諸縣之水道其東港面尤爲深廣最合聚泊海軍之用今舉而與外人共之三都不足惜共此港道足惜耳

船隻　小艇數十號

綠營　光緒二十五年設外委一員兵四十名

雜識　光緒二十三年准各國之請闢爲租界二十四年設海關並同知署均在島南面洋商之捷足者已爭設行棧所運之貨以出口茶葉爲大宗近處諸縣多產茶○西面橄欖嶼二十七年亦爲英人以六百五十元向民間租去

松山口 內即福甯府治

衝要　次衝

鈐轄　屬福甯府霞浦縣福甯鎮標中營管轄

里距　東距三沙水路三十里（自府治起計陸路約四十餘里）東北距沙埕水路一百里西南距東冲水路一百二十里均自松山起計

水道　松山左右雖成大澳潮退則涸民船均須乘潮而入泊松山東麓

潮汐　朔望日潮漲於十點三刻鐘大潮高一丈五尺

沙礁　松山左右兩澳一片淺沙松山外以漸而深然亦僅通中號民船口外有米礁黃瓜礁

島嶼　近口適中處有火焰山口外有長表短表大目小目諸島

城鎮　口內十餘里有福甯府城東西長二里半南北闊半里餘民居

凋敝惟東西直街尚成市面又東門外亦有小市

形勢　口門寬闊中峙松山遂判東西兩澳形勢亦佳惟口内外一片淺灘大船難近尚非衝要

船隻　西澳名松山澳小漁船數十號東澳止𡨚家數號

勇營　光緒二十一年辦防城内及各鄉鎮散紮楚軍兩營獅頭山營基係十年所紮

綠營　額設水陸總兵一員中營遊擊一員守備一員千總一員把總兩員外委三員兵裁存二百四十名

三沙

衝要　又次衝

鈐轄　屬福甯府霞浦縣福甯鎮標水師左營亦稱三沙營管轄

里距　西距福甯府治陸路四十餘里水路至松山口三十里東北距沙埕港口水路七十里西南距東冲口一百二十里

水道　距岸二三里約深四五拓或六七拓不等惟外無障護風浪頗大東面烽火山與陸岸間內有村曰古鎮泊中小輪及民船頗穩

潮汐　朔望日潮漲於十點一刻鐘大潮高一丈七尺

沙礁　近口有上驢下驢驢頭各礁

島嶼　近口南面有大筠竹小筠竹兩島東面有大崙小崙烽火諸島西面有大目小目諸島

城鎮　人烟稠密幾無隙地市面亦頗繁盛後面山腰有舊城久頹

形勢　三沙在福甯府口外濱海小澳地勢逼窄

船隻　大漁船五號小漁船一百餘號

礮臺　獅球山土礮臺兩所各置土礮十一尊五澳口土礮臺一所置土礮三尊東澳口無臺置土礮兩尊西澳口土礮臺一所置土礮四尊關帝廟前土礮臺一所置土礮三尊均舊設形制卑陋亦圮由綠營兼管

綠營　額設遊擊一員守備一員千總一員把總兩員外委五員兵裁存二百六十三名船三號

雜識　三沙營始於嘉慶八年由福安縣移駐於此改陸路爲水師

秦嶼

衝要　又次衝

鈐轄　屬福甯府福鼎縣福甯鎮標烽火水師營管轄

里距　東北距沙埕水路五十里西南距東冲水路一百七十里

水道　秦嶼左右兩澳潮退見底民船亦須乘潮出入近口處約深一

二拓

潮汐　潮望日潮漲於十點一刻鐘大潮高一丈七尺

沙礁　口內一片淺沙潮退盡露口外南岸有暗礁

島嶼　近口北岸有牳嶼口外有大嵛小嵛鴛鴦七星諸島

城鎮　秦嶼城歲久半頹署有市肆

形勢　兩山拱抱內開一澳略作圓形秦嶼適居其中潮漲三面臨水

後有平原相連頗擅形勝惟水道既淺地方亦僻無關要害

船隻　小漁船約一百號

礮臺　如陵境土礮臺置土礮五尊大帝宮前置土礮四尊宮仔前置土礮五尊後澳崙置土礮五尊形制卑陋亦圮

綠營　額設參將一員守備一員千總一員把總兩員外委六員兵二百六十一名船二號

雜識　康熙九年移閩安右營於烽火尖（即烽火山詳海島表）改名烽火門營二十二年再移秦嶼而名則仍之

沙埕港

衝要　極衝

鈐轄　屬福甯府福鼎縣桐山營管轄口外水路屬烽火營

里距　西北距福鼎縣治水路五十餘里又陸路數里東南渡南鎭水路五里西南距東冲口水路二百里距長門口二百八十餘里北距浙江飛雲江口一百四十里距溫州口黃華關二百二十餘里均自沙埕鎭起計

水道　沙埕港寬一里餘至四五里不等深自四五拓至十餘拓不等亦有深至二十二三拓者直至沙埕以上四十餘里之鐵門洋尙深七八拓由鐵門洋折而北有通福鼎縣水道水道盡處曰精坪距縣治止陸路數里惟水道陡淺民船亦須候潮由鐵門洋西行至八尺門水道始淺然輪船大率至蓮花嶼以上數里即止

潮汐　朔望日潮漲於十點鐘大潮高一丈七尺

沙礁　近口有鷺鷥礁口內有合礁龍目礁入內有竹排礁（上有竹椿漁戶所植然藉此可知礁之所在）七姊妹礁羊礁雞角礁口外近南關山有桶盤礁

島嶼　口外有東臺西臺七星冬瓜諸島口內有蓮花嶼金嶼長嶼青嶼雙頭串腰嶼楊家嶼上嶼下嶼鐵門諸島（蓮花嶼以下各島皆在內港故不入表）

城鎮　沙埕山頂有小城久廢沙埕鎮在西面山麓頗繁盛隔岸南鎮地方本盛近年來往商船多趨沙埕及鎮下關兩處市面逐移口內數里北岸有舊城內止居民十餘戶

形勢　沙埕港水道深廣可泊大輪數十號兩岸尚可擇地開築船隖口門兩山拱峙關隘天然若再守以堅臺利礮足爲海軍屯聚之所（此節已見浙江圖說）○南鎮山麓舊設土礮臺地勢太低止顧一路若改設山頂可以四擊較沙埕山建臺尤爲得力

船隻　港內各澳島大小船隻約共多至千號

礮臺　沙埕土礮臺一所係舊設南鎮山土礮臺兩所同治十三年建卑薄無用均廢而地勢頗佳將來重建宜移置山頂

勇營　光緒二十一年辦防沙埕駐楚軍一哨紮廟內

緑營　沙埕額設千把總一員兵十名

雜識　時有中外兵輪進港寄椗大輪泊蓮花嶼以上數里或沙埕隔岸之澳腰前中小輪船即泊沙埕鎮前光緒十年一法輪上駛至鐵門洋居民驚爲創見

松下口

衝要　又次衝

鈐轄　屬福州府長樂縣陸路提標長福營管轄（水路屬海壇協左營）

里距　北距長樂縣治陸路七十里距長門水路一百一十里東南距海壇島平潭廳治水路六十里

水道　松下城東面島嶼錯雜鼓嶼與長嶼間名鼓嶼門深約十拓爲大輪常行之路又松下城與吉兆島間水道亦深可泊中輪

潮汐　朔望日潮漲於十一點鐘大潮高二丈

沙礁　東面有老鼠礁大礁小礁當門礁靑礁吉礁算盤子礁嶼頭島東南面礁石尤多

島嶼　東南面有嶼頭吉兆鼓嶼長嶼大練小練諸大島

城鎮　松下城半頹民居尚稠密畧有小市

形勢　此間一帶海岸均係淺沙至松下口始有深水外有吉兆島以爲障護寄泊頗穩惟僻處海濱去內地寫遠尙非衝要

船隻　渡船三號漁船十七號

礮臺　東南因城爲土礮臺光緒二十一年建置土礮四尊僅防盜賊

由松下汛兼管

綠營　額設千把總一員兵六名

鎮東口

相傳在海口鎮之東故名鎮東今統稱海口

衝要　次衝

鈐轄　屬福州府福清縣陸路提標長福營管轄水路屬海壇協左營

里距　西北距縣治二十里東南距海壇島平潭廳治水路七十餘里南渡南日島一百三十里均自鎮東城起計

水道　口內有小河深僅數尺可通福清縣治近口稍深

潮汐　朔望日潮漲於十一點一刻鐘大潮高一丈八尺

沙礁　口外有倬礁九娘流牛諸礁

島嶼　近口有嶼頭吉兆鼓嶼東壁北山諸島

城鎮　北岸有鎮東城周約三四里城內東南東北兩隅有漁戶百餘家聚族而居餘則芃芃禾黍與斷垣敗瓦而已西門內有天后宮廟後小山頂有殘塔西面大橋旁有海口鎮頗繁盛〇口內二十里有

福清縣城房屋尙整齊惟城内外教堂獨多聞縣境内共約多至四百處故教案獨繁治亦稍難矣

形勢 鎭東口爲福清縣門戸水道紆淺大舟難入

船隻 渡船兩號常川往來海壇漁船五十號

綠營 額設千把總一員兵六名

雜識 曾有吃水六尺小輪乘潮至口内停泊約離大橋二里許

海壇

衝要　次衝

鈐轄　屬福州府福清縣福寧鎮標海壇水師協左右兩營管轄

里距　北距長門水路一百六十里西距興化府三江口一百五十里西南距南日島九十里距湄州島一百六十里距厦門四百三十里均自平潭廳治起計

水道　海壇東面水道深十餘拓至二十餘拓亦少暗礁惟風浪較大西水道深七八拓或二三拓不等內有淺沙數道潮退竟不及拓非老於操舟者不敢輕試〇大船進此水道（指西水道）有三路由南面入者曰萬安洋（塘嶼與萬安城間曰萬安洋）寬七八里深七八拓至十餘拓不等亦有探至二十拓尚未及底者除近塘嶼有鷺鷥礁（分南鷺鷥北鷺鷥）外別無隱險由東南入者曰草嶼門（草嶼與海壇間曰草嶼門）寬六七里深十餘拓至二十

餘拓不等舟行須畧近草嶼惟行至金蟳金盞兩礁間必視白誇島西角與倒笯島東角參成直綫方免誤犯（由萬安洋入者亦必經此兩礁）由北面入者曰鼓嶼門（長嶼與鼓嶼間曰鼓嶼門）寬二里深約十拓惟須防俥礁流牛九娘三礁鐘門（大練與海壇間曰鐘門為民船常行之路）大練門（大練與小練間曰大練門）水道雖深而多礁從未行輪

潮汐　朔望日潮漲於十一點一刻鐘大潮高二丈三尺小潮高一丈餘

沙礁　海壇西面礁石林立幾難枚舉北面之俥礁流牛礁九娘礁南面之金盞礁金蟳礁適當船路尤宜留意

島嶼　西有大練小練長嶼鼓嶼嶼頭吉兆北山東壁可門大嶼諸島南有草嶼塘嶼諸嶼東有牛山（有燈塔詳海島表）大嶼小嶼東庠小庠諸島北有東洛西洛笠嶼諸小島

城鎮　海壇素無城垣廳治亦僅一小市此外惟西面蘇澳南面觀音澳略有小店數家餘皆聚落村景亦極蕭索

形勢　海壇長約五十里至闊處約三十里西面有港曰竹嶼門口窄而內寬廳治在焉論地勢亦有關鍵惟內港水道太淺民船亦須乘潮出入濱海多飛沙半皆棄地防務可稍緩

船隻　全島大漁船七十號小漁船約五百號

礮臺　土臺四所形制卑薄僅足防盜

綠營　額設副將一員左營都司一員守備一員千總二員把總二員外委六員兵裁存三百零五名右營都司一員千總二員把總二員外委六員兵裁存二百四十五名每營船兩號

南日盜案疊出光緒二十六年議移海壇右營駐其地籌欵建署尚需時日暫留海壇

雜識　舊制海壇設總兵一員光緒十四年以澎湖一島地勢較海壇尤孤原設副將不足資鎮攝議與海壇營對調自是海壇始屬福甯鎮○是島幅員雖廣濱海一帶均有飛沙逐風擁積相傳數十年前東海濱田舍相望今則一片平沙目斷無人烟過其地者每不勝滄桑之感焉○竹山一帶沙色潔白望似積雪頗爽心目○樹木極少偶或見之高僅齊簷過此卽爲颶風摧折○全島禾田甚少居民皆資山芋雜糧以爲生食米者蓋百不得一也○民間半以捕魚爲業惟船小難涉遠洋得魚無多故生計常絀

萬安 俗名小閩安

衝要　又次衝

鈐轄　屬福州府福清縣長福營管轄 水路屬海壇協左營

里距　北距長門水路一百八十里西距興化府三江口一百里西南距南日島水路四十里東與海壇島隔岸相望至平潭廳治則須紆至五十里左右

水道　城下即係大海深七八拓至十餘拓不等北面萬安港口有小澳可泊民船

潮汐　朔望日潮漲於十一點一刻鐘大潮高二丈四尺

沙礁　萬安港內一片淺沙潮退則露萬安洋並無沙礁大輪可暢行

島嶼　附近有草嶼塘嶼諸大島

城鎮　萬安城濱臨大海歲久傾圮城內惟西南面尚有民居其餘半

屬田園亦無市肆氣象極爲蕭條

形勢　據山臨海外無沙礁大輪可直至城下停泊惟地方貧瘠山路

崎嶇尙非要害

船隻　小漁船十餘號

礮臺　城東南隅土礮臺一所塔嶼土礮臺兩所光緒二十年同時建

由綠營兼管平時將礮移置城內以防疎失

綠營　額設水師千把總一員兵五名

三江口 內即涵江通興化府治○江口附

衝要 次衝

鈐轄 屬興化府莆田縣興化協左營管轄水路屬海壇協右營

里距 北距涵頭鎭陸路五里西距府治二十五里水路較紆東距江口鎭二十里東北距省會約二百里東南距南日島水路六十餘里東距海壇島平潭廳治水路一百五十里東北距長門水路二百八十里

水道 三江口前河道有深至四拓餘者是處可泊中輪一二號惟河身過窄拋錨匪易口外近塔子山處水道極淺吃水十二三尺之船必乘大潮方能過此○東面江口一片淺沙遠鋪入海大船難近

潮汐 朔望日潮漲於十二點鐘大潮高一丈六尺

沙礁 塔子山前有淺沙一道橫亘船路

島嶼　近口有塔子山(上有塔)草嶼菜嶼東筊杯西筊杯(筊或作箁)諸島

城鎮　北面五里有涵頭鎮列肆最盛西面二十五里有興化府城周十餘里頗鞏固惟市面轉遜於涵頭其北有外城內皆亂石荆莽狐兔竄伏門久堵塞略有山田居民踰垣而耕

形勢　自海口至府治凡二十餘里一片平原民勤耕作實爲濱海沃饒之區江口外淺內深朔望大潮中輪可入

船隻　大商船六七號小商船二十餘號小艇三四十號

勇營　光緒二十一年辦防府城內外並附近各海口分紮一營又練兵一百四十名土勇三百名

綠營　興化額設副將一員左營守備一員千總一員把總二員外委三員右營都司一員(分防仙遊縣)千總一員把總二員外委三員兵除抽練及分防外尚存二百九十七名

雜識　興化濱海一帶沃野平疇饒有蘇浙風景自府治以北崇山嵯峨綿亘不絕○府屬各島海盜充斥內地民多恒業不預外事一海一陸相距匪遥而民莠懸殊若此惟俗尚强悍每因細故釀成械鬬巨案官司所不能禁此風漳泉兩府尤甚

南日

衝要　次衝

鈐轄　北牛屬福州府福淸縣南牛屬興化府莆田縣海壇水師協右營管轄

里距　西北距興化府三江口水路六十餘里西距湄洲島水路六十里東北距海壇島平潭廳治水路九十里北距長門水路二百二十里

水道　小嶼（俗名大嶼仔）與草嶼（俗名頭茅嶼）間名嶼仔門又雞嶼與南日間名后埕頭水道均尙深可行中小輪◯南日南面之南港口西面之西寨澳西南之礐壳澳大小輪船均可停泊西北之官澳泊民船最穩惟水道甚淺潮退後一片泥灘

潮汐　朔望日潮漲於十一點一刻十分鐘大潮高二丈三尺

沙礁　東北兩面礁石林立西南略少

島嶼　東有大麥小麥東沙大赤小赤大柄小柄橫沙諸島北有小日野馬東目西目大鰲小鰲東羅盤西羅盤鳥嶼花嶼鱟嶼諸島西有大嶼小嶼牛嶼黃瓜嶼淸嶼淸境嶼諸島南有烏垊有燈塔詳海島表下嶼

諸島

城鎮　南日全島並無城鎮居民散處約共三千餘戶北面有縣丞署福淸縣分防並練軍營附近止小店一二家

形勢　南日在涵江口外七十餘里爲往來福廈必經之海道地僻民頑島礁叢雜實海盜之老巢商旅之畏途宜加痛勦

船隻　大商船二十餘號大漁船三百餘號小漁船二百餘號

綠營　額設千總外委各一員練兵八十名

光緒二十六年因盜風日熾議移海壇右營駐之以厚兵力見方籌

欵謀建營署

異名　南日或作南匿

雜識　福建沿海素號多盜而南日及附近各島尤羣盜之窟穴也聞諸海客云海盜肆刦半在於風微浪靜之時（客舟重載每恃風力爲進退盜舟輕揚操縱可以自如故無風時孤舟最爲寒心）或海霧瀰漫盜舟易於潛形刦案尤多至若商船遭風閣淺卽號爲平民者亦如蟻附羶乘危爭攫貨盡則碎其舟而取板木焉（光緒二十七年三月初五日乘閩省靖遠巡輪將渡野馬島迷霧泊蓮澳前一商船悞閣梅嶼石淺村民之往刦者以百計巡輪鳴空礮恐之始稍稍散去然船貨已喪失過半矣按○蓮澳村在萬安城西十里屬福淸縣陸岸之民如此島民可知矣）上年一日本商船被刦勒限嚴緝搜捕累月始獲數盜斬於島以徇

平海

衝要　又次衝

鈐轄　屬興化府莆田縣興化協左營管轄水路屬海壇協右營

里距　西北距興化府城陸路八十里水路較紆西南距湄洲水路二十餘里若至西面遊署前須紆至四十里距崇武九十里東距南日島三十餘里東北距海壇島平潭廳治一百四十里

水道　南面距岸三四里約深三拓距岸十里約深至六七拓遇西北風時泊船亦穩

潮汐　朔望日潮漲於十一點三刻鐘大潮高二丈

沙礁　離南面山角外三里有半礁東面有塘礁丁礁綫礁

島嶼　附近南面有令箭嶼

城鎮　平海依山而城民居稀疎城外濱海一帶有小市雜陳海鮮

形勢　地僻民貧防守可緩

船隻　中號商船十餘號大漁船二十餘號小漁船四五十號

勇營　光緒二十一年辦防平海駐楚軍一哨

綠營　額設千把總一員外委一員兵五名水師額設外委一員兵四名

雜識　例設縣丞一員半年駐平海半年駐亻石（亻土音讀若倩）近年以地瘠事簡常駐亻石平海衙署遂同虛設◯城北數里居民掘地數尺得土如煤屑色微黑赤貧之家和水爲丸如卵大曝而乾之以代薪惟火力微弱每炊必倍常時

湄洲

衝要　又次衝

鈐轄　屬興化府莆田縣水師提標湄洲營管轄舊制湄洲屬海壇右營同治六年移金門右營駐之改名湄洲營始屬提標

里距　東距南日島水路六十里東北距海壇島平潭廳治一百六十里西南距崇武城五十里東北距平海二十餘里北距三江口一百二十里若北面對渡由陸路至三江口較近

水道　湄洲東西南三面水道約深六七拓至十餘拓不等惟不可行近島旁北面水道西圖所註僅深一拓餘實則中輪儘可行駛惟須土人引導◯又湄洲灣西面水道亦頗深曾有中輪至蕭厝以內十餘里處停泊

潮汐　朔望日潮漲於十二點鐘大潮高一丈九尺

沙礁　四面均多礁西北隅尤甚
島嶼　北有大嶼小嶼西有盤嶼竹嶼鏡臺黃官諸島
城鎮　全島居民多至千數百戶惟無市集西面遊署外繚以石垣畧作城堡形聊資捍衛
形勢　濱海小島地勢逼仄不足資戰守營兵可裁
船隻　漁船約百餘號大半在烏圩山一帶捕魚無商船
礮臺　遊署前有土礮臺一所久圮
綠營　額設遊擊一員守備一員千總一員把總三員外委六員兵裁存二百四十二名船二號
雜識　世傳湄洲爲天后故里故此間天后廟香火最盛廟在島北澳隔岸即莆禧城○土產豆麥山芋禾田甚少不敷民食

崇武

衝要　次衝

鈐轄　屬泉州府惠安縣陸路提標前營管轄水路屬水師提標湄洲營

里距　西北距惠安縣治陸路五十里西距泉州府治水路六十五里陸路須經洛陽稍紆西南對渡祥芝三十五里距永甯六十里距深滬澳七十里東北距湄洲六十里距南日島一百二十里距海壇島平潭廳治二百二十里

水道　南面距岸二三里即深六七拓大輪可以暢行惟西至泉州府水道沙礁羅列即民船亦須乘潮出入

潮汐　朔望日潮漲於十二點二十五分鐘大潮高一丈七尺

沙礁　澳口有白起礁西南六里有一暗礁潮退尚沒水下二拓大船深畏其險西面泉州港礁石尤多

島嶼　澳口有龜嶼西面有獺窟大墜小墜諸島

城鎮　崇武城頗爲完固民居亦稠密外來船貨多就此起卸由陸路分運惠安縣治等處故市面稍盛

形勢　崇武在泉州口北岸三面臨海地勢太孤

船隻　大漁船六七十號每年九月至來年三月均在浙洋捕魚四月以後漁事既畢分往臺灣等處經商蓋一船兩用也又小漁船數十號附近東面大岞村小漁船多至一二百號多租自他處

綠營　額設千把外額一員兵十名水師額設千把外額一員兵十名

永甯

衝要　又次衝

鈐轄　屬泉州府晉江縣陸路提標右營管轄水路屬金門營

里距　東北距祥芝陸路二十餘里水路稍紆距崇武城水路六十里北距泉州府治八十里陸路稍近南渡深滬十里

水道　澳內深四五拓近岸處約深二拓澳口深七八拓

潮汐　朔望日潮漲於十二點二十分鐘大潮高一丈餘

沙礁　澳口有半洋礁分東半洋西半洋近永甯角或名東嶼有內礁外礁澳內有大嶼小嶼名嶼實礁近深滬角礁石尤多

島嶼　東南面有南盤係大石片疊成牛鼻與永甯角微離故或不曰島而曰角諸島

城鎮　永甯城東南北三面尚完固惟西面獨頹而民居轉盛並有大街東門內最冷落附近除深滬外祥芝角亦畧有小市

形勢　濱海孤城無險可扼

船隻　商船二號漁船七號小漁船約七十號

礮臺　道光時海口築有土臺兩所久廢

綠營　額設千把或外額一員兵十一名

雜識　舊制永甯駐遊擊一員道光時署爲英人所毀遂改駐府城○同治間移洛陽巡檢駐深滬設分署於永甯使往來兼顧○漳泉之民勇於私鬬火器比戶皆備兼有新式者亦不知所自來其鬬也或登極峯以瞭遠或伏道旁以伺敵村邊要路以磚石爲臺方丈許高二三丈上爲雉堞形鬬則設伏於其上而俯擊焉土人謂礮曰銃故曰銃城亦曰銃樓何處宜邀擊何處可包抄觀其部勒亦陰合兵法官或禁不許則反戈而相犯鬬既倦乃各輿屍請有司詣驗除互抵外按屍給賉案遂結光緒二十七年五月二十七日自永甯至祥芝遇鬬者於隘疑爲間諜持鎗逐且急從者操閩語告以故乃止

深滬

衝要　又次衝

鈐轄　屬泉州府晉江縣陸路提標右營管轄水路屬金門營

里距　北渡永甯水路十里陸路較遠距泉州府治水路九十里西南距圍頭三十里西距安海八十餘里陸路均較近

水道　澳内約深三四拓惟山角有礁石排列入海故凡船隻欲入深滬停泊者須繞五嶼以外行駛以免礁險

潮汐　朔望日潮漲於十二點二十分鐘大潮高一丈餘

沙礁　澳口有南鳥礁北鳥礁婆礁赤礁及小塔等礁幾難悉數東西兩半洋礁適當澳口尤易觸犯

島嶼　澳口有金嶼或名大嶼上有小塔五嶼各島

城鎮　深滬舊設土堡已圮有店約百家市面頗盛

形勢　深滬澳（亦曰永甯澳）極寬闊自有各礁起伏隱見（內起宮尾外接五嶼）横蔽半澳船路因之頗紆地勢較永甯畧有障護

船隻　大商船二十餘號（福州厦門兩處未通商以前本處大商船多至百餘號近年生意均爲輪船所奪）又大漁船一百號小漁船五六十號小艇數十號

綠營　額設千把或外額一員兵四名

雜識　深滬以濱海一隅之地居民多至數千戶（或云萬戶）合計民財多至千萬（或云數千萬）洵海濱之樂土近年來疫死者約十四五戶口頗覺凋零富厚亦漸不如前○同治間以地方日臻繁盛移洛陽巡檢駐之

○自東石（在圍頭西北）至深滬遵海而行凡六七十里居民非耕即漁頗梗頑好事至此則風俗爲之一變絃誦之聲時與漁歌相酬答幾人嚮學化及一鄉故立國自興學始

圍頭

衝要　又次衝

鈐轄　屬泉州府晉江縣陸路提標城守營管轄（水路屬金門營）

里距　東北距崇武水路一百里距永甯水路四十里（陸路稍迂）距深滬三十里（陸路稍近）北距泉州府治水路一百二十里（陸路較近）西渡金門島水路二十里若繞至島西面之後浦鎮（文武各署在焉）水路六十餘里距廈門水路一百一十里西北距東石水陸路均約五十里距安海約六十里（由東石至安海潮漲亦止通小艇）均自圍頭角起計

水道　東南面水道深十餘拓至二十餘拓即近岸處亦尚深六七拓西北水道較淺沙礁尤多未易行駛

潮汐　朔望日潮漲於十二點十五分鐘大潮高一丈六尺

沙礁　附近礁石甚多

島嶼　西面有金門島詳另欵　附近無大島

城鎮　圍頭有小堡已圮附近民居尚盛畧有小市東石石堡在小山上形制尚壯固汛官孤處其中　民居均在山下市面與圍頭畧同惟安海較盛

形勢　地勢孤遠非要害之區◯西北由安海登陸至泉州府治凡六十里均係坦途由劉五店陸行至泉州亦必經安海　為往來泉州之捷徑地較繁衝

船隻　大漁船八號小漁船八九十號東石商船十餘號小船二十餘號安海水道較淺船隻寥寥

綠營　額設外委一員兵四名水師額設外額一員兵四名

雜識　民俗梗頑動滋事端

金門

衝要 次衝

鈐轄 屬泉州府同安縣水師提標金門營管轄

里距 東北經祥芝角至泉州府治水路一百九十里若由安海登陸路較近北距同安縣治水路七十里西距厦門水路五十里距漳州府治一百三十里均自西面後浦鎮起計

水道 南面料羅澳亦名陳坑澳深四五拓亦無暗礁水道頗穩惟外接重洋風浪較猛東北兩面深淺不一且多礁石西面與烈嶼間水道深五六拓至十餘拓不等爲輪帆常行之路登岸處曰同安碼頭由此至後浦鎮陸路不過二三里此處風浪亦大船難久泊近岸二里許有泥灘遠鋪潮退小舟亦不能近

潮汐 朔望日潮漲於十二點鐘大潮高一丈七尺

沙礁 金龜尾有沙向南遠鋪入海長約十里至闊處約五里名海𡉚

綫（光緒二十六年十二月初二日日本商輪在此失事）東西兩面礁石隱伏舟行宜慎北面尤多惟南面畧少

島嶼　西有烈嶼北有大嶝小嶝角嶼諸島東有北椗島（有燈塔詳海島表）南有東椗島（有燈塔詳海島表）

城鎮　舊有金門城久頹西面後浦爲往來同安厦門船隻停泊之所遂成小市各署在焉此外無市集

形勢　厦門爲漳郡之門戶而金門又厦門之屏藩舊制設水提於厦門而別置總兵於金門所以資輔依厚厦防也今按金門地勢最平衍東北兩面倘畧有沙礁阻蔽（北岸劉澳近亦行小輪）西南兩面隨處可以登涉環島百餘里無險可設惟海闊浪大船難久泊倘非必爭之地

船隻　金門船隻最少合全島計之止小商船五號小漁船約不滿百號

礮臺　天后宮礮臺咸豐間建同安碼頭金龜尾料羅澳三礮臺道光間建年久失修均圮

綠營　額設副將一員都司一員千總一員把總三員外委六員兵除抽練一百八十名外尚存一百七十三名船兩號

異名　海厓綫或名海翁汕

雜識　金門原設總兵一員轄左右兩營同治六年改總兵爲副將移右營於湄洲改名湄洲營屬提標所餘左營爲金門專營◯又設縣丞一員（同安縣分防）乾隆二十一年（或云三十年）移縣丞於灌口（在廈門西）以安海（在金門北）通判駐焉四十年復仍舊制移通判於馬港（在金門北）故至今署制頗爲閎敞◯金門舊城在島西南面周六百餘丈康熙間以人煙稀少城亦就圮文武衙署移駐後浦今僅存頹址約餘居民二百餘戶稱金門鄉焉◯民俗均尚馴良惟古甯頭一鄉恃其族大（約二千餘戶）動

輙逞强歲納賦稅必減於他村乃順命每兩少收一二百文不等官吏知其不可以理喻而勢迫也姑寛之遂沿以爲例獲罪者可資代雖攖極刑無怨言貧僱代罪之風閩省多有之○烈嶼舊設鹽場雍正七年幷歸金門場兼管按金門場名浯州場以金門舊名浯州也

厦門

衝要　極衝

鈐轄　屬泉州府同安縣水師提標中左後三營管轄

里距　東北距長門口水路五百五十里距海壇島平潭廳治四百二十里距崇武二百一十里東距金門島後浦鎮五十里北距同安縣治六十餘里西距石馬鎮五十里距漳州府治八十餘里西南距銅山營二百一十里距南澳島三百里

水道　青嶼與小擔間水道深十拓至十餘拓爲大輪出入必由之路惟須行近青嶼以避小擔附近各礁厦門與古浪嶼間水道寬一里半中間深十拓至十餘拓不等兩旁深約三四拓大小船隻均便停泊兵輪之尤大者即泊於古浪嶼西北厦門四面水道如得土人引導大約至淺處亦尚深三四拓

潮汐　朔望日潮漲於十二點鐘大潮高一丈八尺

沙礁　厦門港厦門與古浪閒曰厦門港礁石極多均經海關或植標竿或建小塔易於駛避進港處有礁曰內門限外門限亦置有浮筩惟環厦一周近岸處礁石幾難悉數東北兩面各礁西圖所紀僅十之一二叉烈嶼北岸礁石尤多西圖亦未及詳舟行宜慎

島嶼　西有古浪嶼海門火燒嶼猴嶼各島南有浯嶼浯垵青嶼有燈塔詳海島表大擔有燈塔詳海島表小擔各島東有烈嶼檳榔嶼各島北有白嶼大離浦小離浦各島

城鎮　厦門自通商以來沿岸一帶華洋雜處市面極盛惟民居殊湫隘城尤逼仄

形勢　厦門當漳郡之首衝縣治在厦門北安海在厦門東北則亦泉郡之衝要也地形如平圓西有古浪嶼爲屛障遂成泊船穩港今於胡里山白石頭等處與隔

岸嶼仔尾龍角尾分建礮臺亦足扼外海之來路惟四面水道頗深小輪可以環行則不特黃厝一帶可抄礮臺後路亦防由五通舍舟登陸三十里坦途長驅西向形勢最爲吃緊○若繞道北面經高崎而南已據厦門上游海險亦失

船隻　大商船三十餘號中商船二百餘號小艇一千一百餘號大漁船三百餘號小漁船二百五六十號

礮臺　武口礮臺同治十三年建在練軍右營內（原係中軍）置十二生的克虜卜後膛礮一尊又英國老礮四尊歸練軍右營兼管盤石礮臺在練軍後營內光緒十二年建二十七年改爲新式置二十一生的克虜卜後膛礮二尊兵四十名烏空園礮臺在練軍前營東面同治十三年建置十七生的克虜卜後膛礮一尊又十二生的一尊英國老礮三尊由練軍前營兼管胡里山礮臺光緒二十年建置二十八生

的克虜卜後膛礮二尊又十二生的二尊勇一百二十名此爲厦門各臺之最
白石頭礮臺光緒二年建十二年改修置十七生的克虜卜後膛礮
一尊勇十七名又英國老礮二尊由練軍前營派兵二十四名管理
以上各臺在厦門東隔岸嶼仔尾礮臺光緒二年建置英國老礮三尊三百五
十磅彈瓦瓦斯前膛礮一尊又土礮三尊歸練軍右營兼管十二年
又於北面添建一所置十七生的克虜卜後膛礮一尊勇二十名龍
角尾礮臺同治十三年建分上下兩臺下臺於光緒二十一年重修
置英國老礮三尊歸練軍右營兼管上臺已廢

勇營　光緒二十一年辦防原設練軍五營調往臺灣嗣將中營調回
見改名右營添派楚軍六營四營塡紮練兵舊營基內餘兩營分駐黃厝
何厝五通高崎一帶

綠營　額設水師提督一員中營叅將一員千總二員把總二員外委

四員兵裁存一百三十一名船三號左營（遊擊駐石碼）守備一員千總一員把總三員外委四員兵裁存一百三十名船三號後營（遊擊駐劉五店）守備一員千總一員把總三員外委四員兵裁存一百三十名船三號

前營遊擊一員守備一員千總一員把總三員外委四員兵裁存一百三十名船三號（前營於同治六年奉文分防因仍留駐廈門故誌於此右營於光緒二十六年裁撤）

異名　胡里山或作湖裡山

雜識　道光二十年夏五月英人自廣東來犯閩浙總督鄧廷楨擊敗之明年秋七月來修怨陷之遍掠城鄉村民陳姓以衆五百大破之遂去而之浙（仍留數艘於古浪嶼）八月又來自浙互有傷失旋退去二十二年江甯立約遂與福州甯波上海廣州四口同時通商闢沿岸一帶爲租界初英人犯廈門覦古浪嶼之孤懸無備輒先據以爲固至是乃經營是島遂爲各國遊息之所光緒二十七年乘我多事請租有其

地如上海之例自是始公然爲洋界◯光緒二十六年秋七月居民向日本僧廟（地名山頂山）索租起釁日兵輪即運兵登岸置礮虎頭山廈民大恐賴各國領事調停得平◯街衢極窄復穢濁不治（沿岸尚寬潔）虎頭山一帶叢塚夾道薄棺淺土觸目慘然說者謂廈地連歲多疫皆穢氣所感召◯廈門南面南太武山巃嵸崔巍佳氣鬱葱聞中有煤礦◯近年內河淮行小輪廈門附近之金門（在廈門東）安海（在廈門東北）泉州（在廈門東北）劉五店（原名鎦江在廈門東北）澳頭（在廈門東北）同安縣（在廈門北停輪處曰石潯離縣治約十里小艇可入）石碼（在廈門西即漳州河）白水營（係漳州南面支河亦曰南江）等處均經商人爭先試辦行旅便之◯居民多往外洋謀生或因以致富附近一帶村落頗多華屋大率歸自南洋新加坡各埠然聞棄邱墓若敝屣恐桑梓之浼我者尙不知凡幾也

陸鼇 將軍澳　鎮海附

衝要　又次衝

鈐轄　屬漳州府漳浦縣漳州鎮標左營管轄鎮海屬海澄縣漳州鎮標右營○水路陸鼇屬南澳鎮標銅山營鎮海屬提標前營將軍澳歸提標前營及銅山營分轄以將軍礁爲界

里距　北距漳浦縣治陸路八十餘里水路由西面舊鎮港上駛止五十餘里東北距將軍澳水陸路均三十里距鎮海九十里距廈門水路一百五十里西南距銅山營六十餘里

水道　西面舊鎮港潮退止通小艇將軍澳水淺多礁惟鎮海水道較爲深穩時有輪船入澳寄泊

潮汐　朔望日潮漲於十一點半鐘大潮高一丈二尺

沙礁　東面多礁西面多沙惟南面水道頗穩將軍澳沙礁亦多而以居中之將軍礁爲最著鎮海澳沙礁尚少

島嶼　附近無大島

城鎭　城內有山大與城等東北兩門內有居民二三十戶餘皆荒山北門外校場頭居民約三百餘戶　畧有小店口內四十里有舊鎭地稍繁盛鎭海亦有額城（在小山上）將軍澳無城鎭民居亦寥落

形勢　三面縣海北與陸岸相連地形如頸最爲受敵將軍澳地僻多礁惟鎭海水道較深東有山角（俗名鎭海旂）爲屛蔽形勢稍佳

船隻　陸鼇小商船三四號漁船十餘號將軍澳小商船二三號漁船十餘號鎭海漁船十餘號

綠營　將軍澳額設把總一員兵八名兼管陸鼇鎭海設外額一員兵四名水師陸鼇設千把總一員兵二十名鎭海設兵一名與陸鼇汛以將軍礁爲界

銅山 古雷頭附

衝要 次衝

鈐轄 屬漳州府詔安縣閩粵南澳水師鎮標銅山營管轄

里距 東北距厦門水路二百一十里西南距南澳島之深澳口一百里東渡古雷頭十里

水道 銅山東南兩面均深六七拓至十餘拓不等西北兩面深止一拓左右又北面與陸岸間名八尺門水道淺窄僅通小船

潮汐 朔望日潮漲於十一點半鐘大潮高一丈

沙礁 西面多沙東北面沙礁錯雜

島嶼 東北面有大嵩小嵩五嶼對面嶼塔嶼諸島東南面有龍嶼虎嶼獅嶼象嶼大柑小柑諸島西面有畬洲布袋澳諸島

城鎮 銅山城在島東北隅廛肆尙盛此外惟中間西埔鎮有小店六

七十家古雷頭亦有舊城久頹

形勢　銅山北與陸岸僅隔一江（曰八尺門）東有古雷頭隔海對峙中間又得塔嶼相連嶼各島相聯絡不特爲雲霄門戸亦閩省南路形勝之區

船隻　商船三十餘號大漁船一百五十號小漁船二百號古雷頭中號商船二三號小漁船十餘號

綠營　額設叅將一員守備一員千總二員把總二員外委六員兵裁存三百零八名船兩號古雷頭由銅山營分防把總一員兵二十名（駐廟前村）

宮口

衝要　次衝

鈐轄　屬漳州府詔安縣漳州鎮標詔安營管轄

里距　北距詔安縣治水陸共四十里東北距銅山水路八十里西南渡柘林鎮屬粵水陸路均三十里

水道　西面名前港又名詔安港係往詔安縣必由之路港口水深三四拓入內三四里潮退即涸東面名後港又名營前港港口有島曰畬洲其西即名畬洲門深約五六拓大船可由此直抵距詔安縣二十餘里之處停泊

潮汐　朔望日潮漲於十一點一刻十分鐘大潮高一丈左右

沙礁　近口有數礁南微偏西約十七里有流牛礁南微偏東約二十四里有七星礁

島嶼　前港內有獅頭嶼蛤洲淞洲諸島近口有內嶼外嶼東面有布袋澳畬洲兩島

城鎮　是處並無城鎮居民沿江而居凡六十餘戶有小店數家前有釐卡一所以是處爲出入詔安之捷徑也

形勢　由外海入詔安者凡東西二道東港即後港水道雖深而迂西港亦名前港大小船隻雖須隨潮出入而路較捷焉故論形勢者以前港爲詔安一邑之咽喉

船隻　大商船十一號小漁船十餘號

綠營　額設把總一員兵八名名懸鐘汛

南澳 此島為閩粵之界

衝要 次衝

鈐轄 屬廣東潮州府粵閩南澳直隸廳閩粵南澳水師鎮標左右兩營管轄同知稱粵閩總兵稱閩粵以同知專屬粵省總兵則受兩省節制也○右營屬粵左營屬閩

里距 東北距銅山城水路一百里距廈門三百里距海壇島平潭廳治六百七十里距長門八百里西距廣東潮州府屬之汕頭埠約一百里均自深澳口起計

水道 南澳與陸岸間水道深三四拓至七八拓不等西面深六七拓處可泊大輪深澳前距岸十餘里即深四拓泊中輪頗穩惟遇東西兩面之風浪稍大雲澳深四五拓遇北風亦可停泊

潮汐 朔望日潮漲於十一點一刻鐘大潮高七尺

沙礁 東南面礁石最多東北面有流牛七星兩礁

島嶼　東面靑澳口有獅子嶼北官嶼諸島南面雲澳口外有官嶼（亦名南官嶼）烏嶼平嶼白猴嶼赤嶼諸島東南面有南澎（有燈塔詳海島表）中澎北澎諸島北面有臘嶼（有礮臺○自此以下諸島已屬粵）虎嶼及海山汫洲西嶼諸大島西有鳳嶼藍蒲諸島

城鎮　南澳城（在深澳內）有東西北三門房屋尙稠密北門內外有店百餘家南依高山故無南門地亦稍冷僻西面隆澳民居尤盛

形勢　全島凡四澳靑澳雲澳屬閩隆澳屬粵深澳分屬閩粵（水路則深澳全屬粵省）論地勢惟隆澳兩面臨水無險可設其餘各澳均有收束而尤以深澳爲最舊時依山而城（南澳城康熙三十四年建）復於東西兩岸及臘嶼分建礮臺布置亦尙周密二百年來屹爲東南重鎮然施之今日勢終嫌孤

船隻　深澳漁船七八十號隆澳漁船八百餘號雲澳漁船數十號又

商船三四十號惟靑澳無船（或謂全島止小商船十餘號漁船數十號者悞）

礮臺　深澳渡口土礮臺二所西面置土礮三尊（左營所轄）東面置土礮五尊（右營所轄）草寮尾（在渡口畧西）土礮臺一所置土礮五尊雲澳土礮臺一所置土礮一尊又泰字（或作太子）樓土礮臺一所置土礮九尊靑澳土礮臺一所置土礮四尊（左營所轄）長山尾土礮臺二所一置土礮八尊一置土礮六尊（右營所轄）西礮臺（在草寮尾西）一所置土礮十一尊（左營所轄）臘嶼土礮臺二所上臺置土礮八尊下臺置土礮五尊（右營所轄）以上各臺歲久多圮惟臘嶼於同治十三年西礮臺於光緒九年先後重修稍完固均歸綠營兼管灰窰頭（在渡口東）土礮臺一所同治十三年建亦圮

綠營　額設總兵一員左營遊擊一員守備一員千總二員把總二員外委六員兵裁存二百九十四名右營遊擊一員守備一員千總二員把總四員外委九員兵裁存五百一十名

雜識　道光二十年夏五月英船將犯厦門寄椗南澳島西北面我軍僞爲商船乘夜來襲突以火罐（以瓦罐盛火藥擲敵船今緝捕海賊仍有用之者）噴筒攻其舵尾燬帆船二殲英兵數十○道光間英人築室於西面之長山尾通馬路於隆澳嗣以汕頭（屬廣東在長山尾西五十餘里）地勢較勝遂徙去（此事島長老鑿鑿言之惟吏無留牘地鮮通人時代頗不可稽約計之爲道光間云）○隆澳有教堂三所光緒二十六年八月因民教齟齬法兵輪在洋面以炸礮擊雲澳死傷各三○光緒二十一年辦理日防由總兵稟請閩粵兩省疆吏派勇防戍不報

○南澳營名爲水師見已有兵無船

海島表

例言詳浙江表

長門附近海島表

自長門礮臺起計

島名	偏度	直距	長	闊	居民
熨斗山	東偏北	三里	十三里	六里	一千數百戶
	天后宮前礮臺光緒十年建地勢太孤二十三年裁撤〇熨斗與西面陸岸間爲猪港島間有村曰荻蘆故亦曰				
川石山	東	十二里	五里半	二里半	二百餘戶
	川石有大東大北海電線局中國亦設一局於此由旱線經熨斗渡烏猪港達南臺〇是島多洋房夏月西人來此逭暑平時止留一二人看守〇島民多居西面其散處於各嶴者止寥寥一二戶或爲西人司閽〇西面有教堂一				
五虎山	五虎山在熨斗川石之間五峯並峙小而勢雄其水道即				
虎四山	虎四山在熨斗川石之間居民三四戶船二三號				
南龜	南龜在長門礮臺東偏南一里又四分里之三				
北龜	北龜在長門礮臺東一里又四分里之一				
壺江山	東偏南	八里	二里	一里半	五百戶
	壺江山形勢低平同治間北岸築有礮臺地勢孤遠光緒初年裁撤今臺址猶存〇居民製船爲業自駕者止寥寥數十艘餘均賃於人而取息焉隔岸荻蘆人多賃之者〇是島大半平原民居皆在南面與琅崎島隔岸相望儼同				
過嶼	過嶼山亦低平南與壺江山僅隔一江其西面有長洲相連曰烏猪項芳草頗茂累有山芋				
白猴嶼	白猴嶼在壺江山南十一里半其間即梅花江西圖所謂南水道也				
東犬	東偏南	七十七里	六里半	二里	七八十戶
	東犬山燈塔係透鏡白光常明放焰燈光點距水面二十一丈八尺晴時能照六十九里並有霧礮				
西犬	東偏南	六十八里	四里又三分里之一	二里又四分里之三	七八十戶
林頭山	東偏南	七十八里	一里半	半里	
南竿塘	東微偏北	五十八里	十一里	四里半	六七百戶冬月較多
	南竿塘爲閩江口最穩錨地兵商輪船之由津滬來者多在此候潮東風泊媽祖澳西南兩面之風泊清水澳若轉北風可移泊北竿塘長岐澳民船則鐵板等澳皆可泊而以牛角澳爲最穩可障東西南三面風力也居民南面鐵				

船隻	錨地	土產	異名	譯名
平時數十號漁時二百餘號	島猪港泊民船最穩或東面五虎門	山芋稻	荻蘆	划介
荻蘆港又曰划鰍港土人呼荻蘆曰粗蘆故或名粗蘆港舊譯西圖即從土音○島間有電線桿川石華局借道以達南臺				
七八十號	西面可泊民船	山芋	芭蕉	尖峯島
所○南面一山嘴甚長俗名芭蕉尾輪船進出均經其下				
名五虎門				五指島
			虎嶼	條紋島
			總名雙龜	無
				無
一二百號		稻	浮江山	浮江
內港○北岸臨江多老樹風景頗佳亦島間所僅見者				
			青嶼	西兄弟
				圓島
七八號漁時十餘號		山芋	東沙	東沙
			東犬西犬總名白犬	總名白犬
七八號漁時十餘號	西面可泊大輪	山芋	西沙	西犬
				林頭
約百號冬月較多	西面媽祖澳北面清水澳	山芋署有稻	一名鐵板山又名媽祖澳山	媽祖島
	板北面福澳牛角三澳爲盛並有小店遍山土多石少種植則止在低凹之處餘均任其蕪廢因山高風勁易遭摧殘也○媽祖澳因有媽祖廟得名閩俗稱天后曰媽祖			

長門附近海島表

自長門礮臺起計〇黃岐定海連江等口島嶼無幾附見於此

島名	偏度	直距	長	闊	居民
北竿塘	東偏北	六十九里	十一里	三里	約五百戶冬月較多
	北竿塘署如初月形缺處向南故避北風最宜泊船處曰長岐澳漁舍亦多聚於此惟大率冬聚春散故平時轉較				
黃官嶼	黃官嶼在南竿塘東一里				
進嶼	進嶼在南竿塘北五里半其間水道即名進嶼門				
大姑嶼	東偏北	七十七里	二里半	一里	二十餘戶
孫嶼	東偏北	八十里	一里又三分里之一	半里	
獅嶼	東偏北	七十九里	一里又五分里之一	五分里之一	
	以上三島皆在北竿塘北面獅嶼離北竿塘五分里之四大姑離四分里之三孫嶼在大姑東北微離				
下目	東偏北	七十六里	四里	二里	五十餘戶
洋嶼	東偏北	八十四里半	一里半	五分里之四	一戶
東古	東古在下目西偏北十五里係小島及碎石一叢				
提嶼	東偏北	五十一里	一里	半里	
軟簾嶼	東偏北	五十一里	一里	半里	
青嶼	東偏北	四十九里	一里半	半里	
龜嶼	龜嶼在青嶼西北二里半				
牛嶼	牛嶼在青嶼北偏西一里半				
四嶼	四嶼在青嶼南五里半四小島聚於一處因名四嶼里距係指南面稍大者而言				
目嶼	東北	三十一里	一里又三分里之一	半里	
月嶼	東北	三十九里	一里	半里	
擔嶼	擔嶼凡二島在目嶼西北均三里				

福建海島表

長門附近各島

譯名	異名	土產	錨地	船隻
長岐	長岐山	山芋署有稻	南面長岐澳	數十號冬月較多
				他澳落寞
胡安				
進嶼				
清澳		山芋		數號
交止				
崖頭				
戈登島		山芋		一號
的卜羅島				
紅酒石				
無				
蟹島				
無				
無				
無				
無				
方石				
目嶼	又名日嶼			
無				
無				

二

東冲口附近海島表

自東冲角起計〇可門北茭島嶼無幾附見於此

島名	偏度	直距	長	闊	居民
西洋山	東偏南	三十五里	九里	三里半	三百餘戶
	西洋山有銀礦上年經袁姓集千金試開嗣以得不償失乃罷〇民居半在南澳有小店多家各物粗備閩安右營				
小西洋	東微偏北	二十八里	四里	半里	三四戶
馬鞍嶼	馬鞍嶼在西洋山西北二里又三分里之一				
草嶼	草嶼在西洋山東北二里				
橫山	橫山在西洋山東北半里				
東嶼	東嶼在西洋山西六里半				
小東嶼	小東嶼在西洋山西微偏南五里半				
四嶼	四嶼在西洋山西九里四小嶼聚於一處故名四嶼里距				
烏嶼	東偏北	二十五里	一里半	半里	
芙蓉山	東偏北	五十一里	十里半	四里	一百餘戶
尼姑嶼	東微偏北	五十三里	三里	一里	
馬莉山	東	五十三里	二里半	一里半	三四戶
魁山	東偏南	五十三里	二里	一里	三四戶
草嶼	東偏北	五十里	二里	五分里之四	
東洛	南偏東	二十六里	三里半	五分里之四	數十戶
西洛	南偏東	二十三里	二里	半里	
芷洛	南偏東	二十四里	一里	五分里之二	十餘戶
過嶼	南偏東	三十六里	一里半	五分里之二	一戶
仰月嶼	仰月嶼在過嶼西微離				
一籃	一籃在過嶼西六里				
二籃	二籃在過嶼西七里				
三籃	三籃在二籃南微離				
洋籃	洋籃在過嶼西微偏南十一里				

譯名	異名	土產	錨地	船隻
蜘蛛島		山芋稻	南北二澳可泊小輪	商船五六號小漁船十餘號
				駐千把總一員兵十名
頸島	黃官山			一號
無				
無				
無				
無				
無				
小蜘蛛			係指偏西者而言	
內島				
雙峯島	浮瀛	山芋畧有稻	東西兩面均可暫泊	七八號
無		山芋		
無	馬砌	山芋		一二號
尖島		山芋		
平島				
總名破島		山芋		十餘號
		山芋		三四號
		山芋	南面	

東冲口附近海島表

自東冲角起計

島名	偏度	直距	長	闊	居民
東湧	東偏南	一百二十二里	五里	三里又三分里之一	一百餘戶春月較多
	東湧凡兩島東西並列里距長濶等均指東島而言向西者係荒島東島人牧羊於此剪耳為識				
橫山	東偏南	八十里	二里半	五分里之三	二三戶
	冬春兩季多在此張網山小無澳避風每日漁舟趁潮汐羣聚得魚即去不能留也居民二三戶拾介類為生				

船隻	錨地	土產	異名	譯名
七八十號春月較多	東北風可泊大輪		東永	東引
				闌島

三都附近海島表

自三都本島起計○本島詳上圖說○三都雖在內海而岸闊水深商漁混雜故仍取近口各島附列於表

島名	偏度	直距	長	闊	居民
青山	東南	七里半	十里	四里	約千戶
	青山北面山勢峻峭民居多在南面				
斗姆島	東南	十四里	二里	一里	二十三戶
	本島小船止寥寥數號而西北面排列者常數十號蓋他處漁船愛其地僻藏風來此寄泊也				
圓嶼	圓嶼在斗姆嶼東三分里之二				
羅嶼	羅嶼在青山北三分里之二				
覆鼎	覆鼎在三都東二里係碎石形其左右即名覆鼎洋				
擔嶼	擔嶼在青嶼西三里				
麒麟嶼	麒麟嶼在青嶼西四里				
三寶嶼	三寶嶼在青嶼西偏南二里半				
岐⿰山虎山	東南	二十里	二里半	一里半	二十三戶
擔嶼	擔嶼在岐⿰山虎山東四里				
尼姑嶼	尼姑嶼在岐⿰山虎山東二里半				
三嶼	三嶼在岐⿰山虎山東北十一里分言之曰頭二三嶼向東者曰頭嶼居中者曰二嶼向西者曰三嶼里距指三嶼而言				
擔嶼	擔嶼在岐⿰山虎山東北十三里				
雷冬嶼	東	二十七里	二里又三分里之二	半里	約三十戶
小雷冬	小雷冬在大雷冬南偏東一里半				
鷄母嶼	鷄母嶼在雷冬南微離				
筬簹嶼	筬簹嶼在雷東西南三里又五分里之四				
蓬嶼	蓬嶼在雷冬西二里				
大嶼	東微偏南	三十一里	一里半	一里	二十三戶
金吉嶼	金吉嶼在大嶼東微離				
龜嶼	龜嶼在大嶼南微離				
猴嶼	猴嶼在大嶼南偏東一里又四分里之一				
棺材嶼	棺材嶼在大嶼東南一里又三分里之二				
白嶼	東微偏南	三十四里	二里	一里又五分里之一	二十三戶

船隻	錨地	土產	異名	譯名
十餘號	西面可泊大輪	山芋稻		破石島
數號	西北面泊民船最穩	山芋		無
				無
				無
			俗名樸鼎	無
				無
				無
				無
二三號		山芋稻	俗作角鹿嶼	圓錐島
				無
				無
				無
				無
七八號				無
				無
			鷄俗作圭	無
				無
				無
二三號				無
				無
				無
				無
				無
七八號		山芋稻		無

三都附近海島表 自三都本島起計

島名	偏度	直距	長	闊	居民
壇嶼	壇嶼在白嶼西北一里				
油菜嶼	油菜嶼在白嶼西北二里半				
百立嶼	百立嶼在白嶼北三里				
東坎	東微偏北	二十六里	九里	四里	約千戶
羊心嶼	東微偏北	三十三里	一里	三分里之一	
油菜嶼	油菜嶼在東坎西南二里又三分里之一				
龜嶼	龜嶼在東坎西南一里				
元寶嶼	元寶嶼在東坎西南八里中窪而兩邊較高頗得形似.				
月爿山	月爿山在東坎西南十里				
長天山	東偏北	七里	五里	二里	四五十戶
	長天山東南面甚低均已開墾西北山勢高峻遍植小松兼有麋鹿				
金嶼	金嶼在長天山東半里				
羊嶼	羊嶼在長天山北岸邊				
鐵嶼	鐵嶼在長天山北偏東三里又五分里之四				
牛寶嶼	牛寶嶼在長天山北偏東四里				
小石嶼	小石嶼在長天山北偏東四里又三分里之一				
白匏山	東偏北	三里	三里	一里又三分里之一	四五十戶
灶嶼	灶嶼在三都北一里				
麒麟嶼	麒麟嶼在三都西半里				
橄欖嶼	橄欖嶼在三都西偏南二里又三分里之一居民一戶船一號亦種山芋三都通商此島近在咫尺光緒二十七年				

船隻	錨地	土產	異名	譯名
				無
				無
				無
數十號		山芋稻	俗名安東	無
				無
				無
				無
				無
				無
十餘號		山芋稻		無
				無
				無
				無
				無
				無
二三號		山芋		糖塔山
				無
				無
經英人以六百五十元向民間租去				無

松山口附近海島表

自松山起計松山口內即福甯府治〇三沙口島嶼無幾附見於此

島名	偏度	直距	長	闊	居民
筆架山	南偏東	三十三里	三里半	一里半	
正嶼	正嶼在筆架山南偏東四里半				
筊杯嶼	南偏東	三十五里	一里半	半里	
	筊杯兩小島東西並列里距長濶係指西面稍大者而言				
半邊山	東南	二十三里	一里	三分之一里	
	係破裂形西面有一小島與之微連者土名馬較嶼				
圓嶼	圓嶼在半邊山南偏西三里半				
長表	東南	十九里	四里	一里	二三戶
短表	東南	十三里	三里	一里	
牛鼻	東南	八里半	三里又三分之一里	四分之三里	
佛堂山	佛堂山在短表西偏北微離				
火焰山	東偏南	五里半	一里又五分之三里	三分之一里	
	山分數段中間微斷亦種山芋				
大目	東偏北	十二里	一里又三分之二里	半里	二三戶
小目	東偏北	十七里	一里又三分之一里	三分之一里	
大簥竹	東微偏北	二十七里	四里	二里	二三十戶
	山形低平居民皆在北面與三沙隔岸相望				
小簥竹	東微偏北	二十五里	一里半	半里	
青嶼	青嶼在大簥竹北三里				

譯名	異名	土產	錨地	船隻
水烏島				
無				
無				
無				
無				
飛倫島				
無				
無				
無				
無		山芋		
無		山芋		一號
無				
西圖悞作烽火列島按烽火島在此東北約六里		山芋		三沙船隻朝來暮還
無				

松山口附近海島表 自松山起計

島名	偏度	直距	長	闊	居民
北礵	東南	六十里	五里	二里半	二百戶春月較多
	北礵分三澳曰南澳北澳可門平時約共二百戶春月驟增千人南澳有瓦屋兩三椽餘皆結茅而居				
南礵	東南	六十八里	三里又三分里之一	二里	三十餘人冬季較多
東礵	東南	六十八里	三里又三分里之二	半里	冬季四五百人平時留數人看守
紅礵	東南	六十六里	一里半	半里	
白礵	東南	六十里	一里	三分里之一	
坑頭	東南	六十三里	一里又三分里之二	五分里之四	三四十人冬季無
	坑頭凡二島此指北面較大者而言居民種山芋爲生多長樂縣籍春來冬去向南者係荒島				

船隻	錨地	土產	異名	譯名
數十號春月較多	南澳可暫泊	山芋	礵或作磉以下同	鎮島
四五號冬季較多		山芋		鄉島
冬季一二十號平時無	西面可泊民船			
六七號冬季無		山芋		

自北礵至坑頭西圖悞作七星列島

按七星島在此北偏東五十餘里

峯嶼附近海島表　自本處起計

島名	偏度	直距	長	闊	居民
大崙山	南偏東	二十八里	十三里	七里半	約二百戶春月較多
	是島明初居民極盛嗣以孤懸海外有司鞭長莫及遂徙其民於內地而荒之自國朝以來亦屢伸厲禁樵漁者有罰近年來海宇晏然始有漁戶納費營弁結茅私居而山多人少薙穢滿目近經紳商稟官開墾將來可獲移民				
小崙山	南微偏東	三十二里	八里半	二里	數戶
	小崙山東北面有小澳口窄而內寬曰布袋澳遇颶風時泊民船最穩				
鴛鴦山	東南	三十三里	三里	五分里之四	二三戶
	山形如鳥舒翼				
小鴛鴦	小鴛鴦在鴛鴦山西南微離				
銀嶼	銀嶼在小崙山南一里有兩高峯				
烏嶼	烏嶼在小崙山北微離				
烽火山	南微偏西	三十二里	五里半	一里半	五六十戶
	相傳康熙九年移閩安右營於此改名烽火門營二十三年再移峯嶼而名則仍之元登是島求其遺址而不可得訪諸島民則皆來自道光以後并不知有駐營事詢舊址益茫然矣○山皆低平惟西北有一高峯志稱烽火尖者				
獅頭山	南微偏西	三十六里	一里又四分里之一	半里	
鼠頭山	鼠頭山在獅頭山西微離				
葛山	南微偏西	三十二里	一里半	半里	
中嶼	中嶼在葛嶼北微離				
尾嶼	尾嶼在中嶼北微離				
跳尾	南偏東	十二里	一里又三分里之一	五分里之三	
馬嶼	馬嶼在八都港口有居民數戶上年被盗遂相率徙去				
獅嶼	獅嶼在峯嶼口外八里				

船隻	錨地	土產	異名	譯名
數十號春月較多	西面	山芋稻	俗名瑤山	慄作浮瀛
之效島民散處四周而以西面之蘆竹東面之東甲爲盛烽火營派練兵三十名分駐媽祖東甲兩澳千把或外額一弁領之				
一二號	北面可泊中輪			竹排島
		山芋		無
				無
				糖塔島
				無
十餘號	西面可泊中小輪東面可泊民船	山芋稻		角度島
豈以此耶				
				無
				無
		山芋		無
				無
				無
				無
				無
				無

秦嶼附近海島表　自本處起計

島名	偏度	直距	長	闊	居民
冬瓜嶼	東	二十四里	四里	一里又三分之一	數戶
冬瓜嶼與老岸微離西圖連老岸悞					
七星	東南	四十七里	一里半	一里	數十人
七星係小島及礁石一叢稍大者曰東星南星西星餘無名東星茅屋十餘間小船十餘號西星茅屋兩間小船一					
笠嶼	笠嶼在東星西北十五里半				
東臺	東偏南	八十三里	三里半	一里又五分之三	一二十人春月較多
自東臺東偏北二十餘里有礁石一叢土名星仔					
西臺	東偏南	七十九里	三里	二里	數十人春月較多
西臺山東北面一奇峯形如今時小帽俗名涼傘頭西北面數十里外使能見之					

船隻	錨地	土產	異名	譯名
數號		山芋	屏風山	劈裂山
十餘號		山芋		隱島
二號春月均較多南星無民居以上里距長澗係指東星而言				
				孤石
四五號春月十餘號		山芋		總名臺島
十餘號春月較多		山芋		

海壇西面附近海島表

自海壇本島起計○松下鎮東等口島嶼無幾附見於此

島名	偏度	直距	長	闊	居民
大練	西北	二里	十里	五里	三百餘戶
	大練與海壇間有鐘嶼遂名其水道曰鐘門係民船常行之路○大練由海壇左營派兵一名駐之				
鐘嶼	鐘嶼在大練與海壇間水道適中之處隆然圓形因名鐘				
香爐嶼	香爐嶼在大練南四里半				
四風嶼	四風嶼在大練南離海壇老澳山甚近上有小廟				
四孤山	四孤山在大練北三里四小島聚於一處因名四孤里距				
小練	西北	十一里半	四里	三里	一百餘戶
長嶼	西北	十五里半	四里	一里	四五十戶
烏猪山	西北	十五里半	一里又四分里之一	三分里之一	
小烏猪	小烏猪在烏猪山與長嶼之間有亂石相連				
鼓嶼	西北	十七里半	一里半	一里	二三十戶
	鼓嶼與長嶼間水道曰鼓嶼門凡大輪行經海壇西面者率由此出入島上有三角式白色木牌以爲舟行準的				
橫嵛	西北	二十二里	一里	三分里之一	
石壠	石壠在橫嵛西北二里半				
小嶼	小嶼在橫嵛西北四里				
嶼頭	西偏北	十八里	十里	三里	六百餘戶
	嶼頭山形低平厥土黃壤稱植絕佳島民頗溫飽其西南兩小島與嶼頭有沙灘相連故通名嶼頭○海壇左營派				
吉兆	西偏北	二十三里半	四里	一里	八九十戶
黃官山	黃官山在吉兆南偏西三里				
塔砆嶼	塔砆嶼在吉兆西南四里				
小陳嶼	小陳嶼在吉兆西北六里				
北山	西偏北	二十六里半	五里	二里	三十餘戶
東壁嶼	西偏北	二十七里	四里	二里	三百餘戶

海壇西面附近各島

譯名	異名	土產	錨地	船隻
大湯島		山芋畧有稻		三四十號
鈕島				嶼
無				
無				
撕里撕列島				係指西面稍大者而言
道里島		山芋		七八號
興安島	土音呼若塘嶼	山芋		四五號
興石				
無				
嬾婦島		山芋		五六號
無	人嶼			
無				
無				
中島		山芋畧有稻		商船約十號漁船三十餘號
				兵一名駐之
無	或名吉釣又名吉刁亦名吉跳		北面可泊中輪	十餘號
無				
無				
無				
無				
無		山芋		十餘號
無	東嶼	山芋		商船十餘號小漁船六十餘號

海壇西面附近海島表 自海壇本島起計

島名	偏度	直距	長	闊	居民
明江嶼	西	十四里半	一里又四分里之一	四分里之一	
小明江	小明江在明江嶼西微離				
四嶼	四嶼在明江嶼東南一里又四分里之一四小嶼聚於一				
笠嶼	笠嶼在明江嶼北三分里之二				
壁嶼	壁嶼在明江嶼北一里				
鷺鷥嶼	鷺鷥嶼在明江嶼北一里又三分里之一				
八尺嶼	八尺嶼在明江嶼北偏西三里				
墓嶼	墓嶼在明江嶼南偏東九里半				
棋嶼	棋嶼在明江嶼南微偏東八里				
四嶼	四嶼在明江嶼南偏東十一里半四小嶼聚於一處因名四嶼里距係指北面稍大者而言〇明江嶼南面四嶼凡				
球山	球山在明江嶼南微偏西十三里半				
石牌	石牌在明江嶼東十二里半非島非礁二巨石礨立海中在北者高約九丈在南者高半之遠望如巨舟揚帆奇觀				
小玉嶼	小玉嶼在石牌東偏南二里又三分里之一				
大吉嶼	西	二里半	一里又六分里之一		十餘戶
	自大吉嶼至紅峴各島潮至一片汪洋潮退有泥灘相連				
小吉嶼	小吉嶼在大吉嶼東北半里居民一戶船一號				
擔嶼	擔嶼在大吉嶼西偏北六分里之五兩小島東西並列				
紅山	紅山在大吉嶼東北三里又三分里之一即在海壇岸邊				
櫃嶼	櫃嶼在大吉嶼南偏西一里半茅屋兩間係馬腿人所居				
門邊嶼	門邊嶼在大吉嶼西南二里又三分里之一				
馬腿嶼	馬腿嶼在大吉嶼南三里居民二十餘戶船五六號土產				
環嶼	環嶼在大吉嶼南偏西四里茅屋兩間係馬腿人所居				
小馬嶼	小馬嶼在大吉嶼南偏西三里半				
泮峯嶼	泮峯嶼在大吉嶼西南四里又五分里之四				
紅峴	紅峴在大吉嶼西南三里又六分里之五				
笔籠山	笔籠山在大吉嶼南偏西二十里				
小笔籠	小笔籠在笔籠山北約半里				
猴嶼	猴嶼在大吉嶼南偏西十三里半離海壇約半里居民一				
分流嶼	分流嶼在猴嶼南偏西三里半其北面相連之礁俗呼分				
天大山	西	半里	三里又五分里之四	一里半	數戶

譯名	異名	土產	錨地	船隻
圓島				
無				處因名四嶼
無				
無				
無				
無	亦日八尺道			
且而司島				
石島				兩見
無				
柱石				也
海以島				
無	大杰	山芋		四五號
	或省日大吉小吉			
企望島	小杰			
無				
峭壁			土色深紅因名紅山	
無				
無				
圓頂島				山芋
環嶼				
無				
小嶼				
無				
中島				
無				
坡島				戶船一號
旗島	土音呼若本流			流尾
無		山芋署有稻		小商船一號

海壇西面附近海島表 自海壇本島起計

島名	偏度	直距	長	闊	居民
	天大山與海壇有沙灘相連有二小村一名蛤獅居民二三戶小商船一號一名渡船頭居民亦二三戶無船				
猫嶼	猫嶼在天大山東偏北一里半潮退有泥灘相連				
鷄蛋嶼	鷄蛋嶼在天大山東北一里半潮退有泥灘相連				
本連嶼	本連嶼在天大山北偏西一里又三分里之二				
然嶼	然嶼在天大山南偏東一里				
吉兆	西	一里又五分里之一	五里	二里又三分里之一	一百三十餘戶
	全島分十一鄉共居民一百三十餘戶東面南港內泊中小民船最穩惟水道不深須候潮出入南面倒笈尾之東				
倒笈	倒笈在吉兆南角微離				
黃門山	西	四里	一里	五分里之二	
小礁頭	西	三里	一里又五分里之一	三分里之一	
	二小山中有沙土相連其長闊係合三山通計舊有居民一戶六年前遷居附近之吉兆島				
香爐嶼	香爐嶼在小礁頭北二里半離海壇老山甚近				
大嶼	西	六里半	一里	半里	無居民止一二人看守球架
	光緒二十三年就頂峯建白色球架以爲舟行準繩有洋房以居守護之人又大嶼東北三分里之二有金蟳礁上有黑色球桿與大嶼白球同時設礁東面名金蟳門春夏時浪軟風微而多霧大輪視爲畏途冬季外洋風浪較勁				
壳嶼	壳嶼在大嶼東北二里				
南青嶼	南青嶼在大嶼西偏北四里又三分里之一				
北青嶼	北青嶼在大嶼西北五里				
鳥嶼	鳥嶼在大嶼西一里此礁而名爲島也其南面附近之礁				
可門山	西偏南	七里	四里又三分里之二	一里又七分里之六	七十餘戶
東正嶼	東正嶼在可門山東一里再東有小東正嶼				
小紅嶼	小紅嶼在可門山西偏北四里				
馬嶼	西南	十里半	一里	三分里之二	
南小馬	南小馬在馬嶼南五分里之二				
北小馬	北小馬在馬嶼北五分里之二				

船隻	錨地	土產	異名	譯名
				無
			俗作圭蛋嶼	無
				無
				鷗嶼
十餘號	東南小港泊民船最穩	山芋有署稻	或名吉釣又名吉刁亦名吉跳	無
遇東北兩面之風泊中小民船亦穩若轉西南風浪稍大〇土人呼此爲外吉兆而以附近松下者爲內吉兆				
				帆島
				大和尚
				金山界
				無
				門島
大輪皆由此出入惟礁石林立過之者頗有戒心又近金蟳金盞兩礁有漩流民船惧近每致觸犯〇三十年前一外國商輪因迷霧觸金盞礁而沉按金盞礁在金蟳礁北微偏東約一里又六分里之一				
				低島
				無
				無
曰小島嶼				無
十餘號		山芋		可門
				幼島
				無
			或名黃馬	蜂房島
				無
				無

海壇南面附近海島表 自海壇本島起計

島名	偏度	直距	長	闊	居民
草嶼	南偏西	六里又五分里之四	六里	三里	二百七十八戶
	全島凡七鄉曰蓮澳曰西樓曰陳厝曰吟兜曰後坑曰江尾曰浮板下中有一大山曰獅埧嶺上有石墩三座係三				
前崎	南偏西	十一里	一里又三分里之一	半里	
中崎	中崎在草嶼北微離				
白諍	白諍在草嶼北七里半此名未知取義東面有礁曰小白				
荀亂嶼	荀亂嶼在白諍山北七分里之六此島土名不雅馴故以同音之字易之				
東嶼	東嶼在草嶼東北六里				
西嶼	西嶼與東嶼並列				
塘嶼	南偏西	十五里	七里半	一里半	四百三十餘戶
	島間多白石礐之灑灑而峯巒豐腴迴異常島四下畧有熟田島民分居三村曰南寮居民三百戶北寮一百戶中				
北官嶼	南偏西	十五里半	一里又三分里之一	五分里之四	
南官嶼	南官嶼在塘嶼西一里又三分里之一				
龍保嶼	龍保嶼在塘嶼北五分里之四				
井嶼	井嶼在塘嶼北七分里之五				
限嶼	限嶼在塘嶼東有沙灘相連再東有天礁亦相連				
東箇尾	東箇尾在塘嶼東微離此名未知取義				
上嶼	上嶼在塘嶼東南七分里之五				
下嶼	下嶼在塘嶼東南六分里之五				
大峇	南	十九里	二里	一里	暫居數十戶
	西南面澳中有茅屋數十間塘嶼人來此採紫菜者所結既畢捲茅而去				
小峇	小峇在大峇東微偏南一里半				
東限	東限在大峇東有泥灘相連				
稱嶼	南	二十里	一里又四分里之一	半里	
	東面一沙灘與大峇相連潮退可通行人○大峇東南一里有圓形黑石曰稱硾				
橫山	南	二十四里	二里半	四分里之三	

船隻	錨地	土產	異名	譯名
六七號		山芋薯有稻		七姆島
四十年前西人所築以為舟行準望〇草嶼與海壇海間水道曰草嶼門為大輪常行之路				
				無
				無
				測量島
				無
				無
				無
三四十號		山芋		沙島
寮三十餘戶民俗勤謹大半往大岙等處捕魚或採紫菜以是皆溫飽積資數萬者亦數見不鮮登其島恂恂知禮讓焉				
				鈕島
				圓島
				無
				無
				無
				無
				無
				無
			大岙小岙總名東岙	列石島
				無
				無
				曲灣島
				巡守島

海壇南面附近海島表 自海壇本島起計

島名	偏度	直距	長	闊	居民
	横山凡二島分言之曰南横東横中有石行相連東横有大王廟又有茅屋兩間塘嶼人來此採紫菜者所居				
大姜	南偏東	一里又四分里之三	二里又五分里之四	六分里之五	
	上有媽祖廟				
小姜	小姜在大姜東南二里半上有龍王廟小姜附近有島姜				
圓嶼	圓嶼在大姜西北四分里之三				
長巷山	長巷山在大姜北偏東二里又五分里之一與海壇有沙灘相連頂有巨石多塊若礮臺然居民四五十戶小船十				
對頭角嶼	對頭角嶼在大姜東北六里與海壇有沙灘相連				

船隻	錨地	土產	異名	譯名
				浮立扣島
白姜背礁名				常島
				無
餘號				無
				蘇島

海壇東面附近海島表 自海壇本島起計

島名	偏度	直距	長	闊	居民
牛山	東偏南	十六里	一里又四分里之三	三分里之二	暫居數十人
	牛山燈塔係透鏡白光常明燈光點距水面二十一丈八尺晴時能照六十九里並有霧磩〇居民皆隔海觀音澳				
限山	東偏南	四分里之三	一里	半里	
硯山	硯山在限山與海壇老山間旁有礁曰小硯				
滬口山	滬口山在限山與海壇老山間				
大山	東	一里	一里又三分里之一	五分里之二	
小山	小山在大山東偏南三分里之一				
蛇嶼	蛇嶼在大山西北九里海壇東面有大澳澳內礁島甚多而此適居其中故以下各小島均自此起計				
鷺鷥嶼	鷺鷥嶼在蛇嶼南偏東五里				
觀嶼	觀嶼在蛇嶼西南五里半				
古頭嶼	古頭嶼在蛇嶼西二里又三分里之一				
大巖	大巖在蛇嶼西微偏南三里半				
小巖	小巖在蛇嶼西二里又五分里之四				
規模山	規模山在蛇嶼西四里				
青嶼	青嶼在蛇嶼西四里				
白頭嶼	白頭嶼在蛇嶼西偏北三里				
塌嶼	塌嶼在蛇嶼西北三里係礁石一叢				
東庠	東偏北	三里半	六里	三里	五百餘戶
	東庠北面有澳口窄而內寬形如葫蘆因名葫蘆澳潮退尙深三拓爲民船極穩錨地民居亦在澳內兩旁〇澳口				
小庠	東偏北	三里	二里又三分里之一	一里又四分里之一	五六十戶
限山	限山在東庠東里半				
黃泥嶼	黃泥嶼在東庠南偏西三里半				
娘后嶼	娘后嶼在東庠南偏西四里半				
廣友嶼	廣友嶼在小庠西南三里又五分里之四				
小紅山	小紅山在小庠西南三里又三分里之一				
白濱	白濱在小庠北偏西四里居民一戶				
小白濱	小白濱在小庠北偏西三里又三分里之一				
杉尾山	杉尾山在小庠西偏北九里半在海壇老山邊				

船隻	錨地	土產	異名	譯名
				呑阿暴河脫島
人採紫菜爲業				
				清蘇島
				硯山
				滬口山
				落清佛島
				無
				無
				無
				無
				無
				無
				無
				無
				無
				回夫石
				無
一百餘號	葫蘆澳泊民船最穩	山芋稻		昆島
有礁曰礁前未知取義				
十餘號		山芋		派來島
				無
				無
				無
				無
				無
				水道石
				無
			刷眉	無

海壇東面附近海島表

自海壇本島起計

島名	偏度	直距	長	闊	居民
大嵩	東北	二里半	一里半	一里	十餘戶
小嵩	小嵩在大嵩西北半里居民一戶				
赤鞋山	赤鞋山在大嵩西偏南一里居民一戶				
古螺洲	古螺洲在大嵩北偏東四里半				
東洲	東洲在大嵩東北六里				
平洲	平洲在大嵩東北五里與三洲有石行相連				
三洲	三洲在大嵩東北五里半有茅尾數間南日島民寄居其間陽為捕魚行蹤詭秘近處商船時或被盜說者疑皆此				
半塘洲	半塘洲在大嵩東北十里半				
三白	三白在大嵩東北十三里半凡小島二分言之在北者曰企白在南者曰鳥巢里距係指鳥巢而言				

譯名	異名	土產	錨地	船隻
扣司脫島		山芋		
無				
總名三行石				輩所爲然飽掠則颶不能謂居之者皆盜也〇東洲平洲古螺土人通名三洲
無				
警石				

海壇北面附近海島表 自海壇本島起計

島名	偏度	直距	長	闊	居民
棕嶼	北	二里又四分里之一	一里	三分里之一	一戶
竹排山	竹排山在棕嶼北偏西十一里				
白頭嶼	白頭嶼在棕嶼北偏東九里				
笠嶼	笠嶼在棕嶼北偏東二十里半				
東洛山	北偏西	二十六里	二里又三分里之一	一里半	二十戶
西洛山	西洛山在東洛山西偏南三里				
東艮山	東艮山在東洛山東一里又三分里之二				
大郎	大郎在東洛山東北二里又五分里之一				
小郎	小郎在東洛山東北一里半				
石跡山	石跡山在東洛山西北三里又五分里之一				
南王母	南王母在東洛山西北三十里半陸岸沙灘邊				
北王母	北王母在東洛山北偏西十七里半陸岸沙灘邊				
磁澳山	磁澳山在東洛山北微偏東二十七里新漲沙灘已與陸				
秋湖嶼	秋湖嶼在磁澳山北偏東二里又五分里之一陸岸沙灘				
貓嶼	貓嶼在磁澳山北微偏東五里又五分里之一陸岸沙灘				
馬背山	馬背山在磁澳山北偏東十四里半陸岸沙灘邊				
坡山	坡山在滋澳山北偏東十五里				

譯名	異名	土產	錨地	船隻
長島		山芋		
紅石				
囘夫石				
那爾登石				
立方形島		山芋		二三號
水道島				
無				
大郎				
無				
赭色石				
無				
無				
鈕他	滋澳			岸相連
無				邊
馬山				邊
粗山				
坡介				

海壇內港各島表 自平潭大王廟礮臺起計

島名	偏度	直距	長	闊	居民
洋潮嶼	西偏北	一里又六分里之一	一里半	五分里之四	三十餘戶
	洋潮嶼厥土紅壤種植頗佳居民拾介類爲生◯東面附近有竹篙礁上年一民船觸此而沈				
香爐嶼	香爐嶼西與洋潮嶼相連				
菱杯嶼	菱杯嶼在洋潮嶼東偏北五分里之四				
已仕礁	已仕礁在洋潮嶼西北一里又四分里之一				
飛鳥嶼	飛鳥嶼在洋潮嶼北五分里之二舊有居民三四戶上年遷往洋潮嶼敗屋數椽猶存種有山芋				
井嶼	井嶼在洋潮嶼西五分里之三居民九戶以拾介類爲生船二號◯東與洋潮嶼間有礁曰比地礁				
東嶼	北偏西	二里又五分里之二	二里半	一里又七分里之一	五六十戶
下嶼	北偏西	四里又五分里之四	四里又五分里之三	十分里之九	百餘戶
馬頭山	馬頭山在下嶼東一里又七分里之一				
下洋嶼	下洋嶼在下嶼西南三里				
當井山	當井山在老岸媽祖山東五分里之一				
瓜嶼	西偏南	七里	七分里之六	三分里之二	
暮嶼	暮嶼南有沙田與海壇老岸相連				

船隻	錨地	土產	異名	譯名
四號		山芋		無
				無
			紅嶼仔	無
			艮嶼	無
			捕鳥嶼	無
			長年嶼	無
五六號		山芋		無
十餘號		山芋薯有稻		無
				無
			紅山仔	無
				無
				無
				無

萬安附近海島表

自萬安城起計○長港內島嶼無幾附見於此

島名	偏度	直距	長	闊	居民
大嶼	北	一里又五分里之二	二里	三分里之一	
青嶼	青嶼在大嶼南三分里之一				
桃嶼	桃嶼在大嶼西南三分里之一				
洋嶼	洋嶼在大嶼西南二里半				
梅嶼	西偏南	十里半	一里又三分里之一	三分里之二	五六戶
擔嶼	擔嶼在梅嶼東偏北二里半兩小島並列				
小紅山	小紅山在梅嶼東六里新搆茅舍兩間				
白牛山	白牛山在梅嶼西偏南七里形若臥牛其左右水道甚深大輪可以任意行駛惟南偏西三里半有古虎礁				
王官嶼	西偏北	十里半	三里半	一里	三十餘戶
小王官	小王官在王官嶼北二里又五分里之三				
鯽魚山	鯽魚山在王官嶼北微偏東一里				
猴嶼	猴嶼在王官嶼東一里				
破嶼	破嶼在王官嶼東一里半				
赤嶼	赤嶼在王官嶼西偏北三里半				
鼠尾嶼	鼠尾嶼在王官嶼西偏南六里				
過嶼	過嶼在王官嶼西偏南六里又五分里之一				
潮嶼	潮嶼在王官嶼西偏南九里半				
大嶼	西北	十九里半	一里又五分里之四	五分里之二	
小嶼	小嶼在大嶼東五分里之二				
鷄公嶼	鷄公嶼在大嶼北偏西二里				
牛嶼	西北	二十二里	一里又五分里之一	半里	
塔斗嶼	塔斗嶼在牛嶼西偏北一里				
拳頭山	拳頭山在牛嶼北偏東一里又五分里之一				

譯名	異名	土產	錨地	船隻
無				
無				
無				
無				
卡島	人嶼			四五號
烹却島				
道拉司				
白島	土音呼牛若吾故俗名白吾山			
開撥而島		山芋		三四號
無				
無				
無				
無				
無				
無				
無				
無				
無				
無				
無	俗作圭公嶼			
無				
無				
無				

三江口附近海島表

自江口塔子山起計○雙嶼港東西港島嶼無幾附見於此

島名	偏度	直距	長	闊	居民
東菱杯	東偏南	二十里	一里又三分里之一	一里	五十餘戶
東向山	東向山在東菱杯南半里				
小青嶼	小青嶼在東菱杯東南三里半				
西菱杯	東偏南	十七里半	一里半	一里半	十四戶
鳥嶼	鳥嶼在西菱杯西偏南四里又三分里之二				
小鳥嶼	小鳥嶼在西菱杯西微偏南五里又三分里之一				
小鳥山	小鳥山在西菱杯西微偏南六里又三分里之一				
菜嶼	菜嶼在西菱杯西偏北八里				
打石山	打石山在西菱杯西偏北十六里				
草嶼	草嶼在西菱杯西偏北十七里半				
塔子山	塔子山在西菱杯西偏北十七里半				
龜山	龜山在西菱杯北偏東十五里半				
海璫嶼	海璫嶼在西菱杯北微偏東二十四里半				
龜嶼	龜嶼在西菱杯北微偏東三十八里				
南鵝山	東南	二十一里	二里	五分里之二	
北鵝山	北鵝山在南鵝山西三分里之二				
青嶼	青嶼在南鵝山南偏西一里又五分里之四				
白嶼	白嶼在南鵝山南偏西四里半				
牛嶼	東微偏北	三十五里半	一里半	三分里之二	
虬尾山	虬尾山在牛嶼北偏西四里				
上麥嶼	東偏北	四十一里	二里半	二里	六十餘戶
	居民大半為盜殊非善類				
清嶼	清嶼在上麥嶼東偏北二里				
山塔嶼	山塔嶼在上麥嶼東偏北三里				
磅嶼	磅嶼在上麥嶼東微偏北三里				
大耀嶼	大耀嶼在上麥嶼東微離				
虎嶼	虎嶼在上麥嶼西偏南一里又三分里之二				
桃仁嶼	東	五十三里	一里	半里	

船隻	錨地	土產	異名	譯名
小漁船二十餘號		山芋薯有稻		無
				無
				無
小漁船二號		山芋		無
				無
				無
				無
				無
				無
				無
				無
				無
				無
				無
		山芋薯有稻		無
				無
				無
				無
				無
			俗作球尾	無
小漁船五號		山芋		腰島
				無
				無
				無
				無
				無
				無

三江口附近海島表

自江口塔子山起計○雙嶼港東西港島嶼無幾附見於此

島名	偏度	直距	長	闊	居民
車子嶼	東	六十里	一里又三分里之一	半里	
馬嶼	馬嶼在車子嶼南三里				

船隻	錨地	土產	異名	譯名
				無
				無

南日附近海島表

自南日本島起計　本島詳上圖說

島名	偏度	直距	長	闊	居民
小日	北	六里又三分里之二	三里又三分里之一	三里	一百三四十戶
	東南面山中多磁石				
大嶅山	東北	十里半	二里	一里又五分里之四	五十餘戶
	上有五顯廟				
小嶅山	小嶅山在大嶅山西南三分里之二				
鷄母嶼	鷄母嶼在大嶅山東偏南一里又五分里之三				
月盆嶼	月盆嶼在大嶅山北偏東二里又三分里之一				
西羅盤	東北	七里半	二里又三分里之一	一里又五分里之二	
光明嶼	光明嶼在西羅盤西偏南有石行相連				
東羅盤	東北	七里	一里又三分里之二	一里	十餘戶
	南日羣盜常在此伺劫操舟者視爲畏途				
橫沙山	東偏北	八里半	一里又五分里之二	三分里之二	
小橫沙	小橫沙在橫沙山西三分里之一				
磨針嶼	磨針嶼在橫沙山西南三分里之二				
大柄	東偏北	十里半	一里半	五分里之三	十餘戶
	名爲捕魚實則盜也				
小柄	小柄在大柄西五分里之四				
大赤	東偏北	十四里	二里	五分里之四	二十餘戶
小赤	小赤在大赤西南五分里之三				
東沙山	東偏北	十三里	一里又五分里之三	五分里之四	
	上有大漢廟				

船隻	錨地	土產	異名	譯名
大商船二號小漁船四五號		山芋		紅嶼
十餘號	西面退流澳可泊民船	山芋		無
				無
			俗作圭母嶼	無
				小嶼
				無
				無
五六號	西面	山芋		無
			橫青山	無
				無
				無
三四號				無
				無
五六號				長嶼
				無
			東青山	小帽嶼

南日附近海島表

自南日本島起計○平海附近島嶼無幾附見於此

島名	偏度	直距	長	闊	居民
尾沙山	尾沙山在東沙山西微離				
東月嶼	東月嶼在東沙山東北五里半				
小月山	小月山在東沙山東北六里又三分里之一				
大麥	東	三里又三分里之二	一里又三分里之二	一里	七八戶
	上有佛祖廟又茅屋數間係南日人來此採紫菜者所居				
虎嶼	虎嶼在大麥西二里又六分里之五				
大磚嶼	大磚嶼在大麥西六里又五分里之一				
小磚嶼	小磚嶼在大麥西微偏南六里又五分里之一				
小麥	東偏北	四里	一里	五分里之三	二三戶
	茅屋兩間南日人採紫菜者所居				
浮嶼	浮嶼在小麥西五里半				
海卒仔	海卒仔在小麥西八里				
洋嶼	南偏東	一里	一里又五分里之一	六分里之五	
上龜嶼	上龜嶼在洋嶼西北六里又三分里之二				
下龜嶼	下龜嶼在洋嶼西北五里又三分里之二				
烏坵	南	三十五里半	三里又三分里之一	一里又三分里之一	百餘人冬春兩季千餘人
	烏坵有燈塔係透鏡漸明漸滅燈光點距水面二十四丈三尺晴時應照七十二里並有霧礮				
下嶼	南	三十六里半	二里	一里	百餘人夏秋兩季千餘人
鷺鷥嶼	西南	二十里	二里又三分里之一	二里	四五十戶
令箭嶼	令箭嶼在鷺鷥嶼西偏北十八里				
金石嶼	西	十三里	一里又八分里之一	四分里之一	
等嶼	等嶼在金石嶼西南七里				
大嶼	西偏北	七里	一里又三分里之一	一里又五分里之一	

譯名	異名	土產	錨地	船隻
無				
雙嶼				
三角島				
無				
無				
無				
石嶼				
無				
無				
南島				
無				
無				
總名島坵	上嶼			十餘號多春兩季數十號
				十餘號夏秋兩季數十號
鷺鷥石				十餘號
品石	平海杙			
無				
無				
無				

南日附近海島表

自南日本島起計

島名	偏度	直距	長	闊	居民
青嶼	青嶼在大嶼西南二里又五分里之二				
因嶼	因嶼在大嶼西南一里又三分里之一				
虎山	虎山在大嶼西半里				
虎獅山	虎獅山在大嶼西北五分里之四				
小嶼	西北	五分里之三	一里	五分里之四	
草帽嶼	草帽嶼在小嶼西北一里				
龜嶼	龜嶼在小嶼北偏東三里				
牛嶼	西北	十里又五分里之四	一里又五分里之三	一里	
紅山	紅山在牛嶼西偏南四里又五分里之三				
青嶼	青嶼在牛嶼西偏南七里				
寶嶼	寶嶼在牛嶼西微偏南七里				
黃瓜嶼	西北	二十二里半	三里又五分里之三	一里又三分里之二	一百四五十戶
清嶼	西北	二十一里	三里又五分里之四	一里又四分里之一	
清境嶼	西北	二十里	一里	半里	
野馬山	北	十四里半	四里半	四里	二十餘戶
	南日盜艇多出沒其間				
覆鼎嶼	覆鼎嶼在野馬山東三里又三分里之二				
蛋嶼	蛋嶼在野馬山東五里				
小紅山	小紅山在野馬山東偏北六里半				
山塔山	山塔山在野馬山北偏西四里				
烏猪嶼	烏猪嶼在野馬山西北一里半				
度嶼	度嶼在野馬山南一里又三分里之一係低平土山其南面水道日鐘門大輪常行之路				
西目嶼	北	九里半	一里又三分里之二	五分里之四	
東目嶼	東目嶼在西目嶼東半里				
鷄蛋嶼	鷄蛋嶼在西目嶼東北一里又六分里之一				
烏嶼	北	五分里之四	一里又五分里之三	一里	

譯名	異名	土產	錨地	船隻
無				
無				
無				
無				
無				
無	頭茅嶼			
無				
無				
無				
無				
無				
無		山芋		商船六號漁船七八十號
無				
鈕子島	鷄蛋嶼			
亂形島		山芋署有稻		三號
無				
戈甫島				
無				
圓錐山				
掰立勿司島				
囘而休島				
水道島	大食嶼			
	食嶼仔	山芋		
圓形島	浴作圭蛋嶼			
無				

南日附近海島表

自南日本島起計

島名	偏度	直距	長	闊	居民
鷄嶼	鷄嶼在烏嶼西偏北四里半				
花嶼	北	二里又三分里之一	一里	五分里之三	
黨嶼	北	半里	一里又三分里之一	半里	
擔頭嶼	擔頭嶼在黨嶼東南五分里之三				

船隻	錨地	土產	異名	譯名
			俗作圭嶼	峭壁島
				無
				無
				無

湄洲附近海島表

自湄洲本島起計　本島詳上圖說

島名	偏度	直距	長	闊	居民
盤嶼	西	十里半	二里又三分里之一	一里	
小門嶼	小門嶼在盤嶼北偏東二里				
鐵釘嶼	鐵釘嶼在盤嶼東微偏北八里係尖形石山赭色				
竹嶼	西	十二里	一里又三分里之二	一里	
大粧嶼	大粧嶼在竹嶼西二里				
金竹嶼	金竹嶼在竹嶼南半里				
扁嶼	西	三十一里半	一里又三分里之一	半里	
洋嶼	洋嶼在扁嶼西南一里				
尖嶼	尖嶼在扁嶼東北一里				
官嶼	官嶼在扁嶼北七里				
覺嶼	覺嶼在扁嶼北偏東十一里半				
虎尾嶼	虎尾嶼在扁嶼北微偏東十六里				
橫嶼	西北	二十八里	三里半	一里	三十四戶
羊嶼	西北	三十一里	一里半	五分里之二	
蝦嶼	蝦嶼在羊嶼西北一里半				
角嶼	角嶼在羊嶼西偏北三里半				
獅嘴嶼	獅嘴嶼在羊嶼西偏北四里又三分里之二				
小嶼	西北	三十二里	二里	五分里之四	
	西南面一峯突起曰青峯山上有青峯寺僧四五人是島距岸約一里有石橋以通行人惟歲久間有傾圮渡橋而				
東沁山	西北	三十二里	一里半	三分里之一	
龜嶼	龜嶼在東沁山南一里潮退與東沁山有泥灘相連				
勞嶼	西北	二十四里	二里半	一里半	三十餘戶
小嶼	小嶼在勞嶼西偏南一里				
橫嶼	橫嶼在勞嶼東偏北一里				

船隻	錨地	土產	異名	譯名
		山芋		尖石島
				無
				無
				馬鞍島
				無
				無
				無
				無
				無
				無
				無
				無
四五號		山芋		無
		山芋		無
				無
				無
				無
		山芋		無
北有村落居民極盛				
		山芋		無
				無
五六號		山芋	又名羅嶼或名老嶼	無
				無
				無

湄洲附近海島表

自湄洲本島起計

島名	偏度	直距	長	闊	居民
狗頭尾	西	一里半	一里	三分里之二	
		狗頭尾有沙灘與湄洲島相連			
鏡臺	鏡臺在狗頭尾西南三里又三分里之一				
下嶼	下嶼在狗頭尾西南五里				
黃官嶼	西	十五里	三里半	一里	
黃牛嶼	黃牛嶼在黃官嶼西一里				
聖嶼	聖嶼在黃官嶼西南二里又三分里之二				
劍嶼	西南	十九里	一里半	三分里之二	
鷄籠嶼	鷄籠嶼在劍嶼北偏西三里半				
小狗山	西南	二十八里	一里又五分里之一	半里	
大嶼	大嶼在小狗山西偏南一里半				
小嶼	小嶼在小狗山西偏南五分里之四				
猴嶼	猴嶼在湄洲島東一里				
大嶼	北	二里又三分里之二	一里半	五分里之四	
小嶼	小嶼在大嶼東偏北一里				
鼎蓋嶼	鼎蓋嶼在大嶼北偏西十五里半				
芹山	芹山在大嶼北偏西十六里				
黃牛嶼	黃牛嶼在大嶼北偏西十四里				
屏嶼	屏嶼在大嶼北六里半兩山並列				

船隻	錨地	土產	異名	譯名
				無
				無
				九疊石
				無
				無
				無
				無
				無
				無
				無
				無
				無
				無
				羅溫島
				無
				無
				無
				無

崇武附近海島表

自崇武城起計〇祥芝附近島嶼無幾附見於此

島名	偏度	直距	長	闊	居民
獺窟	西微偏南	十六里	三里又五分里之一	一里又五分里之四	約千戶
	獺窟島民分居東西北三澳西南面有小石城其內亦有民居西澳有店數十家並有盤局地方頗爲繁盛〇是島潮退有沙灘與老岸相連潮漲有小舟待渡〇湄洲營派兵一名駐之〇本處商漁船春月多泊西澳冬月泊東澳				
圓嶼	圓嶼在獺窟西偏南七里				
佳嶼	佳嶼在獺窟西偏南六里又三分里之一				
外嶼	外嶼在獺窟西偏南五里又五分里之四				
鳥嶼	鳥嶼在獺窟南四里又五分里之二				
嶼闊	嶼闊在獺窟東北四里半與老岸有沙灘相連〇嶼闊兩字未知取義				
大墜	西偏南	二十八里	二里又五分里之二	一里	
	大墜上有天后廟僧二三人				
鷄心嶼	西偏南	二十八里半	一里	五分里之三	
	鷄心嶼與大墜有沙灘相連故或統以大墜呼之				
小墜	西偏南	三十里半	一里又五分里之二	半里	
大嶼	西偏南	三十五里	一里又三分里之一	五分里之四	
	大嶼西面有三石潮退有沙灘相連				
草嶼	草嶼在大嶼西偏北五里又五分里之四				
白嶼	白嶼在大嶼西偏北十二里半				
金嶼	金嶼在大嶼西偏北十二里半與蚶江老岸相離甚近				
鷄嶼	鷄嶼在大嶼西北二十一里半係碎石形小尖峯				
統城嶼	統城嶼在大嶼西偏北二十三里適當泉州江口北岸係低平小圓山上有舊礮臺				
大羊	西	七里又五分里之一	一里	半里	
	大羊西面有小羊因係礁石故不入表				

譯名	異名	土產	錨地	船隻
獺窟島		山芋	東西兩澳可泊民船	大小漁船共七八十號
				以避風
無				
無				
無				
無	或名覆鼎			
無				
大墜		山芋		
無	俗作圭心嶼			
小墜				
無				
無				
鼻腮島				
無				
尖石	俗作圭嶼			
前浦島				
無				

崇武附近海島表

自崇武城起計

島名	偏度直距	長闊	居民
龜嶼	龜嶼在崇武城西南半里與老岸微離是島酷肖龜形首向外微昂		
三嶼	三嶼在崇武城東三里與老岸微離是島自東西兩面視之並列爲三因名三嶼		
風占嶼	風占嶼在崇武城東八里半適當岞山角南面係圓錐形		
青嶼	青嶼在崇武城東北六里		
白嶼	白嶼在崇武城東偏北七里		

船隻	錨地	土產	異名	譯名
				無
				無
				無
				無
				無

永甯附近海島表

自永甯城起計〇深滬圍頭島嶼無幾附見於此

島名	偏度直距	長	闊	居民
牛鼻嶼	牛鼻嶼在永甯城東南二里半與老山角微離			
南盤嶼	南盤嶼在牛鼻嶼北偏東一里形勢低平係大石片疊成潮退與岸相連			
虎口嶼	虎口嶼在牛鼻嶼東北六里半頗得形似			
反流嶼	反流嶼在牛鼻嶼東北七里又七分里之五凡三堆故或以內外中分名之居中者最高大在外者係低平亂石潮			
虎頭山	虎頭山在牛鼻嶼東北十二里離岸甚近此礁而名爲島也			
小塔嶼	小塔嶼在牛鼻嶼東北十九里已爲沙淤平可通行人島上有塔			
南塘嶼	南塘嶼在牛鼻嶼東北十二里半即在岸邊色黃			
金嶼	金嶼在牛鼻嶼南偏西七里又三分里之一上有小塔四面多礁幾與老岸宮尾相連故由外海入深滬澳者必由五嶼外行駛然須防東西兩半洋礁〇金嶼西北面有大嶼小嶼並山邊嶼皆係小礁不知何故以嶼名之			
五嶼	五嶼在牛鼻嶼南偏西六里其偏西者又曰砠嶼			
南塔	南塔在牛鼻嶼南偏西十一里			
前山頭	前山頭在牛鼻嶼南偏西十九里科任村前澳內有沙灘與岸相連			
內俊	內俊在牛鼻嶼南偏西二十二里			
外俊	外俊在牛鼻嶼南偏西二十二里			
	內外俊在石俊村東面與老山角相連係亂石形			
佳利嶼	佳利嶼在牛鼻嶼南偏西二十八里與老山角微離			
白嶼	白嶼在牛鼻嶼南偏西二十八里與佳利嶼微離			

譯名	異名	土產	錨地	船隻
永寧角				
無				
無				
無				漲則隱此礁而名爲島也
無				
鐘島				
無				
堵島	大嶼			
酸島				
平石				
無				
總名痩角				
無				
無				

金門附近海島表

自金門本島起計 本島詳上圖說

島名	偏度	直距	長	闊	居民
烈嶼	西	三里半	十二里	七里	一千三百餘戶
	烈嶼凡三十六鄉居民約共一千三百餘戶本島種植不敷民食捕魚者亦甚寥寥惟賴往南洋新嘉坡各島經商				
覆鼎山	覆鼎山在烈嶼南一里				
大嶝	北	十里半	十里	五里	約千戶
	大嶝凡十餘鄉有小店數家其西面一帶盡係鹽地南面雙后村設有鹽局歸金門場兼管平時閴寂無一人居民				
小嶝	北	七里	二里又七分里之五	一里又三分里之一	二百戶
	小嶝凡二鄉除耕漁外亦有往南洋各島及上海等處謀生者				
角嶼	北	四里	二里半	半里	
	角嶼無居民小嶝人往種山芋然多鼠方熟爲食殆盡〇山多亂石南面近島一帶礁石尤多				
大伯	北	八里半	一里又七分里之一	五分里之三	
小伯	小伯在大伯西北一里又七分里之六此間礁石最多幾難悉數故金門北面水道非土人帶水未易試行				
鷄嶼	鷄嶼在大伯西北七里係碎石形近鷄嶼亦有數礁				
白嶼	白嶼在大伯東偏北十二里離塔頭村陸岸邊止三里				
草嶼	北	半里	一里	五分里之二	
小草嶼	小草嶼在草嶼西微離				
北椗	北椗在金門東面六里半有燈塔係透鏡紅白二光乍明乍滅燈光點距水面十二丈五尺晴時應照五十四里並				
峇嶼	峇嶼在金門東微離分言之曰大峇小峇				
料羅鼻	料羅鼻在金門東南即料羅澳南角與岸微離				

船隻	錨地	土產	異名	譯名
數十號		山芋鹽		烈嶼又名小金門
雖資本微薄所獲不豐然足以自餬其口				
				法克太島
二三十號		山芋鹽		大嶝
亦往南洋新嘉坡各島謀生〇是島潮退四面盡係泥灘東與小嶝西與陸岸之澳頭連成一片				
數十號	北面可泊漁船	山芋		鎮島又名小嶝
		山芋		列石島
				弗雷克島
				無
			俗呼圭嶼	無
				無
				依立柴島
				無
有霧礙〇北碇東北五分里之三有小碇礁潮退則見自小碇正東三里半日碇綫潮退尚沒水下二拓又四分拓之一				道特島
				馬太島
				料羅頭

廈門西面附近海島表 自廈門本島起計

島名	偏度	直距	長	闊	居民
古浪嶼	西偏南	一里又三分里之一	三里又十分里之七	二里又三分里之一	八百七十餘戶
	古浪嶼與廈門隔岸相望木石清奇為諸國所豔稱廈門通商舉凡領事公署洋商住宅以及旅館學堂醫院教堂等皆分建於此遍山洋樓華民則縮處西北一隅已不辨孰賓孰主光緒二十七年乘我多事請租有其地如上海				
鷄嶼	西偏南	十一里半	二里	一里又七分里之一	
	鷄嶼在漳州港口內上有殘塔				
前嶼	前嶼在鷄嶼北偏東二里半北面陸岸間有小澳是島適居澳中地頗不孤相傳數十年前居民多至數十戶鴐巨				
海門	西偏南	十七里	四里	一里	二百餘戶
	海門原駐巡檢及水陸汛弁各一員乾隆間署為海盜所毀遂移駐海澄縣城內今廈門營圖島間亦有巡署蓋尚				
目嶼	目嶼在海門東微偏南三里				
蜈蚣嶼	蜈蚣嶼在海門東微偏南九里				
大嶼	西	四里	一里半	半里	
龜嶼	龜嶼在大嶼西偏南一里又七分里之二潮退與岸相連				
陳公嶼	陳公嶼在大嶼西偏北三里潮退與岸相連				
猴嶼	猴嶼在大嶼東偏北一里又五分里之三適當水道之中				
火燒嶼	西	一里又五分里之二	一里半	一里	
下嶼	下嶼在火燒嶼西南五分里之三				
白兎嶼	白兎嶼在火燒嶼西南二里				
破嶼坪	破嶼坪在火燒嶼西南三里				
	火燒嶼以下四島石色皆黃白相間狀似經火				
虎嶼	虎嶼在火燒嶼東北二里				
豹嶼	豹嶼在火燒嶼東北三里又五分里之二				
獅嶼	獅嶼在火燒嶼東北三里又五分里之四				
象嶼	象嶼在火燒嶼東北四里				
痲瘋嶼	痲瘋嶼在火燒嶼東北七里離岸甚近係石山頂有樹				
後城嶼	後城嶼在火燒嶼北偏東二里				

船隻	錨地	土產	異名	譯名
小艇二百餘號	東面〇大輪西北面亦可泊		鼓浪嶼	古浪嶼
之例自是遂公然爲洋界				
			俗作圭嶼	鷄嶼
舟爲業最稱溫飽嗣以患疫非死卽徙遂墟其地〇有山芊隔岸人所種				無
五十餘號		山芋稻		海門
仍百十年前舊本也〇西面沙尾歲久漸成水田				
				發吉基
				無
				金松嶼又名鯨魚島
				無
				無
				猴嶼
			後嶼	總名白石島
				無
			狗嶼	無
				無
				無
			俗稱太古嶼	無
				無

厦門西面附近海島表

自厦門本島起計

島名	偏度	直距	長	闊	居民
鏡臺	鏡臺在火燒嶼北偏東二里又五分里之三				
鼠嶼	鼠嶼在火燒嶼北四里				
貓嶼	貓嶼在火燒嶼北五里				
寶珠嶼	寶珠嶼在火燒嶼北微偏東八里形圓				
墨魚嶼	墨魚嶼在火燒嶼北微偏東八里半形帶橢圓而扁				

船隻	錨地	土產	異名	譯名
				無
				無
				無
				無
			或名珠盤	無

廈門南面附近海島表

自廈門本島起計〇鎮海附近島嶼無幾附見於此

島名	偏度	直距	長	闊	居民
浯嶼	南	十六里半	四里半	一里半	約三百戶
	居民皆處西面澳內村店三五家可得酒米雜貨惟民氣浮囂土城一所土礮臺三所係舊設均圮				
浯垵嶼	南	十八里	一里半	五分里之三	
青嶼	青嶼在浯嶼西北五里有燈塔係透鏡紅白二光常明燈光點距水面十一丈晴時白光應照四十五里紅光應照				
大擔	南	七里半	三里又五分里之一	一里	
	大擔島燈塔係透鏡白光乍明乍滅燈光點距水面二十五丈五尺晴時應照三十里〇天后廟一所僧二三人居				
兎仔嶼	兎仔嶼在大擔東北里餘又兎仔西北半里有大南礁〇兎仔二字末知取義				
虎仔嶼	虎仔嶼在大擔東偏北四里				
小擔	南	九里	二里	五分里之四	
獅球	獅球西與小擔相連形圓面高				
大孫	大孫在小擔西偏南一里又七分里之一				
二孫	二孫在小擔西偏南一里又七分里之五				
大嶼	南	十三里半	一里	半里	
破竈	破竈在大嶼東微離外高中窪獨缺其西面一隅頗得形似或名大嶼爲大破竈而以此爲小破竈者非蓋大嶼係				
鏡臺	鏡臺在大嶼北偏西八里半離嶼仔尾礮臺甚近				
東椗	東椗在浯嶼南偏東三十四里有燈塔係透鏡白光常明放焰燈光點距水面十九丈三尺晴時應照六十六里並				
硿口山	硿口山在浯嶼西南三十四里				
棺材嶼	棺材嶼在浯嶼西南四十二里半				
南椗	南椗在浯嶼南偏西四十一里				

船隻	錨地	土產	異名	譯名
大漁船四十號小艇約百號	西面可泊民船	畧有山芋稻		浯嶼
			垵或作案	浯垵
二十四里〇舊時曾築土礮臺				青嶼
		山芋	大膽	大擔
之又洋房一所西人築以逭暑平時一華人守之〇土人亦稱點燈山〇舊時曾築土礮臺				
				無
				無
			小膽	小擔
				無
			大王瓜	無
			小王瓜	無
			大破竈	草坡
低平小島芳草被之絕無殘破形象也			小破竈	無
				無
有霧礮				無
				林清嶼
				無
				南椗

厦門東面附近海島表

自厦門本島起計

島名	偏度	直距	長	闊	居民
檳榔嶼	在厦門東南五里又七分里之五				
皮嶼	在檳榔嶼北偏西三里又七分里之二				
馬鞍嶼	在檳榔嶼北偏東三里半				
牛心	在檳榔嶼北偏東四里				
鼠嶼	在檳榔嶼東偏北六里				

船隻	錨地	土產	異名	譯名
				無
				無
				無
				無
				無

廈門北面附近海島表 自廈門本島起計

島名	偏度直距	長闊	居民
大離浦	大離浦在廈門北二里半		
小離浦	小離浦在大離浦西微偏南二里半		
蟹嶼	蟹嶼在大離浦西偏南三里又五分里之四		
鱺魚嶼	鱺魚嶼在大離浦北偏東六里又五分里之一有廟一間無僧種豆麥山芋亦有雜樹		
獅球	獅球在廈門西北隅高崎村前離岸甚近上有樹高崎濱海處有山曰獅頭故以此爲獅球○閩省各島以獅及獅		

船隻	錨地	土產	異名	譯名
			俗呼大利某	利某
			俗呼小利某	無
				無
			白嶼	臘高天
球命名者已數見				無

古雷頭附近海島表

自古雷頭南面山角起計〇陸鰲附近島嶼無幾附見於此

島名	偏度	直距	長	闊	居民
虎嶼頭	西北	五里	二里又五分里之一	半里	十餘戶
	虎嶼頭南面與之相連者日嶼相連以上里距長闊均合兩島計算				
大坪嶼	西北	七里半	一里	半里	
小壁嶼	小壁嶼在大坪嶼北偏東四里				
青嶼	青嶼在大坪嶼北偏東四里半				
鼠嶼	鼠嶼在大坪嶼北偏東十里半				
沙洲	東北	二十里半	三里又三分里之一	一里	漁時數戶
	島間有空屋兩間二三八九等月來此捕魚者所居南面有一小廟亦無住持〇沙洲與西面陸岸間水道甚深爲				
角洲嶼	角洲嶼在沙洲北半里				
蛾眉嶼	蛾眉嶼在沙洲南一里又五分里之一				
青草嶼	青草嶼在沙洲南一里又四分里之三其西北一里又三				
聖杯嶼	聖杯嶼在沙洲西偏南四里又四分里之一				
井垵嶼	東北	二十一里	二里又五分里之三	一里	漁時二十餘戶
	山形低平上有空屋二十餘間二三八九等月來此捕魚者所居				
白流嶼	東北	二十三里	一里又六分里之五	五分里之四	
鵝嶼	鵝嶼在白流嶼西北三分里之一				
紅嶼	東北	二十四里	三里又四分里之一	二里又五分里之二	
	草長沒膝蛇蝎蟠伏採紫菜者時或見之〇紅嶼東南角有石礁連日潮漲即隱十餘年前一大輪經此迷霧觸沈				
菜嶼	東北	二十八里	一里又三分里之二	一里	
橫嶼	東北	三十六里	二里	五分里之四	
東赤嶼	東赤嶼在橫嶼西偏北三里				
西赤嶼	西赤嶼在橫嶼西偏北四里又三分里之一				
松嶼	松嶼在橫嶼北微偏西三十里半在舊鎮港口				

船隻	錨地	土產	異名	譯名
十餘號	南面可泊民船	山芋		中島
				無
				無
				無
				無
	西南面可泊大輪			煙墩島
大輪常行之路土名沙洲門亦曰聖杯門西圖名禮是門				
				無
				無
分里之一有石曰孤老人				無
			雙杯嶼	門島
漁時二十餘號	西面可泊民船			平島
				高島
				無
				東南島
紅嶼與茱嶼間名紅嶼門				
				新布力西亞石
				丹斯抱克島
				無
				司基特島
				無

銅山附近海島表　自銅山本島起計

島名	偏度	直距	長	闊	居民
對面嶼	東北	半里	一里又七分里之三	三分里之二	
	形勢低平西面有磚砌方墩一座				
赤嶼	赤嶼在對面嶼西七分里之三				
鐵釘嶼	鐵釘嶼在對面嶼東偏南二里				
馬鞍嶼	馬鞍嶼在對面嶼北偏東二里又六分里之一				
補羌嶼	補羌嶼在對面嶼北微偏西三里又五分里之一				
小澎嶼	小澎嶼在對面嶼北偏西四里半				
白登嶼	白登嶼在對面嶼北偏西四里半				
尾嶼	尾嶼在對面嶼西北五里				
鼎鍋嶼	鼎鍋嶼在對面嶼西北三里				
白嶼	白嶼在對面嶼西北六里又五分里之一				
江頭嶼	江頭嶼在對面嶼西偏北十二里半				
烏嶼	烏嶼在對面嶼西北十三里				
大嵩嶼	東北	十九里半	一里又三分里之二	五分里之四	
小嵩嶼	小嵩嶼在大嵩嶼北偏西二里半				
家神嶼	家神嶼在大嵩嶼東五分里之二				
赤山	赤山在大嵩嶼西六里				
龜嶼	龜嶼在大嵩嶼北偏東十里半				
石環嶼	石環嶼在大嵩嶼西北十二里雲霄港口				
北澳尾	東北	一里又六分里之五	一里又八分里之七	八分里之七	
塔嶼	東北	一里半	二里又四分里之三	半里	一戶
	東西並列三峯西峯最高上有小石塔北面有沙灘與北澳尾相連				
嶼尾	嶼尾在塔嶼東微離				
不流嶼	不流嶼在塔嶼西南五里又五分里之二				
覆鼎嶼	覆鼎嶼在塔嶼西南五里又五分里之二				
頭嶼	頭嶼在塔嶼西南九里半				
二嶼	二嶼在塔嶼西南十里又四分里之一				
三嶼	三嶼在塔嶼西南十里半				
大柑嶼	東偏南	四十四里半	一里	五分里之四	

譯名	異名	土產	錨地	船隻
無		山芋		
無				
無				
無				
無				
無				
無				
無				
無				
無				
無				
無				
無				
無				
無				
無				
無				
無				
無				
塔嶼		山芋		
無				
無				
無				
無				
無				
無				
兄弟島				

銅山附近海島表

自銅山本島起計○宮口附近島嶼無幾附見於此

島名	偏度	直距	長	闊	居民
小柑嶼	小柑嶼在大柑嶼西北五里半				
象嶼	東偏南	四里又四分之三里	一里	八分里之七	
獅嶼	東南	二里半	一里又四分之一里	一里半	
荀亂嶼	荀亂嶼在獅嶼南微離此島原名不雅馴故以同音之字				
龍嶼	南	二里又四分之三里	二里	一里	
虎嶼	虎嶼在龍嶼北微離				
畬洲	西	六里	三里	一里半	
布袋澳	西	四里	四里又三分之一里	一里半	
赤嶼	赤嶼在布袋澳西南一里又五分里之一				
石釘嶼	石釘嶼在布袋澳東南三里又四分里之一				
西歧鼻	西歧鼻在布袋澳東三里半				
白嶼	白嶼在布袋澳北微偏東十七里半				
獅頭嶼	西	十七里	三里	一里半	
內嶼	內嶼在獅頭嶼南偏西五里半				
外嶼	外嶼在獅頭嶼南偏西七里				
蛤洲	西	十九里半	二里	三分里之二	二百餘戶
淞洲	淞洲在蛤洲西南一里上有漁舍一間				

譯名	異名	土產	錨地	船隻
無				
方島				
山峯島				
無				易之
鐘島				
無				
四方島	城洲			
高島				
無				
無				
無				
無				
無		山芋稻		
無				
無				
無		山芋稻		號數
無				

南澳附近海島表

自南澳本島起計 本島詳上圖說

島名	偏度	直距	長	闊	居民
臘嶼	北	一里	二里又三分里之一	一里	
	上有土礮臺兩所平時不配兵○此島屬粵因爲南澳要區故誌之				
虎嶼	虎嶼在臘嶼東北五分里之三上有石塔○此島屬粵				
北虎嶼	北虎嶼在臘嶼北偏東十八里○此島爲閩粵兩省之界				
北官嶼	東	五分里之四	一里又三分里之二	一里	
小獅嶼	小獅嶼在北官嶼西北二里				
官嶼	南	一里又八分里之一	一里	五分里之四	
烏嶼	烏嶼在官嶼東南七里半				
平嶼	南	十二里	一里	六分里之四	
白猴嶼	白猴嶼在平嶼東南三里又四分里之一				
赤嶼	赤嶼在平嶼東南七里				
中澎嶼	東南	四十里	一里又三分里之一		
	冬季有茅屋十餘間係採紫菜者所居				
北澎嶼	北澎嶼在中澎嶼東北五分里之四				
南澎嶼	東南	四十里	一里又五分里之三	一里	
	南澎嶼設有燈塔兩座一在山頂係透鏡白光常明燈光點距水面二十丈五尺晴時應照六十六里並有霧礮一在南坡係透鏡紅光常明燈光點距水面四丈七尺晴時應照二十四里○茅屋十餘間係雲澳人來此採紫菜者				
芹山	芹山在南澎嶼西南九里半				

譯名	異名	土產	錨地	船隻
礮臺島				
塔島				
無				
方錐島				
無				
蟹島				
難島				
總名辣門石　平頂島				
啞愛司脫石				
緺紋石				
東臘木克島				
北石				
高臘木克				
				所居九月間來至來歲二月間去
白石				

編後記

福建編修地方志歷史較早。據統計，自晉至中華人民共和國成立前，福建省共編修省、府（州）、縣（廳）志六百三十七種。最早見諸記載的有《甌閩傳》一卷，作者及年代無考。東晉太元十九年（三九四年），晉安郡守陶夔修纂的《閩中記》，則爲福建已知最早有確切年代與作者的方志。其後，見於著録的還有南朝蕭子開之《建安記》、顧野王之《建安地記》，唐林諝之《閩中記》、黄璞之《閩川名士傳》，惜皆已散佚。

宋代時福建各地普修方志。南宋淳熙九年（一一八二年）梁克家纂修《三山志》爲福建現存最早的志書，因志出名家手筆，且存全帙，被世人視同拱璧，而現存之《仙溪志》《臨汀志》兩志亦受世人珍視。元代時福建方志編修進入低谷，未有存世者，據考佚志十部，其中府志七部、縣志三部。僅可見從《永樂大典》《八閩通志》等類書、通志中輯出的部分佚文。

明清至民國是福建地方志編修的繁榮時期，全省有大批方志問世，其中不乏精品佳作。明黄仲昭所纂之《八閩通志》，在編修體例及著録内容上，對之後福建的通志及府、縣三級志書的編修都產生了重大的影響。明王應山等纂《閩大記》、何喬遠纂《閩書》、周瑛及黄仲昭纂《興化府志》、馮夢龍纂《壽寧待志》，清陳壽祺纂《重纂福建通志》、徐銑纂《龍巖州志》、李世熊纂《寧化縣志》、周學曾等纂《晉江縣志》，民國陳衍纂《福建通志》、李駒主纂《長樂縣志》、吴栻主修《南平縣志》、丘復纂《武平縣志》等堪稱名志。

臺灣長期隸屬福建，直至清光緒十一年（一八八五年）纔由清政府同意設立行省。歷史上，許多有關臺灣的資料、歷史都被搜集、記載于福建方志中，許多臺灣方志亦爲閩籍人或福建官史所撰。清初臺灣建置後，修志活動尤爲頻繁。自蔣毓英於康熙二十三年至二十七年（一六八四年至一六八八年）受命任臺灣知府期間親自主持纂修《臺灣府志》起，至乾隆時期的八十多年間，又編修了五部《臺灣府志》，這在修志史上堪稱奇迹，類似的情況還體現在澎湖志書的編纂上。臺灣歷代地方志的編修，亦正好可以證明中央王朝對該地區實施永久而持續的行政管轄權力的過程。

歷代閩臺兩地志書的編修，保留了諸多珍貴的歷史資料，特别是記述了海峽兩岸先民闖蕩海上『絲綢之路』的艱苦歷程，血濃於水的骨肉親情，歷久彌堅的經貿交往等，以史爲據，以志爲證，向世人展示了閩臺歷史文化的深厚底蘊，深深地印證了海峽兩岸同屬一個中國的歷史命題，從而受到專家學者的高度評價與社會各界的廣泛關注。

爲搶救、保護閩臺歷史文化遺産，服務福建文化强省建設，深化海峽兩岸歷史及命運共同體的共識，促進兩岸和平統一，二〇一四年末，福建省地方志編纂委員會提出了整理出版大型文獻叢書《閩臺歷代方志集成》（簡稱《集成》）的工作設想，規劃收録福建現存的歷代舊志三百零七種（其中省級通志八種、圖志三種，府州志四十七種、附録兩種，縣廳志二百四十七種），臺灣自清初至清光緒二十一年（一八九五年）編修的志書三十九種、圖志一種，分地域編排，系統整理出版。項目得到了中共福建省委、福建省人民政府及中國地方志指導小組的高度重視和支持。福建省人民政府在《關於進一步加强地方志工作的若干意見》中明確提出『實施《集成》整理出版項目』的要求；中國地方志指導小組組長王偉光、常務副組長李培林，政協福建省委員會副主席李紅，我國著名文史專家陳祖武、張海鵬先生，應邀出任《集成》學術委員會顧問。中國地方志指導小組秘書長，中國地方志指導小組辦公室黨組書記、主任冀祥德出任學術委員會主任。學術委員會的諸位專家對本叢刊的整理及出版出謀獻策、提供指導，修版整理核補，然限於水平，遺漏不當之省財政廳在《集成》的經費上給予充分保障，中國國家圖書館、福建省圖書館、福建師範大學圖書館、厦門大學圖書館、福建社會科學院臺灣文獻中心等省内外諸多圖書館提供大量的舊志底本；福建省地方志編纂委員會馮志農、陳秋平、俞傑、林浩等領導精心組織、具體指導，陳叔侗、管旬輝先生與社會科學文獻出版社、《集成》編輯部的全體同志爲《集成》的整理出版付出了艱辛的努力，終爲我省舊方志整理再添碩果。藉此，謹向各位領導、專家學者與工作人員表示衷心感謝！

因《集成》篇幅頗鉅，雖經多方互校處或仍難免，敬請專家讀者不吝指正。

福建省地方志編纂委員會

二〇一七年十二月

圖書在版編目(CIP)數據

福建省志輯. 第1册, [咸豐]《福建全省總圖》
[光緒]《福建全省輿圖》 [光緒]《福建沿海圖説》/
福建省地方志編纂委員會整理;(清)傅以禮,(清)朱
正元編. --北京:社會科學文獻出版社, 2020.10
(閩臺歷代方志集成)
ISBN 978-7-5201-7094-9

Ⅰ. ①福… Ⅱ. ①福… ②傅… ③朱… Ⅲ. ①福建-
地方志 Ⅳ. ①K295.7

中國版本圖書館CIP數據核字(2020)第146348號

·閩臺歷代方志集成·
福建省志輯(第1册)
[咸豐]《福建全省總圖》 [光緒]《福建全省輿圖》 [光緒]《福建沿海圖説》

整 理/福建省地方志編纂委員會
纂 修/(清)傅以禮 (清)朱正元

出 版 人/謝壽光
項目統籌/鄧泳紅 陳 穎
責任編輯/陳 穎

出 版/社會科學文獻出版社·皮書出版分社 (010) 59367127
地址:北京市北三環中路甲29號院華龍大厦 郵編:100029
網址:www.ssap.com.cn
發 行/市場營銷中心 (010) 59367081 59367018
印 裝/福州力人彩印有限公司

規 格/開 本:787mm×1092mm 1/16
印 張:46.5 幅 數:726
版 次/2020年10月第1版 2020年10月第1次印刷
書 號/ISBN 978-7-5201-7094-9
審 圖 號/GS (2020) 3782號
定 價/600.00圓

本書如有印裝質量問題,請與讀者服務中心 (010-59367028) 聯繫